"十四五"职业教育国家规划教材

"十三五"职业教育国家规划教材

汽车机械基础

第 3 版

主　编　韩庆国　刘　冰
参　编　付丽荣　程喜林　田文波

机械工业出版社

本书为"十四五"职业教育国家规划教材，内容包括5个模块：认识汽车的机械系统、汽车工程力学常识、汽车常用材料、汽车常用机构及机械传动、汽车液压及气压传动常识，共分12章。通过对这12章内容的学习和实践操作训练，使学生具备以下能力：初步了解典型的汽车机械系统，能对汽车中的零部件进行受力分析；熟悉汽车常用构件的变形特点；掌握汽车常用的结构材料及其性能特点；能根据实际情况正确选用汽车燃料、润滑油及各类工作液；掌握汽车典型机构的结构及工作原理；熟悉汽车常用零部件的特点、作用及工作原理；掌握液压及气压传动的组成及工作原理，熟悉汽车常见液压和气压系统的组成及工作原理。根据新能源汽车的发展应用实际，各模块增加了新能源汽车的应用实例，同时适用于汽车制造与试验技术及新能源汽车技术专业的教学需求，为今后解决生产实际问题和继续学习打下基础。

为方便教学，本书配有单独的习题集，按活页式装订，便于教师及时考查学生对知识的掌握情况；还配有电子课件、电子教案、习题答案、试卷、动画、题库等教学资源，便于教师利用新型的媒体手段进行翻转课堂及其他教学 App 使用。凡是选用本书作为授课教材的教师均可登录 www.cmpedu.com，注册后免费下载教学资源。

本书可作为汽车检测与维修技术、汽车电子技术、汽车制造与试验技术等汽车类相关专业的教材，还可作为相关技术人员的培训用书。

图书在版编目（CIP）数据

汽车机械基础/韩庆国，刘冰主编．—3版．—北京：机械工业出版社，2024.6（2025.7重印）

"十四五"职业教育国家规划教材

ISBN 978-7-111-75900-3

Ⅰ.①汽⋯　Ⅱ.①韩⋯②刘⋯　Ⅲ.①汽车-机械学-职业教育-教材　Ⅳ.①U463

中国国家版本馆CIP数据核字（2024）第103529号

机械工业出版社（北京市百万庄大街22号　邮政编码100037）
策划编辑：黎　艳　　　　　　　责任编辑：黎　艳
责任校对：梁　园　梁　静　　　封面设计：张　静
责任印制：邸　敏
三河市宏达印刷有限公司印刷
2025年7月第3版第3次印刷
210mm×285mm・17.25印张・490千字
标准书号：ISBN 978-7-111-75900-3
定价：49.90元（含习题集）

电话服务　　　　　　　　　　网络服务
客服电话：010-88361066　　　机　工　官　网：www.cmpbook.com
　　　　　010-88379833　　　机　工　官　博：weibo.com/cmp1952
　　　　　010-68326294　　　金　书　网：www.golden-book.com
封底无防伪标均为盗版　　　机工教育服务网：www.cmpedu.com

关于"十四五"职业教育
国家规划教材的出版说明

为贯彻落实《中共中央关于认真学习宣传贯彻党的二十大精神的决定》《习近平新时代中国特色社会主义思想进课程教材指南》《职业院校教材管理办法》等文件精神，机械工业出版社与教材编写团队一道，认真执行思政内容进教材、进课堂、进头脑要求，尊重教育规律，遵循学科特点，对教材内容进行了更新，着力落实以下要求：

1. 提升教材铸魂育人功能，培育、践行社会主义核心价值观，教育引导学生树立共产主义远大理想和中国特色社会主义共同理想，坚定"四个自信"，厚植爱国主义情怀，把爱国情、强国志、报国行自觉融入建设社会主义现代化强国、实现中华民族伟大复兴的奋斗之中。同时，弘扬中华优秀传统文化，深入开展宪法法治教育。

2. 注重科学思维方法训练和科学伦理教育，培养学生探索未知、追求真理、勇攀科学高峰的责任感和使命感；强化学生工程伦理教育，培养学生精益求精的大国工匠精神，激发学生科技报国的家国情怀和使命担当。加快构建中国特色哲学社会科学学科体系、学术体系、话语体系。帮助学生了解相关专业和行业领域的国家战略、法律法规和相关政策，引导学生深入社会实践、关注现实问题，培育学生经世济民、诚信服务、德法兼修的职业素养。

3. 教育引导学生深刻理解并自觉实践各行业的职业精神、职业规范，增强职业责任感，培养遵纪守法、爱岗敬业、无私奉献、诚实守信、公道办事、开拓创新的职业品格和行为习惯。

在此基础上，及时更新教材知识内容，体现产业发展的新技术、新工艺、新规范、新标准。加强教材数字化建设，丰富配套资源，形成可听、可视、可练、可互动的融媒体教材。

教材建设需要各方的共同努力，也欢迎相关教材使用院校的师生及时反馈意见和建议，我们将认真组织力量进行研究，在后续重印及再版时吸纳改进，不断推动高质量教材出版。

机械工业出版社

第3版前言

2022年12月中共中央办公厅、国务院办公厅印发《关于深化现代职业教育体系建设改革的意见》（以下简称《意见》），提出了新阶段职业教育改革的一系列重大举措。《意见》围绕职业教育自立自强，提出了五项重点工作。"提升职业学校关键办学能力"是五项重点工作的第一项，"打造一批核心课程、优质教材、教师团队、实践项目，及时把新方法、新技术、新工艺、新标准引入教育教学实践"是该项工作之一。以《意见》提出的重点工作为指导，深入贯彻党的二十大精神，结合汽车产业近几年在新能源汽车领域的发展，编者对本教材进行了修订。

第3版教材具有以下特点。

1. 本次修订邀请了吉林松原汇众汽车销售服务有限公司技术经理、一汽大众认证的专家技师程喜林参加编写，新增了汽车机械系统的认识及汽车气压传动基础，引入了行业新技术及新能源汽车相关案例，使教材更符合汽车产业发展实际需求。

2. 体现了"岗""课""赛""证"融合。内容根据职业技能证书考试及相关职业技能竞赛知识要求进行了更新和完善，习题部分进一步与技能证书考试及竞赛笔试相结合，贴近考试及竞赛要求，同时兼顾中、高职升学考试的需要，增加了相关例题及习题。

3. 贴近理实一体化教学需要，在项目前设置学习任务，突出理论与实践相结合的要求，同时方便教师组织理实一体化教学，并满足任务驱动教学需要。

4. 增加适合学生在线及自学的学习资源。书中增加动画学习资源并生成二维码，可以扫描二维码进行观看，更便于学生理解理论知识。

5. 根据教学内容，设置力学史话、知识探究、科技前沿、知识点滴等栏目，通过小故事、小案例融入素质教育的元素。

本书由吉林化工学院韩庆国、刘冰任主编，海南大学机电工程学院付丽荣、一汽大众认证的专家技师程喜林、阿勒泰职业技术学院田文波参加编写。其中，韩庆国编写了第3、4、5、12章，刘冰编写了第1、2、6、8章及配套习题集，付丽荣编写了10、11章，程喜林编写了第7章及实践环节，田文波编写了第9章。

编　者

第2版前言

随着国家关于职业院校专业与课程体系改革创新计划的实施，职业院校汽车类专业的课程改革不断深入。伴随着汽车制造相关技术的发展，依据国家颁布的最新职业教育专业目录，结合汽车专业职业技能标准要求和相关职业技能竞赛特点，为突出专业基础课的职业素养教育功能，编者围绕汽车运用与维修专业核心课程所需的基础知识和基本技能，以突出实用性和适用性为原则，对汽车机械基础知识进行了重新提炼与整合，对理论知识进行了必要的简化，同时增加了实践环节，通过实践操作深化对理论知识的理解，使学生对汽车常用零部件、传动过程及传动原理、液压系统工作过程及原理、结构材料及运行材料等有初步的了解，可为专业课程的学习打下良好的基础。

本书包括4个模块：汽车工程力学常识、汽车材料、汽车常用机构及机械传动、汽车液压传动常识，共10章。通过对本书的学习和实践操作训练，学生可具备以下能力：对汽车运动机构进行受力分析；熟悉汽车常用构件的变形特点；熟悉汽车常用金属及非金属材料的性能特点、牌号，能根据实际情况正确选用汽车燃料、润滑油及各类工作液；掌握汽车曲柄连杆机构、配气机构及其他平面接杆机构的工作原理；熟悉汽车常用零部件的特点、作用及工作原理；掌握液压传动的组成及工作原理，熟悉常见汽车液压系统的组成及工作原理。

本书具有以下特点。

1. 在内容的选择上充分考虑知识和技能的针对性和适用性，以汽车典型机械结构和零部件为例，突出机械基础知识在汽车运用与维修中的应用，强化学生对汽车结构和原理基础知识的理解。采用"校企合作"模式，同时运用了"互联网+"形式，在重要知识点嵌入二维码，方便学生理解相关知识，进行更深入地学习。

2. 结合教材内容增加了知识史话、问题探究、大国工匠、安全警钟等小栏目，以新颖、灵活的方式，通过小故事和问题探究，促进学生独立思考，潜移默化地对学生进行职业素养教育。

3. 在内容的叙述上尽量多用图、表来表达信息，对一些汽车零部件同时给出实物图和结构图，便于学生对零部件的认知、理解和掌握。

4. 尽量采用汽车应用实例，使学生通过本课程的学习熟悉汽车零部件及机械组成，在学习过程中体会到专业基础课程与专业课程之间的关系，为后续汽车专业课程的学习奠定理论与实践基础。

5. 重要章节后附有实践环节。实践环节内容的设计以汽车典型机构及部件的认识、分解、拆装为主，使学生进一步熟悉汽车主要部件，为学习汽车专业课程打下良好基础。教材中的实践环节与汽车维修工技能鉴定的实践考核内容相一致，体现了课证一致的职教新理念，使专业基础课与专业课和职业技能鉴定有机统一，改善了专业基础课的枯燥单调性，利于培养学生的专业兴趣。

6. 内附供学生巩固知识的测试题，便于教师进行教学效果的检测与评价。

本书建议学时为64~90学时，授课教师可根据大纲要求选择章节内容。建议学时安排见下表：

教学内容	总学时	其中实践学时
第1章 运动机构受力分析	8~10	
第2章 构件的承载能力分析	6~8	
第3章 汽车常用金属材料	6~8	2
第4章 汽车常用非金属材料	4~6	
第5章 汽车运行材料及选用	4~6	
第6章 汽车常用机构	6~10	4
第7章 汽车常用机械传动	12~14	4
第8章 汽车零部件的联接	2~6	
第9章 汽车常用轴系零件	4~6	4
第10章 液压传动及汽车常见液压系统	12~16	2
总　　计	64~90	16

　　本书由吉林化工学院刘冰、韩庆国担任主编，阿勒泰地区职业技术学校杨绪合、中铁十三局技师学院郭燕敏担任副主编，阿勒泰地区职业技术学校徐利军、王松林、吉林机电工程学校李云峰、黑龙江省大兴安岭技师学院李文生、富蕴县职业高中哈孜依扎·萨依很别克、山东水利技师学院许冉参编。其中，刘冰编写了第1、2、6章及第9章部分内容，韩庆国编写了第3、4、5章及第9章部分内容，杨绪合、郭燕敏编写了第7章，李云峰、徐利军、王松林、李文生、哈孜依扎·萨依很别克编写了第8、10章，许冉编写了测试题。

　　由于编者水平有限，书中难免存在缺点和错误，恳请读者批评指正。

编　者

第1版前言

本书是中等职业教育"十一五"规划教材之一。全书分为19章，包括工程力学、机械原理与零件及液压传动三部分，主要内容有静力学基础，平面汇交力系，力矩和力偶，摩擦，刚体定轴转动，材料力学基础，平面连杆机构，凸轮机构，带传动和链传动，齿轮传动和蜗杆传动，联接，轴及轴上零件，液压传动概述，液压元件的工作原理及结构，液压基本回路，液压系统的使用、维护及常见故障等。

本书的编写力求紧贴专业实际，减少了繁琐的理论推导及计算，按照理论知识适用、够用的原则，突出了实际应用知识，使各部分内容紧凑合理。

本书由刘冰任主编，宋爱民、韩庆国任副主编。参加编写的人员有吉林航空工程学校李永力（第1章）、吉林航空工程学校韩庆国（第2章、第3章、第4章）、吉林航空工程学校李育红（第5章、第6章）、吉林航空工程学校郑英杰（第7章、第8章）、吉林机电工程学校宋维清（第10章、第11章）、吉林航空工程学校周贵金（第9章、第12章）、长春市农业机械化学校杨艳杰（第13章、第14章、第15章）、襄樊市工业学校宋爱民（第16章、第17章）、吉林航空工程学校刘冰（第18章、第19章）。本书由长春市农业机械化学校黄生龙主审。

由于编者水平有限，书中难免有不少缺点与错误，敬请广大读者批评指正。

编　者

二维码索引

序号	名称	二维码	页码	序号	名称	二维码	页码
1	转动副		102	11	反向双曲柄机构		107
2	移动副		102	12	车门启闭机构		108
3	螺旋副		102	13	发动机活塞连杆机构		108
4	高副-凸轮接触		103	14	夹紧机构		109
5	高副-齿轮接触		103	15	飞机起落架机构		109
6	曲柄滑块机构		106	16	曲柄摇杆机构的急回特性		110
7	铰链四杆机构		106	17	发动机配气机构		110
8	曲柄摇杆机构的应用		107	18	凸轮机构工作原理		110
9	颚式破碎机		107	19	盘形凸轮		112
10	平行双曲柄机构		107	20	移动凸轮		112

（续）

序号	名称	二维码	页码	序号	名称	二维码	页码
21	圆柱凸轮		112	35	定轴轮系		140
22	带传动		119	36	周转轮系		140
23	同步带传动		123	37	螺旋千斤顶		145
24	链传动		124	38	螺旋传动		145
25	手动变速器齿轮机构		128	39	螺旋顶拔器		146
26	齿轮传动-外啮合		129	40	发动机曲轴		162
27	齿轮传动-内啮合		129	41	发动机凸轮轴		163
28	齿轮齿条传动		129	42	汽车半轴		164
29	斜齿轮传动		129	43	剖分式径向滑动轴承		165
30	人字齿轮传动		129	44	滚动轴承		166
31	螺旋锥齿轮传动		130	45	用顶拔器拆出轴承		168
32	斜齿轮传动		130	46	汽车离合器原理		172
33	蜗杆传动		130	47	汽车盘式制动器		174
34	汽车主减速器和差速器应用的锥齿轮传动		135	48	液压泵工作原理		183

（续）

序号	名称	二维码	页码	序号	名称	二维码	页码
49	轴向柱塞泵		185	54	先导型减压阀		196
50	柱塞式液压缸		189	55	普通节流阀		197
51	普通单向阀		191	56	气囊式蓄能器		201
52	液控单向阀		192	57	换向回路		202
53	二位四通换向阀		193				

目录

- 第 3 版前言
- 第 2 版前言
- 第 1 版前言
- 二维码索引

模块 1　认识汽车的机械系统

第 1 章　汽车的机械系统简介 …… 2
1.1　燃油车的总体构造 …… 2
　1.1.1　发动机 …… 3
　1.1.2　汽车底盘 …… 6
　1.1.3　汽车车身 …… 7
　1.1.4　电气设备 …… 8
1.2　纯电动汽车的机械系统 …… 8

模块 2　汽车工程力学常识

第 2 章　运动机构受力分析 …… 11
2.1　静力学基础 …… 11
　2.1.1　静力学的基本概念 …… 11
　2.1.2　静力学的基本公理 …… 12
　2.1.3　约束与约束力 …… 14
　2.1.4　受力分析与受力图 …… 16
2.2　平面汇交力系 …… 18
　2.2.1　平面汇交力系合成的几何法 …… 18
　2.2.2　平面汇交力系平衡的解析法 …… 19
2.3　力矩与力偶 …… 21
　2.3.1　力矩与力偶的概念 …… 21
　2.3.2　平面力偶系的合成与平衡条件 …… 23
　2.3.3　力的平移定理 …… 23
2.4　摩擦 …… 24
　2.4.1　滑动摩擦与滚动摩擦 …… 24
　2.4.2　摩擦角与自锁 …… 25
2.5　刚体定轴转动 …… 26
　2.5.1　刚体绕定轴的转动 …… 26
　2.5.2　功率、转速和转矩之间的关系 …… 28

第 3 章　构件的承载能力分析 …… 30
3.1　材料力学的基本概念 …… 30
　3.1.1　变形固体及其基本假设 …… 30
　3.1.2　材料力学的任务 …… 31
　3.1.3　外力、内力、应力和应变 …… 31
　3.1.4　杆件变形的基本形式 …… 33
3.2　基本变形 …… 34
　3.2.1　轴向拉伸与压缩 …… 34
　3.2.2　剪切变形 …… 36
　3.2.3　挤压变形 …… 37
　3.2.4　扭转变形 …… 37
　3.2.5　弯曲变形 …… 40
3.3　汽车常用零件的变形与疲劳破坏 …… 43
　3.3.1　汽车常用零件的变形 …… 43
　3.3.2　汽车零部件的疲劳破坏 …… 44

模块 3　汽车常用材料

第 4 章　汽车常用金属材料 …… 47
4.1　金属材料的分类及性能 …… 48
　4.1.1　金属材料的分类 …… 48
　4.1.2　金属材料的性能 …… 48
4.2　有色金属及其在汽车中的应用 …… 50
　4.2.1　铜及铜合金 …… 50

4.2.2　铝及铝合金 …………………… 51
　　4.2.3　镁及镁合金 …………………… 52
　　4.2.4　钛及钛合金 …………………… 52
　　4.2.5　铅、锡及其合金 ……………… 52
　4.3　黑色金属及其在汽车中的应用 ……… 53
　　4.3.1　碳素钢及其在汽车中的应用 …… 53
　　4.3.2　合金钢及其在汽车中的应用 …… 54
　　4.3.3　铸铁及其在汽车中的应用 ……… 55
　　4.3.4　钢的常用热处理工艺 …………… 55
　4.4　汽车上的主要金属零部件 …………… 56
　4.5　实践环节　观察材料的拉伸试验 …… 58

第5章　汽车常用非金属材料 …………… 62
　5.1　工程塑料及其在汽车中的应用 ……… 62
　5.2　其他非金属材料及其在汽车中的应用 … 64
　　5.2.1　橡胶材料 ……………………… 64
　　5.2.2　陶瓷材料及其在汽车中的应用 … 64
　　5.2.3　复合材料及其在汽车中的应用 … 65
　　5.2.4　汽车用玻璃 …………………… 67
　　5.2.5　汽车上的主要非金属材料零部件 … 68

第6章　汽车运行材料及选用 …………… 71
　6.1　汽车运行材料简介 …………………… 71
　6.2　车用燃料及其选用 …………………… 73
　　6.2.1　车用汽油 ……………………… 73
　　6.2.2　车用轻柴油及其选用 …………… 76
　　6.2.3　车用替代燃料 …………………… 78
　6.3　车用润滑油料及其选用 ……………… 81
　　6.3.1　发动机润滑油 …………………… 81
　　6.3.2　车辆齿轮油 ……………………… 86
　　6.3.3　车用润滑脂 ……………………… 87
　6.4　车用工作液及其选用 ………………… 89
　　6.4.1　液力传动油 ……………………… 89
　　6.4.2　汽车制动液 ……………………… 89
　　6.4.3　液压系统用油 …………………… 90
　　6.4.4　燃油汽车发动机冷却液 ………… 90
　　6.4.5　车用空调制冷剂 ………………… 91
　　6.4.6　汽车风窗玻璃清洗液 …………… 92
　6.5　汽车轮胎及其选用 …………………… 92
　　6.5.1　轮胎的分类 ……………………… 92
　　6.5.2　轮胎胎面花纹 …………………… 93
　　6.5.3　轮胎的组成、规格、材料及选用 … 94
　6.6　新能源汽车运行材料 ………………… 96
　　6.6.1　新能源汽车用工作液 …………… 96
　　6.6.2　新能源汽车用电池材料 ………… 97
　　6.6.3　新能源汽车电机及控制器材料 … 99

模块4　汽车常用机构及机械传动

第7章　汽车常用机构 ……………………… 102
　7.1　机构的组成及其运动简图 …………… 102
　　7.1.1　机器和机构 ……………………… 102
　　7.1.2　构件和零件 ……………………… 103
　　7.1.3　运动副及其分类 ………………… 103
　　7.1.4　机构的运动简图 ………………… 104
　7.2　平面连杆机构及其在汽车中的应用 … 106
　　7.2.1　平面连杆机构的特点 …………… 106
　　7.2.2　平面连杆机构的类型 …………… 106
　　7.2.3　平面连杆机构的工作特性 ……… 110
　7.3　凸轮机构及其在汽车中的应用 ……… 111
　　7.3.1　凸轮机构的组成 ………………… 111
　　7.3.2　凸轮机构的类型及特点 ………… 111
　　7.3.3　凸轮机构的应用实例 …………… 113
　　7.3.4　从动件的运动规律 ……………… 113
　7.4　实践环节 ……………………………… 115
　　7.4.1　拆装活塞连杆组 ………………… 115
　　7.4.2　拆装发动机气门传动组 ………… 116

第8章　汽车常用机械传动 ……………… 119
　8.1　带传动 ………………………………… 119
　　8.1.1　认识汽车正时带 ………………… 119
　　8.1.2　带传动的类型、特点和应用 …… 120
　　8.1.3　V带的结构和标准 ……………… 121
　　8.1.4　V带轮 …………………………… 121
　　8.1.5　带传动的安装、维护与张紧 …… 122
　　8.1.6　同步带传动简介 ………………… 124
　8.2　链传动 ………………………………… 124
　　8.2.1　认识汽车正时链 ………………… 124
　　8.2.2　链传动的组成、特点及类型 …… 125
　　8.2.3　链传动的运动特性及主要参数 … 127
　　8.2.4　链传动的布置和张紧 …………… 127
　　8.2.5　链传动的润滑 …………………… 129
　8.3　齿轮传动和蜗杆传动 ………………… 129
　　8.3.1　认识汽车手动变速器 …………… 129
　　8.3.2　齿轮传动的特点及分类 ………… 129
　　8.3.3　渐开线直齿圆柱齿轮各部分的名称、
　　　　　主要参数和几何尺寸 …………… 131
　　8.3.4　斜齿圆柱齿轮传动 ……………… 133
　　8.3.5　锥齿轮传动 ……………………… 135
　　8.3.6　齿轮传动的失效形式及常用材料 … 136
　　8.3.7　汽车中的蜗杆传动 ……………… 138
　　8.3.8　轮系 ……………………………… 141
　8.4　螺旋传动 ……………………………… 144
　　8.4.1　螺纹的类型及主要参数 ………… 144
　　8.4.2　螺旋机构 ………………………… 145
　8.5　实践环节 ……………………………… 147

8.5.1	正时带的检查与拆装 ……………	147
8.5.2	分解手动变速器 …………………	148

第9章　汽车零部件的联接 ………… 150
9.1　螺纹联接 …………………………… 150
9.1.1　螺纹联接的主要类型和螺纹联接件 …… 150
9.1.2　螺纹联接的预紧与防松 …………… 153
9.1.3　螺纹联接件的材料 ………………… 154
9.2　键、花键和销联接 ………………… 154
9.2.1　键联接 ……………………………… 154
9.2.2　花键联接 …………………………… 155
9.2.3　销联接 ……………………………… 156

第10章　汽车常用轴系零件 ………… 158
10.1　轴类零件 …………………………… 159
10.1.1　轴的用途及分类 ………………… 159
10.1.2　轴的结构 ………………………… 160
10.1.3　汽车典型轴类零件 ……………… 163
10.2　汽车轴承 …………………………… 165
10.2.1　滑动轴承 ………………………… 165
10.2.2　滚动轴承 ………………………… 166
10.3　汽车联轴器、离合器与制动器 …… 170
10.3.1　汽车联轴器 ……………………… 170
10.3.2　汽车离合器 ……………………… 172
10.3.3　汽车制动器 ……………………… 174
10.4　实践环节 …………………………… 176
10.4.1　拆装汽车离合器 ………………… 176
10.4.2　拆装汽车制动器 ………………… 177

模块5　汽车液压及气压传动常识

第11章　液压传动及汽车常见液压系统 …… 180
11.1　液压传动的基本知识 ……………… 180
11.1.1　液压传动的工作原理及特点 …… 180
11.1.2　液压传动的基本概念 …………… 182
11.1.3　管路内的压力损失 ……………… 183
11.2　液压系统元件 ……………………… 183
11.2.1　液压泵 …………………………… 183
11.2.2　液压缸和液压马达 ……………… 187
11.2.3　液压阀 …………………………… 191
11.2.4　液压辅助元件 …………………… 199
11.3　液压基本回路 ……………………… 203
11.3.1　方向控制回路 …………………… 203
11.3.2　压力控制回路 …………………… 203
11.3.3　速度控制回路 …………………… 205
11.4　常见汽车液压系统分析 …………… 206
11.4.1　汽车液压制动系统 ……………… 206
11.4.2　汽车液压助力转向系统 ………… 207
11.4.3　汽车液压悬架车身高度控制系统 …… 208
11.4.4　汽车液压减振器 ………………… 208
11.4.5　汽车液压系统的使用、维护及常见故障 …… 209

第12章　汽车中的气压传动 ………… 213
12.1　气压传动基础知识 ………………… 213
12.1.1　气压传动系统的组成及工作原理 …… 213
12.1.2　气压传动的特点 ………………… 214
12.2　汽车中的气压制动系统 …………… 215

附录 …………………………………………… 217
附录A　常用液压元件图形符号（GB/T 786.1—2021） ………………………………… 217
附录B　岗课赛证相关习题（选自汽车修理工中级题库及汽车技能竞赛理论试题题库） ……………………………… 220

参考文献 …………………………………… 223
习题集

模块 1

认识汽车的机械系统

汽车的机械系统简介

学习任务：
了解典型的汽车机械系统。

知识目标：
1. 熟悉燃油车及纯电动汽车的总体构造。
2. 熟悉燃油车的发动机和底盘机械系统的组成及作用。
3. 了解纯电动汽车的传动装置、行驶装置、转向装置及制动装置的组成及作用。
4. 理解汽车动力系统的传动路线。

能力目标：
1. 能识别汽车主要总成：发动机总成、转向器总成、变速器总成、前后桥、车架等。
2. 能正确描述燃油车各组成部分的作用。
3. 能正确描述纯电动汽车的组成及各机械系统的作用。

素养园地：
培养学生的民族自信心、自豪感和自强不息、开拓进取的创新精神。
产业前沿： 我国新能源汽车产业的发展

汽车是科学与技术密切结合的产物，无论是燃油车（使用汽油或柴油作为能源的汽车）还是纯电动汽车，或其他形式的新能源汽车，作为一种交通工具，它们都是由很多精密零件组成的。在学习汽车机械基础知识前，有必要对汽车的总体机械结构有大致的了解。

1.1 燃油车的总体构造

燃油车一般由发动机、底盘、车身及电气设备组成，图1-1所示为典型轿车的四大组成部分。

图1-2所示为典型轿车的总体结构，图中2为发动机，其作用是通过燃烧燃油为汽车提供动力，是整车的动力来源，被称为汽车的"心脏"。底盘接受来自发动机的动力，使汽车产生运动，并保证汽车按照驾驶人的操纵正常行驶，图1-2中5、6、7、8、9、10、12、17、18都属于底盘部分。车身是驾驶人工作的场所，也是装载乘客和货物的场所，图1-2中1、13、14、15、16都属于车身部分。汽车电气设备的作用是保证辅助驾驶系统的可靠性和汽车基本功能的使用，同时为汽车娱乐和通信设施供电，图1-2中3、4、11都属于电气设备部分。

发动机工作时，燃料在气缸内燃烧，产生巨大压力，推动活塞上、下运动，通过与活塞连接的连杆将力传递给曲轴，最终转化为曲轴的旋转运动，再通过变速器和传动轴，将动力传递到驱动轮上，从而推动汽车前行。

第1章 汽车的机械系统简介

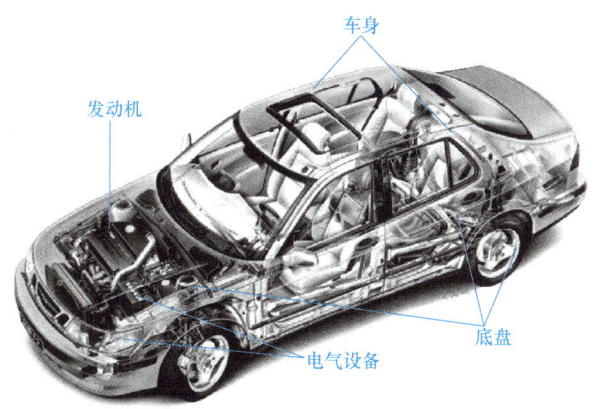

图 1-1 典型轿车的四大组成

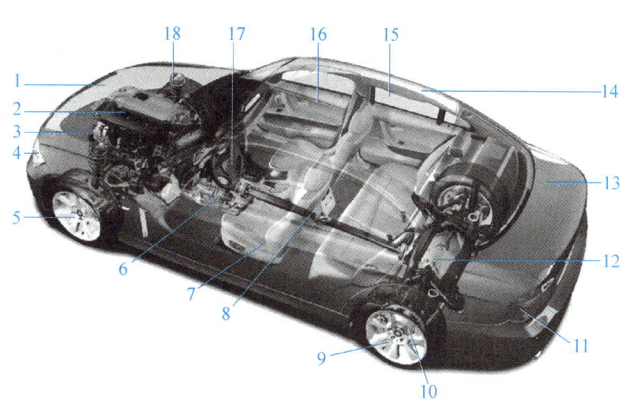

图 1-2 典型轿车的总体结构

1—发动机罩 2—发动机 3—发电机 4—前照灯 5—前轮
6—变速箱 7—座椅 8—传动轴 9—后轮 10—制动器
11—后转向灯 12—驱动桥 13—行李舱 14—车顶纵梁
15—车窗 16—车门 17—转向系统 18—前悬架

1.1.1 发动机

发动机是把燃料的化学能转变为机械能的装置，也称引擎。图 1-3 所示为典型轿车发动机在汽车中的位置。大多数燃油车的发动机都采用往复活塞式内燃机，其主要由两大机构和五大系统组成，包括曲柄连杆机构、配气机构、燃油供给系统、点火系统、润滑系统、冷却系统和起动系统。柴油发动机与汽油发动机的区别是没有点火系统。图 1-4 所示为汽油发动机的总体结构。

图 1-3 典型轿车发动机在汽车中的位置

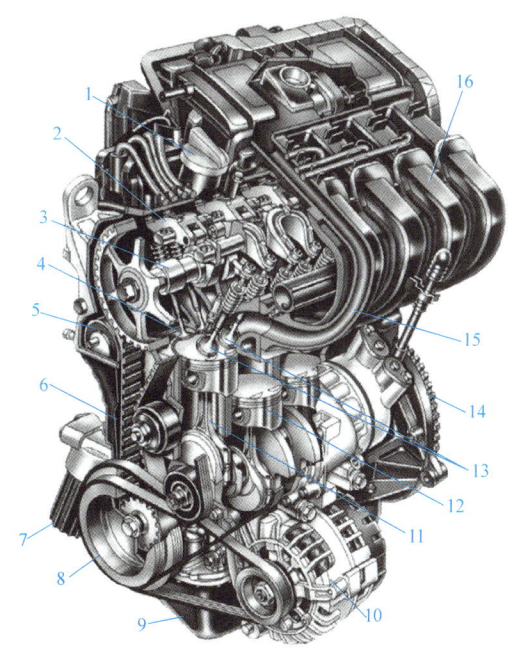

图 1-4 汽油发动机总体结构

1—机油加注口 2—气门摇臂 3—凸轮轴 4—排气门
5—张紧轮 6—正时带 7—机油滤清器 8—曲轴带轮
9—油底壳 10—发电机 11—连杆 12—活塞 13—进气门 14—飞轮 15—进气歧管（剖开） 16—进气歧管

3

1. 曲柄连杆机构

曲柄连杆机构一般由机体组、活塞连杆组和曲轴飞轮组等组成。图 1-5 所示为曲柄连杆机构的活塞连杆组和曲轴飞轮组的基本组成，主要零部件有活塞、活塞环、活塞销、连杆、连杆螺栓、连杆盖、连杆轴瓦、连杆螺母、曲轴、飞轮等。曲柄连杆机构是发动机完成能量转换的传动机构。当可燃混合气在气缸中燃烧时，活塞受到燃气的压力在气缸内作直线运动，通过连杆转换成曲轴的旋转运动，并通过曲轴向外输出动力。

2. 配气机构

配气机构的功能是根据发动机的工作顺序和工作过程，定时开启和关闭进气门和排气门，使可燃混合气或空气进入气缸，并使废气从气缸内排出，实现换气过程。大多数汽车采用顶置气门式配气机构，它一般由气门组、气门传动组和气门驱动组等组成。图 1-6 所示为配气机构的主要结构，其主要零部件有凸轮轴正时带、凸轮轴正时带轮、张紧轮、曲轴正时带轮、凸轮轴、气门、气门弹簧、气门弹簧座等。曲轴通过正时带轮和正时带驱动凸轮轴转动，由凸轮的旋转控制气门定时开启和关闭。

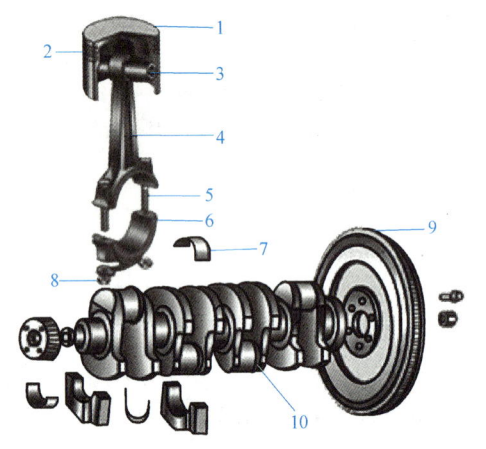

图 1-5 活塞连杆组与曲轴飞轮组

1—活塞 2—活塞环 3—活塞销 4—连杆
5—连杆螺栓 6—连杆盖 7—连杆轴瓦
8—连杆螺母 9—飞轮 10—曲轴

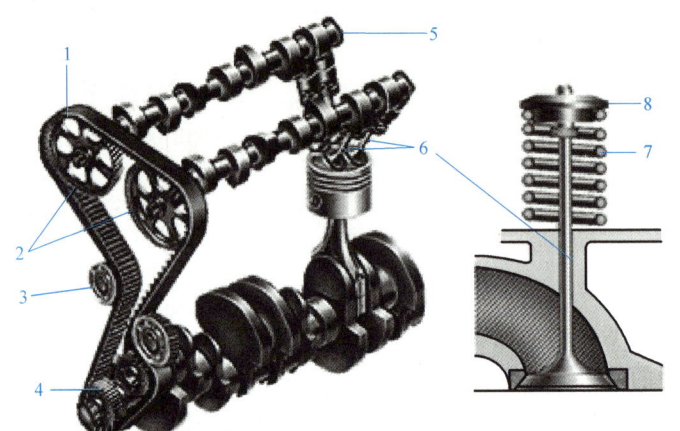

图 1-6 配气机构主要结构

1—凸轮轴正时带 2—凸轮轴正时带轮 3—张紧轮 4—曲轴正时带轮
5—凸轮轴 6—气门 7—气门弹簧 8—气门弹簧座

3. 燃油供给系统

汽油发动机燃油供给系统的功能是根据发动机的要求，配制出一定数量和浓度的混合气，供入气缸，并将燃烧后的废气从气缸内排出到大气中；柴油发动机燃油供给系统的功能是把柴油和空气分别供入气缸，在燃烧室内形成混合气并燃烧，最后将燃烧后的废气排出。燃油供给系统一般由空气供给装置、燃油供给装置和废气排出装置等组成。图 1-7 所示为汽油发动机燃油供给系统的组成，主要包

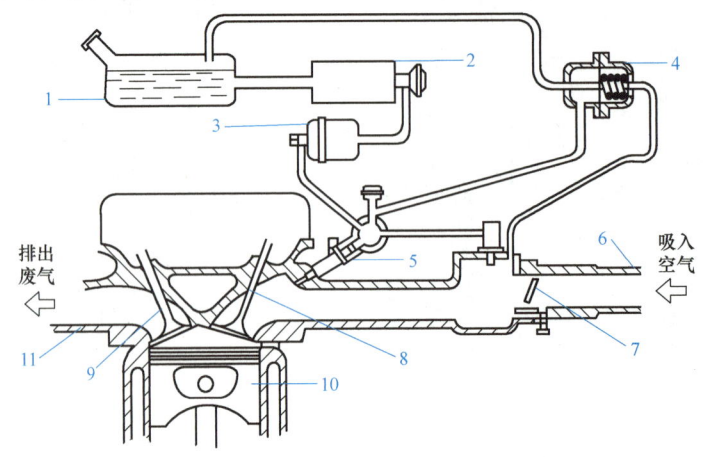

图 1-7 汽油发动机燃油供给系统的组成

1—燃油箱 2—燃油泵 3—燃油滤清器 4—燃油压力调节器 5—喷油器 6—进气管
7—节气门 8—进气门 9—排气门 10—活塞 11—排气管

括燃油箱、燃油泵、燃油滤清器、燃油压力调节器及喷油器等。

4. 点火系统

点火系统的功能是按照发动机的工作顺序定时产生足够强度的电火花点燃混合气，使发动机做功。图1-8所示为电子点火系统的组成，主要由点火信号发生器、点火控制器、分电器、点火线圈和火花塞等组成。

5. 润滑系统

发动机工作时，有些运动零件之间存在高速的相对运动，这种相对运动会导致零件表面产生摩擦，致使零件磨损。为了减轻零件磨损，减小摩擦阻力，延长使用寿命，发动机上都配有润滑系统。润滑系统的功能是向作相对运动的零件表面间输送定量的清洁润滑油，以实现液体润滑，减小摩擦阻力，减轻零件的磨损，同时还能对零件表面进行清洗和冷却。润滑系统通常由油底壳、润滑油道、机油泵、机油滤清器和一些阀门等组成。图1-9所示为润滑系统的结构图。

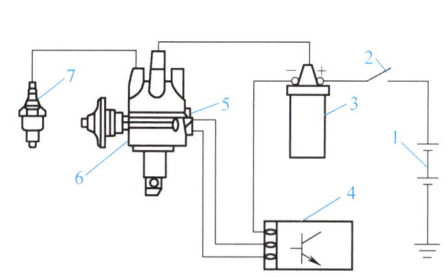

图1-8 电子点火系统的组成

1—电源 2—点火开关 3—点火线圈 4—点火控制器
5—点火信号发生器 6—分电器 7—火花塞

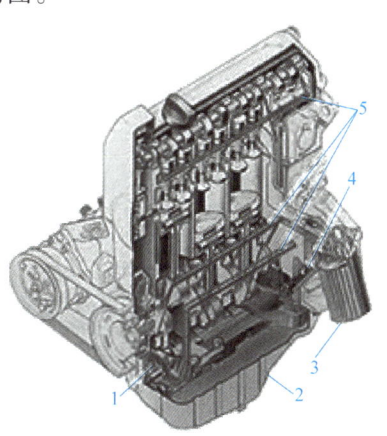

图1-9 润滑系统结构图

1—机油泵 2—油底壳 3—机油滤清器
4—安全阀 5—润滑油道

6. 冷却系统

冷却系统的功能是将发动机受热零部件吸收的多余热量及时散发出去，保证发动机在最适宜的温度状态下工作。发动机采用两种冷却方式，即风冷与水冷。一般汽车发动机多采用水冷。水冷发动机的冷却系统通常由冷却水管、水泵、风扇、散热器、节温器等组成。图1-10所示为冷却系统结构图。

7. 起动系统

要使发动机由静止状态过渡到工作状态，必须先用外力转动发动机的曲轴，发动机才能实现自行运转。因此，曲轴在外力作用下从开始转动到发动机开始自行运转的全过程，称为发动机的起动。发动机的起动系统就是执行起动任务的装置，其组成如图1-11所示。起动系统主要由蓄电池、点火开关、

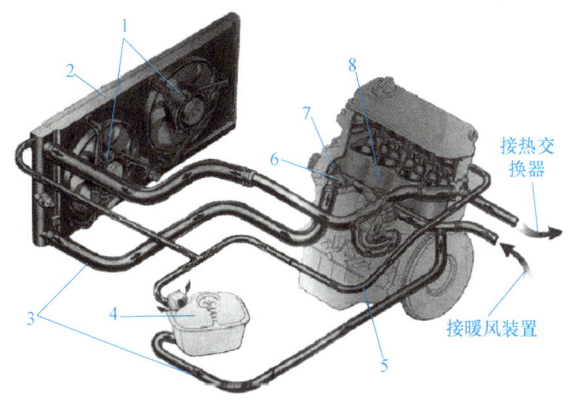

图1-10 冷却系统结构图

1—风扇 2—散热器 3—冷却水管 4—膨胀水箱
5—发动机水套排气管 6—节温器 7—水泵 8—气缸体水套

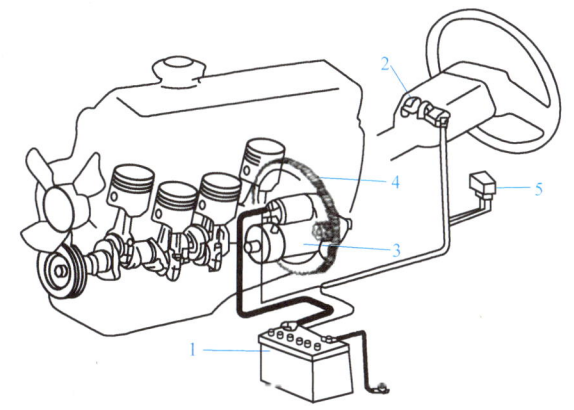

图1-11 起动系统的组成

1—蓄电池 2—点火开关 3—起动机
4—飞轮 5—起动继电器

起动机等组成，在点火开关和起动继电器的控制下，蓄电池提供电能，起动机将电能转化为机械能，带动发动机的飞轮和曲轴转动，从而使发动机进入自行运转状态。

1.1.2 汽车底盘

底盘是指汽车上由传动系统、行驶系统、转向系统和制动系统四部分组成的结构，用来支撑和安装汽车发动机及其各部件、总成，形成汽车的整体造型，它接受发动机动力，使汽车能够正常行驶。汽车底盘的组成如图1-12所示。

1. 传动系统

传动系统主要由发动机、变速器、万向节、传动轴、主减速器和差速器、半轴组成，如图1-13所示。对于发动机前置、后轮驱动的汽车，发动机的动力通过离合器传给变速器2，再通过传动轴3、万向节4、主减速器和差速器5传给半轴6，半轴将动力传给驱动车轮，进而使车轮转动。传动系统具有减速、变速、倒车、中断发动机的动力传递及左右车轮差速等功能。传动系统与发动机配合工作时，能保证汽车在各种工况下正常行驶。

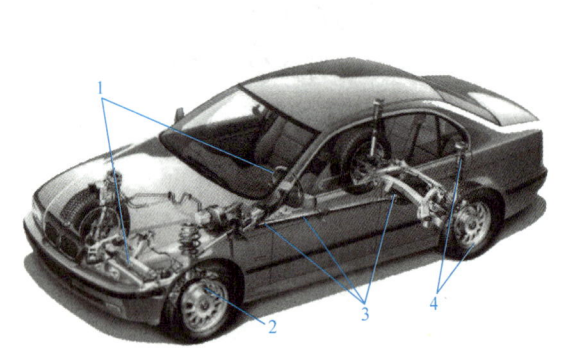

图1-12 汽车底盘的组成
1—转向系统 2—制动系统
3—传动系统 4—行驶系统

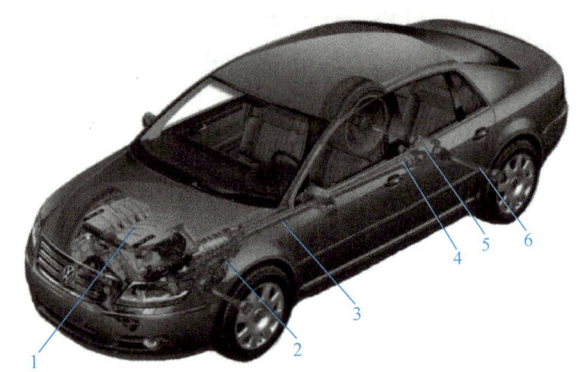

图1-13 传动系统的组成
1—发动机 2—变速器 3—传动轴 4—万向节
5—主减速器和差速器 6—半轴

2. 行驶系统

行驶系统接受发动机经传动系统传来的动力，通过驱动车轮与路面间的作用，产生牵引力，使汽车正常行驶。此外，行驶系统还能缓和不平路面对车身造成的冲击和振动，保证汽车行驶的平顺性。行驶系统主要由车架、车桥（也称车轴）、悬架和车轮组成。图1-14所示为载货汽车行驶系统的组成。现在的普通轿车一般已没有车架，仅由悬架和车轮等部分组成。

3. 转向系统

汽车转向系统的功能是改变或恢复汽车行驶方向。转向系统主要由转向操纵机构、转向器、转向传动机构组成，如图1-15所示，转向盘、转

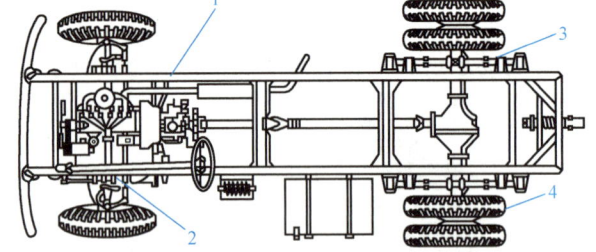

图1-14 载货汽车行驶系统的组成
1—车架 2—车桥 3—悬架 4—车轮

向轴、转向器、转向横拉杆、转向泵、转向臂等是转向系统的基本部件。转向操纵机构是驾驶人操纵转向器工作的装置，其作用是将驾驶人作用在转向盘上的力传递到转向器。转向器一般固定在汽车车架或车身上，转向力一般通过转向器后会改变传递方向。转向传动机构将转向器输出的力和运动传递给车轮，使左右车轮按一定关系偏转。

4. 制动系统

汽车制动系统的作用是使行驶中的汽车减速甚至停止。制动系统根据作用不同，可分为行车制动

系统、驻车制动系统、应急制动系统及辅助制动系统。行车制动系统和驻车制动系统是每辆汽车都必须具备的。使行驶中的汽车降低速度甚至停车的制动系统称为行车制动系统；使已停驶的汽车驻留原地不动的制动系统称为驻车制动系统。制动系统主要由供能装置、控制装置、传动装置和制动器四部分组成。图1-16所示为带有真空助力装置的制动系统的基本组成。

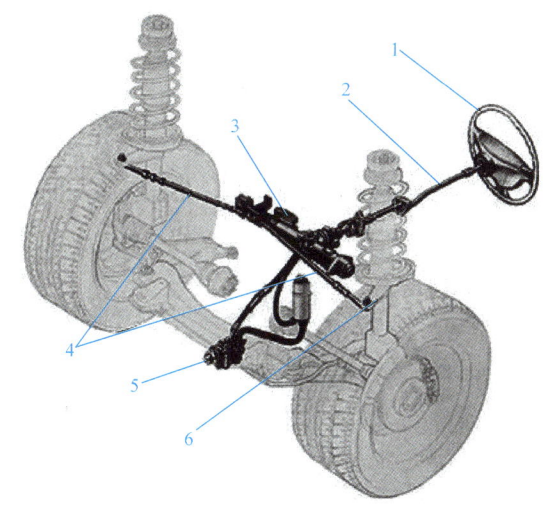

图1-15 转向系统的组成

1—转向盘 2—转向轴 3—转向器
4—转向横拉杆 5—转向泵 6—转向臂

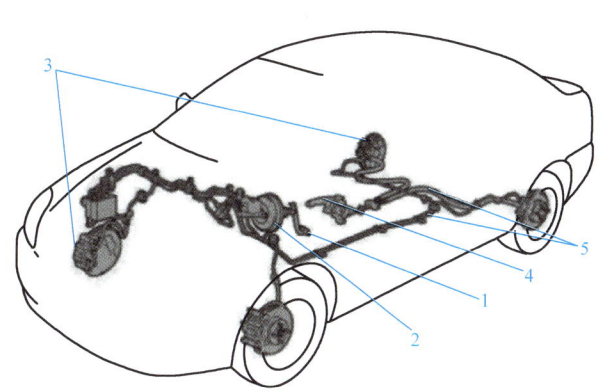

图1-16 带有真空助力装置的制动系统的基本组成

1—制动踏板 2—真空助力器 3—制动器
4—驻车制动 5—制动管路

1.1.3 汽车车身

车身安装在底盘车架上，供驾乘人员乘坐或装载货物。轿车和客车的车身一般为整体结构，货车的车身一般由驾驶室和货箱两部分组成。汽车车身结构主要包括：车身外壳，车门，车窗，发动机舱盖，内外装饰和车身附件，座椅，通风、加热、冷却和空调装置等。图1-17所示为轿车车身结构图。

1. 车身外壳

车身外壳也称白车身，是所有车身部件的安装基础，通常是指由纵梁、横梁、立柱等主要承重构件和与之相连的钣金部件组成的刚性空间结构。车身壳体充填有用于隔声、隔热、防振、防腐、密封等的材料，表面涂覆涂层。

图1-17 轿车车身结构图

2. 车门

车门通过铰链安装在车身外壳上，其结构复杂，是保证车身性能的重要部件。这些钣金零件形成了容纳发动机、车轮和其他零件的空间。

3. 车身外部装饰

车身外部装饰主要指装饰条、车轮装饰罩、标志和浮雕文字等。散热器、保险杠、车灯、后视镜等配件也有明显的装饰性。

4. 汽车内部装饰

汽车内部装饰主要包括表面覆盖物，例如仪表板、顶篷、侧壁、座椅、窗帘和地毯等。

5. 车身附件

车身附件主要有门锁、车门铰链、车窗升降器、各种密封件、刮水器、遮阳板、后视镜、把手、点烟器、烟灰盒等。

6. 座位

座位主要由座架、座垫、靠背和调节机构组成，是车身内部的重要装置之一。座垫和靠背要有一定的弹性。调节机构可以前后或上下移动座椅，调节座垫和靠背的倾斜角度。有些座椅还有弹性悬挂和减振器，弹性悬挂可以调节，保证在驾乘人员不同体重的作用下，座垫距离地面处于合适的高度。一些货车驾驶室和客车还配有卧铺，以满足夜间长途行驶的需要。

车体内部的通风、加热、冷却和空调装置是维持车内正常环境，保证驾乘人员安全舒适的重要装置。

1.1.4　电气设备

电气设备是汽车的重要组成部分之一，主要包括供电设备和耗电设备两大类，其中，供电设备主要有蓄电池和发电机及其调节装置，耗电设备主要有点火器、起动机、汽车照明和信号装置等。此外，在现代汽车上广泛地安装有各种电子设备，如微处理机、中央计算机系统及各种人工智能装置等，显著地提高了汽车的性能。

1.2　纯电动汽车的机械系统

新能源汽车是指使用新型能源代替传统燃油的汽车，主要包括纯电动汽车、混合动力汽车和燃料电池汽车。其中，纯电动汽车的机械系统最具有典型性，因此，本节主要介绍纯电动汽车的机械系统。

纯电动汽车以电力作为动力源，用电动机驱动车轮行驶。沿用传统的汽车构造进行结构划分，纯电动汽车可分为电动机、底盘、车身和电气设备四部分，如图1-18所示。此外，典型的划分方式是将纯电动汽车分为电力驱动系统、电源系统和辅助系统三部分。电力驱动系统主要包括电子控制器、功率转换器、电动机、机械传动装置和车轮；电源系统主要包括电源、能量管理系统和充电机；辅助系统主要包括辅助动力源、动力转向系统、导航系统、空调器、照明及除霜装置、刮水器和音响等。纯电动汽车的机械系统主要包括传动装置、行驶装置、转向装置及制动装置，工业用的纯电动汽车还设有为完成作业要求而设置的工作装置。

图1-18　纯电动汽车的组成

1—电动机　2—底盘　3—电气设备　4—车身

1. 传动装置

传动装置是指驱动电动机转轴和车轮之间的机械连接部分，由于电动机具有良好的牵引特性，因此，纯电动汽车不需要离合器和变速器。纯电动汽车的传动装置主要包括减速器、传动轴、差速器等。图1-19所示为纯电动汽车应用的两款减速器。

图1-19　纯电动汽车应用的两款减速器

a) 固定速比减速器　b) 两档减速器

2. 行驶装置

行驶装置的作用是将电动机的驱动力矩通过车轮变成对地面的作用力，驱动车轮行驶。其结构与燃油车类似，主要由车架、车桥、车轮和悬架等部件组成。

3. 转向装置

转向装置的作用是保持或改变行驶方向，其组成与燃油车类似，主要包括转向操纵机构、转向器、转向传动机构等部件。

4. 制动装置

制动装置也是为汽车减速或停车而设置的，包括行车制动和驻车制动两套装置。制动装置的组成与燃油车类似，通常由制动器和制动传动装置组成。在纯电动汽车上，一般还有电磁制动装置，它可以利用驱动电动机的控制电路实现电动机的发电运行，使减速制动时的能量转换成对蓄电池充电的电流，从而使能源得到再生利用。

模块2
汽车工程力学常识

第 2 章 运动机构受力分析

学习任务：
对汽车发动机中的连杆进行受力分析。

知识目标：
1. 掌握静力分析的基本概念及基本公理。
2. 掌握常见约束的性质及特点。
3. 掌握滑动摩擦、滚动摩擦的概念，理解滑动摩擦定律。
4. 理解刚体定轴转动的转速、角速度及角加速度的概念。
5. 理解惯性力、转动零件惯性力的平衡及转动惯量的概念。
6. 理解功率、转速与转矩的关系。

能力目标：
1. 能够对汽车中典型构件的受力情况进行正确分析。
2. 能够运用力系平衡条件进行力系的分析和计算。
3. 能正确分析汽车典型转动零件上的惯性力。
4. 能正确分析汽车功率、转速及转矩之间的关系。
5. 培养学生利用理论知识分析实际问题的能力。

素养园地：
培养学生的民族自信心，树立正确的世界观。
力学史话： 中国古代力学贡献——爱国主义和民族自信心教育

在汽车装配、检修和修复工作中，经常需要进行检测和修复零部件变形工作，因此要求工作人员能够对零部件及运动机构进行正确的受力分析，本模块主要学习零部件及运动机构的受力分析相关知识。

2.1 静力学基础

2.1.1 静力学的基本概念

静力学是从公元前 3 世纪开始发展的，人们在使用简单工具和机械的基础上，逐渐总结出了力学的概念和公理，阿基米德是使静力学成为一门真正科学的奠基者。静力学主要研究物体在力的作用下处于平衡的规律。

1. 平衡的概念

平衡是机械运动的一种特殊情况，即物体受力后的运动状态不发生变化。静力学中的平衡，是指物体相对于地面保持静止或做匀速直线运动的状态。运动是物质存在的形式，因而物体的平衡是相对的、暂时的。

2. 力的概念

（1）力的定义　力是物体之间的相互作用。这种作用能使物体的运动状态发生改变或使物体变形。从力的定义可以看出，力是一个物体对另一个物体的作用，所以力是不能脱离实际物体而存在的；一个物体受到力的作用，必有其他物体对它施加了这种作用。一个孤立的物体不存在力的作用，即有受力物体、必有施力物体。因此，在分析物体受力时，需分清受力物体和施力物体。

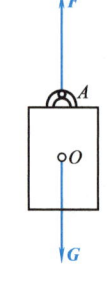

图 2-1　力的作用点

（2）力的三要素　力对物体的作用取决于力的大小、力的方向和力的作用点三个要素。任何一个要素改变时，力对物体的作用效果都会发生变化。

1）力的大小表示物体间相互作用程度的强弱，它的单位为牛顿（N）或千牛（kN）。

2）力的方向表示力作用的方向，即力的指向。如图 2-1 所示，重力 G 的方向是竖直向下的，而拉力 F 的方向是竖直向上的。

3）力的作用点表示力在物体上作用的位置，如图 2-1 所示重力 G 作用在重心 O 点，力 F 作用在 A 点。

（3）力的表示方法　力既有大小又有方向，这种物理量在力学中被称为矢量。只考虑大小的物理量称为标量，如长度、时间、温度、质量等。力的三要素可用一个带箭头的线段来表示，通常称为有向线段。如图 2-2 所示，线段的长度按一定比例表示力的大小，线段的箭头表示力的方向，线段的起点或终点表示力的作用点。黑体字母如 F 作为力的符号代表力矢量，而白体字母如 F 只代表力的大小。若用白体字母表示力矢量，则在字母上加一个箭头，如 $\vec{F}$。

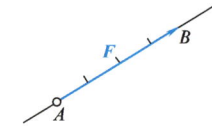

图 2-2　力的表示

3. 刚体的概念

刚体就是不变形的物体，即在任何力的作用下，其大小和形状都保持不变（或者说其内部任意两点之间的距离始终保持不变）。事实上，任何物体在力的作用下都将发生不同程度的变形，因此并无真正的刚体存在，它只是一个理想化的力学模型。在静力学中，常把受力物体看作是刚体，因为一些微小的变形对平衡问题的研究不起主要作用，可以忽略不计，从而使问题简化。

2.1.2　静力学的基本公理

公理是人类经过长期的观察和经验积累而得到的结论，是被大家所公认的客观真理。静力学公理是人们关于力的基本性质的概括和总结，包括四个基本规律，它们是建立静力学全部理论的基础。

1. 力的平行四边形公理

作用在物体上同一点的两个力，可以合成为一个合力。合力的作用点仍在该点，合力的大小和方向由以这两个力为邻边所构成的平行四边形的对角线来确定。如图 2-3 所示，其矢量表达式为

$$F = F_1 + F_2$$

应用平行四边形公理可以进行力的合成，也可以进行力的分解。例如在图 2-4 中，拉力 F 作用在

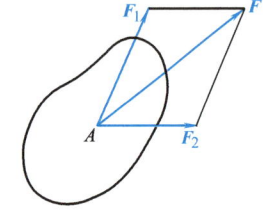

图 2-3　力的平行四边形公理

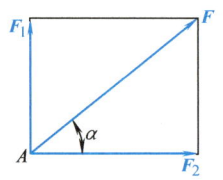

图 2-4　力的分解

螺钉 A 上，与水平方向的夹角为 α，按此公理可将其沿水平及竖直方向分解为两个分力 F_1 和 F_2。

2. 二力平衡公理

作用于刚体上的两个力，使刚体处于平衡状态的必要与充分条件是：这两个力的大小相等，方向相反，且作用在同一直线上，如图 2-5 所示。即 $F_1 = -F_2$。

3. 加减平衡力系公理

在已知力系上加上或减去任意的平衡力系，并不改变原力系对刚体的作用，如图 2-6 所示。

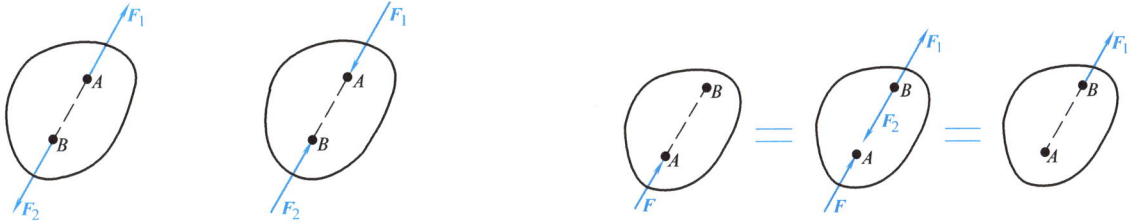

图 2-5　二力平衡公理　　　　　　　　　图 2-6　加减平衡力系公理

推论 1　力的可传性原理：作用于刚体上某点的力，可以沿着它的作用线移到刚体内任意一点，并不改变该力对刚体的作用效果。

推论 2　三力平衡汇交定理：刚体受三个力而保持平衡，若其中两个力的作用线汇交于一点，则此三力必在同一平面内，且第三个力的作用线通过汇交点。

证明：如图 2-7 所示，在刚体的 A、B、C 三点分别作用三个相互平衡的力 F_1、F_2、F_3。根据力的可传性原理，将力 F_1 和 F_2 移到汇交点 D，然后根据力的平行四边形公理，得合力 F_{12}。力 F_3 应与 F_{12} 平衡。由于两个力平衡必须共线，所以力 F_3 必定与力 F_1 和 F_2 共面，且通过力 F_1 与 F_2 的交点 D。

4. 作用与反作用公理

两物体间相互作用的力总是同时存在，且大小相等、方向相反，沿同一直线分别作用在两个物体上。相互作用力之一为作用力，另一力则为反作用力。对应于每个作用力，必有一个与其大小相等、方向相反且在同一直线上的反作用力。一般用 F' 表示力 F 的反作用力，如图 2-8 所示。

图 2-7　三力平衡汇交定理　　　　　　　图 2-8　作用与反作用公理

此公理概括了自然界中物体间相互作用的关系，表明作用力与反作用力总是同时存在且同时消失的，没有作用力也就没有反作用力。

此外必须注意，作用力与反作用力是分别作用在两个物体上的，不能与二力平衡公理混同。

力学史话：中国古代对力学的应用早在西周就开始了，战国时期在力学的应用方面可以和古希腊相媲美。从周代到明代有许多记述关于力学实践和认识的著作，如战国时期以墨翟为首的墨家代表作《墨经》，最早把力定义为使物体运动的原因；汉代王充的《论衡》叙述了相对运动的思想。历代涉及力学知识的著作还有：宋代曾公亮的《武经总要》、苏颂的《新仪象法要》、沈括的《梦溪笔谈》、李诫的《营造法式》、明代宋应星的《天工开物》等。中国古代在力学应用方面的特点是：经验多于理论，器具制造多于理论总结，也因此限制了力学理论的形成与发展。我们在学习中也要注重分析与总结，才能更好地实现创新。

2.1.3 约束与约束力

一、约束及约束力的概念

自由体：位移不受限制的物体称为自由体。例如，空气中的热气球、飞行的飞机等是自由体。

非自由体：位移受到限制的物体称为非自由体。例如，桌子、汽车、发动机中的活塞、曲轴、车轮等都是非自由体。

约束：限制非自由体运动的周围物体称为约束。例如，活塞的运动受到缸体和连杆的限制，只能沿气缸内壁在一定范围内上下运动，因此，缸体和连杆就是活塞的约束；曲轴的运动受到支座的限制，支座就是曲轴的约束；车轮的运动受到轴的限制，轴就是车轮的约束。

约束力：约束能限制物体的运动，所以约束的作用是一种力的作用。约束作用于非自由体上限制其运动的力称为约束力，又称反力。一般将使物体运动的力称为主动力。约束力的大小一般是未知的，约束力的方向与物体运动受限制的方向相反，作用点为约束和物体的接触点，这是确定约束力的原则。

二、常见约束类型及其约束力

1. 柔索约束

由柔软的绳索、传动带、链条等所形成的约束称为柔索约束。因柔索只能承受拉力，所以柔索约束对物体的约束力恒为拉力，作用在接触点，方向沿着绳索背离物体，通常用 F_T 表示，如图 2-9a、b 所示。

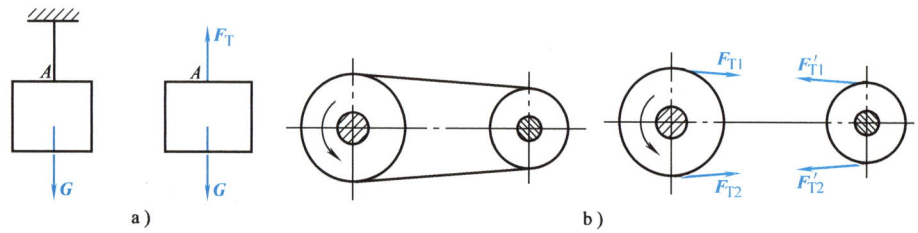

图 2-9 柔索约束

2. 光滑接触面约束

两个互相接触的物体，当忽略接触面上的摩擦力时，这种光滑接触面构成的约束称为光滑接触面约束。其约束力作用于接触点，方向为沿接触表面的公法线指向被约束物体，使物体受到一个法向压力作用。因此，这种约束力又称为法向约束力，通常用 F_N 表示，如图 2-10 所示。

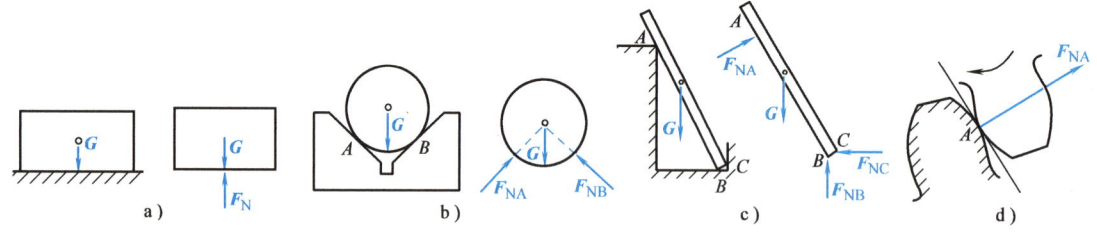

图 2-10 光滑接触面约束

3. 铰链约束

如图 2-11 所示，由铰链构成的约束称为铰链约束。这种约束是由两个带有圆孔的物体通过圆柱销联接构成的，其接触面是光滑的。铰链的应用很广，例如门窗的铰链（又称为合页），内燃机的曲柄连杆机构中曲柄与连杆用曲柄销联接，连杆与活塞用活塞销联接（图 2-12），汽车的车门、发动机罩、行李舱盖等都是铰链约束的实例。

> **知识反思**：约束对物体是一种限制，适当的约束限制可以使物体具有符合设计的运动形式，为人类所用。我们在学习和生活中也会有纪律和法律的约束，只有正视这些约束，遵守纪律和法律，才能更好地规范行为举止。

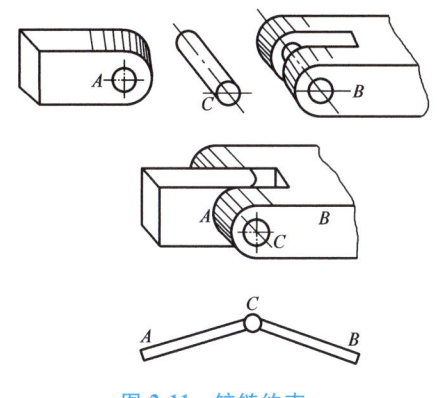

图 2-11 铰链约束

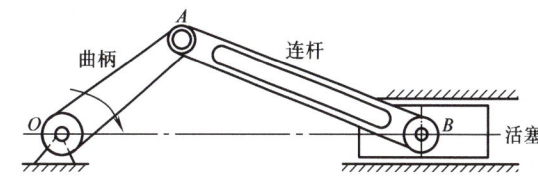

图 2-12 曲柄连杆机构

工程上常用铰链将桥梁、起重机的起重臂等结构与支承面或机架连接起来,就构成了铰链支座。根据铰链支座与支承面的连接方式不同,分为以下两种。

(1) 固定铰链支座 用圆柱销联接的两构件中,有一个是固定件,称为固定铰链支座,如图 2-13 所示。

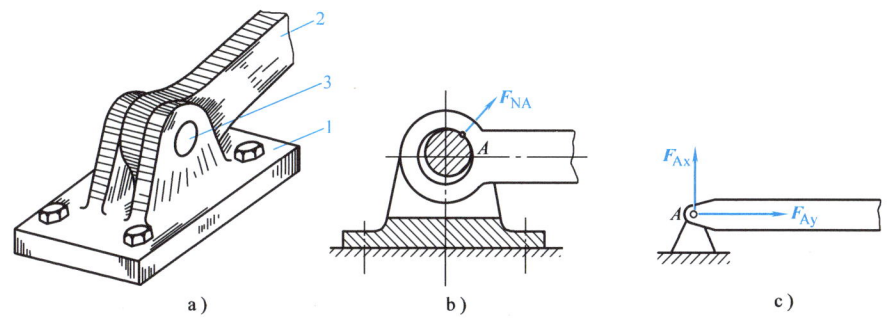

图 2-13 固定铰链支座
1—固定支座 2—杆 3—销

固定铰链支座约束能限制物体沿圆柱销半径方向的移动,但不能限制其转动。因此,其约束力的作用线通过圆柱销中心,大小及方向均未知,常用两个互相垂直的力 F_{Ax}、F_{Ay} 来表示,如图 2-13c 所示。

如图 2-14 所示的 BC 杆,是双端铰链连接的刚性杆件。当其本身不受主动力作用时,其约束力的方向沿杆件两端铰链中心的连线。这种杆件称为二力杆。

(2) 活动铰链支座 如图 2-15a 所示,当铰链支座下面装上几个圆柱形滚子时,支座可以在滚子上任意做左右相对运动,这种约束称为活动铰链支座约束。活动铰链支座也称辊轴支座。车轮就属于这种类型的约束。由于支座只能限制构件沿支承面垂直方向的移动,因此其约束力的方向垂直于支承面,且通过铰链中心,如图 2-15b 所示。

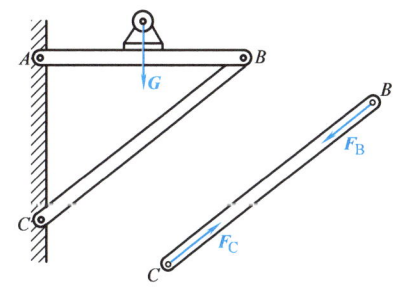

图 2-14 二力杆

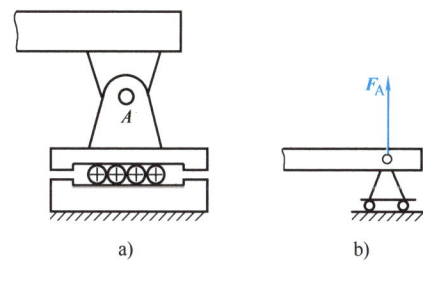

图 2-15 活动铰链支座

4. 固定端约束

固定端约束是指一端固定、另一端自由的支座约束，也称为固定端支座。如图 2-16 所示，它使被约束的物体既不能转动，又不能移动。因此，其约束力表示为两个相互垂直的分力 F_{Ax}、F_{Ay} 和一个阻止转动的反力矩 M_A。

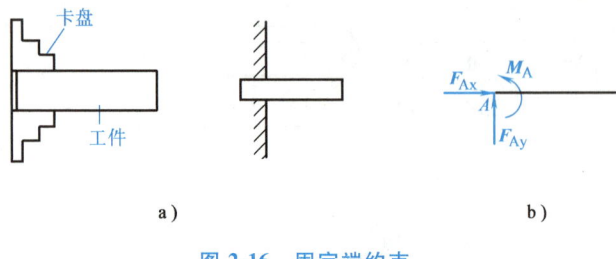

图 2-16 固定端约束

5. 径向轴承（向心轴承）

轴承约束是工程中常用的支撑形式，径向轴承约束如图 2-17 所示。从图中可以看出，轴可以在孔内任意转动，也可以沿孔的中心线移动，但轴承限制了轴沿孔的径向向外位移。如果忽略摩擦力，当轴和轴承在某点 A 光滑接触时，轴承对轴的约束力 F_A 作用于接触点 A 上，且沿公法线指向轴心。由于接触点 A 不能预先确定，因此可用通过轴心的两个正交分力 F_x 和 F_y 表示，如图 2-17b、c 所示。

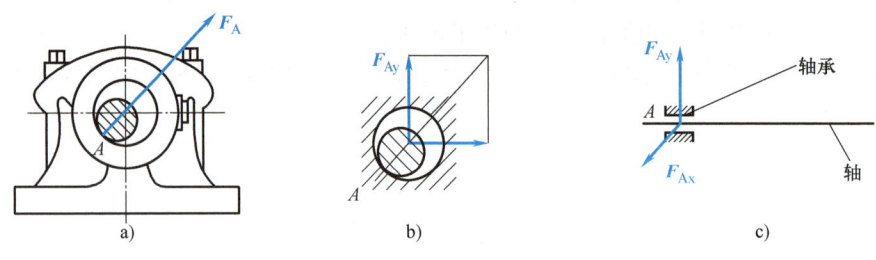

图 2-17 径向轴承约束

2.1.4 受力分析与受力图

在工程实际中，常常需要求出各构件所受的力。确定物体受到几个力的作用、每个力的作用点及作用方向的过程，称为物体的受力分析。

为清楚地表示物体的受力情况，必须把所研究的物体（研究对象）从周围的物体（约束）中分离出来（即取分离体），画出其简图，并表示出它所受到的全部力，称为物体的受力图。

画物体受力图的一般步骤如下：

1）画出分析对象的简图。
2）在简图上画出已知力。
3）在简图上画出所受到的约束力。

例 1 图 2-18a 所示为发动机曲柄连杆机构的简图，曲柄 AB 的重力为 G，活塞 C 受力为 F，系统保持平衡状态。试画出各零件及机构整体的受力图。

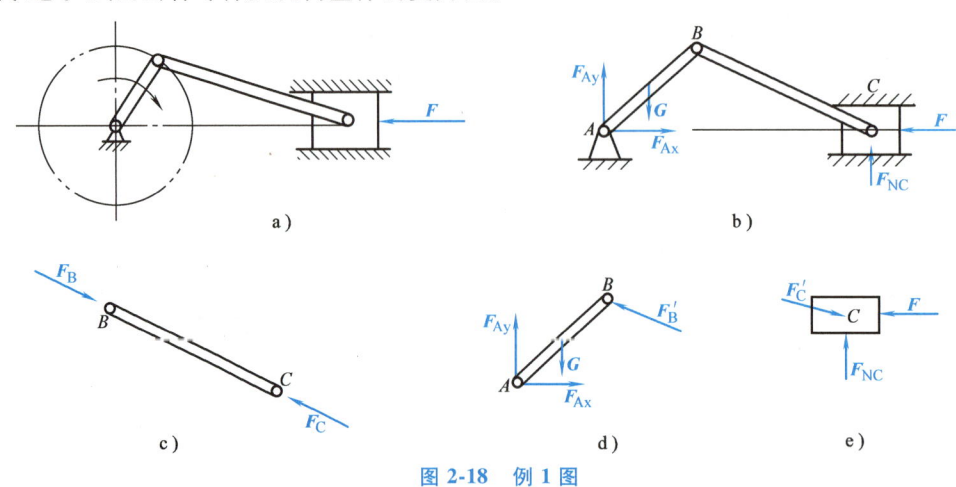

图 2-18 例 1 图

解：

分析： 曲柄 AB 受到 3 个力的作用，连杆 BC 受到 2 个力的作用，活塞 C 受到 3 个力的作用，因 BC 两端均为铰链约束，且不计自重，故为二力杆，所以，可先画出连杆 BC 的受力图。再根据作用力与反作用力公理画出其他构件的受力图。

(1) **连杆 BC 的受力图** 取连杆 BC 为分离体，画出其简图。因 BC 为二力杆，其约束力沿两铰链 B、C 的中心连线，且 $F_B = F_C$，并设定其方向（如设为压力），如图 2-18c 所示。

(2) **曲柄 AB 的受力** 取曲柄 AB 为分离体，画出其简图。因计其自重 G，所以 AB 不是二力杆。先画出其自重 G，A 处为固定铰链约束，其约束力为 F_{Ax}、F_{Ay}，B 处受连杆约束，根据作用与反作用公理 $F'_B = -F_B$，如图 2-18d 所示。

(3) **活塞 C 的受力** 取活塞 C 为分离体，画出其简图。先画出其所受的已知力 F，此外，活塞还受到气缸对活塞的约束，属光滑接触面约束，且为双面约束，其约束力方向不确定，可假设其向上（或向下）。此外，活塞还受到连杆对活塞的约束力，根据作用与反作用公理可知 $F'_C = -F_C$，如图 2-18e 所示。

机构整体的受力图如图 2-18b 所示。

例 2 图 2-19a 所示为三铰钢架，忽略钢架自重，试画出 AC、BC 的受力图。

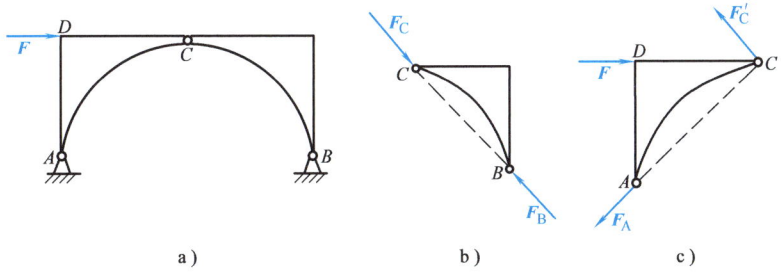

图 2-19 例 2 图

解：

分析： 钢架的左半部 AC 受三个力作用；钢架的右半部 BC 只在 B、C 两点受力，因为不计刚架自重，所以 BC 为二力杆，可先画连杆 BC 的受力图。

(1) **钢架 BC 的受力图** 取钢架 BC 为分离体，画出其简图。因 BC 为二力杆，其约束力沿两铰链 B、C 的中心连线，且 $F_B = -F_C$，并设定其方向（如设为压力），如图 2-19b 所示。

(2) **钢架 AC 的受力图** 取钢架 AC 为分离体，画出其简图。AC 受三个力作用，即已知力 F 以及 A 和 C 两处的铰链约束力，受力情况如图 2-19c 所示。

例 3 如图 2-20a 所示，画出球及 AB 杆的受力图。

解：

分析： 球受三个力作用：力 G、AB 杆和墙的约束力，AB 杆和墙的约束力都属于光滑接触面约束，其约束力作用在接触处，方向沿接触面法线方向，指向球体。不计 AB 杆自重的情况下，AB 杆受三个约束力作用，即球的光滑接触面约束、绳索 AD 的柔索约束和 B 端的固定铰链约束。光滑接触面约束力和柔索约束力可以确定方向，再根据三力平衡汇交定理可以确定出铰链约束力的方向。

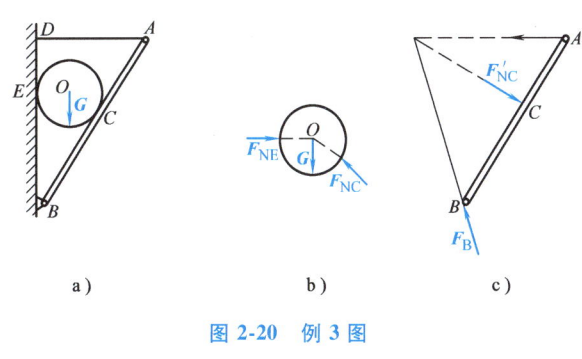

图 2-20 例 3 图

(1) **球的受力图** 取球为分离体，画出其简图。画出已知力 G，根据约束性质画出约束力 F_{NE}、F_{NC}，如图 2-20b 所示。

(2) **AB 杆的受力图** 取 AB 杆为分离体，画出其简图。柔索约束的约束力沿着绳索背离 AB 杆，C

点的光滑接触面约束的约束力与球在 C 点所受的力为作用力和反作用力，根据三力平衡汇交定理画出 B 点的约束力，如图 2-20c 所示。

2.2 平面汇交力系

作用在一个物体上的多个力称为力系。若力系中各力的作用线均在物体的同一平面内且汇交于一点，则此力系称为平面汇交力系，它是平面力系中最简单的一种情况。在工程实际中，如起重机吊钩（图 2-21）、曲柄连杆机构（图 2-22）等都是平面汇交力系的实例。本节将介绍用来研究平面汇交力系的合成及平衡条件的两种方法，即几何法与解析法。

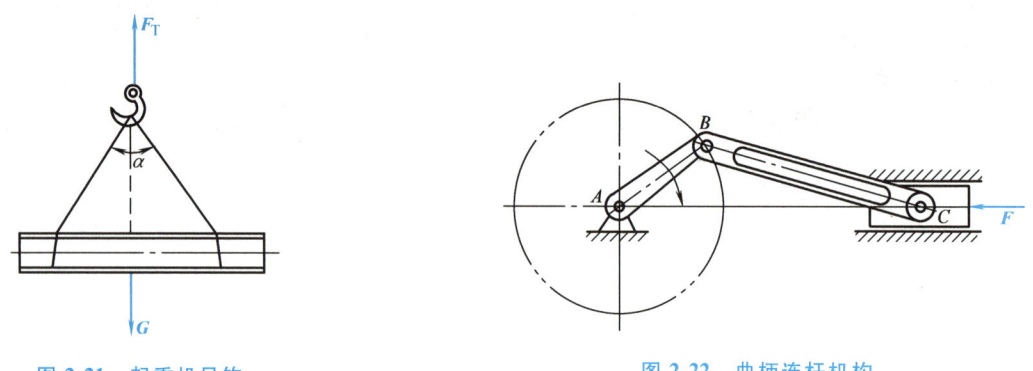

图 2-21　起重机吊钩　　　　　　　　图 2-22　曲柄连杆机构

2.2.1　平面汇交力系合成的几何法

1. 力的三角形法则

作用在物体上的同一点 A 的两个力 F_1 和 F_2（图 2-23a）可以应用平行四边形公理进行合成，合力 F 也作用于该点，其大小和方向由以此二力为邻边所作的平行四边形的对角线来确定（图 2-23b）。因为合力 F 的作用点也为 A 点，求合力的大小及方向实际上不必作出整个平行四边形，可用下面的简单方法代替：从任选点 A 作 AB 表示力矢量 F_1，在其末端 B 作 BC 表示力矢量 F_2，则 AC 即表示合力矢量 F，如图 2-23c 所示。由只表示力的大小及方向的分力矢量和合力矢量所构成的三角形 ABC 称为力的三角形，这种求合力矢量的作图规则称为力的三角形法则。力的三角形只表示各力的矢量，并不表示其作用位置。若先作 AB 表示 F_2，再作 BC 表示 F_1，同样可得表示合力 F 的 AC，如图 2-23d 所示，即合力矢量与分力矢量的作图先后次序无关。

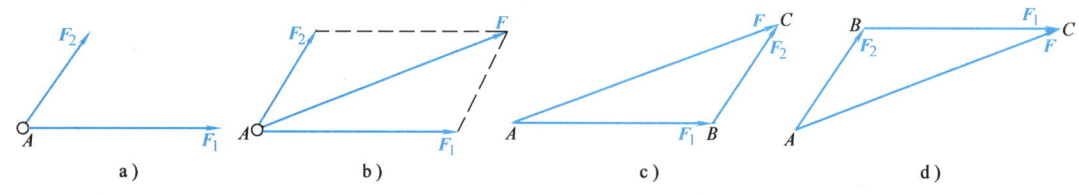

图 2-23　力的三角形法则

2. 力的多边形法则

当汇交于一点的力不止两个时（图 2-24a），可连续应用三角形法则，如图 2-24b 所示。先求出力 F_1 和 F_2 的合力 F'，再求出 F' 与 F_3 的合力 F''，最后将 F'' 与 F_4 合成，即得到力系的合力 F。

由作图的结果可以看出，在求合力 F 时，只要将各已知力首尾相接，连成折线（图 2-24c），便可获得合力 F。因四个已知力与合力恰好构成一个多边形，所以这种求合力的作图法称为力的多边形法

则。用矢量式表示如下

$$F = F_1 + F_2 + F_3 + F_4$$

由此可得出如下结论：平面汇交力系的合力等于力系各力的矢量和，且合力的作用线通过力系的汇交点。设平面汇交力系为 F_1、F_2、F_3、$\cdots$、F_n，以 F 代表力系的合力，则合力的矢量式表示为

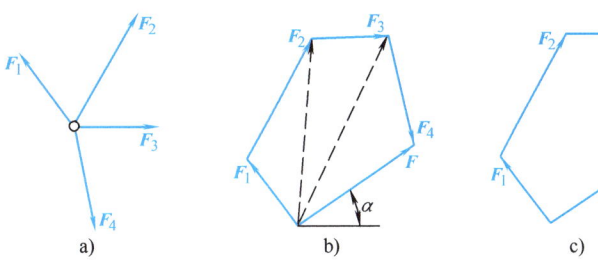

图 2-24 力的多边形法则

$$F = F_1 + F_2 + F_3 + \cdots + F_n = \sum F \tag{2-1}$$

例 4 已知钢轨重量 $G = 10\text{kN}$，吊索之间夹角为 α（图 2-25a），分别计算 $\alpha = 60°$ 和 $\alpha = 90°$ 时吊索的拉力，并分析当 α 逐渐增加时，拉力如何变化。

解：（1）进行受力分析 因为各力汇交于吊钩 A，取吊钩 A 为研究对象，并画出吊钩的受力图（图 2-25b）。其上作用有吊索拉力 F_T、F_{T1} 和 F_{T2}。显然 F_T 的大小等于钢轨重量 G。吊钩在力 F_T、F_{T1} 和 F_{T2} 组成的平面汇交力系的作用下处于平衡状态。

（2）定比例尺 选取某长度代表 5kN，作力的多边形如图 2-25c 所示。

（3）计算力的大小 量出所求力的长度，通过比例换算，可得出

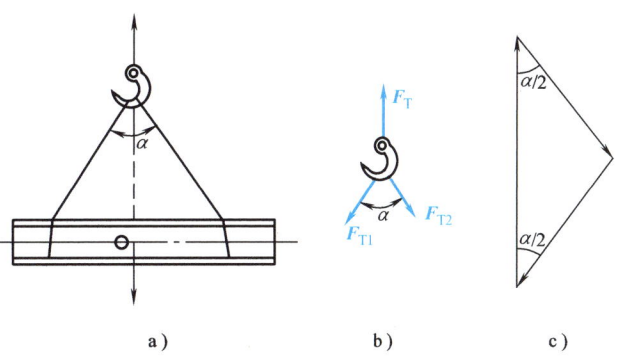

图 2-25 例 4 图

$$\alpha = 60° 时：F_{T1} = F_{T2} = 5.78\text{kN}$$
$$\alpha = 90° 时：F_{T1} = F_{T2} = 7.07\text{kN}$$

（4）总结 从本题可以看出，α 增大，吊索的拉力也增大。因此，在起吊重物时，取较长的吊索使 α 减小，可使拉力减小。

3. 平面汇交力系平衡的几何条件

由于平面汇交力系可以合成为一个合力，即平面汇交力系可用其合力代替，因此平面汇交力系平衡的必要和充分条件是该力系的合力为零，用矢量式表示为

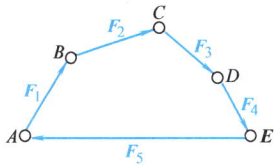

图 2-26 平面汇交力系平衡的几何条件

$$\sum F = 0 \tag{2-2}$$

如图 2-26 所示，当合力为零时，力的多边形的封闭边的长度为零，即由各分力画出的力的多边形首尾相接，形成一个闭合多边形。因此，平面汇交力系平衡的几何条件是：力系中各力组成的力的多边形自行闭合。

2.2.2 平面汇交力系平衡的解析法

1. 力在坐标轴上的投影

如图 2-27a、b 所示，过力 F 两端分别向坐标轴引垂线，得垂足 a、b 和 a'、b'，则线段 ab 和 $a'b'$ 分别为力 F 在 x 轴和 y 轴上的投影，分别用 F_x、F_y 表示。力在坐标轴上的投影是代数量，没有方向，但有正负区别，投影的正负号规定为：从 a 到 b（或 a' 到 b'）的指向与坐标轴的正向相同为正，反之为负。设力 F 与 x 轴所夹锐角为 α，则由图 2-27a 可知

$$F_x = F\cos\alpha$$
$$F_y = -F\sin\alpha \tag{2-3}$$

若已知 F_x、F_y 的值，也可求出力 F 的大小和方向。

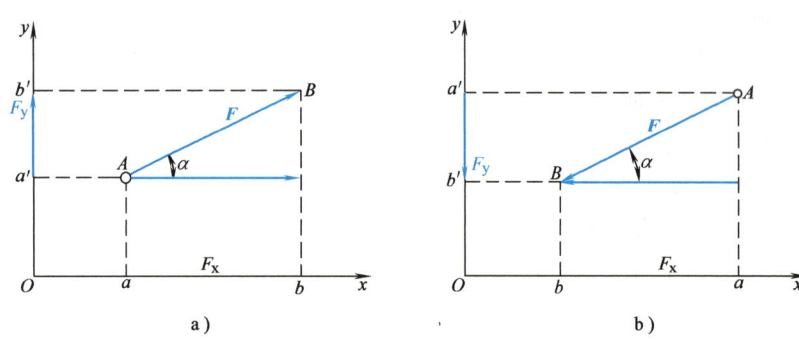

图 2-27 力在坐标轴上的投影

$$F = \sqrt{F_x^2 + F_y^2}$$
$$\tan\alpha = \left|\frac{F_y}{F_x}\right|$$
(2-4)

当力与坐标轴垂直时，力在该轴上的投影为零；当力与坐标轴平行时，其投影的绝对值等于力本身的大小。

2. 合力投影定理

如图 2-28 所示，平面汇交力系 F_1、F_2、F_3 组成力多边形，F 为合力。将力多边形中的各力投影到 x 轴上，得

$$F_x = ad, \quad F_{1x} = ab, \quad F_{2x} = bc, \quad F_{3x} = cd$$

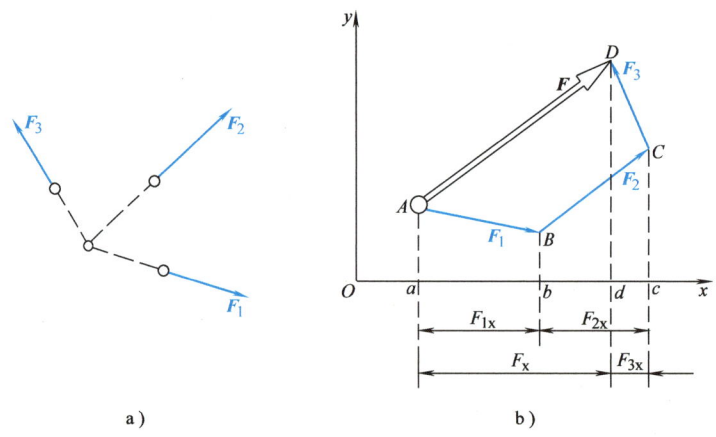

图 2-28 合力投影定理

由图可见

$$ad = ab + bc - cd$$

所以

$$F_x = F_{1x} + F_{2x} + F_{3x}$$

同理

$$F_y = F_{1y} + F_{2y} + F_{3y}$$

由此可得合力投影定理：合力在任一轴上的投影等于各分力在同一轴上投影的代数和。

3. 平面汇交力系的解析法

如图 2-29 所示，解析法求平面汇交力系的合力依据的是合力投影定理，先求出力系中所有各力在坐标轴上的投影的代数和，得到合力 F 在两坐标轴上的投影 F_x、F_y，根据式（2-4）可求出合力的大小和方向。

平面汇交力系的平衡条件是力系的合力为零。合力的大小为

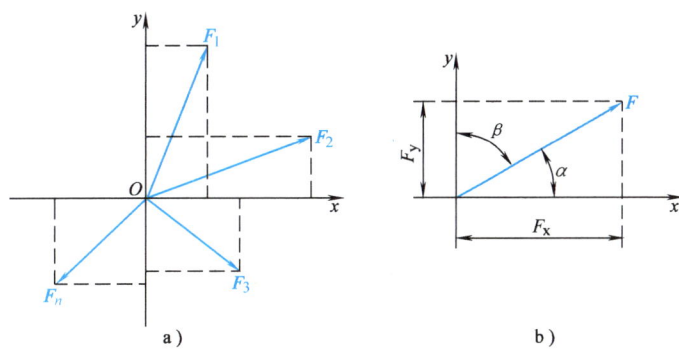

图 2-29 平面汇交力系的解析法

$$F = \sqrt{(\sum F_x)^2 + (\sum F_y)^2} \tag{2-5}$$

因此，平面汇交力系平衡的解析条件是：力系中所有各力在两个相互垂直的坐标轴上的投影的代数和都等于零，即

$$\sum F_x = 0$$
$$\sum F_y = 0 \tag{2-6}$$

式（2-6）称为平面汇交力系的平衡方程。

例 5 用解析法求例 4 中吊索的拉力。

解：

1）取吊钩 A 为研究对象，画受力图。
2）取坐标轴 x、y，如图 2-30 所示。
3）列平衡方程求解。

$$\sum F_x = 0, F_{T2}\sin(\alpha/2) - F_{T1}\sin(\alpha/2) = 0$$
$$\sum F_y = 0, F_T - F_{T1}\cos(\alpha/2) - F_{T2}\cos(\alpha/2) = 0$$

可得
$$F_{T1} = F_{T2} = F_T/[2\cos(\alpha/2)]$$

由于 $F_T = G$，可得 $F_{T1} = F_{T2} = G/[2\cos(\alpha/2)]$

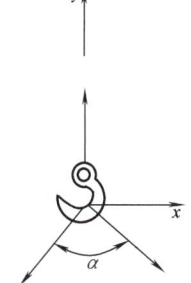

图 2-30 例 5 图

2.3 力矩与力偶

2.3.1 力矩与力偶的概念

1. 力矩

作用在物体上的力，有时能使物体移动，有时能使物体转动。例如，开关门窗、用扳手拧螺母等（图 2-31），都是在力的作用下，使物体绕某一点或某一轴线转动的例子。力学中用力矩来度量力使物体绕一定点转动的效果。下面以扳手拧螺母为例来说明力矩的概念。

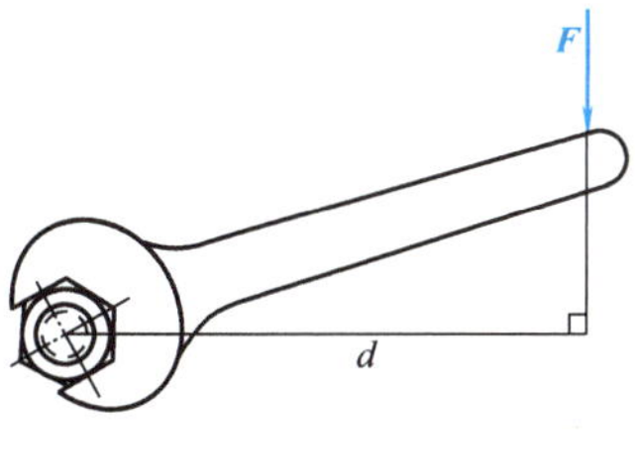

如图 2-31 所示，当拧紧螺母时，力 F 使扳手和螺母绕螺杆中心 O 点转动的这种转动效果不仅与力 F 的大小有关，还与转动中心 O 到力 F 的作用线的垂直距离 d 有关。因此，用 F 与 d 的乘积来表示力量 F 使物体绕 O 点转动的效果，称为力 F 对 O 点的矩，以符号 $M_O(F)$ 表示，单位为 N·m。其中，O 点称为力矩中心，简称矩心。矩心 O 到力 F 作用线的垂直距离 d 称为力臂。显然，力 F 使扳手绕 O 点转动的方向不同，作用效果也不同。由于在平面问题中，力使物体绕矩心的转动只有顺时针和逆时针两种方向，因此规定：力使物体绕矩心逆时针方向转动，力矩为正；反之为负。其

图 2-31 力矩的概念

表达式为

$$M_O(F) = \pm Fd \tag{2-7}$$

由力矩定义可知,力矩在下列两种情况下等于零:①力等于零;②力的作用线通过矩心,即力臂等于零。

2. 合力矩定理

平面汇交力系的合力对平面内任一点的矩,等于力系中各分力对该点力矩的代数和,这种关系称为合力矩定理。即

$$M_O(F) = M_O(F_1) + M_O(F_2) + \cdots + M_O(F_n) = \sum M_O(F_i) \tag{2-8}$$

例6 如图2-32所示,求杆件上的作用力 F 对 A 点的矩。已知 $F = 100\text{N}$,$AC = 80\text{mm}$,$BC = 15\text{mm}$,$\alpha = 30°$。

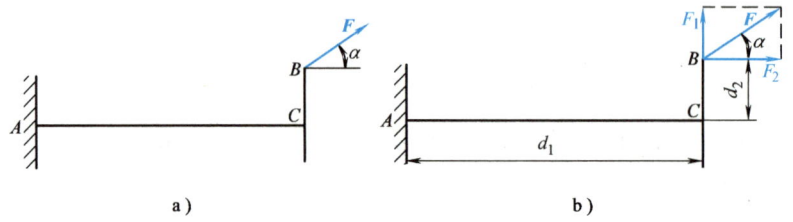

图 2-32 例 6 图

解一:根据力矩的定义:先求出矩心 A 到力 F 作用线的垂直距离即力臂 d (图2-32a),有

$$d = AC\sin\alpha - BC\cos\alpha$$

可得

$$M_A(F) = Fd = F(AC\sin\alpha - BC\cos\alpha) = 100 \times (80 \times \sin30° - 15 \times \cos30°)\text{N} \cdot \text{m} = 2.7\text{N} \cdot \text{m}$$

解二:根据合力矩定理:将力 F 分解为沿 CB 方向和 AC 方向的两个分力 F_1 和 F_2,如图2-32b所示,则有

$$M_A(F) = M_A(F_1) + M_A(F_2) = F_1 AC - F_2 BC = FAC\sin\alpha - FBC\cos\alpha = 2.7\text{N} \cdot \text{m}$$

3. 力偶和力偶矩

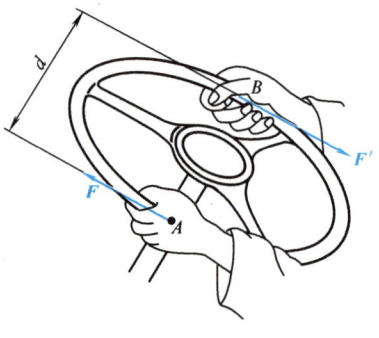

图 2-33 转向盘

如图2-33所示,驾驶人用双手转动转向盘、钳工用双手攻螺纹以及我们拧水龙头或旋转钥匙开锁等,转向盘、丝锥手柄、水龙头和钥匙通常受到大小相等、方向相反但作用线不在一条直线上的两个平行力的作用。因这对力作用线不在一条直线上,因此不能平衡,从而使物体转动。这种作用在一个物体上的大小相等、方向相反、作用线平行但不在同一直线上的两个力,称为力偶。

力偶用符号(F,F')表示。力偶中两个力之间的垂直距离 d 称为力偶臂,力偶中两个力作用线所确定的平面称为力偶作用面。物体在力偶作用下将绕垂直于力偶作用面的轴转动。物体受力偶作用时产生的转动效果,用力偶中力的大小与力偶臂的乘积来度量,称为力偶矩,并用正负号表示其转向。正负号的规定与力矩相同,即顺时针方向转动时为负,逆时针方向转动时为正。即

$$m(F, F') = \pm Fd \tag{2-9}$$

力偶矩的单位与力矩的单位相同,为 N·m。

4. 力偶的性质

力偶对物体的作用效果是由以下三个要素决定的:

1) 力偶矩的大小。
2) 力偶的转向。
3) 力偶的作用面。

三要素完全相同的力偶称为等效力偶。力偶与力矩都能使物体产生转动效应,但力矩对物体的转动效应与其矩心的位置有关,而力偶对其作用面内任一点的力矩(即力偶矩)为一常数。力偶可用力

和力偶臂表示，也可用一端带箭头的弧线来表示（图 2-34）。

通过分析可知，力偶具有如下的性质：

性质 1 力偶既无合力，也不能和一个力平衡，力偶只能用力偶来平衡。

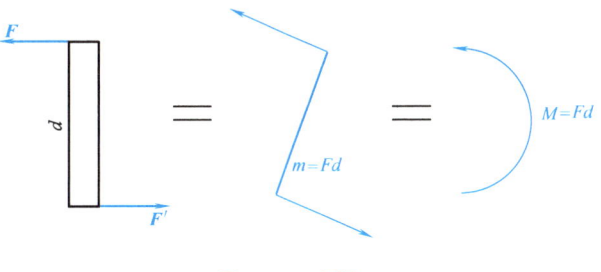

图 2-34 力偶

力偶是由两个力组成的特殊力系，在任一轴上投影的代数和为零，故力偶不能合成为一个合力或用一个力来等效替换。力和力偶是静力学的两个基本要素，力偶对刚体只能产生转动效应，而力对刚体可产生移动效应，也可产生转动效应，所以，力偶也不能用一个力来平衡。

性质 2 力偶对其作用面内任一点之矩恒为常数，且等于力偶矩，与矩心的位置无关。

这个性质说明力偶使刚体绕其作用面内任一点的转动效果是相同的。

性质 3 力偶可在其作用面内任意平移，而不改变它对刚体的作用效果。

性质 4 只要保持力偶矩的大小和转向不变，可以同时改变力偶中力的大小和力偶臂的长短，而不改变其对刚体的作用效果。

2.3.2 平面力偶系的合成与平衡条件

1. 平面力偶系的合成

作用在物体上同一平面内的多个力偶，称为平面力偶系。由于力偶对物体的作用效果只有转动效应而没有移动效应，因此，平面力偶系合成的结果仍是一力偶。平面力偶系的合成就是求其合力偶。设 M_1、M_2、…、M_n 为平面力偶系中各力偶的力偶矩，设 M 为合力偶的力偶矩，则有

$$M = M_1 + M_2 + \cdots + M_n = \sum M_i \tag{2-10}$$

即平面力偶系的合力偶矩等于各分力偶矩的代数和。

2. 平面力偶系的平衡条件

由于平面力偶系合成的结果仍然为一力偶，而只有当合力偶矩等于零时，物体才能保持平衡状态。因此，平面力偶系平衡的必要且充分条件是：力偶系中所有力偶矩的代数和等于零。即

$$\sum M_i = 0 \tag{2-11}$$

例 7 如图 2-35a 所示，根据梁 AB 的约束及载荷情况，试求 A、B 两支座的约束力。

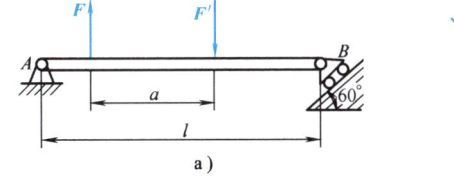 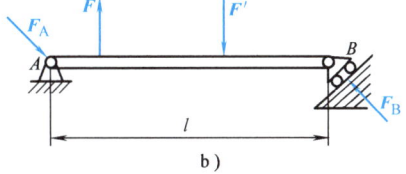

a)   b)

图 2-35 例 7 图

解：1）取梁为研究对象，画其受力图，如图 2-35b 所示。

2）梁在已知力偶 M 和支座 A、B 的约束力作用下处于平衡状态。根据支座的类型，确定出支座 B 处约束力 F_B 的方向，又根据力偶的性质，可知支座 A 处的约束力 F_A 应与 F_B 组成一对力偶（方向如图 2-35 所示），与已知力偶 M 平衡。因此，梁 AB 受一组平面力偶系作用，根据平面力偶系的平衡条件可得

$$\sum M_i = 0, \quad F_B l \cos 60° - M = 0$$

$$F_A = F_B = 2M/l = 2Fa/l$$

2.3.3 力的平移定理

根据力的可传性，力沿其作用线移动时，不改变力的作用效果。但是，在力平行移动后，力对刚体的作用效果将发生改变。

如图2-36a所示，力 F 作用在刚体上的 A 点，根据加减平衡力系公理，可在刚体上任意一点 B 加上一对平衡力 F_1、F'_1，并使其作用线与 F 平行且大小与力 F 相等，这样不会改变力 F 对刚体的作用效果，如图2-36b所示。

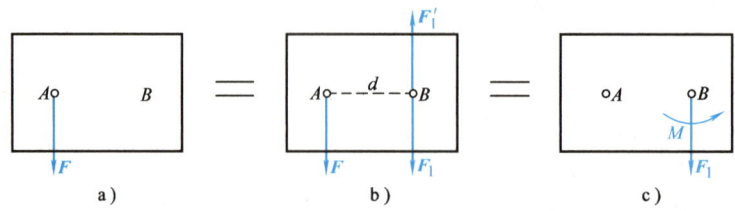

图2-36 力的平移

可以看出，F_1 与原力 F 大小相等、方向相同，可将其看作是 F 平行移动到 B 点，而 F 与 F'_1 组成了一个力偶，其力偶矩等于力 F 对 A 点的矩，即

$$M = M_A(F) = \pm Fd$$

于是，原来作用在 A 点的力 F 就与作用在 B 点的平移力 F_1 和一个力偶（称为附加力偶）的作用等效，如图2-36c所示。

由此可得力的平移定理：作用在刚体上的力 F，可以平移至刚体的任一点上，而不改变原力的作用效果，但必须附加一个力偶，其力偶矩等于原力对新作用点的矩。

问题探究：如图2-37所示，在使用丝锥攻螺纹时，要求双手均匀用力，结合上面学习的知识，对此工作规范要求进行分析。如果不遵守该规范要求，会造成什么后果？

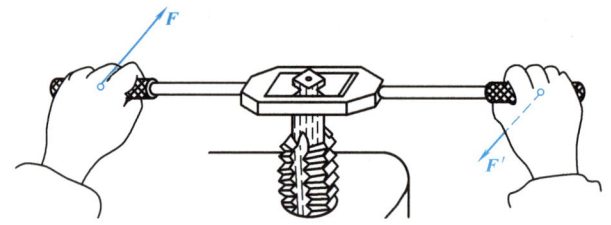

图2-37 攻螺纹

如图2-37所示，在使用丝锥攻螺纹时，要求双手均匀用力，这样丝锥仅受到一个力偶作用。如果用力不匀或单手用力，则丝锥要受到一个力和一个力偶的共同作用，这个力容易使丝锥折断。

2.4 摩擦

【素养园地】
　　摩擦部分：知识点滴——摩擦的利用，对学生进行正确的世界观教育

2.4.1 滑动摩擦与滚动摩擦

在前几节分析物体受力时，都假定物体表面绝对光滑而忽略了物体间的摩擦。事实上，绝对光滑的表面并不存在，接触处都有摩擦。在许多实际问题中，摩擦还起着重要的作用。例如，在机械工程中，常利用摩擦来传动、调速、夹紧、制动等；另一方面，摩擦会造成机器磨损，降低机械效率，故需要减小摩擦。因此，本节将介绍一些有关摩擦的知识。

1. 滑动摩擦

两个相互接触的物体，当有相对滑动或相对滑动趋势时，其接触表面之间产生的彼此阻碍滑动的

力称为滑动摩擦力，简称摩擦力。如图 2-38 所示，在水平桌面上放一重力为 G 的物块，用细绳系住，通过滑轮，下面吊一托盘放置砝码，以调节作用于物块上的水平拉力 F_T。当拉力 F_T 不够大时，物块仅有相对滑动趋势而不滑动，表明桌面对物块除有法向反力 F_N 外，还存在一个与 F_T 方向相反的阻力 F_f 的作用。此时，所存在的摩擦力称为静滑动摩擦力，简称静摩擦力 F_S。根据平衡条件

$$\sum F_x = 0, \quad F_N = G$$
$$\sum F_y = 0, \quad F_T = F_f$$

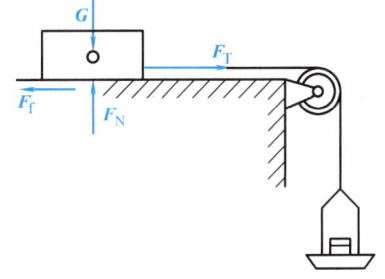

图 2-38 滑动摩擦试验

适当增加砝码时，即增大水平拉力 F_T，物块仍可保持相对静止而不滑动，表明力 F_f 可随 F_T 的增大而增大，即静摩擦力的大小不是固定的数值。静摩擦力也不能无限制地增大，当力 F_T 达到一定数值时，物块将开始滑动。物块将要滑动而尚未滑动的状态称为临界状态。临界状态时，静摩擦力达到最大值，称为最大静滑动摩擦力，简称最大静摩擦力，用 F_{max} 表示。

2. 滑动摩擦定律

试验证明，最大静摩擦力的大小与两物体间的正压力（即法向约束力）成正比，称为静滑动摩擦定律，简称静摩擦定律，也称库仑摩擦定律。即

$$F_{max} = f_s F_N \tag{2-12}$$

式中，f_s 为比例常数，称为静摩擦因数，其大小与接触物体的材料及接触表面的状况（表面粗糙度、润滑、湿度、温度等）有关，而与接触面积的大小无关。

在图 2-38 所示结构中，当 F_T 超过最大静摩擦力 F_{max} 时，物体将开始滑动，这时在接触面之间仍然存在阻碍滑动的摩擦力，称为动滑动摩擦力，简称动摩擦力，用 F 表示。动摩擦力沿接触面与物体滑动的方向相反。试验证明，动摩擦力 F 的大小与接触面正压力 F_N 成正比，称为动摩擦定律，即

$$F = f_d F_N$$

式中，f_d 为动摩擦因数，与接触的两物体的材料及接触表面的状况有关。通常动摩擦因数小于静摩擦因数。

综合以上分析可知，考虑摩擦问题时，应分清物体所处的状态，再根据平衡条件确定摩擦力。

（1）物体处于静止状态　静摩擦力 F_S 的大小在 $0 \sim F_{max}$ 范围内变化。

（2）物体处于临界状态　最大静摩擦力 $F_{max} = f_s F_N$。

（3）物体处于滑动状态　动摩擦力 $F' = f_d F_N$。

3. 滚动摩擦

当一个物体在另一个物体表面上滚动（或有滚动趋势）时，受到的接触面的阻碍作用称为滚动摩擦。滚动摩擦的产生是由于物体和平面接触处的形变引起的（图 2-39）。物体受重力作用而压入支承面，同时本身也受压缩而变形，因而在向前滚动时，接触前方的支承面隆起，使支承面对物体的法向反力 F_N 的作用点从最低点向前移，所以法向反力 F_N 与重力 G 不在一条直线上，从而形成了一个阻碍滚动的力偶矩（称为滚动摩擦力矩），这就是滚动摩擦。滚动摩擦的大小用力偶矩来

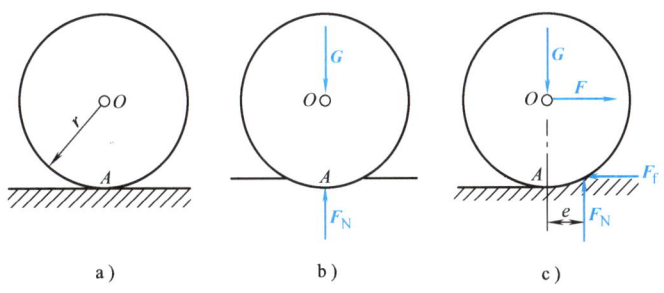

图 2-39 滚动摩擦的产生

度量，且与正压力成正比。一般来说，在其他条件相同的情况下，克服滚动摩擦力矩使物体运动需要的力比克服滑动摩擦力所需要的力小得多。因此，汽车轮胎充气不足时，行驶起来比较费力。

2.4.2 摩擦角与自锁

1. 摩擦角

如图 2-40 所示，在分析物块 A 的受力情况时，为计算方便，常用支持力 F_N 与静摩擦力 F_S 的合力 F_R 来代替它们的作用，称为全约束力。可以看出，全约束力与接触表面的法线间的夹角将随着摩擦力

的增大而增大,当摩擦力达到最大值即最大静摩擦力时,这个夹角将达到最大值,此时的夹角称为摩擦角,用 φ_f 表示。由图 2-40 可得

$$\tan\varphi_f = F_{max}/F_N = f_s F_N/F_N = f_s$$

即摩擦角的正切值等于静摩擦因数。因此,摩擦角也是表示材料表面性质的一个物理量。

2. 自锁

图 2-41a 所示为螺旋千斤顶。在其举起重物后,要求丝杠及重物不会自行下降,而在任意位置都能保持平衡。下面分析满足此要求的条件。取丝杠(及重物)为研究对象,对其进行受力分析,画出受力图,如图 2-41b 所示。因为使丝杠及重物下滑的力为 $G\sin\alpha$,而阻止其下滑的最大阻力为最大静摩擦力($F_{max} = f_s G\cos\alpha$),因此当

$$G\sin\alpha \leq f_s G\cos\alpha$$

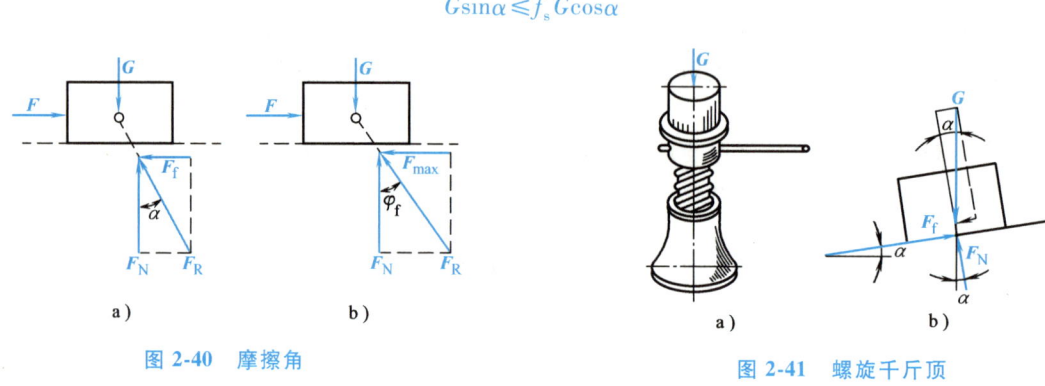

图 2-40 摩擦角　　　　图 2-41 螺旋千斤顶

即沿运动方向的分力小于或等于最大静摩擦力时,丝杠(及重物)将不发生下滑。上式可进一步简化为 $\tan\alpha \leq f_s$,而 $f_s = \tan\varphi_f$,即 $\alpha \leq \varphi_f$。所以,使螺旋千斤顶在任意位置都能保持平衡的条件是其螺纹升角小于或等于摩擦角。

工程上将这种依靠摩擦维持平衡的物体,在满足一定几何条件下,无论其主动力怎样大,总能保持平衡而不滑动的现象称为自锁。形成自锁现象须满足的几何条件称为自锁条件。由以上分析可知,自锁条件为:主动力与法线之间的夹角不大于最大摩擦角,即 $\alpha \leq \varphi_f$。

当主动力合力的作用线在摩擦角范围之内时,无论主动力有多大,物体都能保持平衡;相反,当主动力合力的作用线在摩擦角范围之外时,则无论主动力有多小,物体必定滑动。工程实际中常应用自锁原理设计一些机构或夹具,使它们始终保持在平衡状态下工作,如攀登电线杆用的套钩等;而有时又要设法避免自锁,如升降机等。

2.5 刚体定轴转动

2.5.1 刚体绕定轴的转动

1. 定轴转动

汽车中的曲轴、齿轮、飞轮、传动轴等的运动具有共同的特征,即在运动时,刚体内各点都绕一固定的直线做圆周运动,这种运动称为刚体绕定轴转动,简称定轴转动。刚体内固定不动的直线称为刚体的轴。

刚体做定轴转动时,具有如下特征:

1)刚体内轴上所有各点都保持固定不动。

2)刚体内不在轴上的其他各点,都在通过各点并垂直于轴的平面内绕轴做圆周运动。圆心就是这些平面分别与轴的交点;半径就是各该点与轴的垂直距离。

3）刚体内各点在同一时间内转过的圆弧长度是不同的，但各点在同一时间内绕轴转过的角度是相等的，即各点的角速度和角加速度也相同，因为刚体内各点之间的相对位置是不随刚体转动变化的。

2. 转速与角速度、线速度

工程上常用转速表示转动的快慢。刚体的转速是指单位时间内刚体转过的圈数，用 n 表示，单位为 r/min（转/分）。

角速度也是用来表示刚体转动快慢和转动方向的物理量。角速度是指刚体在单位时间内转过的角度，用 ω 表示，单位为 rad/s（弧度/秒）。

如图 2-42 所示，设经过时间 t 后，刚体绕轴线转过角度 Φ，则角速度为

$$\omega = \Phi/t \tag{2-13}$$

转速与角速度都可以用来表示刚体转动的快慢，由于 1 转等于 2π 弧度，因此，角速度 ω 与转速 n 之间有如下关系

$$\omega = 2\pi n/60 = \pi n/30 \tag{2-14}$$

刚体做定轴转动时，其上的所有各点角速度都相同，但任意点运动的快慢是不一致的。一般用线速度来表示转动物体上任意一点运动的快慢程度，用 v 表示，单位为 m/s（米/秒）。

任意点的线速度等于角速度与该点转动半径的乘积，速度方向与转动半径 r 垂直，并与转动物体的转动方向一致，如图 2-43 所示。即

$$v = r\omega \tag{2-15}$$

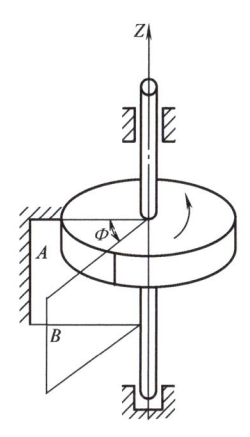

图 2-42 刚体定轴转动

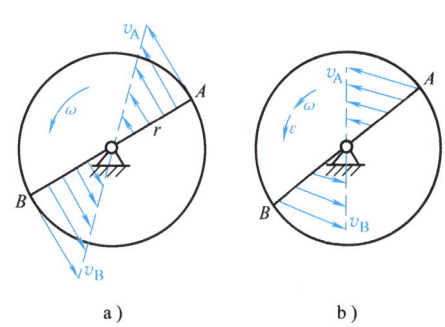

图 2-43 刚体定轴转动的线速度与角速度

3. 角加速度

刚体转动的快慢有时会发生变化。例如，汽车在起动时，发动机越转越快，角速度逐渐增大；汽车在停车时，发动机越转越慢，角速度逐渐减小。机器的负载发生变化时，角速度也会发生变化。刚体角速度变化的快慢和方向用角加速度表示，用符号 ε 表示，单位为 rad/s^2（弧度/秒^2）。如图 2-44 所示，刚体在某一时刻的角速度为 ω，经过时间 Δt，刚体的角速度变为 $\omega+\Delta\omega$，则角加速度为

$$\varepsilon = \Delta\omega/\Delta t \tag{2-16}$$

角加速度也有正负，但其正负号不表示刚体的转动方向，只用来判别刚体做加速转动还是减速转动。当 ε 与 ω 同号，即角加速度与角速度的方向一致时，转动是加速的；如果 ε 与 ω 异号，即角加速度与角速度的方向相反时，转动是减速的。

4. 匀速定轴转动刚体的惯性力及转动零件惯性力的平衡

惯性力是由于外力的作用使物体的运动状态改变时，因其惯性引起的运动物体对外界抵抗的反作用力。其大小等于运动物体的质量与加速度的乘积，方向与加速度相反，作用在施力物体上。

如图 2-45 所示，当质量为 m 的小球绕 O 点做匀速圆周运动时，由于惯性，小球会沿切线方向飞出。为使小球保持圆周运动，用细绳系住小球，通过细绳对小球施加向心力 F，则小球将产生惯性力

Q 作用在绳上，方向与 F 相反，通常称为离心惯性力。

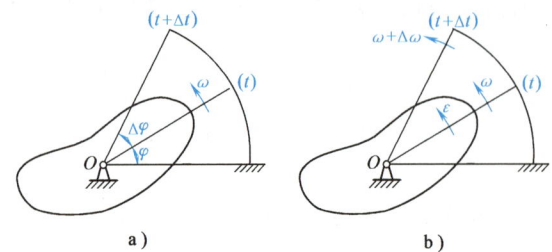

图 2-44 角加速度

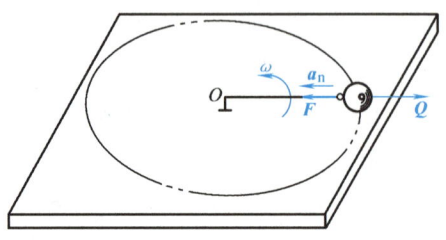

图 2-45 匀速定轴转动刚体的惯性力

如果刚体做定轴转动，而刚体重心不在转轴上，也会产生离心惯性力。一些转动零件如曲轴、凸轮轴等，其几何形状不对称于转动轴，或几何形状对称但质量不均匀，重心不在转轴上，这些零件转动时，就会产生惯性力。惯性力的存在一方面使轴和轴承受到附加载荷；另一方面因惯性力的方向时刻变化，机器会发生振动，从而降低机器效率、缩短机器寿命。因此，需设法使零件转动时的惯性力得到平衡，即要设法使转动零件的重心与轴线重合。如发动机中的曲轴（图 2-46），其上加有配重，以消除惯性力的作用。

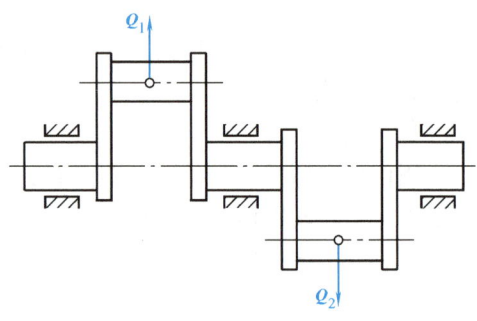

图 2-46 发动机曲轴上的惯性力

> **知识点滴**：刚体做匀速定轴转动，当刚体重心不在转轴上时，也会产生离心惯性力。如图 2-46 所示为汽车发动机中的曲轴，其形状相对于转动轴不对称，重心不在转轴上，在转动时就会产生离心惯性力。这种离心惯性力使轴和轴承受到附加载荷，并产生振动，会降低发动机的效率，缩短发动机寿命。为了消除离心惯性力的影响，在设计曲轴时增加了配重。

5. 转动惯量

转动物体具有保持原有运动状态不变的特性，称为转动惯性。物体的转动惯性大小是由转动惯量来度量的。转动惯量的大小不仅与刚体质量 m 的大小有关，而且与刚体质量的分布有关。刚体的质量越大，质量的分布离转轴越远，其转动惯量也越大。刚体对转轴的转动惯量是刚体中每一质点的质量与该质点绕转轴旋转时转动半径平方的乘积之和，用符号 I 表示，即

$$I = \sum_i \Delta m_i r_i^2 \qquad (2\text{-}17)$$

由转动惯量的定义可知，转动惯量恒为正值，其常用单位为 $\text{kg} \cdot \text{m}^2$。

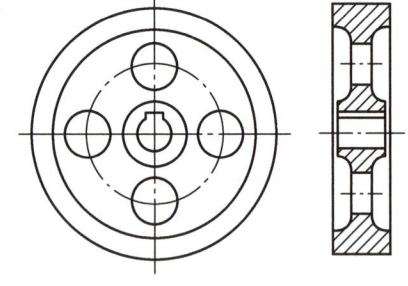

图 2-47 飞轮的结构

如图 2-47 所示，机器上的飞轮常做成边缘厚中间薄，就是为了将大部分材料分布在远离转轴的地方，以使用较少的材料获得较大的转动惯量。而在一些仪表中的转动零件，为提高其灵敏度，要尽量减小零件的转动惯量，常使材料尽量靠近转轴。

几何形状规则的匀质物体，转动惯量的计算公式可从工程手册中查阅。

2.5.2 功率、转速和转矩之间的关系

1. 功率

当物体受到力的作用，并在力的作用下发生位移时，这个力就对物体做了功。功率是指力在单位时间内做的功，用 P 表示。功率是表示力做功快慢程度的物理量。不变的力的功率等于力在其运动方向上的投影与速度的乘积，即

$$P = F_\tau v$$

式中　F_τ——力在运动方向上的投影（N）；

　　　v——物体的运动速度（m/s）；

　　　P——功率（kW）。

对于绕定轴做匀速转动的刚体，如图 2-48 所示，在转动物体上的任一点 A 作用一个力 F，其切向分量为 F_τ，R 为 A 点的转动半径，刚体转动的角速度为 ω，则 A 点的线速度 $v = R\omega$。设 F 对 A 点的功率为 P，则

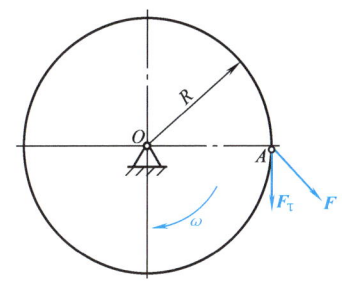

图 2-48　绕定轴转动的刚体

$$P = F_\tau v = F_\tau R\omega = T\omega \tag{2-18}$$

式中　T——力 F 对刚体转轴 O 点的矩。

上式表明，转矩的功率等于力对转轴的矩与刚体的角速度的乘积。

2. 功率、转速和转矩之间的关系

由于 $\omega = \pi n/30$，根据上式可得出功率 P、转速 n 和转矩 T 的关系为

$$T = 9550 \frac{P}{n} \tag{2-19}$$

式中　P——功率（kW）；

　　　n——转轴的转速（r/min）；

　　　T——转轴的转矩（N·m）。

例 8　汽车发动机的额定功率 $P = 55$kW，试求当传动轴转速 $n = 1200$r/min 时输出的转矩。当换档以后，传动轴的转速降为 600r/min，求此时传动轴输出的转矩。

解：根据式（2-19），得

$$T = 9550P/n = 9550 \times 55/1200 \text{N·m} = 437.7 \text{N·m}$$

当转速降为 600r/min 时

$$T = 9550P/n = 9550 \times 55/600 \text{N·m} = 875.4 \text{N·m}$$

知识探究：汽车上坡或加速时，驾驶人常会改用低速档，结合前面学习的知识，分析驾驶人为什么这样操作？

由本例题可知，当功率一定时，转矩 T 与转速 n 成反比。因此，汽车上坡时，需要较大的驱动力矩 T，驾驶人就换用低速档，使汽车的速度减小，以获得较大的牵引力。

第3章 构件的承载能力分析

> **学习任务：**
> 根据汽车发动机连杆、曲轴、车架的受力情况，分析其主要变形及破坏形式。
>
> **知识目标：**
> 1. 理解材料力学的基本概念。
> 2. 掌握构件在外力作用下的受力特点、变形特点及规律。
> 3. 了解各种基本变形条件下内力和应力的计算方法。
> 4. 掌握弯矩图的绘制方法。
>
> **能力目标：**
> 1. 能够正确描述四种基本变形形式的特点。
> 2. 会画简单构件的扭矩图及弯矩图。
> 3. 能运用所学知识分析汽车典型零部件的变形及破坏特点。
> 4. 培养学生分析问题、解决问题的能力。
>
> **素养园地：**
> 培养学生树立正确的世界观和人生观。
> **约束部分：** 知识反思——约束形成确定的运动形式，对学生进行正确的人生观、世界观教育

3.1 材料力学的基本概念

3.1.1 变形固体及其基本假设

理论力学主要研究物体的平衡和运动规律，常将研究对象抽象为刚体。实际上，任何物体受载荷（外力）作用后都会产生形状和尺寸的变化称为变形。物体的变形可分为两种：一种是当载荷去除后能恢复原状的弹性变形；另一种是当载荷去除后不能恢复原状的塑性变形。工程中绝大多数物体的变形是弹性变形，这样的物体称为弹性体。可变形的物体统称为变形固体。

材料力学主要研究物体的变形，它的研究对象是变形固体，在研究中常对变形固体做如下假设：

（1）**连续性假设** 假设物质毫无空隙地充满了整个固体。而实际的固体由许多晶粒所组成，具有不同程度的空隙，而且随着载荷或其他外部条件的变化，这些空隙的大小会发生变化。但这些空隙的大小与物体的尺寸相比极为微小，可以忽略不计。因此，可以认为固体在其整个体积内是连续的。

(2) 均匀性假设　假设固体内各处的力学性能完全相同。实际上，工程材料的力学性能都有一定程度的非均匀性，但从宏观上可以将物体性能看作各组成部分性能的统计平均量，从而认为物体的力学性能是均匀的。因此，物体的任一部分的力学性能就能够代表物体整体的力学性能。

(3) 各向同性假设　假设固体在各个方向的力学性能完全相同。具有这种属性的材料称为各向同性材料，如铸钢、铸铁、玻璃、塑料、混凝土等材料经常被看作各向同性材料。

(4) 小变形假设　若固体的变形较其尺寸小得多，这种变形称为小变形。在工程中多数物体只发生弹性变形，相对于物体的原始尺寸来说，这些弹性变形是微小的，因此多属于小变形情况。在小变形情况下，研究物体的静力平衡等问题时，均可略去这种小变形，而按原始尺寸计算，从而使计算简化。这种方法称为原始尺寸原理。但是在分析物体的变形规律时，这种微小的变形不能忽略。

3.1.2　材料力学的任务

工程上的各种机械都是由构件组成的。机械工作时，构件会受载荷作用，因此会产生变形，载荷达到一定程度时甚至发生破坏，使机械无法正常工作。图 3-1 所示为汽车发动机的曲轴，在工作时会受到转矩等作用，产生弯曲和扭转变形。

为保证机械的正常工作，组成机械的各种构件须满足以下要求：

1. 足够的强度

构件抵抗破坏的能力称为强度。这里的破坏是指构件发生断裂或因产生过度的塑性变形而不能够继续承载，例如传动轴、连杆等不能断裂，即必须具有足够的强度。

2. 足够的刚度

构件抵抗变形的能力称为刚度。在某些情况下，构件虽有足够的强度，但若受力后变形过大，即刚度不够，也会影响正常工作。例如，汽车的传动轴变形过大会产生振动。

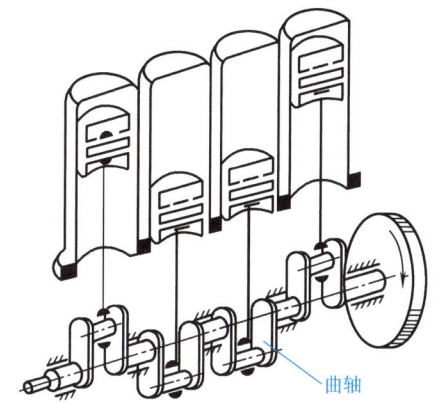

图 3-1　汽车发动机的曲轴

3. 足够的稳定性

构件受载后保持原有平衡形态的能力称为稳定性。对于一些受压力作用的细长直杆，如发动机的连杆，当压力较小时，能保持直线形态的平衡，但当压力增大时，直杆会变弯，即丧失稳定性。显然，丧失稳定性可引起整个结构或机器的损坏，因此对于构件的稳定性也须给予足够的重视，提出一定的要求。

在工程实际中，构件不仅要满足强度、刚度和稳定性的要求，还应符合经济方面的要求。材料力学就是研究构件在外力作用下的变形和破坏的规律，提供有关强度、刚度和稳定性的分析计算的基本方法的学科。它的任务是在满足强度、刚度和稳定性要求的前提下，为构件选择适宜的材料，确定合理的形状和尺寸。

3.1.3　外力、内力、应力和应变

1. 外力

以构件作为研究对象时，作用于构件上的载荷和约束力称为外力。外力的分类有以下两种方式。

(1) 按外力的作用方式分类

1) 体积力：连续分布在构件内部并作用在构件的每一个质点上，如重力、磁力以及由于运动加速度在质点上产生的惯性力都是体积力。

2) 分布力：连续作用于构件表面或某一范围的表面力（接触力），如发动机活塞在运动过程中对气缸壁的侧压力。

3) 集中力：当表面力（接触力）作用面积远小于构件表面积或沿构件轴线的分布范围远小于构

件长度，则可将分布力简化为作用于一点的力，称为集中力。如汽车变速器中齿轮轴受到齿轮的压力可简化为集中力。

4）集中力偶：当力偶作用的范围远远小于梁的长度时，可简化为作用于某一截面，称为集中力偶。

（2）按外力与时间关系分类

1）静载荷：大小和方向不随时间变化（或变化极缓慢）的载荷。

2）动载荷：随时间变化或使构件各质点产生明显的加速度的载荷。

3）交变载荷：随时间做周期性变化的载荷。

4）冲击载荷：使构件运动在瞬时内发生突然变化的载荷。

2. 内力和截面法

（1）内力 构件因外力作用发生变形时，其内部各部分之间的相对位置发生变化，从而引起相邻部分的相互作用力称为内力。它是连续作用于截面上的分布力，并随外力的改变而变化。对于任一杆件，当受到的内力超过某一极限时，就会丧失正常的工作能力，甚至发生破坏，所以内力是直接与构件的强度相联系的。因此，要解决强度问题，必须求出在外力作用下杆件内力的大小。

（2）截面法 为了求出内力的大小，假想将构件切开，由分离体的平衡条件，应用静力学平衡方程，根据外力确定内力，这种方法称为截面法。

步骤：

1）截开：在求内力的截面处，假想用一平面将截面分成两部分，保留任意一部分，舍去另一部分。

2）代替：用作用于截面上的内力代替舍去部分对留下部分的作用。

3）平衡：对留下的部分建立静力学平衡方程，确定内力值。

应用截面法时还需注意以下两点：①外载荷不能沿作用线移动，因为材料力学中研究的对象是变形体，不是刚体，力的可传性不成立；②截面不能切在外力作用点处，要离开或稍微离开作用点。

例 如图 3-2 所示，A、B、C 点分别作用 10kN、40kN、30kN 的力，求 1—1 截面和 2—2 截面受到的内力。

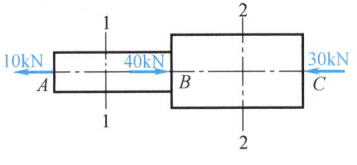

图 3-2 例 1 图

解：

1）截开：在求内力的截面处，假想用一个平面将截面分成两部分，保留任一部分，舍去另一部分，如图 3-3a 所示。

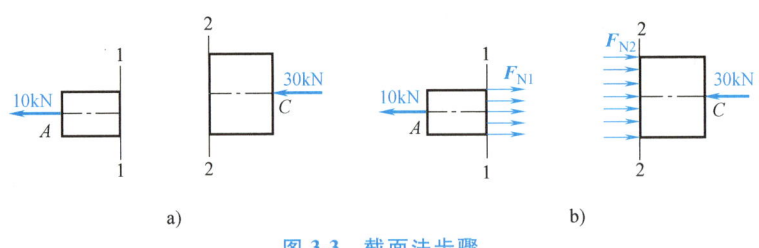

图 3-3 截面法步骤

a）截开 b）代替

2）代替：用作用于截面上的内力代替舍去部分对留下部分的作用，如图 3-3b 所示。

3）平衡：对于一个处于平衡状态的物体，其各部分都应当保持平衡。由此，对留下部分可建立静力学平衡方程，求解出截面处的内力值。

对图 3-3b 的两处截面列平衡方程，有

$$F_{N1} = 10\text{kN}，F_{N2} = 30\text{kN}$$

求出的内力其正负号与内力的形式有关，具体规定见 3.2 基本变形部分介绍。

应用截面法时还需注意以下两点：①外载荷不能沿作用线移动。因为材料力学中研究的对象是变形固体，不是刚体，力的可传性不成立；②截面不能切在外力作用点处，要离开或稍微离开作用点。

3. 截面上的应力

用截面法求出的内力，只表示构件受力的大小，并不能判断出构件某一点受力的强弱程度。例如，材料相同、直径不等的两根直杆，在相同的拉力 F 作用下，内力相等，当 F 力增大时，直径小的杆必先断。这说明杆件上某一点受力的强弱程度，不仅与横截面的内力有关，而且与横截面的面积有关。因此，需要计算出变形截面上单位面积所受的内力。用来表示截面上某点受力强弱程度的物理量称为应力，单位为 N/m²，也称为帕（Pa），常用单位是兆帕（MPa），1MPa = 10^6Pa。如图 3-4 所示，横截面面积 A 上的分布内力为 F，式（3-1）中 p 称为截面上的应力。把 p 分解成垂直于截面的分量 σ 和切于截面的分量 τ，σ 称为正应力，τ 称为切应力。

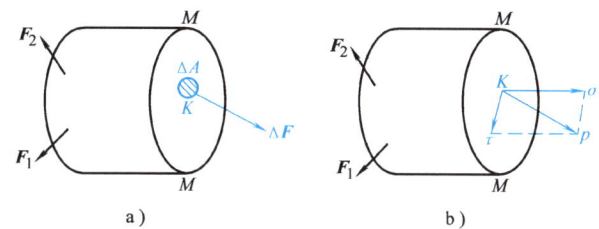

图 3-4 应力的计算

$$p = \frac{F}{A} \tag{3-1}$$

根据变形固体的基本假设，内力是连续分布在截面上的，应力说明了内力在截面上的分布情况，因此可用它的大小来判定杆件的强度是否达到设计要求。

4. 应变

截面的变形既有长度方面的改变，也有角度方面的改变，变形的程度用应变来表示。长度方面的变形程度用线应变表示，简称应变。角度方面的变形程度用切应变表示。

如图 3-5 所示，线段 AB 原长为 x，变形后 AB' 的长度为 $x + \Delta x$。则按下式得到的 ε 称为 A 点沿 AB 方向的线应变，简称应变，即

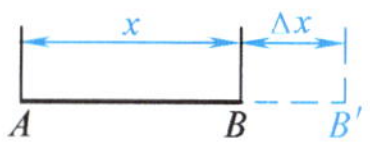

$$\varepsilon = \lim_{\Delta x \to 0} \frac{\Delta x}{x} \tag{3-2}$$

图 3-5 应变的计算

3.1.4 杆件变形的基本形式

在工程实际中，构件的形式很多，常见的形式是杆件。所谓杆件，就是长度远大于横向尺寸的构件。如果杆件的轴线为直线，且各横截面都相等，这种杆件称为等截面直杆。材料力学主要研究的对象就是等截面直杆。

杆件在各种不同的受力情况下，会产生各种不同的变形。杆件变形的基本形式有四种：拉伸（或压缩）、剪切、扭转和弯曲。

（1）轴向拉伸（或压缩）变形　当杆件受到沿轴线方向的两个大小相等、方向相反的拉力或压力时，杆件就会沿轴向伸长或缩短。这种变形就是拉伸或压缩变形，如图 3-6a 所示。

（2）剪切和挤压变形　杆件受到大小相等、方向相反、作用线不重合且相距较近的两个垂直于杆

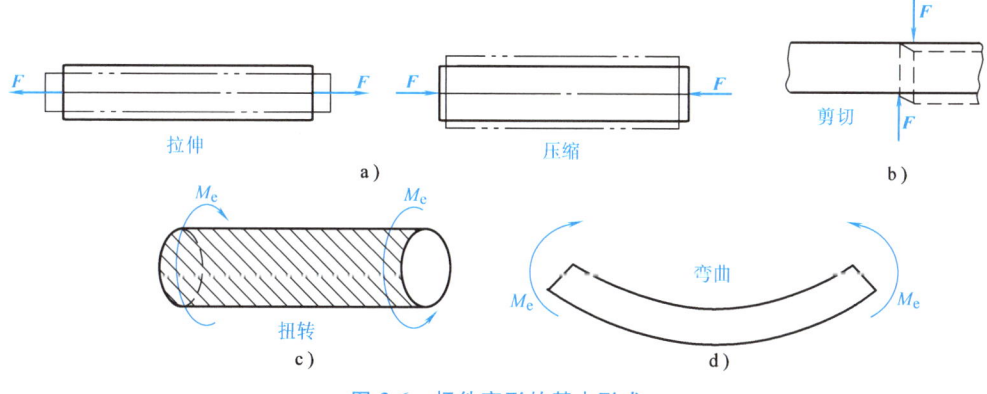

图 3-6 杆件变形的基本形式

轴线方向的力的作用时,杆件的两个力中间部分产生各截面的相互错动,这种变形就是剪切变形,如图 3-6b 所示。机械中连接件的局部承受较大的压力,而出现塑性变形称为挤压变形。

(3) **扭转变形** 杆件受到大小相等、方向相反、作用面垂直于杆轴线的一对力偶作用时,杆件的任意两个截面发生绕轴线的相对转动,这种变形称为扭转变形,如图 3-6c 所示。

(4) **弯曲变形** 杆件受到与轴线相垂直的力作用或受到纵向平面内的力偶的作用时,杆件的轴线由直线变成曲线,这种变形称为弯曲变形,如图 3-6d 所示。

其他复杂的变形形式,都是上述两种或两种以上基本变形的组合,称为组合变形。

3.2 基本变形

3.2.1 轴向拉伸与压缩

一、拉伸或压缩的概念

工程实际中,发生轴向拉伸或压缩变形的杆件很多。例如,汽车发动机的连杆,在工作中将产生压缩变形(图 3-7);机器中的传动链条受拉伸、螺旋千斤顶的螺杆受压缩等。

受拉或受压的杆件在受力时有一个共同特点,即作用在杆两端的两个力大小相等、方向相反、作用线与杆的轴线重合;变形特点是杆件沿轴向发生伸长或缩短,如图 3-8 所示。

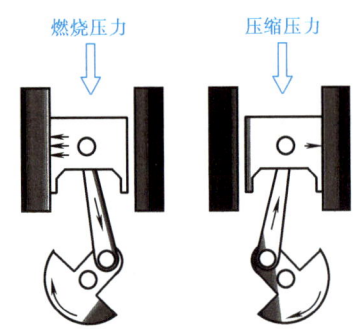

图 3-7 发动机连杆工作情况

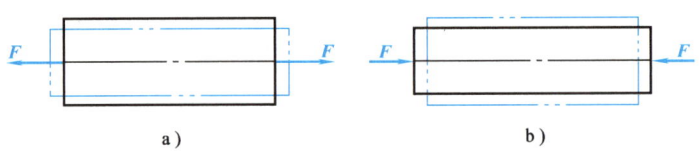

图 3-8 拉伸或压缩变形的受力及变形特点
a) 拉伸变形 b) 压缩变形

二、拉伸或压缩的内力和应力

1. 内力

如图 3-9 所示的杆件,沿杆的轴线方向作用有两个大小相等、方向相反的力 F,杆件处于平衡状态。按照截面法求内力的步骤,由平衡方程得截面 $m—n$ 上的内力与轴线重合,因此称此内力为轴力,一般用 F_N 表示。轴力 F_N 的正负号规定为:杆件的变形为纵向伸长时,轴力 F_N 为正,称为拉力;杆件的变形为纵向压缩时,轴力 F_N 为负,称为压力。

根据轴力的定义可知,上一节的例1中阶梯轴所受的内力即为轴力。按照轴力正负号的规定可知,F_{N1} 为拉力,F_{N2} 为压力,因此,有

$$F_{N1} = 10\text{kN}, F_{N2} = -30\text{kN}$$

2. 应力

由于拉伸和压缩时的内力垂直于横截面,所以

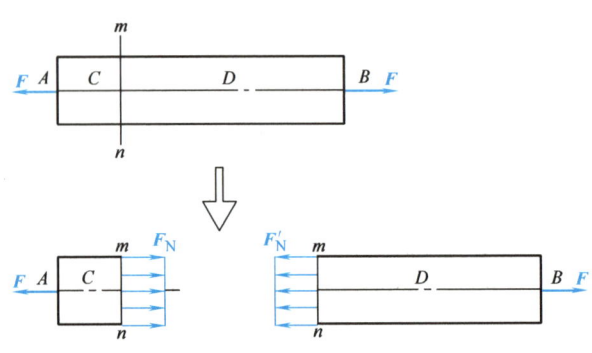

图 3-9 拉伸变形时的内力

应力也垂直于横截面。根据应力的定义可知，横截面上的应力为正应力，用 σ 表示，即

$$\sigma = \frac{F_N}{A} \tag{3-3}$$

式中　σ——横截面上的正应力；

　　　F_N——横截面上的轴力；

　　　A——横截面面积。

同轴力 F_N 一样，拉应力 σ 为正，压应力 σ 为负。

3. 胡克定律

17 世纪中叶，英国科学家胡克通过实验，发现了力与变形的关系：当杆件内的应力不超过某一限度时，应力与应变成正比，即

$$\sigma = E\varepsilon \tag{3-4}$$

式（3-4）称为胡克定律。式中的常数 E 称为弹性模量，其值随材料不同而不同。由式（3-4）可以看出，在其他条件不变的情况下，E 越大，则材料的变形越小。因此，弹性模量 E 表示材料抵抗拉、压弹性变形的能力，是材料的刚度指标。长度与受力情况相同的杆，E 值越大，杆的变形就越小，说明 E 表示杆件抵抗拉压变形能力的大小，称为杆的抗拉（压）刚度。应用这个关系可以从已知的应力求变形，也可以用测得的变形来求应力。

三、拉伸或压缩时材料的力学性能

材料的力学性能是指材料受外力时，在强度和变形方面表现出的性能，是解决强度、刚度和稳定性问题所不可缺少的依据。它是由试验来测定的。

在常温、静载条件下，材料常分为以低碳钢为代表的塑性材料和以铸铁为代表的脆性材料。

1. 塑性材料的力学性能

材料的力学性能可通过试验测定。低碳钢在拉伸时的应力-应变图或 R-ε 图如图 3-10 所示，它能够反映材料的力学性能。

（1）弹性变形阶段（Ob 段）　在此阶段，只产生弹性变形。a 点所对应的应力值称为比例极限，记为 R_p；b 点所对应的应力 R_t 是材料只出现弹性变形的极限值，称为弹性极限。

（2）屈服阶段（bc 段）　当应力超过弹性极限后继续加载，应变会很快地增加，而应力先是下降，然后做微小的波动，在 R-ε 曲线上出现接近水平线的小锯齿形线段。这种应力基本保持不变，而应变显著增加的现象，称为屈服或流动。这时所对应的应力称为屈服强度，分为上屈服强度和下屈服强度，用 R_{eH}、R_{eL} 表示。R_{eL} 是衡量材料强度的重要指标。

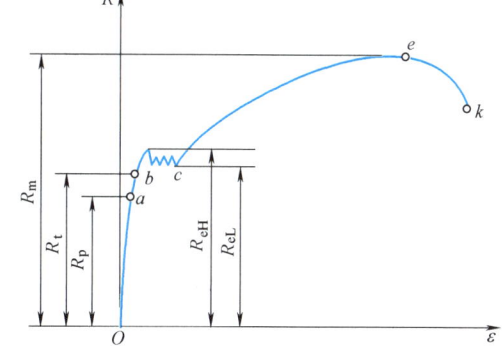

图 3-10　低碳钢的应力-应变图

（3）变形强化阶段（ce 段）　过了屈服阶段后，材料又恢复了抵抗变形的能力，要使它继续变形必须增加拉力，这种现象称为材料的强化。强化阶段的最高点 e 点所对应的应力 R_m 是材料所能承受的最大应力，称为强度极限或抗拉强度。它表示材料所能承受的最大应力。R_m 是衡量材料强度的重要指标。

（4）缩颈与断裂阶段　过 e 点后，即应力达到强度极限 R_m 后，在试样的某一局部范围内，横向尺寸突然急剧缩小，形成缩颈现象，试样的承载能力急剧下降，最后在缩颈处被拉断。

塑性材料压缩性能只有在屈服强度内与拉伸时相重合，屈服强度后产生明显的塑性变形，随着压力的增加，越压越扁，无法求出其抗压强度。因此，塑性材料宜用作受拉杆件，通常不用作受压件。

2. 脆性材料的力学性能

灰铸铁是典型的脆性材料，拉伸时其应力-应变关系曲线没有明显的直线部分，在较小的拉应力下

即被拉断,没有屈服和缩颈现象,拉断前的应变很小。铸铁拉断时的最大应力即为其强度极限。因为没有屈服现象,其强度极限 R_m 是衡量强度的唯一指标。

灰铸铁的压缩性能也无明显的直线部分,近似符合胡克定律,无屈服强度,强度极限超过拉伸时强度极限的 4～5 倍,故抗压性能强,适用于受压零件。

3. 工作应力、极限应力、许用应力、安全系数与强度条件

构件工作时,由载荷引起的应力称为工作应力。任何工程材料能承受的应力都是有一定限度的,使材料丧失正常工作能力的应力称为极限应力,用 σ_u 表示。一般认为,塑性材料的极限应力是其下屈服强度 R_{eL}；脆性材料的极限应力是其强度极限 R_m。

为了保证构件能够安全工作,必须把构件的最大工作应力限制在材料的极限应力之内。为了充分确保构件使用安全,构件材料需有适当的强度储备。因此,将极限应力除以大于 1 的系数 n,作为材料的许用应力,即允许材料承受的最大应力,用 $[\sigma]$ 表示,大于 1 的系数 n 称为安全系数,即

$$[\sigma] = \frac{\sigma_u}{n} \tag{3-5}$$

对实际应用中的构件,其最大工作应力要比许用应力小,即

$$\sigma_{max} = \left(\frac{F_N}{A}\right)_{max} \leq [\sigma] \tag{3-6}$$

式（3-6）称为轴向拉伸或压缩时的强度条件。利用强度条件可以判断杆件能否安全工作、为杆件选择合理的截面尺寸、确定杆件能够承受的最大载荷。

3.2.2 剪切变形

1. 剪切的概念

杆件受到大小相等、方向相反、作用线不重合且相距较近的两个垂直于杆轴线方向的力的作用时,杆件位于两个力中间部分各截面将产生相互错动,这种变形称为剪切变形。产生相对错动的截面称为剪切面。剪切面总是平行于外力作用线,且位于两个反向外力作用线之间。剪切变形的受力特点是外力大小相等,方向相反,作用线相距很近。其变形特点是剪切面沿外力的方向发生相对错动。

剪切变形多数发生在工程结构和机械零件的连接件上。如图 3-11 所示,连接两个零件的销、铆钉、键和螺栓等,都是常见的受剪零件。

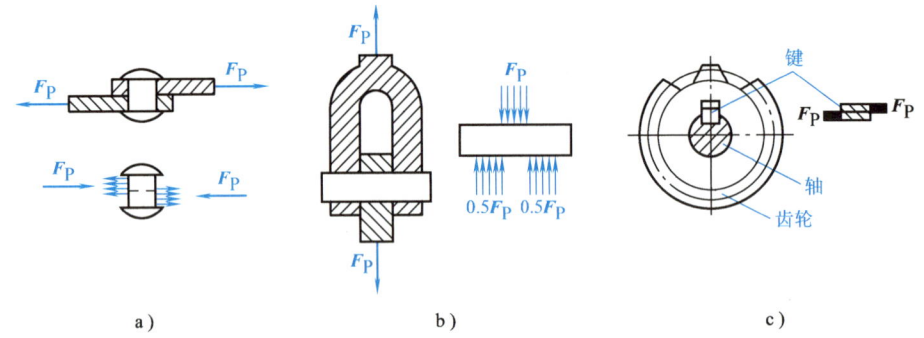

图 3-11 常见受剪的连接件

2. 切应力

构件受到剪切作用时,在它的剪切面上会产生与截面平行的抵抗剪切变形的内力,称为剪力,用 F_Q 表示。发生剪切变形的截面称为剪切面,使杆件顺时针方向转动的剪力为正,反之为负。剪力 F_Q 的大小可用截面法求得,如图 3-12 所示。

单位面积上剪力的大小称为切应力,切应力与剪力的方向相同,平行于横截面,用 τ 表示,单位是帕（Pa）或兆帕（MPa）。剪应力在剪切面上分布规律复杂。工程上常假设剪应力 τ 均匀分布在剪

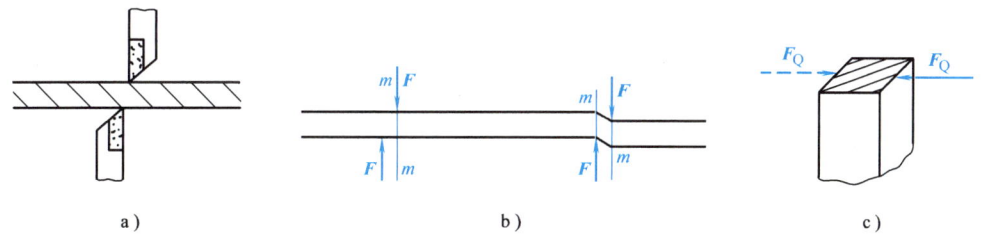

图 3-12 用截面法求切应力

切面上。

设剪切面的面积为 A，剪力为 F_Q，则剪切面上的切应力为

$$\tau = \frac{F_Q}{A} \tag{3-7}$$

3. 剪切的强度条件

为了保证剪切变形下的构件工作时安全可靠，剪切强度条件为

$$\tau = \frac{F_Q}{A} \leq [\tau] \tag{3-8}$$

式中 $[\tau]$——材料许用切应力，可从有关手册中查得。

3.2.3 挤压变形

一般情况下，杆件发生剪切变形的同时，往往还伴随着挤压变形。挤压变形是两杆件在相互传递压力的接触面上，由于局部受较大的压力，而出现塑性变形——压陷、起皱的现象，如图 3-13 所示，这种现象称为挤压破坏。作用于接触面间的压力，称为挤压力，用符号 F_{jy} 表示。

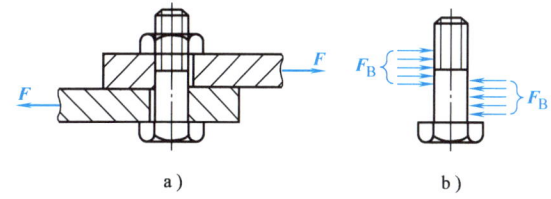

图 3-13 挤压变形的受力情况

杆件上发生挤压变形的表面称为挤压面。挤压面就是两杆件的接触面，一般垂直于外力的作用线。

由挤压力引起的应力称为挤压应力，用 σ_{jy} 表示。需要注意的是，挤压应力与压缩应力并不相同。挤压应力是分布在两杆件接触表面上的压强；而压缩应力是分布在整个杆件内部单位截面积上的内力。

工程上常认为挤压应力在挤压面上也是均匀分布的，由此得挤压的强度条件为

$$\sigma_{jy} = \frac{F_{jy}}{A_{jy}} \leq [\sigma_{jy}] \tag{3-9}$$

式中 F_{jy}——挤压面上的挤压力（N）；

A_{jy}——挤压面积，由具体接触条件决定（m²）；

$[\sigma_{jy}]$——材料许用挤压应力，其值由试验测定，设计时可查有关手册。

3.2.4 扭转变形

1. 扭转的概念

在生活实践中，许多构件在工作时受到扭转作用。如图 3-14 所示，汽车驾驶人转动转向盘时，双手在转向盘两侧各作用一个方向相反的力，转向轴上端将受到 个力偶的作用，而转向轴下端也会受到一个大小相等、转向相反的力偶作用，在这对力偶作用下，转向轴将产生扭转变形。汽车中传递发动机动力的传动轴等轴类零件，都会产生扭转变形。扭转变形的受力特点是：作用在杆件两端的一对力偶，大小相等、转向相反、力偶作用面垂直于杆的轴线。扭转变形时，各

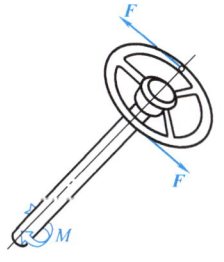

图 3-14 汽车转向盘的受力情况

横截面绕杆轴线发生了相对转动。

2. 圆轴扭转变形的外力、内力及应力

工程上发生扭转变形的构件，大多是横截面为圆形或圆环形的直轴。因此，本节只研究等截面圆轴扭转时所受的外力、内力及应力的特点。

(1) **外力** 扭转变形时，作用在轴上的外力是一对力偶，其力偶矩通常不直接给出。当已知轴的转速和传递的功率时，外力偶矩可用如下公式计算

$$T = 9549\frac{P}{n} \tag{3-10}$$

式中　T——外力偶矩（N·m）；
　　　P——轴传递的功率（kW）；
　　　n——轴的转速（r/min）。

(2) **扭转时的内力——扭矩** 圆轴发生扭转变形时，横截面上将产生内力，应用截面法可求出其内力。如图3-15a所示，等截面圆轴AB，在其两端垂直轴线的平面内，作用一对方向相反、力偶矩均为M的力偶，用截面法求任意截面上的内力。先假想将其沿$n—n$截面切开，任取一段作为研究对象，如图3-15b、c所示。由力偶系的平衡条件知，$n—n$截面上内力合成的结果也应是一力偶，且其作用面与$n—n$截面重合。此力偶矩称为扭矩，用符号T表示。

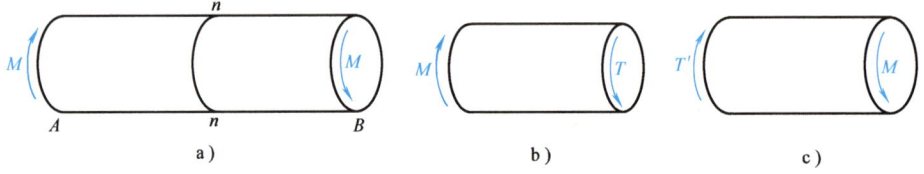

图3-15　扭转变形时的内力

根据力偶的平衡条件可求出扭矩的大小。取左段为研究对象，如图3-15b所示，由平衡条件$\sum M = 0$可得

$$T - M = 0$$

即

$$T = M$$

如取右段为研究对象，如图3-15c所示，求得的扭矩数值相同，但两者转向相反，因为它们是作用与反作用的关系。因此，扭转时任意截面上的内力（扭矩）的大小可由下式确定

$$T(T') = 截面一侧（左或右）所有外力偶矩的代数和 \tag{3-11}$$

扭矩的正负规定：按右手螺旋法则判别扭矩的正负（即四指弯向表示力偶的方向，大拇指的指向表示扭矩矢量的方向），若矢量的指向离开截面，扭矩为正；反之为负。依此规定，同一截面左右两侧扭矩的数值和符号均相同。

(3) **圆轴扭转时的应力** 为了解圆轴扭转变形的规律以及横截面上应力的分布情况，首先来观察圆轴的扭转试验。

取一等截面圆轴（图3-16），在其表面上画一组平行于轴线的纵向线和代表横截面的圆周线，这

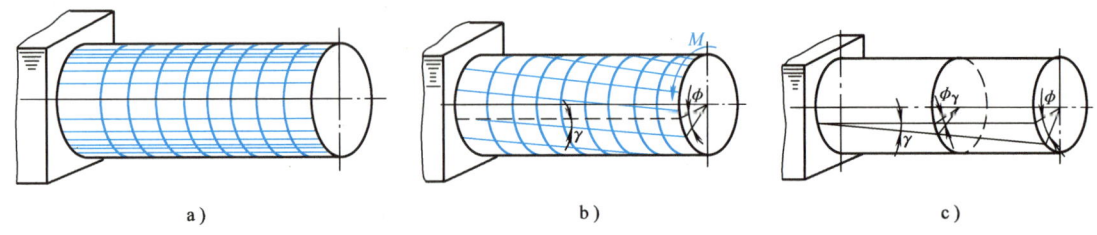

图3-16　圆轴的扭转试验

样就形成了许多矩形。将其左端固定，在其右端垂直于轴线的平面内施加力偶矩 M，则轴将产生扭转变形。观察其变形现象，可以得到圆轴表面的变形情况。

1）各圆周线绕轴线发生了相对转动，但形状、大小及相互之间的距离均无变化。
2）所有纵向线倾斜了同一微小角度 γ，原来的矩形均变为平行四边形，但纵向线仍近似为直线。

根据观察到的变形现象，可做出如下的假设：圆轴扭转变形时，各横截面仍保持为平面，其大小、形状均不变，相邻两横截面间的距离不变，只是绕轴线做了一定角度的相对转动。此假设称为圆轴扭转的平面假设。

按照平面假设，圆轴扭转变形的特点是：各横截面像刚性圆盘似地绕轴线发生相对转动，且截面之间的距离不变。因此，圆轴扭转变形时，截面上只有扭应力存在，而无正应力。扭应力的分布规律如图 3-17 所示，截面上某点的扭应力的大小与该点至圆心的距离成正比，圆心处扭应力为零，圆周上的最大扭应力为

$$\tau_{max} = \frac{TR}{I_P} \quad (3\text{-}12)$$

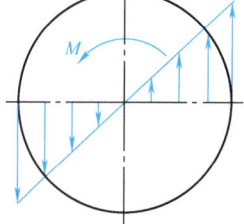

图 3-17　扭转变形截面应力分布图

式中　τ_{max}——横截面上最大扭转切应力（Pa）；
　　　T——横截面上的扭矩（N·m）；
　　　R——圆轴的半径（m）；
　　　I_P——横截面的极惯性矩，表示截面尺寸的几何性质，其大小与截面形状和尺寸有关（m⁴）。

令

$$W_n = I_P/R$$

则

$$\tau_{max} = \frac{T}{W_n} \quad (3\text{-}13)$$

式 (3-13) 为圆轴扭转时横截面上最大扭转切应力的计算公式。W_n 是表示横截面抵抗扭转变形能力的几何量，称为抗扭截面系数，单位是 m³。

在工程上轴通常采用实心和空心两种形状。它们的极惯性矩 I_P 及抗扭截面系数 W_n 分别如下：

① 实心圆轴

极惯性矩：

$$I_P = \frac{\pi D^4}{32}$$

抗扭截面系数：

$$W_n = \frac{I_P}{R} = \frac{\pi D^4/32}{D/2} = \frac{\pi D^3}{16}$$

式中　D——轴的直径。

② 空心圆轴

极惯性矩：

$$I_P = \frac{\pi D^4}{32} - \frac{\pi d^4}{32} = \frac{\pi D^4}{32}[1-(D/d)^4] = \frac{\pi D^4}{32}(1-\alpha^4)$$

抗扭截面系数：

$$W_n = \frac{I_P}{R} = \frac{\frac{\pi D^4}{32}(1-\alpha^4)}{D/2} = \frac{\pi D^3}{16}(1-\alpha^4)$$

式中　α——d/D；
　　　D——轴的外径；
　　　d——轴的内径。

3. 扭转的强度条件

为了保证圆轴的正常工作，必须使其横截面上最大扭应力 τ_{max} 不超过材料的许用扭应力 $[\tau]$。由此可得圆周扭转的强度条件为

$$\tau_{max} = \frac{T}{W_n} \leqslant [\tau] \quad (3\text{-}14)$$

3.2.5 弯曲变形

1. 平面弯曲

在日常生活和工程实际中,弯曲变形的构件是大量存在的。如图 3-18 所示,桥式起重机的横梁在载荷和自重的作用下变弯;汽车前轴的两支座间受到一个垂直外力作用时,也会发生微小弯曲。这些构件具有相同的受力特点和变形特点——外力垂直于轴线或在轴线的平面内受到力偶的作用,轴线由直线变成曲线,这种变形称为弯曲。工程上把以弯曲变形为主要变形的构件称为梁。

在工程实际中,梁的结构形式很多,按梁的支座形式不同,可将其分为三种基本形式。

(1) 简支梁 梁的一端为固定铰链支座,另一端为活动铰链支座,如图 3-19a 所示。

(2) 外伸梁 梁的支座形式与简支梁相同,梁的一端或两端伸出在支座以外,如图 3-19b 所示。

(3) 悬臂梁 梁的一端为固定端支座,而另一端为自由端,如图 3-19c 所示。

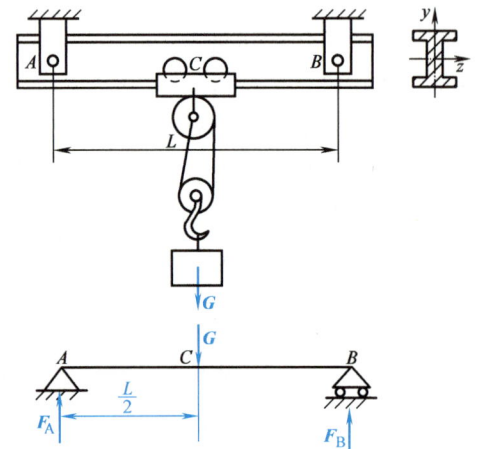

图 3-18 弯曲变形实例

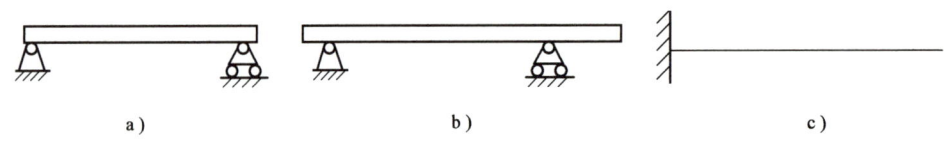

图 3-19 梁的基本形式
a) 简支梁 b) 外伸梁 c) 悬臂梁

工程中常见的梁,其横截面往往具有对称轴,对称轴与梁的轴线构成纵向对称面。若作用在梁上的外力都位于纵向对称面内,且力的作用线垂直于梁的轴线,则变形后的轴线仍位于此对称面内,即轴线为一平面曲线,这种弯曲称为平面弯曲。

2. 梁的内力——剪力和弯矩

梁在外力作用下,横截面上将产生内力。下面以简支梁(图 3-20)为例,分析梁横截面上的内力特点。

设载荷 F 与支座反力 F_A、F_B 均已知,是作用于梁纵向对称面内的平面平行力系。用截面法求任意截面 n—n 的内力。假想沿 n—n 截面将梁分为两段(图 3-20),由于整个梁是平衡的,因此它的任一部分都处于平衡状态。要维持左段(图 3-20b)平衡,则 n—n 截面必存在两种内力分量:

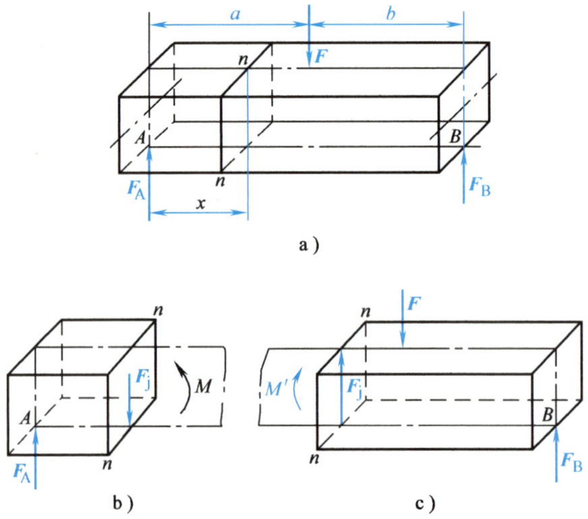

1) 沿截面作用的力 F_j(F_j'),作用线通过截面形心并与外力平行,该力为剪力。

2) 垂直于横截面作用的力偶矩 M(M'),称为弯矩。弯矩的正负由该截面附近的变形情况确定。若梁在该截面附近弯成上凹下凸,如图 3-21a 所示,则弯矩为正;反之为负,如图 3-21b 所示。

图 3-20 截面法求梁的内力

通常梁的跨度比较大,剪力产生的切应力对梁的强度影响很小,可以忽略不计。截面上的弯矩可

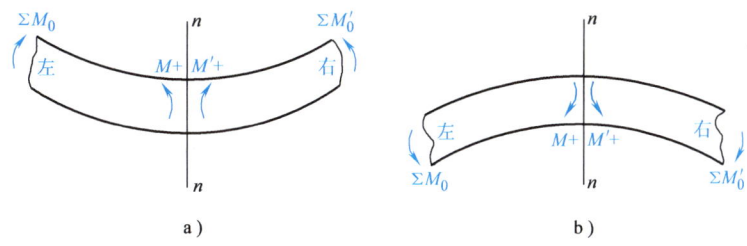

图 3-21 弯矩的正负规定

以利用平衡条件得出，其大小等于所取研究对象上外力对该截面形心力矩的代数和，即

$$M(M') = 截面一侧所有外力对截面形心力矩的代数和$$

式中，M 和 M' 是以截面 n—n 为界，分别取左段或右段为研究对象时，截面上的弯矩它们互为作用与反作用，大小相等、方向相反。

3. 纯弯曲时的正应力

(1) 纯弯曲的概念　一般的平面弯曲中，梁的横截面上既有剪力又有弯矩，在梁的横截面上同时存在弯曲剪应力和弯曲正应力。由于剪力产生的切应力对梁的影响较小，可忽略不计。当梁的横截面上只承受弯矩时，该梁无剪切变形，只有弯曲变形，这种平面弯曲称为纯弯曲。

(2) 横截面上应力的分布规律　取一矩形截面梁，如图 3-22 所示，在梁的侧面划上代表横截面的横向直线和代表平行于轴线的纵向直线，中间的一条纵向直线与梁的轴线重合，然后在其对称面内施加力偶（图 3-22b），梁发生纯弯曲变形。变形后横向线仍为直线，且仍与纵向线正交，但发生了相对转动。纵向线变成了曲线，除了与轴相重合的纵向线长度不变外，其余各纵向线都产生了伸长或缩短，且靠近凸的一边伸长，靠近凹的一边缩短。

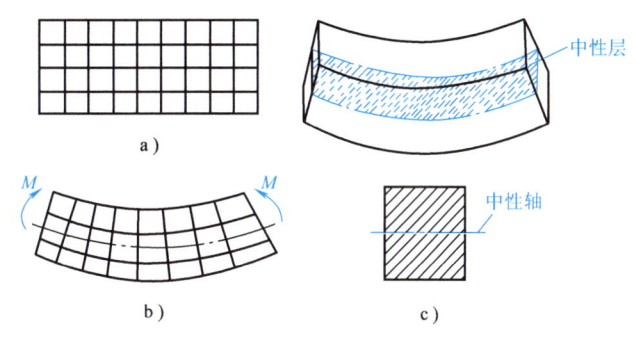

图 3-22 直梁的弯曲变形

由此可以看出：

1）变形后的横截面仍与纵向线正交，直角未发生变化，切应变为零，故切应力为零。

2）弯曲变形时，梁的一部分沿纵向伸长，另一部分缩短。从缩短到伸长的变化是逐渐而连续的。因此，由缩短区过渡到伸长区时，中间必然存在既不伸长也不缩短的一层，称为中性层。中性层是梁上缩短区与伸长区的分界面。中性层与横截面的交线称为中性轴（图 3-22c），中性轴通过横截面的形心。

通过上述分析，可得出纯弯曲变形时所有横截面仍保持为平面，只是绕中性轴相对转动，截面上各点伸长处受拉、缩短处受压，应力大小为与该点到中性轴的距离成正比分布。横截面上正应力的分布规律是：正应力的分布规律是横截面上各点正应力的大小与该点到中性轴的距离成正比。中性轴上的正应力等于零，离中性轴最远点即上、下边缘正应力最大，如图 3-23 所示。

(3) 最大正应力计算公式　梁弯曲时横截面上的弯矩，可看作由整个横截面上各点的内力对中性轴的力矩所组成。横截面上最大正应力的计算公式为

$$\sigma_{max} = \frac{M y_{max}}{I_z} \tag{3-15}$$

式中　M——横截面上的弯矩（N·m）；

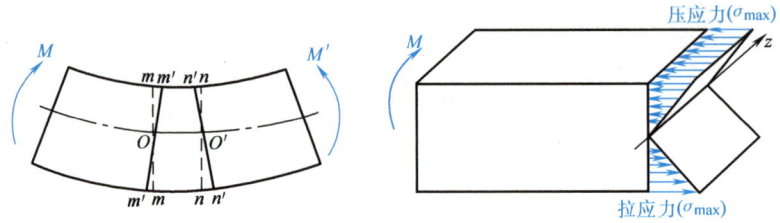

图 3-23 纯弯曲应力分布规律

y_{max}——横截面上、下边缘离中性轴最远点到中性轴的距离（m）；

I_z——横截面对中性轴 z 的惯性矩，是与横截面形状、尺寸有关的几何性质的量（m^4）。

上式中，令

$$W_z = I_z / y_{max}$$

则

$$\tau_{max} = \frac{T}{W_z} \tag{3-16}$$

式中 W_z——抗弯截面系数，其大小与横截面的几何形状及尺寸有关（m^3）。

当弯矩 M 不变时，W_z 越大，σ_{max} 越小，所以 W_z 是说明梁横截面抵抗弯曲破坏能力的一个几何量。常用横截面的 I_z 和 W_z 列于表 3-1 中。

表 3-1 常用横截面的惯性矩 I_z 和抗弯截面系数 W_z

横截面图形	惯 性 矩	抗弯截面系数
	$I_z = bh^3/12$ $I_y = hb^3/12$	$W_z = bh^2/6$ $W_y = b^2h/6$
	$I_z = bh^3 - b_1 h_1^3/12$ $I_y = b^3 h - b_1^3 h_1/12$	$W_z = bh^3 - b_1 h_1^3/6h$ $W_y = b^3 h - b_1^3 h_1/6h$
	$I_z = I_y = \pi D^4/64$	$W_z = W_y = \pi D^3/32$

(续)

横截面图形	惯 性 矩	抗弯截面系数
（图：外径D内径d的空心圆截面，z、y轴过圆心O）	$I_z = I_y = \dfrac{\pi}{64}(D^4 - d^4) = \dfrac{\pi D^4}{64}(1-\alpha^4)$ 式中 $\alpha = d/D$	$W_z = W_y = \dfrac{\pi D^4}{32}(1-\alpha^4)$ 式中 $\alpha = d/D$

3.3 汽车常用零件的变形与疲劳破坏

汽车在使用过程中，随着行驶里程的不断增加，汽车零件技术状况会逐渐变坏甚至失效，从而导致汽车动力性下降、经济性变差、可靠性变坏，严重时会导致汽车故障。汽车零件的变形和疲劳破坏是汽车零件失效的重要原因。

3.3.1 汽车常用零件的变形

在使用过程中，由于承载和内部应力的作用，零件的尺寸和形状改变的现象称为变形。汽车零件的变形，尤其是基础件如曲轴、离合器摩擦片、变速器轴等的变形，会导致各零件正常的配合性质被破坏，使零件的磨损加剧，使用寿命降低，甚至导致各零件不能正常运动，失去工作能力。

1. 零件变形失效的分类

（1）弹性变形失效　弹性变形是指外力去除后能完全恢复的变形。弹性变形失效是指零件在外力作用下发生弹性挠曲，其挠度超过许用值而破坏零件间相对位置精度的现象。

（2）塑性变形失效　塑性变形是指外力去除后不能恢复的变形。塑性变形失效是指零件的工作压力超过材料的屈服强度，因塑性变形而导致的失效。

（3）蠕变　蠕变是指材料在一定应力（或载荷）作用下，随时间延长，变形不断增加的现象。蠕变变形失效是由于蠕变过程不断发生，产生的蠕变变形量或蠕变速度超过金属材料蠕变极限而导致的失效。

2. 汽车常见零部件变形的影响

发动机气缸体、变速器壳体、驱动桥壳体都是汽车中的基础件。基础件即保证本组合件或总成中的所有组成部分（零件）均处于规定位置的零件。如果基础件变形，会破坏总成中各零件间的正确位置关系。

1）发动机气缸体变形会造成气缸磨损量增加、轴颈和轴瓦磨损加剧、加速曲轴疲劳失效等后果。

2）曲轴弯曲变形会破坏动平衡，引起发动机工作振动，噪声增大，严重时会导致发动机无法正常运行。

图 3-24 所示为发生弯曲变形的发动机曲轴和连杆。

图 3-24　发生弯曲变形的发动机曲轴和连杆

3）变速器壳体变形会使传动系统产生动载荷，从而使变速器的技术状况恶化，严重时将会引起变速器脱档。此外，变速器壳体变形还会加剧齿轮的磨损、点蚀和剥落现象。

4）驱动桥壳体变形会使汽车两半轴轴线不重合，后轮运动不正常，加剧轮胎的磨损，使汽车传动效率降低，行驶阻力增大，滑行性能变差，严重时还会影响汽车的制动性能，并使半轴承受过大的弯曲应力，易发生断裂。

5）车架弯曲变形会破坏汽车各总成的相对位置，引起总成早期损坏，导致轮胎异常磨损，此外还会产生异响。车架的变形会影响汽车行驶的稳定性和制动效果，降低使用寿命，危及行车安全。

3. 零件变形的原因

汽车零件在使用中变形通常有以下三方面的原因，即内应力、外载荷和温度。

（1）内应力的影响　汽车零件变形受内应力的影响包括两方面：一是因零件在工作过程中各部分的冷却速度不同引起的热应力；二是由于零件制造加工过程中产生的残余内应力。铸铁的残余内应力长期作用会使其弹性极限降低，并且产生减小内应力的塑性变形，这种现象称为内应力松弛，零件则会因内应力松弛而产生变形。

（2）外载荷的影响　汽车零件在工作过程中，由于传递力或转矩而承受外载荷，尤其在汽车满载或超载工作时，外载荷将在零件内部产生各种应力，如果应力超过了材料的屈服强度，则会导致零件产生塑性变形。

（3）温度的影响　由于金属的弹性极限随温度的升高而降低，同时在高温作用下内应力松弛进行得更彻底，所以在温度较高的条件下工作的零件更容易变形。

气缸体作为发动机所有零件和总成的安装骨架，其结构形状复杂，内部断面大多是在外载荷和高温的共同作用下工作的，且各相连部分厚薄不均，在加工制造时容易形成较大的热应力和残余内应力；发动机工作时，气缸内气体温度可达 2500K 以上，压力可达 6.0~9.0MPa，在高温、高压和交变载荷的作用下，曲柄连杆机构承受的惯性力增大，气缸壁和主轴承座孔承受的动载荷也随之增大，从而使气缸体发生变形。

3.3.2 汽车零部件的疲劳破坏

零件在交变应力作用下，经过较长时间工作而发生的断裂现象称为疲劳断裂。零件在交变载荷的作用下，经过一定时间的工作后，性能被破坏，在应力集中部位形成微小裂纹。随着工作时间的延长，裂纹逐渐扩展，使零件的有效承载截面逐渐减小，应力集中的作用不断增大。当裂纹扩展到一定程度时，应力集中的作用加剧，裂纹的扩展加速，零件的有效承载截面越来越小，直至最后因强度不足而发生突然断裂。疲劳破坏是汽车零件常见的及危害性最大的一种失效形式。汽车上有90%以上的断裂可归结为零件的疲劳失效，如曲轴、连杆、连杆螺栓、气门、气缸套、转向节、横拉杆、半轴、车架、钢板弹簧等零件的断裂，绝大多数属于疲劳断裂。

1. 疲劳断裂的分类

根据零件的特点及破坏时总的应力循环次数，疲劳断裂可分为无裂纹零件和裂纹零件的疲劳断裂失效。发生高周疲劳时，应力一般在屈服强度以下；发生低周疲劳时，应力可高于屈服强度。汽车零件一般多为低应力高周疲劳断裂。

2. 零件疲劳断裂的原因

造成零件疲劳断裂的原因很多，归纳起来主要有两大方面。

（1）设计制造因素　零件设计不合理造成结构上存在缺陷，如曲轴、变速器轴等零件截面突变处、台阶、键槽、油孔、接头等部位的局部应力过于集中；零件在加工制造过程中可能会产生的缺陷和损伤，如各种形式的划痕、微小孔隙、夹杂物、裂损及碰伤等。零件最初的疲劳裂纹通常发生在有以上缺陷的部位，因为在交变载荷作用下，有缺陷的部位会形成应力集中点。

（2）使用维修因素　汽车在使用过程中操作不规范，或经常超载运行，使零部件长时间受到过大的载荷作用，引起零部件的早期疲劳，从而加快了零件的疲劳断裂。汽车使用过程中，忽视对汽车的维护保养，对异响等一般故障未进行及时的检修，或忽视对易疲劳断裂零件的检查，未能及时发现并更换有缺陷或损伤的零部件，或由于拆装不当，使零件局部受力过大或受到损伤，都会使汽车存在零部件疲劳断裂的故障隐患。零部件修复的质量低、表面粗糙度值高也会使零部件的疲劳强度降低。

使用维修不当是促使零件疲劳裂纹早期形成、加速疲劳裂纹扩展、使零件发生早期断裂的重要原因。

3. 提高汽车零件抗疲劳断裂能力的措施

1）在设计制造过程中尽可能避免零件出现各种缺陷，减小应力集中，提高零件的疲劳强度，防止零件早期疲劳断裂。

2）对在汽车使用过程中发生疲劳断裂的零件，尤其是发生早期疲劳断裂的零件，设计制造部门及使用维修人员应认真做好调查研究工作，分析、查明零件疲劳断裂的原因，进行改进。

3）按规范操作规程开车，避免零件承受额外载荷。零件受到的外力越大，发生断裂的可能性越大。因此，在汽车使用过程中应尽量避免超载运行，严禁猛起步和高速急转弯，慎用紧急制动，在不良路面上行驶时应控制车速，尽量避免车辆在行驶中受到过大冲击，避免零件因超载工作而受力过大。

4）做好技术维护工作，注意易疲劳断裂零件的工作情况，及时发现工作异常迹象，避免发生突发性损坏。保持发动机良好的工作状态，发动机处于良好润滑性能和正常温度下工作，可以减少酸、碱、盐等腐蚀介质的生成，防止零件受到腐蚀与疲劳的联合作用。因为腐蚀能形成疲劳源，在交变载荷作用下，腐蚀能加速裂纹的扩展，促使零件早期疲劳断裂。例如，机油变质后会含有大量腐蚀介质，如不及时更换，曲轴在工作中就容易受到腐蚀与疲劳的联合作用而发生早期断裂。

5）按规定的技术要求进行正确拆装，防止零件局部受力过大或受到损伤。例如，应使用合适的工具和正确的方法进行拆装，切忌乱打乱敲、野蛮拆装，以防零件受到损伤。装配重要的螺纹联接件（如连杆螺栓等），应对称、交叉、分次均匀用力，逐渐拧紧到规定力矩，注意不要拧得过紧，以防损伤零件。

模块3

汽车常用材料

第4章 汽车常用金属材料

学习任务：

根据材料的特性并考虑经济性，为一辆紧凑型轿车的车身、发动机气缸体、曲轴、变速器齿轮、轮毂选出合适的材料，并说明理由。

知识目标：

1. 了解汽车常用工程材料的类型。
2. 掌握金属材料的分类方法，理解金属材料的性能。
3. 熟悉汽车中常用的有色金属材料的类型、特点及在汽车中的应用。
4. 熟悉汽车中常用的黑色金属材料的类型、特点及在汽车中的应用。

能力目标：

1. 能识读常见碳素钢、合金钢、铸铁的牌号。
2. 能识别汽车发动机、底盘、车身常见零部件的材料。
3. 培养学生分析问题、解决问题的能力。

素养园地：

培养学生的科学探究及创新意识。

汽车常用材料： 科技前沿——非晶合金，对学生进行科学精神及创新精神教育

一般的汽车都由一万个以上的零部件组成，这些零部件使用了超过60种不同材料。制造汽车零部件用的材料统称为汽车工程材料。汽车工程材料主要包括金属材料、高分子材料、陶瓷材料、复合材料等。其中钢、铁、塑料、铝、橡胶、玻璃等材料占轿车质量的90%，其余10%为其他多种材料，包括有色金属（铜、铅、锌、锡等）以及车中装备的液体（燃油、润滑剂、其他油品和水基液等）、油漆、纤维制品。图4-1所示为汽车主要零部件使用的材料。

汽车材料的性能主要包括使用性能和工艺性能。材料的使用性能是指在正常使用条件下材料所表现出来的性能，包括力学性能、物理性能和化学性能。材料的使用性能决定了材料的使用范围、安全可靠性和使用寿命。材料的工艺性能是指材料在被制成各种零部件的过程中适应加工的性能。在选择汽车零部件材料时一般遵循以下几个原则。

1）使用性能原则。采用所选材料制造的零件在使用过程中具有良好的工作性能。
2）工艺性能原则。所选用材料能够确保零件便于加工。
3）经济性原则。所选用的材料能使产品具有较低的总成本。

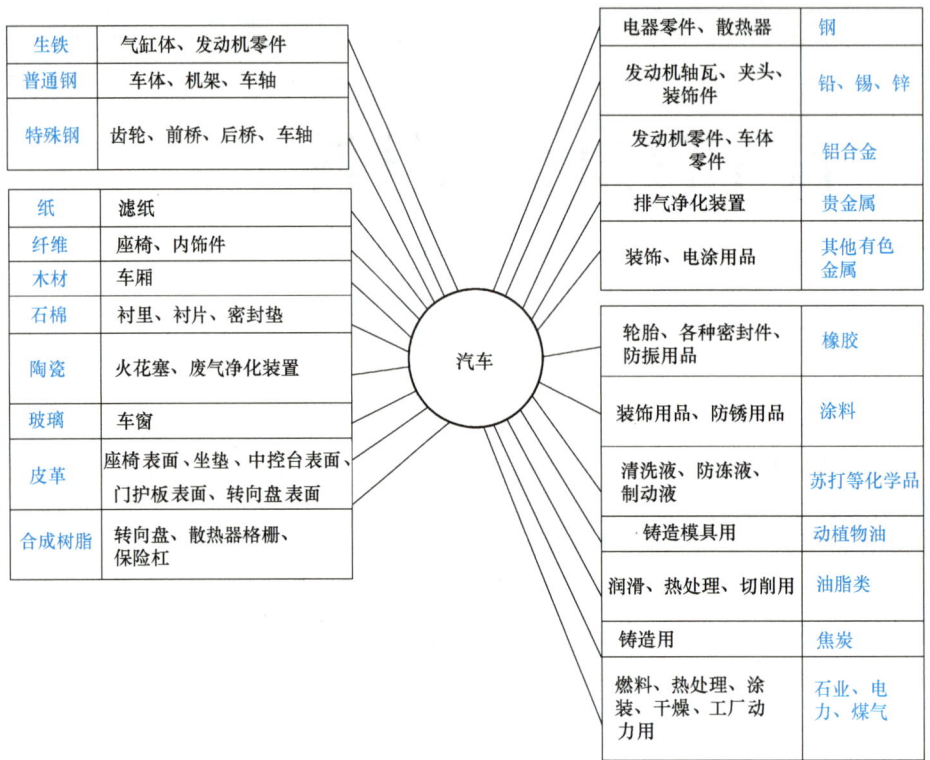

图 4-1 汽车主要零部件使用的材料

4.1 金属材料的分类及性能

4.1.1 金属材料的分类

金属是具有光泽、有良好的导电性、导热性与力学性能，并具有正温度电阻系数的物质，人们通常把金属分成两大类，即黑色金属和有色金属。

黑色金属除了铁、锰、铬外，还包括这几种金属的合金。纯铁是银白色的，锰是银白色的，铬是灰白色的。由于铁的表面常常生锈，覆盖一层黑色的四氧化三铁与棕褐色的三氧化二铁的混合物，看上去就是黑色的，因此称之为黑色金属。最常见的合金钢是锰钢与铬钢。

黑色金属是最常见的金属材料。钢和铸铁是以铁和碳为主要元素的铁碳合金。碳的质量分数在2.11%以下的铁碳合金称为钢，碳的质量分数为2.11%~6.69%的铁碳合金称为铸铁。黑色金属价格低廉，比强度高，便于加工，在汽车中应用广泛，一辆普通轿车钢铁材料的重量占70%。汽车用黑色金属主要用于制造车架、车轴、车身、齿轮、发动机曲轴、外壳等零件。

除了铁、锰、铬及其合金以外，其他的金属都是有色金属。

4.1.2 金属材料的性能

金属材料的性能分为使用性能和工艺性能。使用性能是指金属材料在使用过程中反映出来的特性，它决定金属材料的应用范围、安全可靠性和使用寿命。使用性能又分为力学性能、物理性能和化学性能。工艺性能是指金属材料在制造加工过程中反映出来的各种特性。

1. 金属材料的力学性能

力学性能是指金属材料在载荷作用下抵抗破坏的性能。金属材料的力学性能是设计零件和选材时的主要依据。外加载荷性质不同（例如拉伸、压缩、扭转、冲击、循环载荷等），对金属材料的力学性能要求也不同。常用的力学性能包括强度、塑性、硬度、冲击性能和疲劳强度。

（1）**强度**　强度是指金属材料在静载荷作用下抵抗破坏（过量塑性变形或断裂）的能力。强度指标一般用单位面积所承受的载荷即应力表示，符号为 R，单位为 MPa。由于载荷的作用方式有拉伸、压缩、弯曲、剪切等形式，所以强度也分为抗拉强度、抗压强度、抗弯强度、抗剪强度、屈服强度等。其中抗拉强度和屈服强度是常用的强度指标。屈服强度是指金属材料在外力作用下产生屈服现象时的应力，或开始出现塑性变形时的最低应力值，用 R_{eH} 或 R_{eL} 表示。抗拉强度是指金属材料在拉力的作用下，发生断裂前所能承受的最大应力值，用 R_m 表示。对于大多数机械零件来说，工作时不允许产生塑性变形，所以屈服强度是零件强度设计的依据；对于因断裂而失效的零件，则用抗拉强度作为其强度设计的依据。

（2）**塑性**　塑性是指金属材料在载荷作用下，产生塑性变形（永久变形）而不破坏的能力。常用的塑性指标有伸长率和断面收缩率。伸长率指试样拉断后的伸长量与原来长度之比的百分率，用符号 A 表示。断面收缩率指试样拉断后，断面缩小的面积与原来截面积之比，用 Z 表示。伸长率和断面收缩率越大，其塑性越好；反之，塑性越差。良好的塑性是金属材料进行压力加工的必要条件，也是保证机械零件工作安全，不发生突然脆断的必要条件。

（3）**硬度**　硬度是指材料表面抵抗硬物压入的能力。硬度能够衡量金属材料的软硬程度，是材料的重要力学性能指标。一般材料的硬度越高，其耐磨性越好。材料的强度越高，塑性变形抗力越大，硬度也越高。材料的硬度可以通过试验来测定。目前，常用的硬度表示方法有布氏硬度（HBW）、洛氏硬度（HRA、HRB、HRC）和维氏硬度（HV）等方法。

（4）**冲击性能**　金属材料抵抗冲击载荷的能力称为冲击性能，用 a_K 表示，单位为 J/cm^2。a_K 值越大，则材料的韧性就越好；a_K 值小的材料称为脆性材料，a_K 值大的材料称为韧性材料。很多零件如齿轮、连杆等，工作时受到很大的冲击载荷，因此要用 a_K 值大的材料制造。铸铁的 a_K 值很小，灰铸铁的 a_K 值近于零，不能用来制造承受冲击载荷的零件。

（5）**疲劳强度**　许多机械零件在工作过程中所受到的应力随时间做周期性变化，这种应力称为交变应力（也称为循环应力）。在交变应力的作用下，虽然零件所承受的应力低于材料的屈服强度，但经过较长时间的工作后产生裂纹或突然发生完全断裂的现象称为金属的疲劳。如汽车中的曲轴、齿轮、轴承、弹簧等零件的主要破坏形式就是疲劳断裂。疲劳断裂大多数是突然发生的，通常所承受的应力也小于材料的屈服强度。因此，疲劳断裂具有很大的危险性。

金属材料在指定寿命（循环基数）N_0（如合金钢为 10^7，低碳钢为 $5×10^6$）时，应力循环次数达到 N_0 次仍不发生疲劳破坏，此时的最大应力称为疲劳极限。材料的疲劳极限是材料力学性能中的一个重要性能。凡承受交变载荷的零件，在设计时都需用疲劳极限进行强度计算。

2. 金属材料的工艺性能

金属材料的工艺性能是反映金属材料在各种加工过程中，适应加工工艺要求的能力。它是物理性能、化学性能和力学性能的综合表现。工艺性能主要有可加工性、铸造性能、可锻性、焊接性和热处理性能等。

（1）**可加工性**　金属材料的可加工性是指其被切削加工的难易程度。可加工性好的材料，切削时消耗的能量少，刀具寿命长，易于保证加工表面的质量，切屑易于折断和脱落。金属材料的可加工性与它的强度、硬度、塑性、导热性等有关。如灰铸铁、铜合金及铝合金等均有较好的可加工性，而高碳钢的可加工性则较差。

（2）**铸造性能**　金属材料的铸造性能主要是指流动性、收缩性和产生偏析的倾向。流动性是流体金属充满铸型的能力。流动性好的金属能铸出细薄精致的复杂铸件，能减少缺陷。收缩性是指金属材料在冷却凝固中，体积和尺寸缩小的性能。收缩是使铸件产生缩孔、缩松、内应力、变形、开裂的基本原因。偏析是指金属材料在凝固时造成零件内部化学成分不均匀的现象。偏析会使铸件各部分的力学性能有很大的差异,降低铸件的质量。常用的金属材料中,铸铁和青铜的铸造性能较好。

(3) 可锻性　金属材料用锻压加工方法成形的能力称为可锻性。塑性越好、变形抗力越小,金属的可锻性越好。

(4) 焊接性　金属材料对焊接加工的适应性称为焊接性。在机械行业中,焊接的主要对象是钢材。碳含量是焊接性好坏的主要影响因素。碳与合金元素质量分数越高,焊接性越差。常用材料中,低碳钢比高碳钢及铸铁焊接性好。

(5) 热处理性能　热处理性能是指金属材料通过热处理后改变或者改善性能的能力。热处理性能包括淬透性、氧化脱碳、变形开裂等几个方面。钢是采用热处理最为广泛的材料。中碳钢的热处理性能较好。

4.2　有色金属及其在汽车中的应用

有色金属包括纯金属及有色合金。有色纯金属分为重金属、轻金属、贵金属、半金属和稀有金属五类,具体见表4-1。

表4-1　有色金属的分类

类型	特　点
重金属	密度大于4.5g/cm³,其中Pt最重,其密度为21.45g/cm³
轻金属	密度小于4.5g/cm³,如Ag、Mg、Na、Ca、K等。其中Mg最轻,密度仅为1.74g/cm³
贵金属	如Au、Ag、Pt、Nb、Ir、Er等
稀有金属	稀有轻金属:钛、锂、铷、铯、铍等,其中比重最小的是锂,其密度仅为0.53g/cm³ 稀有高熔点金属:W、Mo、Sb、Nb、Zr、Hf、V、La等,其熔点一般大于1700℃,其中W熔点最高,为3390℃ 稀有分散金属:镓、铟、铊、锗等,在地壳中分散分布,没有独立矿床 稀土金属:钪、钇、镧系合金(镧、铈、镨、钕等15个相似元素),虽然以共生形式存在,但储量很大
半金属	Si、Se、Te、B等元素,能传热导电,具有一定的金属特性

汽车制造业中常用的有色金属有铜、铝、镁、钛、铅、锡及其合金。

4.2.1　铜及铜合金

铜是人类最早发现和使用的金属材料。铜的熔点低,易合金化,是人类使用的最古老的金属之一。铜及铜合金具有优良的导电性、导热性、耐蚀性,易于加工,且外表美观,广泛应用于机械、电子、电气、化工、交通、能源、建筑、信息通信等领域。据统计,每辆汽车用铜可达10～21kg。在汽车制造业中,铜及铜合金主要用于散热器、制动系统、液压装置、轴承、制动器摩擦片、垫圈以及各种接头、配件等。其中用铜量比较大的是散热器。随着电动汽车的发展,其动力电池、电机和电机控制器的使用将显著增加铜的使用量。

铜及铜合金的分类如图4-2所示。

1. 黄铜

黄铜是以锌为主要合金元素的铜合金,铜锌二元合金称为普通黄铜或简单黄铜。为了改善普通黄铜的性能,常添加其他元素,如铝、镍、锰、锡、硅、铅等。三元以上的黄铜称为特殊黄铜或复杂黄铜。黄铜具有良好的塑性,可用压力加工方法制成各种型材。黄铜的牌号用"H+数字"表示,H后面的数字表示铜的质量分数,如H90、H80、H68、H65、H62分别表示铜的质量分数为90%、80%、68%、65%、62%,锌的质量分数为10%、20%、32%、35%、38%的黄铜。黄铜的耐蚀性随锌的质量分数的提高而降低,一般把锌的质量分数高于30%的黄铜称为高锌黄铜,把锌的质量分数为20%～30%的黄铜称为中锌黄铜,把锌的质量分数低于20%的黄铜称为低锌黄铜。其中H65、H68黄铜具有

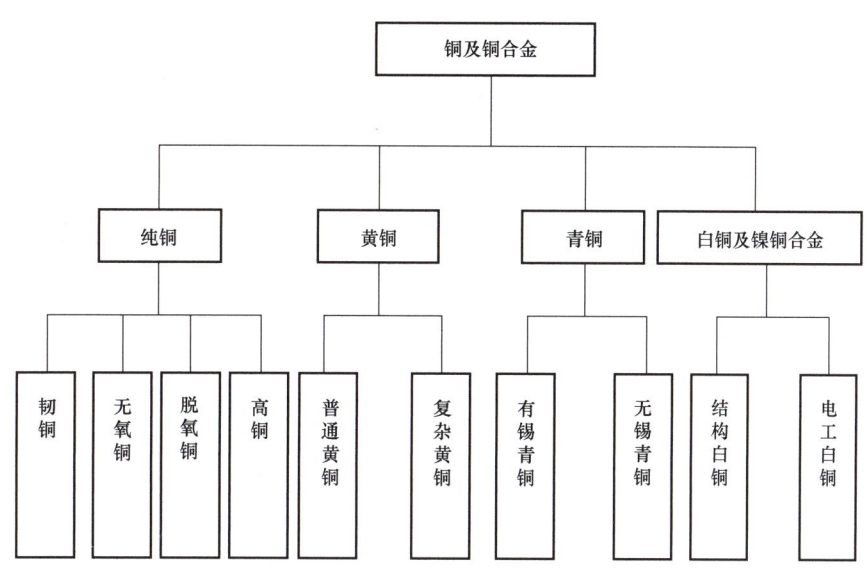

图 4-2　铜及铜合金的分类

良好的综合力学性能和可加工性，通常用于制作冲压拉伸件，广泛用于机械、仪器、电信、车辆、乐器等领域。H62 的机械强度高，适于加工，主要用于螺钉、铜网、弹簧、垫片等机械零件的制造。汽车同步器齿环、散热器均由黄铜制造。新能源汽车中黄铜主要应用于氢燃料电池系统制动系统中。

2. 青铜

青铜是铜与除了锌、镍以外的其他元素形成的合金。通常在青铜名字前冠以第一主要添加元素的名称，如锡青铜、铅青铜、铝青铜等。锡青铜的铸造性能、减摩性能和力学性能好，适合于制造轴承、蜗轮、齿轮等。铅青铜是现代发动机和磨床广泛使用的轴承材料。铝青铜强度高，耐磨性和耐蚀性好，用于铸造承受高载荷的齿轮、轴套。

4.2.2　铝及铝合金

1. 纯铝

1）纯铝的密度小（$\rho = 2.7 \text{g/m}^3$），大约是铁的 1/3，熔点低（660℃），沸点为 2467℃。

2）铝具有很高的塑性和低的强度，易于加工，可制成各种型材、板材。

3）具有良好的延展性、导电性、导热性、耐热性和耐核辐射性，无磁性，无毒，耐低温。

4）纯铝在空气中易氧化，在表面形成一层致密牢固的氧化膜，因而耐大气腐蚀性好。

5）纯铝还具有良好的低温塑性，直到 -253℃ 时其塑性和韧性也不降低，且其硬度低，不适于制作受力的机械构件。

2. 铝合金

在纯铝中加入合金元素就得到了铝合金。铝合金是汽车上应用得最快、最广的轻金属。铝合金有两大类：铸造铝合金和变形铝合金。汽车中应用的主要是铸造铝合金。

铸造铝合金可分为 Al-Si 系、Al-Cu 系、Al-Mg 系、Al-Zn 系。

1）Al-Si 系铸造铝合金：具有良好的力学性能、耐蚀性和中等的可加工性。

2）Al-Cu 系铸造铝合金：良好的可加工性和焊接性，但铸造性能和耐蚀性差。

3）Al-Mg 系铸造铝合金：密度小，强度、韧（塑）性好，耐蚀性和可加工性也较好，可用于车身框架和保险杠。

4）Al-Zn 系铸造铝合金：强度好。

3. 铝及其合金在汽车中的应用

1）底盘行驶系统：横梁、上下壁、转向机壳、制动分泵壳、制动钳、车轮、操纵机构等。

2）传动系统：变速器壳、离合器壳、连接过滤板、换档拨叉、变速器换档端盖。

3）发动机：发动机缸体、缸盖、活塞、进气管、水泵壳、发动机壳、起动机壳、摇臂、摇臂盖、滤清器底座、发动机拖架、正时链轮盖、发动机支架、分电器座等。

4）其他系统部件：离合器踏板、制动踏板、转向盘、转向节、发动机架、ABS系统部件。

4.2.3 镁及镁合金

镁是一种轻质的银白色金属，在镁中添加一些其他的金属元素，例如铝、锌、铝、锰等，它就会变成一种具有较高强度和刚度、良好的铸造性能和减振性能的轻质合金材料。金属镁及镁合金是工程应用中最轻的金属结构材料，因此将镁合金应用在汽车中可极大地减轻结构件的质量。

早在20世纪30年代，大众汽车就使用了镁合金，后来因镁的价格上升才停止了使用。20世纪80年代初，由于采用新工艺，严格限制了铁、铜、镍等杂质元素的含量，解决了镁合金的耐蚀性低的问题，同时成本有所降低，因而大大促进了镁合金在汽车上的应用。从20世纪90年代开始，国外的汽车厂家都逐渐开始把镁合金用于许多汽车零件上。随着新能源汽车的发展，其"电池、电机、电控"油系统中的部件大量使用了镁铝合金、如电池托盘、电池盒、电机壳等。

1. 镁合金的特点

1）镁合金的使用使汽车进一步轻量化，从而间接减少了燃油消耗量。

2）镁合金的比强度高于铝合金和钢，比刚度接近铝合金和钢，能够承受一定的载荷。

3）镁合金还具有良好的铸造性能和尺寸稳定性，易加工，废品率低，从而可降低生产成本。

4）镁合金具有良好的阻尼系数，减振量大于铝合金和铸铁，用于壳体可以降低噪声，用于座椅、轮圈可以减少振动，从而提高汽车的安全性和舒适性。

镁合金虽然有这些优点，但在成本上仍然高于铝合金。尽管如此，镁合金的应用前景仍然十分广阔。

2. 镁合金在汽车中的应用

（1）车内构件 仪表盘、座椅架、座位升降器、操纵台架、气囊外罩、转向盘、锁合装置罩、转向柱、转向柱支架、收音机壳、小工具箱门、车窗电动机罩、制动踏板与离合器踏板托架等。

（2）车体构件 门框、尾板、车顶框、车顶板等。

（3）发动机 活塞、进气管、机油盘、交流电动机支架、滤清器接头、电动机罩盖、气缸盖、分配盘支架、机油泵壳、油箱、滤清器支架、左侧半曲轴箱、右侧半曲轴箱。

（4）底盘 四轮驱动变速器箱体、手动换档变速器、变速器壳体、离合器外壳、轮毂、发动机托架、前后吊杆、尾盘支架。

4.2.4 钛及钛合金

钛及钛合金密度小、比强度大，耐蚀性强，不受路面盐类及废气的影响，可绿色回收，且与钢材有同样的设备工艺，易于加工。钛合金的记忆功能方便车身复原，高、低温力学性能好。

钛及钛合金的轻质、高强度等优点，加快了其在汽车制造业中的应用。目前的赛车几乎都使用了钛材料。汽车用钛部件主要包括阀、连杆、螺栓等。美国利用钛合金制作进、排气阀门较普遍，利用钛合金制作汽车阀门，不仅可以减轻重量，延长使用寿命，而且可靠性高，还可节省燃油。用钛合金制造连杆对减轻发动机重量最有效，也能显著提高性能。在新能源汽车领域，钛合金正用于生产汽车的外壳、车轮、倒车镜、水箱、变速器等。

4.2.5 铅、锡及其合金

1. 铅及铅合金

铅主要应用于汽车的蓄电池。铅蓄电池的优点是放电时电动势较稳定，缺点是比能量（单位重量所蓄电能）小，十分笨重，对环境腐蚀性强。铅蓄电池的工作电压平稳，使用温度及使用电流范围宽，能充放电数百个循环，储存性能好（尤其适于干式荷电储存），造价较低，因而应用广泛。

铅合金用于制作轴承，铅基轴承合金是以铅为基本成分，加入适量的锡和锑，再加入微量的砷、碲、铬、钙、铍、银等元素形成的。铅基轴承合金具有磨合性和减振性好、自润滑性好、噪声低等特点。

2. 锡及锡合金

锡基合金是最早应用的发动机滑动轴承的材料之一。锡基轴承合金具有优良的抗咬合性、顺应性、嵌入性、耐蚀性及工艺性能好等优点，但由于其疲劳强度低，因此只能应用于小型、轻载的汽车发动机轴瓦或者作为衬套材料使用。由于锡的价格较贵，其生产量正在逐渐减少，而由铅基合金轴承材料来代替。在新能源汽车中，锂电池中的电解液需要添加锡以保证锂离子的稳定性，提高电池的放电时间和使用寿命。

4.3 黑色金属及其在汽车中的应用

4.3.1 碳素钢及其在汽车中的应用

碳素钢也称为碳钢，是碳的质量分数小于2.11%（实际在1.35%以下）的铁碳合金。碳素钢中除了含碳外，还含有少量硅、锰、硫、磷等杂质。由于碳素钢不仅具有较好的力学性能，良好的工艺性能，而且价格低廉、品种多样，能够满足各种场合的使用要求，因此碳素钢在工业上占有很重要的地位，约占钢总产量的90%以上。汽车的外壳、车架、车桥等很多零部件，都是采用碳素钢制造的。

1. 碳素钢的分类

碳素钢的分类方法很多，最常见的有以下三种。

(1) 按含碳量分类　低碳钢（$w_C \leq 0.25\%$）、中碳钢（w_C 为 0.25%~0.6%）、高碳钢（$w_C > 0.6\%$）。一般碳素钢中含碳量越高则硬度越大，强度也越高，但塑性较差。

1) 低碳钢。低碳钢的可加工性、焊接性和可锻性较好，常用于制造链条、铆钉、螺栓、轴等。

2) 中碳钢。中碳钢有镇静钢、半镇静钢、沸腾钢等多种产品。除含碳外，其含有少量锰（质量分数为 0.70%~1.20%）。按产品质量不同，中碳钢分为普通碳素结构钢和优质碳素结构钢。中碳钢的热加工性能良好，焊接性较差，强度和硬度比低碳钢高，而塑性和韧性低于低碳钢。中碳钢可不经热处理，直接使用热轧材、冷拉材，也可经热处理后使用。淬火、回火后的中碳钢具有良好的综合力学性能，能够达到的最高硬度约为538HBW，抗拉强度为 600~1100MPa，所以在中等强度水平的各种用途中，中碳钢的应用最广泛，大量用于制造各种机械零件，还可作为建筑材料。

3) 高碳钢。高碳钢含碳量高，硬度大，常用作工具钢。

(2) 按钢的质量分类　普通碳素钢（硫的质量分数≤0.050%、磷的质量分数≤0.045%）、优质碳素钢（硫的质量分数≤0.040%、磷的质量分数≤0.040%）、高级优质碳素钢（硫的质量分数≤0.030%、磷的质量分数≤0.035%）。

(3) 按用途分类

1) 碳素结构钢，主要用于制作各种工程结构件和机器零件，一般为中、低碳钢。

2) 碳素工具钢，主要用于制作各种刀具、量具、模具等，一般为高碳钢。

2. 碳素钢的牌号与用途

(1) 普通碳素结构钢　碳素结构钢按照钢材屈服强度分为5个牌号：Q195、Q215、Q235、Q255、Q275。每个牌号由于质量不同分为 A、B、C、D、E 等级，其中 A 的质量等级最低，E 的质量等级最高。Q195、Q215、Q235 塑性好，可轧制成钢板、钢筋、钢管等；Q255、Q275 可轧制成型钢、钢板等。

(2) 优质碳素结构钢　牌号以碳的平均质量万分数表示，如 20、45 等。20 表示碳的质量分数为 0.20%，45 表示碳的质量分数为 0.45%。45 钢经调质（淬火+高温回火）后可获得优异的综合力学性能，用于制作汽车曲轴、连杆等重要零件。

（3）**碳素工具钢** 牌号以碳的平均质量千分数表示，并在前面加 T，如 T8、T12 等。T8 表示碳的质量分数为 0.8%。碳素工具钢一般为优质钢，若 S、P 含量更少，质量等级更高，则为高级优质钢，在牌号后加"A"，如 T12A。

（4）**铸钢** 铸钢牌号是在数字前冠以 ZG，数字代表钢中碳的平均质量分数（以万分数表示）。如 ZG25 表示碳的质量分数为 0.25% 的铸钢。铸钢主要用于制造形状复杂并需要一定强度、塑性和韧性的零件，如齿轮、联轴器等。

4.3.2 合金钢及其在汽车中的应用

1. 合金结构钢

按照国家标准规定，合金钢的牌号采用"数字+化学元素符号+数字"的方法来表示。首部的数字表示碳的质量分数的万分数，化学元素符号表示主加元素，后面的数字表示所加元素的百分数。若合金元素的质量分数小于 1.5%，一般不标出，质量分数为 1.5%～2.49%、2.5%～3.49%、3.5%～4.49%……时，相应的标以 2、3、4……如 16Mn、40Cr、55Si2Mn 等，40Cr 表示平均碳的质量分数为 0.40%，合金元素 Cr 的质量分数小于 1.5%。

专用钢用其用途的汉语拼音字首来标明，G 表示滚动轴承钢，其后数字表示碳的质量分数的千分数；Y 表示易切钢，其后数字表示碳的质量分数的万分数；高级优质合金结构钢（S、P 的质量分数均≤0.025%），删除了所有带字母"A"的牌号，但同一牌号化学成分调整为原带字母"A"牌号的成分。如 GCr15、Y40Mn、30CrMnSi 等。GCr15 表示碳的质量分数为 1%、铬的质量分数为 1.5%（特例）的滚珠轴承钢；Y40Mn 表示碳的质量分数为 0.4%，锰的质量分数小于 1.5% 的易切削钢；30CrMnSi 表示碳的质量分数为 0.3%、铬、锰、硅的质量分数都小于 1.5% 的高级优质合金结构钢。

2. 合金工具钢和高速工具钢

其牌号除首部数字表示碳的质量分数的千分数，碳质量分数超过 1% 时不标出外，其余规则与合金结构钢牌号表示规则相同。如 5CrMnMo、W18Cr4V、Cr12 等。5CrMnMo 表示碳的质量分数为 0.5%，铬、锰和钼的质量分数都小于 1.5%。W18Cr4V 是一种高速工具钢，一般不标出碳含量，该牌号表示碳的质量分数为 0.7%～0.8%，钨的质量分数为 17.5%～19%，铬的质量分数为 3.8%～4.4%，钒的质量分数为 1.0%～1.4% 的高速工具钢。

3. 特殊性能钢

特殊性能钢包括不锈钢、耐热钢、耐磨钢等。其牌号首位数字一般表示含碳质量分数的千分数，当平均碳的质量分数≥1.00% 时，用两位阿拉伯数字表示；当碳的质量分数上限<0.10% 时，以"0"表示含碳量。化学元素符号表示主加元素，后面的数字表示所加元素的质量分数百分数。如 06Cr18Ni11Ti、14Cr11MoV 等。06Cr18Ni11Ti 表示碳的质量分数为≤0.08%、铬的质量分数为 18%、镍的质量分数为 9%～12%、钛的质量分数<1.5% 的不锈钢。

4. 汽车高强度钢

汽车高强度钢是指其抗拉强度大于 600MPa 的钢材。与传统的普通钢相比，汽车高强度钢具有更高的强度和更好的塑性，能够承受更大的冲击力和扭转力，从而提高汽车的安全性能。国家已公布的汽车高强度钢大致可分 2 类：传统高强度钢（CHSS）和先进高强度钢（AHSS）。常用的先进高强度钢主要有复相（CP）钢、双相（DP）钢、相变诱发塑性（TRIP）钢和孪生诱发塑性（TWIP）钢等。

（1）**汽车高强度钢的特点**

1）高强度。汽车高强度钢的抗拉强度通常在 600MPa 以上，有的可达到 1500MPa 以上，是普通钢的几倍甚至几十倍。当汽车在发生碰撞时，这种高强度车身能够更好地保护乘员的生命安全。

2）优良的塑性。汽车高强度钢具有良好的塑性，当受力时会发生塑性变形，吸收能量，从而减小碰撞时对车身和乘员的冲击力。

3）较好的焊接性能。汽车高强度钢的焊接性能较好，能够满足汽车制造中的焊接要求，这对汽车的制造和维修都具有重要意义。

(2) 汽车高强度钢的应用

1) 车身结构。目前，车身应用高强度钢的主要零部件有发动机盖板、门外板、行李舱外板、顶盖板、车门护梁、前后保险杠、A/B/C 柱、车门槛、横梁、纵梁等。汽车高强度钢在车身结构中的应用不仅可以减少车身的重量，还提高车辆的整体强度和刚度，从而提高车辆的安全性能。同时，汽车高强度钢还能够增加车身的抗扭转能力，提高操控性能。

2) 安全气囊支架。汽车高强度钢的高强度和良好的塑性使其成为安全气囊支架的理想材料。使用高强度钢制造的安全气囊支架能够更好地吸收碰撞能量，保护乘员的安全。

3) 底盘和悬挂系统。底盘和悬挂系统对车辆的操控性能和乘坐舒适性起关键作用。采用高强度钢制造底盘和悬挂系统能够提高车辆的强度和刚度，增加车辆的稳定性和操控性能。目前，汽车悬架零部件、转向柱、车轮、轮毂以及新能源汽车中的电池组防护底板等都采用了高强度钢制造。

4) 发动机和传动系统。发动机和传动系统是汽车的核心部件，对于汽车的动力性能和燃油经济性起着重要作用。汽车高强度钢的高强度和高耐磨性使其成为发动机和传动系统的理想材料，如轴承、齿轮、离合器等零部件都采用高强度钢制造，能够承受高温和高压的工作环境。

4.3.3 铸铁及其在汽车中的应用

当铁碳合金中碳的质量分数大于 2.11% 时，称为铸铁。铸铁具有优良的铸造性能，良好的可加工性、减振性和耐磨性，在工业上应用广泛。

按碳在铸铁中存在的状态及形式的不同，可将铸铁分为白口铸铁、灰铸铁、可锻铸铁、球墨铸铁、蠕墨铸铁。白口铸铁中碳绝大部分以渗碳体状态存在，断口呈亮白色，渗碳体硬而脆，机械中较少应用。灰铸铁中碳以片状石墨状态存在。可锻铸铁中碳以团絮状石墨状态存在。球墨铸铁中碳以圆球状石墨状态存在。蠕墨铸铁中碳以蠕虫状石墨状态存在。灰铸铁和球墨铸铁的应用最广。

1. 灰铸铁

灰铸铁中碳的质量分数为 2.8%~4.0%，由于碳以片状石墨形态存在于铸铁中，断口呈灰色，故称灰铸铁。灰铸铁具有良好的铸造性能、可加工性、减振性和减磨性，所以在机械中应用很广，如在机床中占机床总质量的 60% 以上。

灰铸铁的牌号由 "HT+数字" 来表示，如 HT150 表示最低抗拉强度为 150MPa 的灰铸铁。

2. 可锻铸铁

可锻铸铁是由一定成分的白口铸铁经石墨化退火而成，比灰铸铁具有更高的韧性，又称为韧性铸铁。可锻铸铁并不是可以锻造的铸铁，常用来制造承受冲击载荷的铸件。其牌号用 "KTH/KTZ+两组数字" 来表示，如 KTZ450-06 表示可锻铸铁的最低抗拉强度为 450MPa，最低伸长率为 6%。可锻铸铁常用来制造管接头、阀门外壳等。

3. 球墨铸铁

铁碳合金中的碳经过球化处理而成球状的铸铁称为球墨铸铁。它的力学性能接近碳素结构钢，还具有铸铁的特性，所以应用于凸轮轴、曲轴中，可以有效地降低机器的振动，具有较强的耐磨性。球墨铸铁的牌号用 "QT+两组数字" 来表示，如 QT450-10 表示球墨铸铁的最低抗拉强度为 450MPa，最低伸长率为 10%。

4.3.4 钢的常用热处理工艺

金属热处理是将液、固态金属或合金放在一定的介质中加热到适宜的温度，并在此温度中保持一定时间后，以不同速度冷却的一种工艺方法。热处理工艺一般包括加热、保温、冷却三个过程，有时只有加热和冷却两个过程。金属热处理是机械制造中的重要工艺之一，与其他加工工艺相比，热处理一般不改变工件的形状和整体的化学成分，而是通过改变工件内部的显微组织，或改变工件表面的化学成分，赋予或改善工件的使用性能。热处理是碳钢及合金钢常用的加工方法。

金属热处理工艺可分为整体热处理、表面热处理和化学热处理三大类。

1. 钢的整体热处理

根据加热介质、加热温度和冷却方法的不同，钢的整体热处理有退火、正火、淬火和回火四种基本工艺，见表 4-2。

表 4-2 钢的整体热处理工艺

热处理工艺	特　点	应　用
退火	将零件加热到临界温度，保温一段时间后，缓慢冷却（一般采用炉冷）	用来消除零件内应力，降低硬度，便于加工，细化晶粒，改善组织，增加韧性
正火	将零件加热到临界点温度以上，保温一段时间后在空气中冷却，冷却速度比退火快	常用于低碳钢及中碳钢零件，使其组织细化，增加强度与韧性，减少内应力，改善可加工性
淬火	将零件加热到临界点温度以上，保温一段时间后用盐水/水或油急速冷却	用来提高零件的硬度和强度极限，但淬火时会引起内应力，使钢变脆，所以淬火后必须回火
回火	将零件加热到临界点以下温度，然后在空气或油中缓慢冷却，根据回火温度不同，分为低温回火（回火温度低于 250℃）、中温回火（回火温度为 250～500℃）、高温回火（回火温度高于 500℃）	用来消除淬火后的脆性和内应力，提高钢的塑性和冲击韧性，稳定组织和尺寸，改善和提高材料的可加工性。高温回火可使钢材获得强度、塑性和韧性都较好的综合力学性能
调质	淬火后高温回火	用来使零件获得高的韧性和足够的强度，一般比较重要零件进行调质处理

2. 钢的表面热处理

表面淬火是将钢件的表面快速加热到临界温度以上，在热量还未来得及传到心部之前迅速冷却，从而使表面层被淬火为马氏体组织，而心部不发生相变，实现了表面淬硬而心部不变的目的，适用于中碳钢。汽车中的齿轮、曲轴常用表面淬火处理。

3. 化学热处理

化学热处理是指借助高温时原子扩散的能力，把化学元素的原子渗入到工件的表面层，从而改变工件表面层的化学成分和结构，使钢的表面层具有特定要求的组织和性能的一种热处理工艺。按照渗入元素的种类不同，化学热处理可分为渗碳、渗氮、碳氮共渗和渗金属四种。

渗碳是常见的化学热处理方法，一般用于低碳钢的热处理。渗碳是指使碳原子渗入到钢表面层的过程，使低碳钢工件具有高碳钢的表面层，再经过淬火和低温回火，使工件的表面层具有高硬度和耐磨性，而工件的中心部分仍然保持着低碳钢的韧性和塑性。

渗氮又称为氮化，是指向钢的表面层渗入氮原子的过程，其目的是提高表面层的硬度与耐磨性以及提高疲劳强度、耐蚀性等。目前生产中多采用气体渗氮法。

碳氮共渗又称为氰化，是指在钢中同时渗入碳原子与氮原子的过程。它使钢表面具有渗碳与渗氮的特性。

渗金属是指使金属原子渗入钢的表面层的过程。它能使钢的表面层合金化，从而使工件表面具有某些合金钢、特殊钢的特性，如耐热、耐磨、抗氧化、耐蚀等。生产中常用的有渗铝、渗铬、渗硼、渗硅等。

4.4 汽车上的主要金属零部件

金属材料是制造汽车零部件的主要材料，表 4-3 所列为应用金属材料的汽车主要零部件。

表 4-3　应用金属材料的汽车主要零部件

零部件名称	零部件实物图	材料	零部件名称	零部件实物图	材料
气缸体		球墨铸铁、铝合金、镁铝合金	气缸盖		铸铁、合金铸铁、铝合金
活塞		铸铁、铝合金、铸钢、陶瓷	连杆		中碳钢、中碳合金钢、铸铁、粉末冶金
曲轴		碳素结构钢、锻钢、球墨铸铁	飞轮		灰铸铁、球墨铸铁
凸轮轴	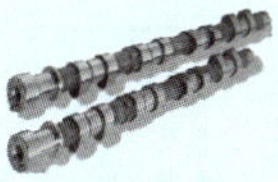	碳钢、冷激铸铁、球墨铸铁	气门	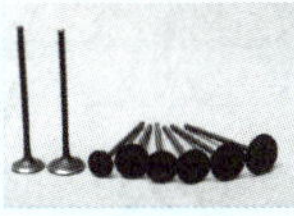	中碳合金钢、粉末冶金
正时齿轮		铸钢、铸铁、铸铝	气缸垫		铜合金、铝合金
连杆轴瓦	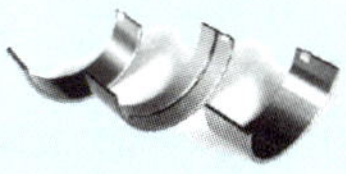	锡基轴承合金、铅基轴承合金、灰铸铁、球墨铸铁、粉末冶金、铝基合金、塑料	火花塞（电极）		镍合金、银合金、铱金、铂金、铂铱合金
活塞环		灰铸铁、球墨铸铁、碳钢、不锈钢	活塞销	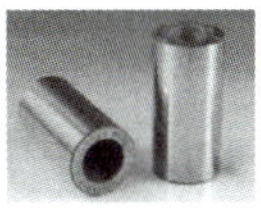	低碳钢或低碳合金钢（表面渗碳）
气门弹簧		弹簧钢	油底壳		铸钢、铸铝
连杆螺栓		中碳合金钢、铬镍钼合金钢	齿轮轴		铸铁、合金铸铁、铝合金
变速器齿轮		锻钢、铸钢、铸铁	离合器壳体		铸铁、铝合金
同步器齿环		铜合金	变速器壳体		铸造铝合金
离合器压盘		灰铸铁	半轴		中碳钢、中碳合金钢

(续)

零部件名称	零部件实物图	材料	零部件名称	零部件实物图	材料
减振弹簧		中碳冷拔钢材、碳素弹簧钢丝、不锈钢弹簧钢丝、铜合金、镍合金	万向节		碳钢、不锈钢、球墨铸铁
轮毂		钢铁材料（碳素钢、球墨铸铁、低合金钢）、铝合金	变速器轴承		高碳铬轴承钢
手制动拉索		钢丝	制动盘		灰铸铁、陶瓷、铝合金
制动踏板		铝合金	液压阀		铸铁、碳钢、铝合金、铜合金
车身		钢板（低碳钢、高强度钢、低合金钢、镀锌钢板）	发动机罩	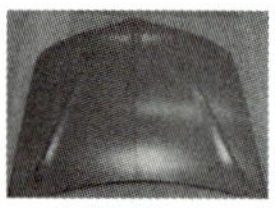	镀锌钢板、高强度钢板、铝合金
车门		镀锌钢板、高强度钢板	立柱		钢板、高强度钢板
新能源汽车电池包壳体		钢材、铝合金	保险杠	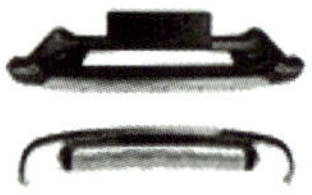	高强度钢

4.5　实践环节　观察材料的拉伸试验

【试验目的】

1）测定低碳钢的下屈服强度 R_{eL}、抗拉强度 R_m、断后伸长率 A 和断面收缩率 Z。
2）测定铸铁的抗拉强度 R_m。
3）比较低碳钢（塑性材料）和铸铁（脆性材料）在拉伸时的力学性能和断口特征。
4）观察金属材料在拉伸过程中的变形与破坏特点。

【试验设备】

万能试验机、游标卡尺、低碳钢和铸铁的标准试样等。

【试验原理】

1. 试样

拉伸试验所用试样如图4-3所示,夹持部分用来装入试验机夹具中以便夹紧,过渡部分用来保证标距部分能均匀受力。这两部分的形状和尺寸,决定于试样的截面形状和尺寸以及机器夹具类型。标距 L_o 是待试部分,也是试样的主体,其长度通常简称为标距,也称为计算长度。试样的尺寸和形状对材料的塑性影响很大。为了能正确地比较各种材料的力学性能,国家对试样尺寸做了标准化规定。

根据国家标准 GB/T 228.1—2021 规定,拉伸试样分比例试样和非比例试样两种。比例试样的原始标距 L_o 与原始横截面积 S_o 的关系满足 $L_o = k\sqrt{S_o}$。比例系数 k 取 5.65 时称为短比例试样,k 取 11.3 时称为长比例试样,国际上比例系数 k 取 5.65。非比例试样 L_o 与 S_o 无关。本次试验所用试样为长比例试样。

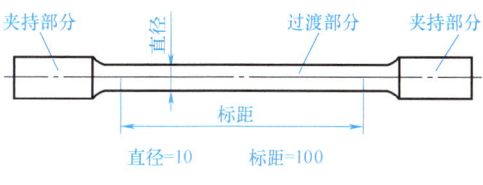

图 4-3 拉伸试样

2. 试验原理

低碳钢拉伸经历四个过程,如图4-4所示。

(1) 弹性变形阶段 包括正比例阶段,其正切值 $\tan\alpha$ 为弹性模量 E,此阶段在任意一点处卸载,试样能沿着原来的曲线恢复到零点的状态。

(2) 屈服阶段 载荷不增加而变形急剧增大,材料失去抵抗变形的能力,产生屈服。此时,测力盘指针来回摆动,其所指的最小值即为屈服载荷 F_{sL}。

(3) 变形强化阶段 继续加载,材料继续产生变形,这一阶段,低碳钢材料重新恢复了抵抗变形的能力。在实际的生产中,对低碳钢进行加工,使其达到强化阶段,可使材料的抗拉强度提高,达到节约材料的目的。在强化阶段达到最大载荷 F_m。

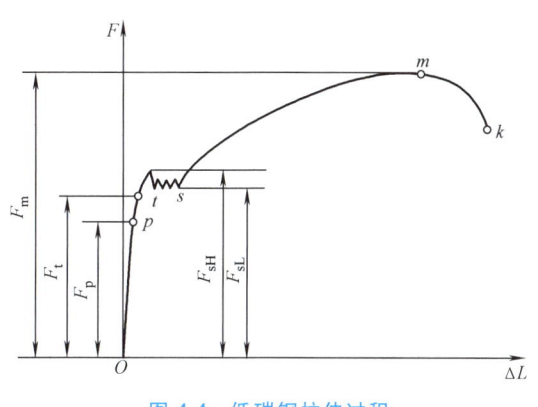

图 4-4 低碳钢拉伸过程

(4) 缩颈与断裂阶段 低碳钢产生明显的缩颈现象,断口处有热量产生。

图4-5所示为铸铁拉伸过程。铸铁在变形很小时就被拉断。铸铁的断后伸长率和断面收缩率都很小,很难测出。

3. 低碳钢与铸铁的强度指标与塑性指标

(1) 低碳钢

下屈服强度

$$R_{eL} = \frac{F_{sL}}{S_o}$$

抗拉强度

$$R_m = \frac{F_m}{S_o}$$

断后伸长率

$$A = \frac{L_u - L_o}{L_o} \times 100\%$$

截面收缩率

$$Z = \frac{S_o - S_u}{S_o} \times 100\%$$

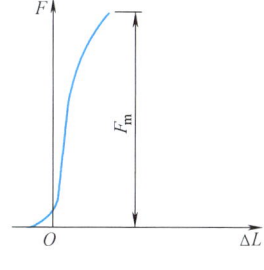

图 4-5 铸铁拉伸过程

（2）铸铁

抗拉强度

$$R_m = \frac{F_m}{S_o}$$

【试验步骤】

1) 用直尺测出试样的原始标距 L_o，并在标距范围内测出试样初始直径 d_o，测量完后做好记录。

2) 选好测力盘，调整好测力指针，并使主动针、从动针靠拢。先将试样装入上夹头内，再移动下夹头，使其到达合适的位置，把试件下端夹紧。

3) 关闭回油阀、送油阀，起动电动机，缓慢打开送油阀，开始对试样加载。

加载过程中注意观察测力指针的变化，用慢速加载，使试样的变形匀速增长。国家标准规定的拉伸速度：屈服前，应力增加速度为10MPa/s；屈服后，试验机活动夹头在载荷下的移动速度不大于$0.5L_o$/min。在试样匀速变形的过程中，测力盘上的指针起初也是匀速前进的，但是当指针停止前进或倒退时，就表明试样进入屈服阶段，读出指针来回摆动的最小载荷 F_S。试样拉断后立即停机，并由表盘上从动针读出最大的拉伸载荷 F_b。

4) 取下试样，用游标卡尺测量断口处最小的直径 d_1，对齐标记将被拉断试样的两段对接在一起，用直尺测出断后标距 L_u。

5) 铸铁拉伸试验方法与低碳钢基本相同，注意铸铁没有屈服过程，在表盘上只读最大拉伸载荷 F_b。

【试验记录及数据处理】

1. 试样尺寸

根据试验填写表4-4、表4-5。

表4-4 试验前试样尺寸

试样	标距 L_o/mm	直径 d/mm									最小平均直径 d_o/mm	最小横截面面积 $S_o = \frac{\pi d_o^2}{4}$/mm²
		截面（上）			截面（中）			截面（下）				
		方向1	方向2	平均	方向1	方向2	平均	方向1	方向2	平均		
低碳钢												
铸铁												

表4-5 试验后试样尺寸

试样	标距 L_u/mm	断裂处直径 d_u/mm			断裂处横截面面积 S_u/mm²
		方向1	方向2	平均	
低碳钢					

2. 低碳钢拉伸的力学性能

根据试验数据填写表4-6。

3. 铸铁拉伸的力学性能

根据试验数据填写表4-7。

表4-6 低碳钢拉伸的力学性能

屈服时载荷：F_{sL} =	kN
拉断前最大载荷：F_m =	kN

（续）

屈服强度： MPa
抗拉强度： MPa
断后伸长率：
断面收缩率：

试样草图	拉伸曲线示意图
试验前：	
试验后：	

表 4-7　铸铁拉伸的力学性能

最大载荷：$F_m =$　　　　kN
抗拉强度：　　　　MPa

试样草图	拉伸曲线示意图
试验前：	
试验后：	

【试验结果分析及讨论】

对低碳钢和铸铁试样拉伸时的断口形状进行描述，并分析破坏原因。

第5章 汽车常用非金属材料

> **学习任务：**
>
> 燃油车的油耗与汽车重量密切相关，因此，从减少排放污染及经济性方面考虑汽车轻量化越来越受到重视。根据材料特性，从轻量化角度考虑，为汽车车身、翼子板、发动机罩盖、油底壳、轮毂选择合适的材料。

> **知识目标：**
>
> 1. 掌握非金属材料的概念及分类。
> 2. 熟悉工程塑料的种类、特性及在汽车中的应用。
> 3. 熟悉复合材料的种类、特性及在汽车中的应用。
> 4. 了解橡胶及陶瓷材料在汽车中的应用。
> 5. 了解车用玻璃的种类、特点及应用。

> **能力目标：**
>
> 1. 能正确识别汽车重要零部件使用的非金属材料。
> 2. 培养学生分析问题、解决问题的能力。

> **素养目标：**
>
> 培养学生的环保意识。

非金属材料指工程材料中除金属材料以外的其他一切材料。非金属材料的原料来源广泛，自然资源丰富，成型工艺简单，具有一些特殊性能，已成为机械工程材料中不可缺少的重要组成部分。在机械工程中常用的非金属材料主要包括高分子材料、陶瓷材料、玻璃和复合材料。

高分子材料又分为工程塑料、合成纤维、橡胶、胶粘剂、涂料。工程塑料强度、韧性和耐磨性较好，具有价廉、耐蚀、降噪、美观、质轻等特点，可用于汽车保险杠、汽车内饰件、高档车用安全玻璃、仪表板等零部件。合成纤维是指单体聚合而成具有很高强度的高分子材料，如尼龙、聚酯等，用于汽车坐垫、安全带、内饰件等。橡胶具有高的弹性和回弹性及一定的强度，优异的抗疲劳性，良好的耐磨、绝缘、隔声、防水、缓冲、吸振等特点，用于制造汽车的轮胎、内胎、防振橡胶、软管、密封带、传动带等零部件。各种胶粘剂可起到粘接、密封等作用。涂料对车身的防锈、美化及商品价值有不可忽视的作用。

陶瓷材料用于制造火花塞、传感器等。

玻璃用于制造汽车前后门窗、侧窗等。

复合材料包括非金属基复合材料、金属基复合材料，用于汽车车顶导流板、风窗玻璃窗框等车身外装板件。

5.1 工程塑料及其在汽车中的应用

常用工程塑料包括热塑性工程塑料（PE、PP、PVC、ABS、PS、PA、POM、PC 等）和热固性工程塑料（酚醛树脂 PF、氨基树脂 UF、环氧树脂 EP 等）。工程塑料的特性有以下几点。

1. 质轻、比强度高

塑料的强度比金属低，但比强度高，即强度-重量比高，在汽车中以塑料部件替代金属部件，有利于汽车的轻量化。

2. 化学稳定性好

塑料能耐大气、水、碱、有机溶剂等的腐蚀。

3. 优异的电绝缘性

塑料有良好的电绝缘性，介质损耗小，其电绝缘性可与陶瓷、橡胶等绝缘材料相媲美。

4. 减摩、耐磨性好

塑料的硬度低于金属，但多数塑料的摩擦因数小，有些塑料（如聚四氟乙烯、尼龙等）具有自润滑性。因此，塑料可用于制作在无润滑条件下工作的某些零件。

5. 消声和吸振性好

塑料轴承和齿轮工作时平稳无声，大大降低了噪声污染。泡沫塑料常被用作隔声材料。

6. 成型加工性好

塑料有注射、挤压、模压、浇塑等多种成型方法，且工艺简单，生产率高。

7. 耐热性差

多数塑料只能在低于 100℃ 的环境中使用，少数品种可在 200℃ 左右使用；易老化（因光、热、载荷、水、碱、酸、氧等的长期作用，使塑料变硬、变脆、开裂等现象，称为老化）；导热性差，约为金属的 1/500；热膨胀系数大，为金属的 3~10 倍。

表 5-1 为主要热塑性工程塑料的特点及应用情况。

表 5-1 主要热塑性工程塑料的特点及应用情况

材料名称	特征 优点	特征 缺点	应用情况
聚丙烯塑料（PP）	1. 既有韧性又有硬度，抗弯强度高，耐疲劳和抗应力开裂 2. 质轻 3. 在高温下仍保持其力学性能	1. 在 0℃ 以下易变脆 2. 耐候性差	主要用于通风采暖系统，发动机的某些配件以及外饰件，汽车转向盘、仪表板、前、后保险杠、加速踏板、蓄电池壳、空气过滤器、冷却风扇、风扇罩、散热器隔栅、转向机套管、分电器盖、灯壳、电线覆皮等
聚氨酯（PU）	耐化学腐蚀性好、拉伸强度和撕裂强度高、压缩变形小、回弹性好	由于添加增塑剂之类非反应性助剂，产品经过一定的使用时间之后，随着助剂的挥发，其性能有所变化	用于制造汽车坐垫、仪表板、扶手、头枕等缓冲材料，保险杠、挡泥板、前端部、发动机罩等大型部件
聚氯乙烯塑料（PVC）	耐化学腐蚀，难燃，耐磨，消声减振，强度较高，价廉	热稳定性差，变形后不能完全复原，低温下变硬	用于汽车坐垫、车门内板及其他装饰覆盖件
聚乙烯（PE）	1. 密度小 2. 耐酸碱及有机溶剂腐蚀 3. 介电性能好 4. 成本低，成型加工方便	1. 胶结和印刷困难 2. 自熄性差	用于制造汽车油箱、挡泥板、转向盘、各种液体储罐、车厢内饰件以及衬板等
ABS 树脂（ABS）	1. 力学性能和热性能均好，硬度高，表面易镀金属 2. 耐疲劳和抗应力开裂、冲击强度高 3. 耐酸碱等化学腐蚀 4. 价格较低 5. 加工成型、修饰容易	1. 耐候性差 2. 耐热性不够理想	散热器护栅、驾驶室仪表盘、控制箱、装饰类零件、灯壳、嵌条类零件

(续)

材料名称	特征		应用情况
	优点	缺点	
丙烯酸树脂(PMMA)	光学性极好,耐候性好,能耐紫外线和日光老化	比无机玻璃易划伤,不耐有机溶剂腐蚀	灯具玻璃类
聚酰胺(PA)	高强度和良好的冲击强度;耐蠕变性好、疲劳强度高;耐石油、润滑油和许多化学溶剂与试剂腐蚀;耐磨性好	吸水性大,在干燥环境下冲击强度降低	用于制造燃油过滤器、空气过滤器、机油过滤器、水泵壳、水泵叶轮、风扇、制动液罐、动力转向液罐、百叶窗等
聚甲醛(POM)	抗拉强度较一般尼龙高,耐疲劳、耐蠕变;尺寸稳定性好;吸水性比尼龙小;介电性好;可在120℃正常使用;摩擦因数小;弹性极好	没有自熄性;成型收缩率大	各种阀门(排水阀门、空调器阀门等)、各种叶轮(水泵叶轮、暖风器叶轮、油泵轮等)、各种电器开关及电器仪表上的小齿轮、各种手柄及门销等
聚碳酸酯(PC)	抗冲击强度高,抗蠕变性能好;耐热性好,脆化温度低,能抵制日光、雨淋和气温变化的影响;化学性能好,透明度高;介电性能好;尺寸稳定性好	耐溶剂性差;有应力开裂现象;疲劳强度低	保险杠、刻度板、加热器底板等

5.2 其他非金属材料及其在汽车中的应用

5.2.1 橡胶材料

橡胶是一种有机高分子材料,有天然橡胶和合成橡胶两大类,汽车上常使用的合成橡胶有苯乙烯丁二烯橡胶(SBR)、丁腈橡胶(NBR)、氯丁橡胶(CR)、橡胶弹性体(CR)、乙丙橡胶等。

橡胶具有如下特性:

1) 耐热性。在高温下长期使用,其性能基本保持不变的特性。
2) 耐候性。在各种气候(日晒、雨淋、霜、雾等)条件下,其性能保持不变的特性。氯丁橡胶、硅橡胶等具有良好的耐候性。
3) 耐油性。橡胶在各种油渍中工作时性能不发生恶化或不被破坏的能力,称为耐油性。氯丁橡胶等具有良好的耐油性。
4) 缓冲、吸振性。橡胶具有一定的弹性,所以能起缓冲的作用。橡胶通过自身吸收能量,所以能够起吸能减振的作用。
5) 耐磨和耐弯折性。橡胶均具有一定的耐磨性和较强的耐弯折性。

橡胶在汽车上应用广泛。车身橡胶制品多用于汽车各部位的减振和密封,如制作油封、密封条、防尘套、橡胶垫片、弹簧等。橡胶是轮胎的主要材料,载重汽车所用的生胶以天然橡胶为主,轿车轮胎则以合成橡胶为主。车用胶管包括水、气、燃油、润滑油、液压油等的输送管,通常采用丁腈橡胶、氯丁橡胶等材料制造。车用胶带多用氯丁橡胶制造。车用橡胶密封件多用丙烯酸酯橡胶、硅橡胶等材料制造。门窗玻璃密封件多采用乙丙橡胶制造。

5.2.2 陶瓷材料及其在汽车中的应用

陶瓷目前是所有无机非金属材料的简称,主要指陶瓷和玻璃。金属、工程塑料和陶瓷是现代工业的三大支柱材料。

1. 陶瓷的特性

1）高硬度，决定了它具有优异的耐磨性，不易变形。

2）高熔点，决定了它具有杰出的耐热性。

3）高化学稳定性，决定了它具有良好的耐蚀性，且绝缘性好。

尽管陶瓷材料有如此优异的特殊性能，但由于其致命的缺点——脆性，限制了其特性的发挥和实际应用。

2. 陶瓷的分类

按原料不同，陶瓷分为普通陶瓷和特种陶瓷。普通陶瓷也称为传统陶瓷，其原料是天然的硅酸盐产物，如黏土、长石、石英等，故这类陶瓷又称为硅酸盐陶瓷，如日用陶瓷、建筑陶瓷、绝缘陶瓷、化工陶瓷等。特种陶瓷又称近代陶瓷，其原料是人工合成的金属氧化物、碳化物、氮化物、硅化物、硼化物等。特种陶瓷具有一些独特的性能，可满足工程结构的特殊需要。

3. 陶瓷在汽车中的应用

新型陶瓷由碳化硅、氮化硅等无机非金属烧结而成，其强度是氧化铝陶瓷的3倍以上，能耐1000℃以上高温，推进了其在汽车上的新应用。在柴油机中使用陶瓷活塞，提高了热效率，改善了噪声和排放情况。此外，现在使用的汽油机，燃烧能量的78%左右通过热传递损失掉，为减少这部分损失，可用隔热性能好的陶瓷材料制成隔热发动机。有试验证明，这样可把热效率提高到48%。采用新型陶瓷涡轮增压器，也比超耐热合金具有更优越的耐热性，而其密度却只有金属涡轮的1/3。采用新型陶瓷活塞销、活塞环等运动部件，由于重量减轻，发动机效率可得到提高。

特种陶瓷作为一种正在不断被开发的陶瓷材料，其原料制取、材料评价利用技术等许多方面都有尚待解决的问题。目前，特种陶瓷在汽车中的应用并不广泛，其主要原因有：制造工艺复杂、要求高；因特种陶瓷对原材料要求比较严格、工艺难以掌握，使得产品性能难以保持均匀一致；成本较高，可加工性差、脆性大、可使用性差。

5.2.3 复合材料及其在汽车中的应用

复合材料是指由两种或两种以上物理和化学性质不同的物质组合起来而得到的一种固体材料。复合材料不仅综合了各组成材料的优点，而且获得了单一材料无法达到的优良的综合力学性能。在汽车轻量化的进程中，要求其使用的结构材料同时具有高弹性模量、高强度、小密度、高可靠性等特点，普通金属、非金属材料已无法同时满足这些要求，而复合材料性能能够适合车身轻量化的要求，降低油耗。传统的汽车车身材料处于以薄钢板为主的单一状态，不能适应人们追求高速与轻量化的要求，为达到减轻其质量、改善风阻系数和降低油耗的目的，许多汽车生产厂家都在积极研究和利用玻璃纤维复合材料。

1. 复合材料的分类

（1）按用途分类　复合材料按用途可分为结构复合材料和功能复合材料。结构复合材料主要用于制作承力结构。功能复合材料指具有除力学性能以外其他物理性能的复合材料，即具有各种电学性能、磁学性能、光学性能、声学性能、摩擦性能、阻尼性能，以及化学分离性能等的复合材料。目前，结构复合材料占绝大多数。

（2）按基体材料类型分类　复合材料的基体材料分为金属和非金属两大类。金属基体常用的有铝、铁、镁、铜、钛及其合金，如铝基复合材料、铁基复合材料等。非金属基体主要有合成树脂、橡胶、陶瓷（含玻璃和水泥）、石墨、碳等。

（3）按增强材料的种类分类　按增强材料的种类可将复合材料分为玻璃纤维复合材料、有机纤维复合材料、金属纤维材料、陶瓷纤维复合材料。

此外，如果用两种或两种以上的纤维增强同一基体制成复合材料，则称为混杂复合材料。混杂复合材料是复合材料的"复合材料"。

（4）按增强材料的形态分类 按增强材料的形态不同，复合材料分为连续纤维复合材料、短纤维复合材料、粒状填料复合材料和编织复合材料。

2. 复合材料的性能

1）复合材料的比强度和比刚度较高。比强度为材料的强度除以密度；比刚度为材料的刚度除以密度。比强度和比刚度高说明材料质量轻而强度和刚度大，这符合汽车轻量化的要求。

2）复合材料的力学性能可以设计，即可通过选择合适的原材料和合理的铺层形式，使复合材料构件或复合材料结构满足使用要求，因此能够方便地实现汽车工业中具有最佳性价比的汽车构件的开发和制造。

3）复合材料的抗疲劳性能好。复合材料的疲劳断裂是从基体开始的，逐渐扩展到纤维和基体的界面上，没有突发性的变化，提高了安全性。

4）复合材料的减振性能好。纤维复合材料的纤维和基体界面的阻尼较大，因此具有较好的减振性能。

5）复合材料通常都耐高温。高温下，用碳或硼纤维增强的金属，其强度和刚度都比原金属高很多。如用碳纤维或硼纤维增强的铝合金具有瞬时耐超高温性能。

6）复合材料的安全性好。在纤维增强复合材料的基体中有成千上万根独立的纤维，当用这种材料制成的构件超载时，少量纤维的断裂不会导致整个构件短时间内丧失承载能力。

7）复合材料的成型工艺简单，且在成型固化后残余应力小。

3. 汽车常用复合材料

（1）纤维增强塑料（FRP） FRP是汽车轻量化的重要材料。FRP由纤维、树脂及填充料三部分组成。其中纤维包括玻璃纤维、碳纤维、陶瓷短纤维等；树脂包括聚丙烯塑料（PP）、聚氯乙烯塑料（PVC）、聚乙烯塑料（PE）、ABS等不饱和热塑性树脂；填充料常用中空的玻璃微球、陶瓷微球和有机物微球。

FRP中比较典型的有碳纤维增强塑料和玻璃纤维增强塑料。

1）碳纤维增强塑料（CFRP）。碳纤维增强塑料的基体主要有热固性的酚醛树脂、环氧树脂、聚酯树脂和热塑性的聚四氟乙烯。作为增强相的碳纤维是以人造纤维为原料，在隔绝空气的条件下经高温碳化而成的。CFRP的弹性模量比玻璃纤维高出4~5倍，其比模量与比强度均优于玻璃纤维。CFRP静电屏蔽性好，X射线透过性好，且能导电。此外，这种材料振动衰减快、传递的振动少。

目前，利用CFRP制作的汽车零部件有车身外板零件、挡泥板、行李箱盖、散热器装饰护栅、带加强肋的发动机罩、配电盘、车顶盖、保险杠、下盖板、车厢后围板的装饰、前照灯壳体、配电盘、轴承盖、空气调节阀、仪表罩壳，也用于制作减振板簧。

2）玻璃纤维增强塑料（GFRP）。GFRP俗称玻璃钢，是一种以玻璃纤维为增强材料，以不饱和聚酯、环氧树脂或酚醛树脂为基体材料的复合材料。GFRP的相对密度只有碳钢的1/5~1/4，但拉伸强度却接近甚至超过碳素钢，强度可以与高级合金钢媲美。

GFRP的耐蚀性好，对大气、水和一般浓度的酸、碱、盐以及多种油类和溶剂都有较好的抵抗力；GFRP的介电性能好，高频下仍能保持良好的介电性，是优良的绝缘材料，可用来制作绝缘体；GFRP的热性能好，热导率低，是优良的绝热材料；GFRP的可设计性强，可充分选择多种材料来满足不同产品的特性，其工艺性优良，可灵活选择成型工艺，且工艺简单，可以一次成型。GFRP的缺点是弹性模量低，易变形，长期耐温性差。

汽车中用GFRP制作的零部件有发动机气缸盖、轴承、齿轮、仪表盘、前后车灯、空气调节器叶片等。

3）SMC复合材料。SMC复合材料即片状模塑料，属于一种玻璃钢。其主要原料由GF（专用纱）、UP（不饱和树脂）、低收缩添加剂、MD（填料）及各种助剂组成。

SMC复合材料具有高比强度和高比模量。SMC密度为$1.7~1.9g/cm^3$，可代替金属材料，具有明显的减重效果；其次，SMC制品的可设计性强，通过优化结构可整体成型，减少二次装配，具有热膨胀系数低、尺寸稳定特点；第三，SMC的耐电解液、耐酸、耐碱性比金属材料（如钢、铝）要好得多，永不会生锈；第四，减振性好、耐冲击，共振小；第五，绝缘性能优于金属材料，阻燃性能可以达到V0级。

新能源汽车动力电池包外壳以往一直都采用易于成型的金属箱体，随着汽车的轻量化技术的发展，SMC复合材料及热固性材料逐渐被用于电池包壳体材料。热固性塑料电池包外壳可承载重达340kg的电池，而其自重只有35kg，比金属箱体的重量约轻35%，且能够承受十倍重力加速度的撞击。

(2) 金属基复合材料（MMC） 金属基复合材料是以陶瓷（连续长纤维、短纤维、晶须及颗粒）为增强材料，金属（如铝、镁、钛、镍、铁、铜等）为基体材料制备的。与传统的金属材料相比，金属基复合材料具有较大的比强度与比刚度，而与高分子基复合材料相比，它又具有优良的导电性和耐热性，与陶瓷材料相比，它又具有较高的韧性和较高的抗冲击性能。金属基复合材料的性能特点：高比强度、高模量、高韧性、高导热导电性、膨胀系数小、耐磨性好、高温强度高、表面稳定性好等。

汽车工业中应用的金属基复合材料主要是颗粒增强和短纤维增强的铝基、镁基、钛合金等有色合金基复合材料。目前应用纤维增强金属基复合材料（FRM）制造的汽车零部件主要有气缸体、连杆、活塞环、活塞销等；应用颗粒、晶须增强金属基复合材料制造的汽车零部件主要有发动机活塞、喷油器部件、制动装置等。

(3) 汽车用发泡材料 发泡材料是一种具有空气孔隙的材料，可以在制造过程中产生气泡并增大其体积，属于一种复合材料。发泡材料主要分为两类：一种是以塑料为基体材料的发泡材料，另一种是以金属为基体材料的发泡材料。发泡材料具有质轻、耐水、耐腐蚀、隔热、隔声、减振、易于加工等特点，被广泛用于制造汽车的保险杠、仪表台、顶棚内饰、车门内饰等。汽车工业中应用的发泡材料主要有PU泡沫、EPP（发泡聚丙烯）、交联PE发泡材料、橡胶发泡材料（CR泡棉、EPDM泡棉）、硅胶发泡材料、泡沫铝等。

新能源汽车中常用聚氨酯泡棉为电池包，电动机和车门等部位做隔声处理，EPDM橡胶泡棉常被用来填充汽车某些设备的空腔，用于吸声降噪。液态硅胶发泡材料目前主要应用于新能源动力电池包密封、动力电池热管理系统支撑防护、动力电池保温、动力电池绝缘缓冲功能等零部件。

泡沫金属是一种新型多功能材料，具有孔隙率高、比表面积大、比强度高、比刚度高、吸能、阻尼减振性好、耐腐蚀、耐高温、电磁屏蔽、无毒、易加工、可进行涂装表面处理等一系列优良性能，既可作为结构材料，也可作为功能材料应用。泡沫铝因其密度低、刚度高，具备优秀的吸能和缓冲绝缘性能，可用于填充汽车发动机支架和构件，起到了很好的吸声和减振效果，图5-1所示为泡沫铝材料。2018年安徽省一鸣新材料科技有限公司独家研发拥有自主专利的高性能泡沫铝防撞梁，经清华大学汽车碰撞试验室台车试验，其承受冲击能力是传统防撞钢梁的5倍，图5-2所示为泡沫铝防撞梁。

图5-1 泡沫铝材料

图5-2 汽车上的泡沫铝防撞梁

5.2.4 汽车用玻璃

玻璃是一种非晶态固体，是以石英砂、纯碱、石灰石等为主要原料，并加入某些金属氧化物等辅料在1550~1600℃高温下熔融后经拉制或压制而成的。平板玻璃厂生产的固定尺寸的玻璃称为原片玻璃，这种玻璃基本不能直接使用，还需要进行改裁。

汽车玻璃是汽车上必不可少的车身附件，主要起到防护作用。汽车玻璃是由原片玻璃经过二次加工而成的。汽车的玻璃都是安全玻璃，其可见性、强度和耐磨性等符合相关国家标准和行业标准的规定。汽车安全玻璃分为夹层玻璃、钢化玻璃和区域钢化玻璃三种。

1. 夹层玻璃

夹层玻璃是由两层或两层以上玻璃胶合而成的，它之所以安全，是由于在玻璃之间有一层PVB胶片（一种粘合性、柔韧性很强的高分子材料）。当玻璃碎裂时，PVB胶片会把玻璃碎片粘接在一起，使玻璃碎片不致散落而伤人，并保证驾驶人有一定的视野来处理紧急情况。另外，加入PVB胶片后的夹层玻璃柔韧性、抗穿透能力增强了，在一定程度上能防止在紧急制动时由于惯性太大而使驾驶人头部冲出车窗外。夹层玻璃一般分为平夹层玻璃和弯夹层玻璃两种。目前，广泛应用于汽车上的是弯夹层玻璃，少部分车窗玻璃是平夹层玻璃。汽车前风窗玻璃一般选用夹层玻璃。

2. 钢化玻璃

钢化玻璃是由原片玻璃加热到接近软化温度时经骤冷淬火而形成的玻璃制品。普通玻璃经"钢化"后，不但强度增加了，而且内部结构也发生了变化。当遇有破坏性外力冲击，造成玻璃破裂时，不会形成锋利的刃口，而是碎裂为许多的小碎片，每个碎片就是当初骤冷形成的钢化点。在技术上，对这些碎片的大小是有要求的，不能太大也不能太小：太大会形成尖锐的棱角，起不到安全保护作用；太小则会形成粉末，伤及乘员眼睛。除前风窗之外，汽车玻璃多采用钢化玻璃。

3. 区域钢化玻璃

普通钢化玻璃由于破碎时会化为一堆碎末儿，像瀑布一般泻落，阻断驾驶人的视线，不利于应急情况处理，因此不宜作为前风窗。区域钢化玻璃是分区域控制钢化程序的钢化玻璃，破坏时，有的部分碎片大、有的部分碎片小，用它做汽车的前风窗，安全性不如夹层玻璃，但成本较低。因此，一些中低档汽车选用区域钢化玻璃作为前风窗玻璃，当玻璃碎裂时，驾驶人视野部分的玻璃会形成类似镜片大小的碎块，从而保证驾驶人有一定的视野，防止二次事故的发生。

4. 特殊夹层玻璃

在夹层与钢化玻璃基础上还衍生出了其他类型的汽车玻璃。

（1）中空玻璃　中空玻璃由两片或多片玻璃组成，玻璃间用内部充有干燥剂的空心铝管等隔离，同时中空部分充入干燥空气或惰性气体，并进行密封处理。它是一种隔热、隔声的新产品，如果用镀膜中空玻璃，则可获得冬暖夏凉的最佳效果。这种玻璃广泛应用于高档客车的侧窗上。

（2）防弹玻璃　防弹玻璃是两层以上的玻璃（或钢化玻璃）经过夹层处理而获得的一种具有防子弹穿透功能的专用玻璃。

（3）除霜玻璃　除霜玻璃采用网板印制法将导电性胶印制在玻璃上，在玻璃加热成型时黏附在玻璃上。这种印制电路可加热玻璃，从而起到除霜作用。

（4）调光夹层玻璃　调光夹层玻璃是一种光的透射率和散射度可变的玻璃，能实现遮挡太阳光、适当地采光、隐蔽保护等功能。典型的调光玻璃有镀铬玻璃（EC）、热玻璃（TC）、光致变色玻璃（PC）和液晶玻璃（LC）。

> **科技前沿：塑料玻璃**
>
> 塑料玻璃比重低，具有很高的抗冲击性能，是汽车玻璃发展的未来之路。塑料玻璃特别适合于形状复杂、不规则且色彩与尺寸多样化的情况。通过使用特殊涂层，这类玻璃的光学性能和抗划伤性能也达到了使用要求。目前，由梅赛德斯-奔驰和吉利汽车集团共同持股的smart品牌车型的后角窗就使用了塑料玻璃。此外，塑料固定天窗也是塑料玻璃的一种发展趋势。塑料玻璃的应用有利于汽车轻量化，能够减少燃油消耗，既有利于环保，也提高了玻璃的安全性。

5.2.5　汽车上的主要非金属材料零部件

汽车上的主要非金属材料零部件见表5-2。

第5章 汽车常用非金属材料

表 5-2 汽车上的主要非金属材料零部件

零部件名称	零部件实物图	材料	零部件名称	零部件实物图	材料
车身		碳纤维、强化塑料	发动机罩	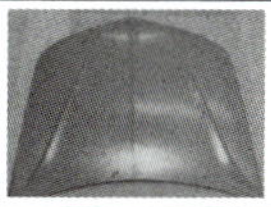	碳纤维复合材料
立柱		碳纤维复合材料	翼子板	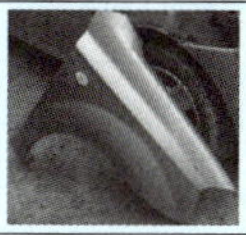	工程塑料、碳纤维
连杆轴瓦		塑料	气缸垫		石棉
活塞		铝基复合材料	正时带	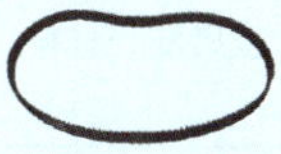	氢化丁腈橡胶
油底壳		复合材料	空气滤清器滤芯		塑料及无纺布
车顶内衬	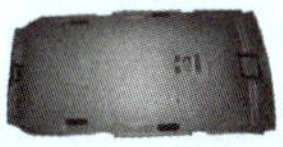	塑料、皮革、纤维、纤维增强复合材料	座椅外套		棉、麻、化纤、真皮
保险杠		塑料、复合材料、碳纤维	轮罩		工程塑料
轮眉		钢板（低碳钢、高强度钢、低合金钢、镀锌钢板）、碳纤维、铝、强化塑料	仪表板		塑料、合成树脂（PP、PVC、ABS）、低碳钢板、铝合金、铝镁合金
格栅		耐热 ABS、PC/ABS、PC/PBT、ASA 和 AES	挡泥板	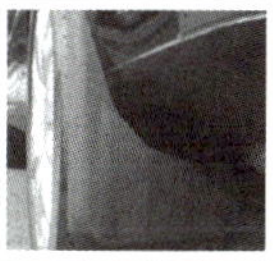	低碳钢、塑料、复合材料（玻璃纤维增强塑料）
防擦条		工程塑料	车轮装饰盖		铝合金、塑料
尾翼		玻璃钢、塑料、碳纤维	副仪表板		树脂（PC、ABS、耐热 ABS）
车门内饰板	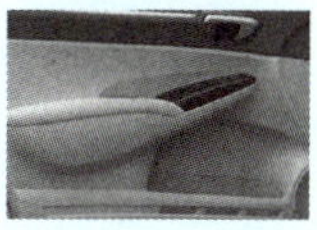	PP、耐热 ABS、PC/ABS	行李架		铝合金、高强度塑料、钢
车内门把手		耐热 ABS、PC/ABS	车外门把手		ABS、ABS+PC、电镀 PC/ABS、锌合金
汽车后视镜		ASA、AES、ABS、PP + GF、PC/PBT	车窗、天窗		玻璃

（续）

零部件名称	零部件实物图	材　　料	零部件名称	零部件实物图	材　　料
万向节		复合材料	手制动拉索		塑料
转向盘		合成塑料	轮毂		复合材料
轮胎		橡胶和纤维复合材料、橡胶和金属复合材料	制动踏板		橡胶、塑料
液压阀		塑料	同步器齿环		碳纤维复合材料
新能源汽车电池包壳体		泡沫铝、SMC 复合材料、碳纤维增强复合材料、LGF-PP、PBT 等	新能源电池包密封		硅胶泡沫

第 6 章　汽车运行材料及选用

学习任务：

选一辆燃油轿车（品牌、型号自选），根据车辆特点及要求，为其选择合适的燃油（写明具体标号）、发动机润滑油、齿轮油、冷却液及制动液。

知识目标：

1. 熟悉汽车运行材料的类型。
2. 理解汽车燃料的类别、特点及应用。
3. 熟悉汽车用润滑油、工作液的特点、作用及选用原则。
4. 熟悉汽车轮胎材料的类型、特点。

能力目标：

1. 能够根据需要为汽车选择合适的运行材料。
2. 培养分析问题和解决问题的能力。

素养园地：

培养学生的环保意识及节约意识。

汽车运行材料：科技前沿——第四代制冷剂 R1234yf，对学生进行环保节约意识教育

6.1　汽车运行材料简介

汽车运行材料是指在车辆运行过程中，使用周期较短，消耗费用较大，对车辆使用性能有较大影响的一些非金属材料。按其对汽车运行的作用和消耗方式不同，可分为四大类：车用燃料、车用润滑油、车用工作液和汽车轮胎。新能源汽车用电池及控制器材料也属于汽车运行材料。图 6-1 所示为汽车中使用的常见运行材料。

a)　　　　b)　　　　c)　　　　d)　　　　e)　　　　f)

图 6-1　汽车常见运行材料

a）车用燃料　b）发动机润滑油　c）发动机冷却液　d）汽车制动液　e）玻璃水　f）轮胎

汽车运行材料与石油有着密切的关系，有的直接来源于石油，有的以石油为原材料加工而成，所以认识和了解石油，对研究运行材料有着重要的作用。

石油是从地层深处开采出来的一种黏稠液体。未经任何炼制的石油，也称为原油，如图6-2所示。原油是古代动物、植物的遗体，由于地壳的运动，被压在地层深处，在缺氧、高温和高压的条件下，经过复杂的化学变化，逐渐演变而形成的。石油是重要的能源之一，也是工业、农业、交通

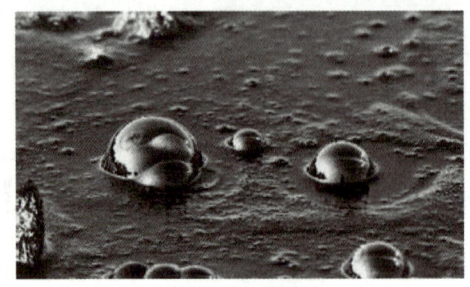

图 6-2　原油

运输业和国防事业各种设备必不可少的润滑剂和有机化学工业所需的重要原料，在国民经济中占有极其重要的地位。

1. 石油的物理性质

在常温下，石油大都呈液体或半液体状态，颜色多为黑色或深棕色，有特殊气味，密度多为0.80~0.98g/cm³，一般不大于1g/cm³，凝点的差异较大，有的高达30℃以上，有的却低于-50℃。

2. 石油的组成

石油主要由碳、氢、硫、氧、氮五种元素组成，它们在石油中的含量因产地不同而略有差别，其质量分数的范围大致如下：碳83.00%~87.0%、氢10.0%~14.0%、硫0.05%~8.00%、氧0.05%~2.00%、氮0.02%~2.00%。可见，碳、氢两种元素的质量分数占石油元素组成的绝大部分，二者合计为96%~99%，且二者的质量分数的比值（C/H）大体在6~7.5范围内。此外，石油中还含有多种金属元素和非金属元素。金属元素有镍、钒、铁、钾、钠、钙、镁、铜、铝、钛、钴、锌等；非金属元素有氯、碘、磷、砷、硅等。它们在石油中的含量极少，一般质量分数在0.003%以下。

（1）**石油的烃类组成**　烃是由碳、氢两种元素组成的碳氢化合物。石油的烃类组成主要包括烷烃、环烷烃和芳香烃三类，少数石油中还含有烯烃。

（2）**石油的非烃类组成**　石油中除烃类化合物外，还有一些非烃类化合物。石油中的非烃类化合物主要包括含硫化合物、含氧化合物、含氮化合物、胶质和沥青质、矿物质等。它们在石油中的质量分数因产地不同而不同，最高的可达百分之十几。它们在石油馏分中的分布也是不均匀的，大部分集中在重质组分特别是渣油中。它们对石油的加工、石油产品的使用性能影响很大，是石油加工中多数精制过程的去除对象。

（3）**石油的馏分组成**　馏分就是在分馏石油过程中所得到的蒸馏物。石油是个多组分的复杂混合物，在研究石油的组成时，通常把石油分馏，按沸点高低切割成几个馏分。按分馏过程，石油的馏分组成通常分为汽油馏分、煤油馏分、柴油馏分和润滑油馏分等。这里的汽油馏分、煤油馏分、柴油馏分和润滑油馏分不等同于汽油、煤油、柴油和润滑油等石油产品，要想得到各馏分所对应的石油产品，必须对相应的馏分进行再加工。

3. 石油的分类

石油的组成极为复杂，对石油进行确切分类也十分困难。通常，按原油的密度不同，石油可分为轻质原油、中质原油和重质原油。其中，轻质原油密度小于0.8789/cm³；中质原油密度为0.878~0.8849/cm³；重质原油密度大于0.8849/cm³。按原油中的硫含量分类，石油可分为低硫原油、中硫原油、高硫原油。其中，低硫原油硫的质量分数低于0.5%；中硫原油硫的质量分数为0.5%~2.0%；高硫原油硫的质量分数大于2.0%。我国原油多为低硫原油。

4. 石油的炼制方法

石油是十分复杂的混合物，不能直接使用，需送到炼油厂进行炼制，生产出符合质量要求的石油产品，才能满足各方面的使用需要。

常用的石油炼制方法有常压蒸馏、减压蒸馏、热裂化、催化裂化、加氢裂化、催化重整、烷基化、延迟焦化等。图6-3所示为石油的常压蒸馏流程。

常压蒸馏是根据组成石油的各类烃分子的沸点不同，按照加热、蒸发、冷凝等步骤对石油进行直接分馏。常压蒸馏一般将石油分馏成沸点范围为 35～200℃ 的汽油馏分，175～300℃ 的煤油馏分，200～350℃ 的柴油馏分，350℃ 以上的润滑油或裂化原料馏分等组分。首先，将石油用油泵打入加热炉，加热到 350～360℃，然后送入常压蒸馏塔中。石油中各馏分根据自己的沸点和蒸发能力分别到达蒸馏塔相应部位。如轻馏分沸点低，蒸发性好，能上升到塔顶部位；重馏分沸点高，蒸发性差，只能留于塔的下部。于是，在蒸馏塔中，由上至下，馏分逐渐变重，依次是：塔顶部位的石油气体；塔上部的汽油馏分；塔中部的煤油馏分；塔下部的轻柴油馏分；再下部的重柴油馏分；以及塔底部的重油馏分。重油馏分由塔底部流出后再进入减压蒸馏系统。通过直接蒸馏得到的石油馏分，一般不含或含有很少量的不饱和烃，所以它的性质比较安定，不易氧化变质，适于长期储存。

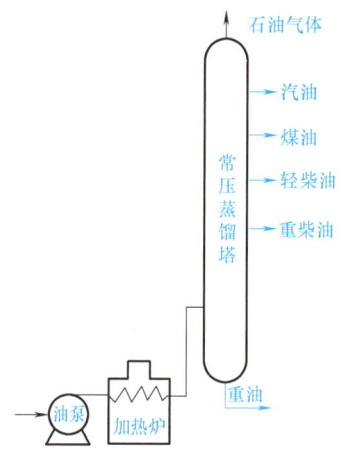

图 6-3　石油的常压蒸馏流程

通过石油炼制方法得到的石油产品大多数为半成品，其中还含有硫化物、氧化物、氮化物、胶质，以及不饱和烃等杂质，因此，还需对这些半成品进行精制加工，以除去其中的非理想组分。

5. 石油产品的调和

（1）**燃油的调和**　各种炼制方法得到的燃油馏分，成本不同，质量档次也不同，为保证出厂燃油既符合质量标准又能降低生产成本，一般要对用各种方法得到的燃油馏分进行调和。同时，为满足现代内燃机的工作需求和排放标准的要求，还要向燃油中加入多种添加剂或其他提高燃油性能的组分，这一工艺工程就是燃油的调和过程。

（2）**润滑油的调和**　经多种精制方法得到的润滑油馏分往往满足不了现代发动机等机械的要求，还不能直接使用，通常需要根据对润滑油产品性质的要求，将由不同加工方法得到的润滑油或不同黏度的润滑油相互混合，并加入一定量的提高润滑油使用性能的添加剂后才能使用。这一工艺过程就是润滑油的调和过程。

（3）**辅助添加剂**　为进一步提高石油产品的性能，满足现代机械产品对燃料和润滑油的使用要求，一般需要向石油产品中添入各种辅助添加剂。根据国家相关标准，石油产品辅助添加剂按应用场合分为润滑添加剂、燃料添加剂、复合添加剂和其他添加剂。

6.2　车用燃料及其选用

车用燃料主要包括车用汽油、车用柴油、车用替代燃料（如甲醇、乙醇、乳化燃料、天然气、石油气、氢气）等。车用燃料的使用性能对汽车的动力性、排放性有直接影响。车用燃料的消耗费用约占汽车运输成本的 1/3，直接影响汽车的使用经济性。

6.2.1　车用汽油

车用汽油作为汽车的主要能源，在国民经济中占有重要的地位。随着汽车保有量的快速增长，其消耗量还会越来越大。车用汽油是从石油中提炼出来的，由碳、氢元素组成的烃类化合物。它是一种密度小、易于挥发的液体燃料，自燃点为 415～530℃。其炼制方法有直馏法、热裂化法、催化裂化法等。利用催化裂化法可以从石油中获得更多的优质车用汽油。车用汽油作为汽油机的主要燃料，应满足汽油机的工作需求，即在短时间内由液体状态蒸发成气体状态，并与空气均匀混合，形成良好的可燃混合气，平稳、快速地燃烧，完成对外做功，同时不能产生气阻、爆燃、腐蚀机件等现象。

1. 车用汽油的使用性能要求

车用汽油满足汽油机工作需求并保证汽油机正常发挥其性能的能力，称为车用汽油的使用性能。为满足汽油机的工作特点，保证汽油机的顺利起动、平稳运转，充分发挥汽油机的动力性能，对车用汽油使用性能的主要要求：①适宜的蒸发性；②良好的抗爆性；③良好的氧化安定性；④对机件等无腐蚀性；⑤对环境等的无害性；⑥油本身的清洁性。

了解车用汽油的使用性能，还必须了解使用性能的评价指标，这是正确合理选用车用汽油的基础。如果选用不当，不仅会造成浪费，而且会缩短发动机的使用寿命。

2. 汽油的蒸发性

汽油由液态转化为气态的性质，称为汽油的蒸发性。汽油在平时呈液态，而在发动机燃烧室内燃烧时，是在气态下进行的。也就是说，汽油在燃烧前必须有个蒸发过程。汽油的蒸发性好，容易汽化，与空气混合就均匀，可燃混合气的燃烧速度就快，且燃烧完全，所以发动机容易起动，加速及时，各工况间转换灵敏柔和，机械磨损少，汽油消耗低。反之，汽油的蒸发性不好，则难以在低温条件下形成足够浓度的混合气，使发动机低温起动困难。同时，汽油汽化不完全，混合气形成不良，会导致燃烧不完全，燃油消耗增加。此外，未燃烧的油滴还会冲洗掉气缸和缸壁间的润滑油膜，使气缸的密封性下降，导致气缸最大压力下降，发动机输出功率降低。如这些未燃烧的油滴进入油底壳，还会污染发动机润滑油，增大发动机各摩擦副的磨损和润滑油的消耗。因此，汽油应具有适宜的蒸发性。

3. 汽油的抗爆性

可燃混合气在气缸内被电火花点燃后，一部分未燃混合气因受到正常火焰焰面的压缩和热辐射作用，温度和压力急剧升高，化学反应加剧，生成许多不稳定的过氧化物。过氧化物会迅速达到自燃的浓度而自燃，进而在未燃的混合气中形成多个火焰中心，向四面八方传播。由于这种燃烧速度极为迅速，气缸容积来不及膨胀，使气缸内的压力和温度急剧上升，局部区域的瞬间压力和温度甚至分别高达9800kPa和2500℃左右。这种压力和温度的不平衡产生强烈的冲击波，以超音速向前推进，猛烈撞击气缸盖、活塞顶和气缸壁，使发动机产生振动，并发出清脆的敲缸声，这种现象就是爆燃。爆燃对发动机的危害很大，对既定的发动机，当压缩比一定时，爆燃的主要影响因素是汽油自身的抗爆性。所以，为避免爆燃现象的出现，应尽量使用抗爆性好的汽油。

汽油抗爆性的评价指标是辛烷值和抗爆指数。辛烷值是表示点燃式发动机燃料抗爆性的一个约定数，在规定条件下的标准发动机试验中，通过和标准燃料进行比较来测定，采用和被测定燃料具有相同抗爆性的标准燃料的辛烷值表示。辛烷值通常用英文缩写 ON（Octane Number）表示。在标准发动机试验中，由于规定条件不同，测得的辛烷值也不同。按照试验条件，辛烷值分为马达法辛烷值和研究法辛烷值两种。马达法辛烷值英文缩写为 MON（Motor Octane Number）；研究法辛烷值英文缩写为 RON（Research Octane Number）。因为马达法辛烷值的试验条件苛刻，所以马达法辛烷值一般低于研究法辛烷值。测定辛烷值的标准燃料，是用两种抗爆性相差悬殊的烷烃作为基准物配制而成的：一种是异辛烷，它的抗爆性能良好，规定其辛烷值为100；另一种是正庚烷，它的抗爆性能差，规定其辛烷值为0。按不同体积比例混合这两种基准物，便得到多种标准燃料。标准燃料中异辛烷的体积分数规定为标准燃料的辛烷值，该值范围为0~100。抗爆指数是研究法辛烷值与马达法辛烷值的平均值。

4. 汽油的氧化安定性

汽油的氧化安定性是指在储存和使用过程中，汽油抵抗氧化生胶而保持自身性质不发生永久性变化的能力。氧化安定性良好的汽油，长期储存也不会发生显著的质量变化。氧化安定性差的汽油，在储存和使用过程中，容易发生氧化、缩合和聚合反应，生成酸性物质和胶状物质，且使汽油辛烷值下降。由于生成的胶状物质分子量很大，颜色为深褐色，所以氧化安定性差的汽油在储存和使用一定时间后，最明显的外观变化是汽油颜色变深，并产生黏稠沉淀。汽油发动机如果使用氧化安定性不好的汽油，会产生许多不良后果。例如，汽油氧化生成的胶状物质容易沉积在滤清器、油管、喷油器等部位，影响燃料的供给和混合气的形成；胶状物质还容易沉积在进气门上，使气门产生粘着现象，导致气门关闭不严，造成发动机的动力性和经济性下降等。

常用的提高汽油氧化安定性的方法有三种：一是采用先进炼制工艺，如催化重整和加氢精制等，主要作用是减少汽油中不饱和烃的含量和去除汽油中的非烃类组分；二是向汽油产品中加入抗氧防胶剂；三是向汽油产品中加入金属钝化剂，金属钝化剂能与具有氧化催化效应的可溶性金属化合物反应，从而使可溶性金属化合物失去氧化催化效应，达到提高汽油氧化安定性的目的。

5. 汽油的腐蚀性

在运输、储存和使用过程中，汽油常与多种金属容器和零件接触，为不造成腐蚀，要求汽油无腐蚀性。组成汽油的各种烃类，都是没有腐蚀性的化合物。汽油的腐蚀性是由非烃类物质引起的。常见的能引起腐蚀性的非烃类物质有硫及硫的化合物、有机酸、水溶性酸或碱等。对这些物质，在汽油中必须严格加以控制。

6. 汽油的其他性能

汽油的其他性能主要包括：对环境等的无害性和汽油本身的清洁性等。

汽油的无害性是指汽油在发动机内燃烧后的燃烧产物不对机动车排放、人体健康和生态环境产生不利影响的性能。汽油的无害性与汽油的组分有关。引起燃烧产物对机动车排放产生不利影响的汽油组分有铅、锰、铁、铜、磷、硫等。它们除了会增大排放废气中的有害物质外，还会引起三元催化转化器中的催化剂中毒，使三元催化转化器丧失长期有效地控制排放污染物的能力，进而使排入环境的排放污染物增多。所以，对汽油中的这些组分要严格进行控制。燃烧产物对人体健康和生态环境产生不利影响的汽油组分有苯、烯烃、芳香烃等有机物。汽油中的苯组分，会增大排放废气中的苯含量。苯对人类危害极大，是已知的致癌物质之一。汽油中的烯烃组分，会增大排放废气中丁二烯等毒性有机物的含量；另外，烯烃如与 NO 一起排入大气，还会在紫外线作用下发生化学反应，生成臭氧、甲醛、丙烯醛、过氧乙酰硝酸酯等产物，形成光化学烟雾，对人体和环境有害。汽油中的芳香烃组分，会增大排放废气中多环芳香烃、酚类、芳醛等有害物质的含量。所以，要控制以上三类有机物在汽油中的含量。但是，芳香烃和烯烃作为汽油中的高辛烷值组分，在汽油中的含量也不能限制得太低，以免削弱汽油的抗爆能力。为不至于对机动车排放、人体健康和生态环境产生大的影响，国家环境保护的相关标准中，对汽油中的以上各种有害组分进行了明确限制。

汽油的清洁性是指汽油中不应含有机械杂质和水分。由炼油厂炼制的成品汽油是不含机械杂质和水分的。汽油中存在的机械杂质和水分一般是在运输、储存和使用过程中受外界污染而混入的。机械杂质能增大发动机的磨损，水分能加速汽油的氧化生胶，所以应严格限制它们在汽油中的含量。

7. 汽油的选用

GB 17930—1999《车用无铅汽油》是我国车用无铅汽油的第一个强制性国家标准，标准中规定自 2000 年 1 月 1 日起，全国所有汽油生产企业一律停止含铅汽油的生产，2000 年 7 月 1 日起全国停止销售和使用含铅汽油。自此，我国车用汽油实现了无铅化。

随着技术进步以及逐渐严格的环保要求，我国汽油的油品不断升级。2017 年 1 月 1 日起，国内全面供应国 V 标准成品油，国 V 汽油能够有效控制二氧化硫、氮氧化合物、一氧化碳颗粒物的排放，从而大幅度降低汽车尾气导致的 PM2.5 排放，更加环保。2020 年 7 月 1 日起，全国范围实施轻型汽车国 Ⅵ 排放标准，所有销售和注册登记的汽车都必须符合国 ⅥA 标准。自 2023 年 7 月 1 日起，全国范围全面实施国 ⅥB 排放标准。国 Ⅵ 标准与国 V 标准相比，烯烃含量限值由国 V 阶段的 24% 分别降至国 ⅥA 阶段的 18% 和国 ⅥB 阶段的 15%；芳烃含量限值由 40% 降至 35%；苯含量限值由 1% 下降至 0.8%，严于欧盟 1% 的标准；50% 蒸发温度限值由 120℃ 降至 110℃。

辛烷值是代表汽油抗爆性的指标，是衡量汽油在气缸中抗爆燃能力的一种数字指标，其值高则表示抗爆性好。汽油的辛烷值高，抗爆性好，质量也好。国 V 汽油标准中的降低硫含量、禁止添加锰剂在一定程度上降低了部分辛烷值。在炼油企业无法完全弥补超低硫化带来的辛烷值损失的情况下，只能通过调整汽油牌号来解决这一问题。因此，实施国 V 后汽油牌号由 90 号、93 号、97 号三个牌号调整为 89 号、92 号、95 号、98 号四个牌号。

为防止爆燃的出现，应使用抗爆性好的汽油，即辛烷值高的汽油。

车用汽油的选用原则如下：

1）按汽车的使用说明书规定或国家相关权威部门的推荐选用汽油牌号。压缩比越大，使用的汽油牌号一般也越高。

2）在汽油的供应上，若一时不能满足需要，可以用牌号相近的汽油暂时代用，但必须对汽油机进行适当的调整。

3）推广使用加入有效的汽油清净剂的汽油。

4）注意季节变化、车辆使用地区变化等外界条件改变对汽油选择的影响。冬季选择蒸气压较大的汽油，夏季选择蒸气压较小的汽油。

5）注意汽油质量是影响汽车技术状况和汽车排放的重要因素。

在汽油选用中，应避免"汽油牌号越高，对汽车越有利；汽油牌号越高，汽车排放越能达标"的误区。实际上，汽油质量是多种性能的综合评价，除蒸发性、抗爆性、清洁性、无害性外，还有氧化安定性、腐蚀性等。而汽油牌号高低只反映了抗爆性的好坏，并不能全面反映油品质量高低。同时，如果低压缩比发动机的汽车加用高牌号燃油，油的燃烧速度慢，会造成燃烧不完全、加速无力、排污增多等现象，使其高抗爆性的优势无法发挥出来，并造成金钱的浪费，既不经济也不实用；反之，高压缩比汽车长期燃用低牌号汽油，则更不可取，发动机的高压缩比设计是从节能角度考虑的，用低牌号汽油不但容易产生爆燃，还容易造成发动机气门及气缸积炭过早、过快地形成，使工况下降，油耗增加，排放逐步恶化。

6.2.2 车用轻柴油及其选用

柴油和汽油一样，是从石油中提炼出来的，也是由碳、氢元素组成的烃类化合物。在石油蒸馏过程中，温度在 180～410℃ 的馏分即为柴油。柴油可分为轻柴油（沸点范围为 180～370℃）、重柴油（沸点范围为 350～410℃）等品种。轻柴油用于高速柴油机，重柴油用于中、低速柴油机。汽车用柴油机属高速柴油机，所用柴油为轻柴油。轻柴油与汽油相比，具有馏分重、自燃点低（为 200～300℃）、黏度大、相对密度大、蒸发性差、储存和运输过程中损耗少、使用安全等特点，而且柴油发动机与汽油发动机相比较，具有耗油量低、能量利用率高、废气排放量小、工作可靠性好、功率使用范围宽等优点。所以，随着柴油发动机技术的不断提高，柴油车的应用会越来越广泛，逐步向更环保、更高效的方向发展。

1. 车用柴油的使用性能要求

为了保证柴油发动机正常、高效地工作，满足排放要求，对柴油的主要性能要求：良好的低温流动性、良好的雾化和蒸发性、良好的燃烧性、良好的安定性、对机件等无腐蚀性、柴油本身的清洁性。2023 年 7 月 1 日起，我国正式全面实施车用柴油国ⅥB标准，为排放标准升级提供了有力保证。

2. 轻柴油的低温流动性

轻柴油的低温流动性是指在低温条件下轻柴油保持一定的流动状态的性能。轻柴油的密度和黏度都比汽油大，随着温度的降低，轻柴油的黏度会变得更大。如果柴油的低温性不好，在低温下失去流动性，就会妨碍柴油在油管和滤清器中顺利通过，使供油量减少甚至中断，导致发动机不能正常工作甚至熄火。所以，为了能按发动机工况需求可靠地供给燃油，要求轻柴油应具有良好的低温流动性。

3. 轻柴油的雾化和蒸发性

轻柴油的雾化和蒸发性是指轻柴油在柴油机气缸内经喷油器喷出时分散成液体雾粒及液体雾粒汽化蒸发的能力。在既定燃烧室和喷油设备的前提下，柴油的雾化和蒸发性决定了可燃混合气形成的品质和速度。轻柴油雾化和蒸发性的评价指标有馏程、运动黏度、密度和闪点。

（1）馏程　柴油馏程的测定方法与汽油馏程的测定方法基本相同。评定柴油的蒸发性采用的是

50%回收温度、90%回收温度和95%回收温度三个温度点。50%回收温度表示柴油中轻质馏分的含量。50%回收温度低,说明油中轻质馏分多,蒸发性好,易形成均匀的混合气,柴油机易起动。90%回收温度和95%回收温度表示柴油中重质馏分的含量。90%回收温度和95%回收温度高,说明柴油中重质馏分多,蒸发性差,形成的混合气质量差,燃烧不完全,易造成发动机排气冒黑烟,功率下降,油耗增多,零件磨损增大等。

(2) 运动黏度　黏度是指液体在外力作用下发生移动时,在液体分子间所呈现的内部摩擦力。它是表示油品流动性能好坏的一项指标。黏度小的油品流动性能好,黏度大的油品流动性能差。油品的黏度也会随温度的变化而变化,称为油品的黏温性能。一般是温度升高,黏度变小;温度降低,黏度变大。所以,表示某一油品的黏度时必须标明温度,不标明温度的黏度是没有意义的。从流动性角度考虑,黏度小些,流动性好。但黏度过小,会使柴油机供油系统的柴油漏失量增加,影响供油量。运动黏度对柴油雾化质量的影响主要是考虑其对油束的喷出特性的影响。运动黏度大,则油束喷出射程远,喷雾锥角小,油滴直径大,雾化质量差,混合气形成不良;运动黏度小,则油束喷出射程近,喷雾锥角大,油滴直径小,雾化质量好,但是喷出的油束形状与燃烧室形状往往不适应,同样会造成混合气形成不良。所以,柴油的运动黏度不能太大,也不能太小。

(3) 密度　柴油的密度过大,将使雾化质量变差,混合气燃烧条件恶化,排气冒黑烟,发动机经济性下降。

(4) 闪点　闪点是指在规定的试验条件下,加热油品所产生的蒸气与周围空气形成的混合气接触火焰发生瞬间闪火的最低温度,单位为℃。根据测定仪器的不同,闪点有开口闪点和闭口闪点两种。一般重质油品采用开口闪点,轻质油品采用闭口闪点,轻柴油采用闭口闪点。闪点低,轻柴油的蒸发性好;反之,蒸发性差。但闪点过低,蒸发性过好,易使发动机产生工作粗暴现象。轻柴油的闪点高低除了影响油品的蒸发性外,对柴油的储存和使用的安全也有影响。闪点低的柴油不仅会使蒸发损失增大,而且其产生的大量柴油蒸气也会造成失火隐患,易引发火灾。因此,闪点不仅是柴油蒸发性的评价指标,还是柴油安全性能的评价指标。所以,在储存、运输过程中严禁将油品加热到闪点温度。

4. 轻柴油的燃烧性

轻柴油的燃烧性是指柴油在柴油机中是否容易着火,并防止柴油机发生工作粗暴现象的能力。柴油机对柴油的要求是具有较好的燃烧性。若柴油燃烧性差,容易造成发动机运转不平稳,并产生强烈的振击声,称为柴油机工作粗暴。强烈的金属敲击会加速零件的磨损和损坏,并使发动机功率下降、油耗增加。对于燃烧性过好的柴油,易使混合气来不及混合均匀就燃烧,导致燃料燃烧不完全,使柴油机的输出功率下降。此外,由于燃料燃烧不完全,还会出现排气冒黑烟,燃料消耗增大的现象。因此,轻柴油应具有较好的燃烧性,但不可过好。

柴油燃烧性的评价指标是十六烷值和十六烷指数。十六烷值是表示压燃式发动机燃料燃烧性的一个约定数值。它是在规定条件下的标准发动机试验中,通过和标准燃料进行比较来测定的,采用和被测定燃料具有相同燃烧性的标准燃料的十六烷值表示。十六烷值可以缩写为 CN(Cetane number)。测定十六烷值的标准燃料是用两种燃烧性相差悬殊的烃做基准物配制而成的,一种是正十六烷,它的燃烧性良好,规定其十六烷值为100;另一种是1-甲基萘,它的燃烧性差,规定其十六烷值为0,将其按不同体积比例混合即得到多种标准燃料。标准燃料中正十六烷的体积百分数规定为标准燃料的十六烷值,该值范围为0~100。

5. 柴油的安定性

柴油的安定性包括储存安定性和热安定性。储存安定性是指柴油在运输、储存和使用过程中保持外观、组成和使用性能不变的能力。热安定性是指柴油在柴油机的高温条件下,以及溶解氧的作用下,发生变质的倾向。储存安定性好的柴油在运输、储存和使用过程中外观颜色和实际胶质变化不大,基本上不生成不可溶的胶质和沉渣。安定性差的柴油颜色逐渐变深,实际胶质逐渐增多。使用储存安定性差的柴油,容易导致滤清器堵塞、喷油器孔粘接或堵死、活塞组零件表面上形成漆膜或积炭。热安定性差的柴油在高温条件下易发生氧化变质生成胶质。汽车行驶时，油箱中的温度有时很高，尤其在炎热的夏季温度会更高，并且油箱中的油在汽车行驶过程中不断振荡，油中会卷入许多空气泡，增大了油与氧气接触的机会，加速了柴油的氧化过程，所以使用热安定性差的柴油，易在喷油器针阀上生成漆状沉积物，造成针阀粘滞，严重时甚至导致供油中断；还易在燃烧室、气门、活塞环处生成积炭，加速柴油机的磨损。

6. 轻柴油的腐蚀性

轻柴油的腐蚀性主要由其中的硫化物和有机酸等成分产生的。柴油中硫化物的存在，尤其是硫含量过大时，会对柴油机产生较大危害，直接影响发动机的使用寿命。

7. 轻柴油的清洁性

轻柴油的清洁性是指轻柴油中不应含有机械杂质和水分，燃烧不产生灰分等。轻柴油中的机械杂质和水分一般是在运输、储存和使用过程中受外界污染而混入的。机械杂质会增大柴油机燃油供给系统中精密零件的磨损，水分会加大有机酸对金属的腐蚀，所以应严格控制它们在轻柴油中的含量。灰分是指轻柴油中不能燃烧的机械杂质和溶于其内的无机盐类和有机盐类经燃烧后的剩余物质。灰分沉积在燃烧室中会加快气缸壁与活塞环的磨损，所以也应严格控制它在轻柴油中的含量。

8. 轻柴油的选用

车用轻柴油的选用主要考虑环境温度，并应遵循以下原则。

1）根据不同地区和季节选择不同品牌的柴油。在温度较低的地区，选用低凝固点的柴油；在温度较高的地区，选用凝固点较高的柴油。一般柴油的冰点必须比环境温度低 5~7℃，以保证其在最低温度下不会凝固，不会影响柴油机的正常使用。

2）在气温允许的情况下，应尽量选用高牌号柴油。有些人认为"柴油牌号越低越安全，对车越有利"。其实不然，首先由于低牌号柴油凝点低，其炼制工艺复杂、生产成本高，所以其价格比高牌号柴油高；其次由于柴油中凝点越低的成分燃烧性越差，使用时燃烧滞后期长，容易产生工作粗暴，所以在气温允许的情况下应尽量选用高牌号柴油。

3）注意季节气温变化对用油的影响。对于季节气温变化较大的地区，如黑龙江、内蒙古、新疆等，应特别注意季节气温变化对用油的影响，及时改变用油牌号。

6.2.3 车用替代燃料

随着汽车保有量的增多，石油资源的消耗急剧增加，日益耗竭，也对人类的生存环境产生严重污染，并且石油是不可再生的，在石油资源日益减少、环境污染日益严重的双重作用下，开发和寻找污染较少、经济便宜的车用替代燃料已成为当务之急。

车用替代燃料的选择标准如下：

1）资源必须丰富。汽车的保有量在逐年增加，用作汽车的替代燃料只有资源丰富，才能长期可靠地供应，满足汽车日益增加的需要。

2）价格应比较便宜，以便于大范围推广。

3）能量密度大，热值高，携带较少的数量就能使汽车有足够的续驶里程。

4）毒性低，环境污染小。

5）安全性好，易于输送、储存和使用。

6）对内燃机的可靠性无不良影响。

根据以上选择标准，有广阔发展前景的替代燃料主要有醇类燃料、乳化燃料、天然气、液化石油气、氢气等。

1. 醇类燃料

醇类燃料主要是指甲醇和乙醇。目前，它们已作为汽车替代能源被使用，其中甲醇只能用于专用甲醇汽车。醇类燃料的资源比较丰富，可从多种原料中提取。如甲醇可从天然气、煤、油页岩、重质燃料、木材和垃圾等物质中制取。乙醇可从甜菜、甘蔗、草秆、薯类、玉米等农作物中制取。在我国，煤炭作为制取甲醇燃料的物质之一，其储藏量非常丰富，比其他能源的储藏量都多。所以，立足国内丰富的煤炭资源，以甲醇为替代燃料，弥补石油供应量的不足，是非常重要的措施。我国作为农业国家，随着粮食的丰收，已出现了陈化粮长期库存积压的情况，仅玉米库存就有上亿吨。因此，以农作物为原料生产乙醇作为替代能源，缓解我国石油紧缺的矛盾，也是可行的措施。

醇类燃料的辛烷值比汽油高，所以使用醇类燃料的发动机可以通过增大压缩比来提高其热效率，从而提高动力性和经济性。因此，醇类是汽油车良好的替代燃料。另外，醇类燃料也可以作为高辛烷值组分调入汽油中，来提高汽油的抗爆能力。但由于醇类燃料着火性差，十六烷值比柴油低很多，所以在柴油机上使用比较困难。2001年，我国制订了乙醇燃料发展计划，并制订了《变性燃料乙醇》和《车用乙醇汽油》两项国家标准，2005年12月开始推广含10%（体积分数）乙醇的车用乙醇汽油混合燃料。目前，我国已有吉林、河南、黑龙江、安徽、辽宁、广西6个省及山东、湖北、河北等地的20多个城市及地区使用了乙醇汽油。

2. 乳化燃料

乳化燃料是指汽油和柴油等燃油和水相混合并经特殊处理后形成的一种相对稳定的乳化液。使用乳化燃料不仅能减少发动机排放中氮氧化合物（NO）等有害成分的含量，而且能有效地降低燃料的消耗，所以使用乳化燃料是节约能源和降低污染的良好措施之一。

3. 天然气

天然气是各种替代燃料中最早被广泛使用的一种。天然气汽车自20世纪30年代就开始在意大利使用。我国的天然气汽车工业始于20世纪80年代。目前，天然气汽车已受到各国政府的普遍重视，21世纪将是天然气汽车大发展的时代。

与其他燃料相比，天然气具有如下较为突出的特点。

1）着火极限宽。天然气与空气的混合气具有很宽的着火极限。使用天然气可以实现稀薄燃烧，能有效降低发动机在部分负荷时的能量消耗与排放污染。

2）与空气的理论混合气热值低。因此，天然气发动机的功率要比汽油发动机功率低些。

3）火焰传播速度低，火焰传播速度稍慢。

4）着火温度高，必须有较高的点火能量。

5）抗爆燃性能好，可适当提高发动机的压缩比，进而提高发动机的热效率，增大汽车的动力性。对燃用天然气的专用发动机，比较合理的压缩比为12。

6）天然气的密度低于汽油，导致发动机的输出功率降低。

7）天然气的燃烧温度低，常温常压下呈气态，与空气同相，所以形成的混合气均匀，燃烧完全，会减少CO、HC（碳氢化合物）等的排出量；排放物中的HC成分多为甲烷，性质稳定，所以在大气中也不会形成光化学烟雾，避免造成进一步污染。

8）天然气常温常压下为气体，携带不方便，为此要对其进行液化。

9）天然气燃料使燃烧室积炭少，且燃烧产物中不含液体燃料成分，对润滑油破坏小。

天然气作为车用燃料的替代品，根据存在形式不同分为压缩天然气（CNG）和液化天然气（LNG）两种。压缩天然气是将天然气经过脱水、脱硫净化处理后，经多级压缩至20MPa左右储存在气瓶中，使用时经减压器减压后供给发动机燃烧。液化天然气经过一定工艺，使天然气在−162℃左右变为液态，储存在高压气瓶中。与压缩天然气相比，液化天然气工作压力降低，储气瓶体积减小，续驶里程延长。但它对低温储存技术要求较高。

4. 液化石油气

液化石油气价格便宜，容易液化、储存，使用方便，其配套设施如加气站等的建设费用也比较低。所以，液化石油气作为车用替代燃料，近年来发展较快。

液化石油气作为车用替代燃料，比较突出的特点如下：

（1）**抗爆性能好**　液化石油气的研究法辛烷值在100左右，比汽油的辛烷值高，所以液化石油气的抗爆能力强，用于发动机后可适当提高发动机压缩比，增大发动机热效率。

（2）**排放污染小**　液化石油气常温常压下呈气态，与空气同相，混合均匀，燃烧得较完全且燃烧温度低，所以排放物中CO、HC、NO等的排出量会大幅度减少。

（3）**火焰传播速度慢**　液化石油气燃烧的火焰传播速度比汽油稍慢。

（4）**点火能量高**　液化石油气着火温度比汽油高，并且其火焰传播速度比汽油低，所以需要较高的点火能量。

（5）**与空气的理论混合气热值低**　虽然液化石油气的质量热值和体积热值都比汽油略高，但其与空气的理论混合气热值却比汽油略低，所以液化石油气发动机的功率要比汽油发动机低些。

（6）**便于携带**　液化石油气在690kPa左右就可以完全液化，压力比较低，因此它几乎与汽油和柴油一样便于携带。

液化石油气汽车按燃料供给系统不同，可分为专用液化石油气汽车、液化石油气与汽油两用燃料汽车、液化石油气与柴油双燃料汽车等。专用液化石油气汽车以LPG作为唯一燃料，其发动机的燃料供给系统专为LPG燃料设计，能充分发挥LPG燃料的特点，使用性能最佳。液化石油气与汽油两用燃料汽车是通过对现成汽油车进行改装而成的，有两套燃料供给系统：一套为保留的原车供油系统；另一套为增加的LPG供给装置。发动机可以分别使用LPG和汽油作为燃料，两种燃料的转换通过电磁阀实现。由于发动机结构改动较小，因此当使用液化石油气燃料时，往往不能充分发挥其优点，导致汽车性能不如专用液化石油气汽车。液化石油气与柴油双燃料汽车是通过对柴油车进行改装而成的。同液化石油气与汽油两用燃料汽车一样，它也有两套燃料供给系统：一套为原柴油供给系统；另一套为增加的LPG供给装置。两套燃料供给系统可根据发动机的运行工况，按一定比例，同时供给LPG和柴油两种燃料。其中，柴油只作为引燃燃料，LPG是主要燃料。

5. 氢气

氢气作为内燃机的替代燃料，具有非常突出的特点：首先，氢气可用水来制取，并且氢气燃烧后又生成水，这种快速的资源循环，使得氢能源取之不尽、用之不竭，这决定了氢气将在未来可耗尽资源消耗殆尽时起主导作用；其次，氢气是非常理想的清洁燃料，燃烧生成水，无CO_2、CO、HC、碳烟等污染物质。

氢气作为燃料，有以下特点。

（1）**着火界限宽**　氢气在空气中燃烧的界限非常宽，为4.1%~75%，比汽油和柴油的着火极限大很多。因此，氢气可以实现稀薄燃烧，从而降低发动机在部分负荷时的能量消耗与排放污染。

（2）**点火能量低**　氢气最小点火能量为10.5J，比一般烃类低一个数量级以上。因此，将氢气掺入到汽油中，可降低汽油的点火能量，并改善汽油机的性能。

（3）**火焰传播速度高**　氢气燃烧的火焰传播速度高达291cm/s，是汽油的7倍，说明氢气在汽油机中燃烧时的抗爆性能很好。

（4）**与空气的理论混合气热值低**　虽然氢气的质量热值在所有的化学燃料里面是最大的，约为汽油的3倍，但由于氢气的相对分子质量小，质量轻，使得其标态体积低热值只有$10.80MJ/m^3$，其与空气的理论混合气热值也只有$3.186MJ/m^3$，比汽油低15%，发热量仅相当于汽油的85%，所以燃氢发动机的功率要比燃用汽油的发动机功率低15%。

（5）**自燃温度高**　氢气的自燃温度比较高，为580℃，而柴油为350℃，这就决定了燃氢发动机难以压燃，比较适合于点燃。因此，汽油机易于改为氢气发动机，这就为将来氢气发动机的开发运用提供了一个有利的条件。

（6）**燃烧排污少**　氢气是一种无色、无臭、无毒的干净燃料，同时也是一种无碳燃料，完全不产生汽油等烃类燃料燃烧时所排放的CO、CO_2、CH等化合物，燃烧只生成水和NO，并且NO的排放也比目前的汽油机低得多，即使有一定的排放量，作为比较单一的排放物也非常容易控制。先进的氢燃料电池和催化氢技术，排放中只有水，如果用这些氢能驱动车辆，可以真正实现零排放。因此，氢气发动机作为动力有利于环境保护。

(7) **发动机的热效率** 氢气的自燃温度比较高，其辛烷值比异辛烷（辛烷值为100）高，其抗爆性高于汽油。因此，用氢气做燃料时，可以通过提高发动机压缩比来提高其热效率。而且氢气在空气中的火焰传播速度非常快，这也使得发动机的热效率有较大的提高。

(8) **发动机的磨损量减小** 氢气燃烧的产物比较单纯，使得它对发动机润滑油的污染比较小。同时，由于氢气的沸点比较低，仅为-253℃，在发动机上使用液氢发生汽化时，可较好地降低发动机的机体温度，使得发动机润滑油的高温氧化程度低，这些都有利于保证发动机的正常润滑，减小机械磨损。

随着全球环境问题日益突出，清洁能源汽车逐渐成为汽车产业的主流方向。氢燃料电池汽车拥有长续航里程、快速加注、零排放等优势，被视为新能源汽车的重要补充，未来具有广阔的市场前景。目前，国内氢燃料电池汽车产业还处于起步阶段，但政策扶持、市场需求等因素促进了其发展，国内企业如北汽新能源、长安汽车、吉利汽车等都已经推出了自主研发的氢燃料电池汽车，并开始批量生产销售，图6-4所示为中国一汽生产的氢燃料电池轿车红旗H5-FCEV。欧美国家的知名企业如戴姆勒、通用、福特、宝马等也推出了自己的氢燃料电池汽车产品。日本、韩国及法国的氢能源系统公司都已经取得了重要进展，他们的氢气储存罐技术已经达到了商业化应用的水平。

到2022年底，全球氢燃料电池汽车市场保有量约有67488辆，其中，我国占18.2%，市场保有量约有12306辆，随着氢能产业的发展，国内外制造商将加快氢燃料电池汽车的研发和生产，并逐步降低氢燃料电池汽车的制造成本。我国已经将氢能源列为国家战略性新兴产业，并出台了一系列支持政策，为氢燃料电池汽车的发展提供了政策保障。未来氢燃料电池汽车将成为推动清洁能源汽车发展的重要力量，也将在减少污染、缓解能源危机等方面起到重要的作用。

图6-4 一汽红旗氢燃料电池轿车

6.3 车用润滑油料及其选用

车用润滑油料主要包括发动机润滑油、车辆齿轮油、车用润滑脂等，新能源汽车的变速器、连接件、减振器、冷却系统、制动系统等也需要润滑油。车用润滑油料的润滑性能、低温流动性能直接影响汽车运动件的有效润滑，其运动黏度直接影响汽车的传动效率，如选用不当，会使汽车起步困难，并缩短汽车的使用寿命。

6.3.1 发动机润滑油

发动机润滑油是润滑系统的液态工作介质，其主要作用是润滑、冷却、清洁、密封和防蚀。由于发动机润滑油是在温度变化大、压力高、活塞运动速度高等苛刻条件下工作的，因而极易变质，导致发动机零件摩擦表面难以形成理想的润滑状态，最终产生异常的磨损。尤其发动机压缩比、转速、功率等的不断提高，以及发动机润滑油净化装置的采用，使发动机润滑油的工作条件进一步恶化。

对发动机润滑油的具体要求主要包括以下几个方面：在工作期间必须能及时可靠地输送到各摩擦零件的表面；在各种不同的工况下都能在摩擦面上形成足够牢固的油膜或其他形式的抗磨保护膜，从而减少摩擦和磨损；及时导出摩擦生成的热，使机件维持正常温度；可靠地密封所有的间隙；从摩擦面带走磨屑和其他外来的机械杂质；本身不具有腐蚀性，并且能保护发动机零件不受外界腐蚀性介质的作用，以免发生腐蚀或腐蚀性磨损；在零件表面形成的沉积物要少；理化性质稳定，在工作过程中油的性质变化缓慢。

1. 发动机润滑油的分类

发动机润滑油是以精制的矿物油、合成油为基础油，加入金属清净剂、无灰分散剂、抗氧抗腐剂、黏度指数改进剂、降凝剂、抗泡剂、防锈剂等各类添加剂制成的。我国发动机润滑油按发动机的类型分为汽油机润滑油（简称汽油机油）和柴油机润滑油（简称柴油机油）两类，每一类润滑油按使用性能和黏度又分为若干等级。

(1) 使用性能（质量等级）分类 我国国家标准将发动机润滑油分为汽油机油系列（S系列）和柴油机油系列（C系列）两类。GB 11121—2006为汽油机油的国家标准，GB 11122—2006为柴油机油的国家标准。目前，汽油机油系列共有SE、SF、SG、SH、GF-1、SJ、GF-2、SL、GF-3、SM、GF-4、SN、GF-5 13个汽油机油品种，柴油机油系列共有CC、CD、CF、CF-2、CF-4、CG-4、CH-4、CI-4和CT-4以及农用柴油机油等10个柴油机油品种。机油品种的级号越靠后，其使用性能越好。2006年颁布的汽油机油和柴油机油现行标准中，不再对通用内燃机油品种做具体规定。

发动机润滑油的各品种代号、特性及使用场合见表6-1。

表6-1 发动机润滑油的各品种代号、特性及使用场合

应用范围	品种代号	特性和使用场合
汽油机油	SE	用于轿车和某些货车的汽油机以及要求使用API SE、SD*级油的汽油机。此种油品的抗氧化性能及控制汽油机高温沉积物、防锈蚀和耐腐蚀性能优于SD*或SC*
	SF	用于轿车和某些货车的汽油机以及使用API SF、SE级油的汽油机。此种油品的抗氧化和耐磨损性能优于SE，同时还具有控制汽油机沉积物、防锈蚀和耐腐蚀的性能，可代替SE
	SG	可用于轿车、货车和轻型载货汽车的汽油机以及要求使用API SG级油的汽油机。SG质量还包括CC或CD的使用性能。此种油品改进了SF级油控制发动机沉积物、耐磨损和油的抗氧化性能，同时还具有防锈蚀和耐腐蚀的性能，并可代替SF、SF/CD、SE或SE/CC
	SH、GF-1	用于轿车、货车和轻型载货汽车的汽油机以及要求使用API SH级油的汽油机。此种油品在控制发动机沉积物、油的抗氧化、耐磨损、防锈蚀和耐腐蚀等方面的性能优于SG，并可代替SG GF-1和SH相比，增加了对燃料经济性的要求
	SJ、GF-2	用于轿车、运动型多用途汽车、货车和轻型载货汽车的汽油机以及要求使用API SJ级油的汽油机。此种油品在挥发性、过滤性、高温泡沫性和高温沉积物控制等方面的性能优于SH，可代替SH，并可在SH以前的"S"系列等级中使用 GF-2与SJ相比，增加了对燃油经济性的要求，GF-2可代替GF-1
	SL、GF-3	用于轿车、运动型多用途汽车、货车和轻型载货汽车的汽油机以及要求使用API SL级油的汽油机。此种油品在挥发性、过滤性、高温泡沫性和高温沉积物控制等方面的性能优于SJ，可代替SJ，并可在SJ以前的"S"系列等级中使用 GF-3与SL相比，增加了对燃油经济性的要求，GF-3可代替GF-2
	SM、GF-4	用于轿车、运动型多用途汽车、货车和轻型载货汽车的汽油机以及要求使用API SM级油的汽油机。此种油品在高温氧化和清净性能、高温耐磨损性能以及高温沉积物控制等方面的性能优于SL，可代替SL，并可在SL以前的"S"系列等级中使用 GF-4与SM相比，增加了对燃油经济性的要求，GF-4可代替GF-3
	SN、GF-5	用于轿车、运动型多用途汽车、货车和轻型载货汽车的汽油机以及要求使用API SN级油的汽油机。此种油品在高温氧化和低温油泥以及高温沉积物控制等方面的性能优于SM，可代替SM，并可在SM以前的"S"系列等级中使用 对于资源节约型SN油品，除具有上述性能外，强调燃料经济性、对排放系统和涡轮增压器的保护以及与含乙醇最高达85%的燃料的兼容性能 GF-5与资源节约型SN相比，性能基本一致，GF-5可代替GF-4

(续)

应用范围	品种代号	特性和使用场合
柴油机油	CC	用于中负荷及重负荷下运行的自然吸气、涡轮增压和机械增压式柴油机以及一些重负荷汽油机。对于柴油机具有控制高温沉积物和轴瓦腐蚀的性能,对于汽油机具有控制锈蚀、腐蚀和高温沉积物的性能
	CD	用于需要高效控制磨损及沉积物或使用包括高硫燃料自然吸气、涡轮增压和机械增压式柴油机以及要求使用 API CD 级油的柴油机。具有控制轴瓦腐蚀和高温沉积物的性能,并可代替 CC
	CF	用于非道路间接喷射式柴油发动机和其他柴油发动机,也可用于需有效控制活塞沉积物、磨损和含铜轴瓦腐蚀的自然吸气、涡轮增压和机械增压式柴油机。能够使用硫的质量分数大于 0.5% 的高硫柴油燃料,并可代替 CD
	CF-2	用于需高效控制气缸、环表面胶合和沉积物的二冲程柴油发动机,并可代替 CD-Ⅱ*
	CF-4	用于高速、四冲程柴油发动机以及要求使用 API CF-4 级油的柴油机,特别适用于高速公路行驶的重负荷载货汽车。此种油品在机油消耗和活塞沉积物控制等方面的性能优于 CE*,并可代替 CE*、CD 和 CC
	CG-4	用于可在高速公路和非道路使用的高温四冲程柴油发动机。能够使用硫的质量分数小于 0.05%~0.5% 的柴油燃料。此种油品可有效控制高温活塞沉积物、磨损、腐蚀、泡沫、氧化和烟炱的累积,并可代替 CF-4、CE*、CD 和 CC
	CH-4	用于高速、四冲程柴油发动机。能够使用硫的质量分数不大于 0.5% 的柴油燃料。即使在不利的应用场合,此种油品可凭借其在磨损控制、高温稳定性和烟炱控制方面的特性有效地保持发动机的耐久性;对于非铁金属的腐蚀、氧化和不溶物的增稠、泡沫性以及优于剪切所造成的黏度损失可提供最佳的保护。其性能优于 CG-4,并可代替 CG-4、CF-4、CE*、CD 和 CC
	CI-4	用于高速、四冲程柴油发动机。能够使用硫的质量分数不大于 0.5% 的柴油燃料。此种油品在装有废气再循环装置的系统里使用可保持发动机的耐久性。对于腐蚀性和与烟炱有关的磨损倾向、活塞沉积物以及优于烟炱累积所引起的黏温性变差、氧化增稠、机油消耗、泡沫性、密封材料的适应性降低和优于剪切所造成的黏度损失可提供最佳的保护。其性能优于 CH-4,并可代替 CH-4、CG-4、CF-4、CE*、CD 和 CC
	CJ-4	用于高速、四冲程柴油发动机。能够使用硫的质量分数不大于 0.05% 的柴油燃料。对于使用废气后处理系统的发动机,如使用硫的质量分数大于 0.0015% 的柴油燃料,可能会影响废气后处理系统的耐久性和机油的换油期。此种油品在装有微粒过滤器和其他后处理系统里使用可特别有效地保持排放控制系统的耐久性。对于催化剂中毒的控制、微粒过滤器的堵塞、发动机磨损、活塞沉积物、高低温稳定性、烟炱处理特性、氧化增稠、泡沫性和优于剪切所造成的黏度损失可提供最佳的保护。其性能优于 CI-4,并可代替 CI-4、CH-4、CG-4、CF-4、CE*、CD 和 CC
农用柴油机油	—	用于以单缸柴油机为动力的三轮汽车(原三轮农用运输车)、手扶变型运输机、小型拖拉机,还可用于其他以单缸柴油机为动力的小型农机具,如抽水机、发电机。具有一定的抗氧化、耐磨性能和清净分散性能

(2) 黏度分类 目前,我国发动机润滑油是按 GB/T 14906—2018 或美国汽车工程师学会(SAE)对汽车发动机润滑油黏度等级标准 SAE J300 来划分黏度等级的。润滑油分为冬季用油(W 级,W 指 winter)和非冬季用油。冬季用油按照低温启动黏度、低温泵送黏度可分为 0W、5W、10W、15W、20W 和 25W 六个低温启动黏度等级,等级越小,其低温启动黏度越小,低温流动性越好,适应的温度越低。非冬季用油按 100℃时的运动黏度划分为 8、12、16、20、30、40、50 和 60 八个高温黏度等级,数字越大,机油的黏度越大,适应的温度越高。表 6-2 为我国发动机润滑油黏度等级分类。

表 6-2 我国发动机润滑油黏度等级分类

黏度等级	低温启动黏度/(MPa·s)(最大)	低温泵送黏度/(MPa·s)(最大)	运动黏度/(mm^2/s)(100℃)		高温高剪切黏度/(MPa·s)(150℃,$10^6 s^{-1}$)(最小)
			最小	最大	
0W	6200(-35℃)	60000(-40℃)	3.8	—	—
5W	6600(-30℃)	60000(-35℃)	3.8	—	—
10W	7000(-25℃)	60000(-30℃)	4.1	—	—
15W	7000(-20℃)	60000(-25℃)	5.6	—	—

(续)

黏度等级	低温启动黏度/ (MPa·s) (最大)	低温泵送黏度/ (MPa·s) (最大)	运动黏度/(mm²/s) (100℃)		高温高剪切黏度/(MPa·s) (150℃,10⁶s⁻¹) (最小)
			最小	最大	
20 W	9500(-15℃)	60000(-20℃)	5.6	—	—
25 W	13000(-10℃)	60000(-15℃)	9.3	—	—
8	—	—	4.0	6.1	1.7
12	—	—	5.0	7.1	2.0
16	—	—	6.1	8.2	2.3
20	—	—	6.9	9.3	2.6
30	—	—	9.3	12.5	2.9
40	—	—	12.5	16.3	2.9(0W/40,5W/40,10W/40)
			12.5	16.3	3.7(15W/40,20W/40,25W/40)
50	—	—	16.3	21.9	3.7
60	—	—	16.3	26.1	3.7
试验方法	GB/T 6538	NB/SH/T 0562	GB/T 265		SH/T 0751

为扩展润滑油对季节和气温的适应范围，通过加入黏度指数改进剂，调制出了多黏度级发动机润滑油。这种多级油既能满足低温工作时的黏度级别要求，又能满足高温工作时的黏度级别要求，它的级号用低温启动黏度级号与高温黏度级号组合来表示。如5W-30表示在低温时具有SAE5W的低温启动黏度，高温时具有SAE30的高温黏度，因而可全年通用。图6-5所示为国产昆仑汽油机油的标号及含义。

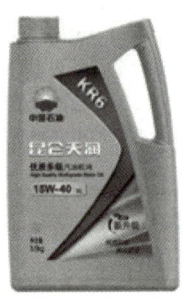

机油标号：15W-40SL 代表多级机油，冬夏通用

15W：15代表机油低温启动黏度等级，数字越小，低温流动性能越好

W：代表Winter(冬季)

40：100℃的黏度等级，数值越大，代表黏度越高

SL：代表汽油机油的质量等级，从SE到SN，越靠后其质量等级越高

图6-5 昆仑汽油机油标号及含义

2. 发动机润滑油的规格

发动机润滑油产品按统一的方法命名，由品种（使用等级）和牌号（黏度等级）两部分组成。每一个品种都有规定的黏度等级牌号。如 SG 15W-40 是指使用等级为 SG 级、黏度等级为 15W-40 的汽油机油；CF-4 15W-40 是指使用等级为 CF-4 级、黏度等级为 15W-40 的柴油机油。

3. 发动机润滑油的选用

发动机润滑油对发动机的使用性能和寿命具有非常重要的影响，因此应严格按照汽车使用说明书的规定选用。无说明书时，可根据发动机特性及使用地区的气温情况，选用合适使用等级和黏度等级的润滑油。

（1）汽油机油的选用

1）根据发动机的工作条件确定使用等级。汽油机工作条件的苛刻程度与发动机进、排气系统中是否设有附加装置有关。装有催化转化器的汽油机要求选用 SG 级以上的汽油机油；环保要求高的发动机应选用 SL、GF-3 等节能环保润滑油。

2）根据地区季节温度，结合发动机的性能和技术状况来选择汽油机油的黏度等级。黏度是发动机润滑油的重要指标，确定汽油机油的使用等级后，就要选择合适的黏度等级。黏度过大或过小都会导致能源浪费和磨损增加。汽油机油黏度等级的选用原则是根据发动机工作的环境温度来确定，冬季寒冷地区应选用黏度小的汽油机油；夏季或全年气温较高的地区应选用黏度适当高一些的汽油机油。表6-3为发动机润滑油黏度等级与使用环境温度范围的对应关系参考值。

表 6-3　发动机润滑油黏度等级与使用环境温度范围的对应关系（参考值）

黏度等级	使用环境气温/℃	黏度等级	使用环境气温/℃
5W	-30~-10	5W/20	-30~25
10W	-25~-5	10W/30	-25~30
20	-10~30	10W/40	-25~40
30	0~30	15W/40	-20~40
40	10~50	20W/40	-15~40

（2）柴油机油的选用

为了保证摩擦面有足够的油膜厚度，减小摩擦阻力，节省燃油，一般工作负荷大、转速低的柴油机应选用黏度较大的机油；工作负荷轻、转速高的柴油机应选用黏度小一些的柴油机油。

1）根据柴油机制造商的推荐选择。柴油机在出厂时，制造商会对柴油机的机油使用提出最低要求，应该按照或高于该要求选用机油的质量等级和黏度等级。

2）根据柴油机机械负荷和热负荷选择。柴油机在工作时承受来自外界的各种负荷，负荷越大，工作强度越高，工作温度就越高，因此，应选用等级高的柴油机油。

3）根据柴油的质量选择。柴油的质量和含硫量也是影响机油选择的要素之一，当这两项指标存在负影响时，对柴油机油的要求会更加严格。

4）应根据地区、季节、环境温度选用不同黏度的机油。冬季寒冷地区应选用黏度小、凝点低的多级机油，全年气温较高的地区，应选用黏度较大的机油；在沙漠等酷热地区使用的柴油机应选用黏度级别更高的机油，以保证足够的机油压力。

此外，对排放要求高的车用柴油机，应选用质量等级较高的机油。

（3）发动机润滑油使用注意事项

1）按车辆使用说明书正确选择润滑油的使用等级。

2）汽油机油不能用于柴油机。由于柴油机的负荷比汽油机的负荷高，所以不能用专用的汽油机油代替柴油机油，以免加速柴油机的磨损。汽油机可选用优质柴油机油，但汽油机油和柴油机油原则上应区别使用，只有在汽车制造厂有代用说明或标明是汽油机和柴油机的通用油时，才可代用或在标明的黏度和使用级别范围内通用。

3）应尽量使用黏度小的机油。在保证发动机润滑可靠的前提下，应尽量选择黏度小的润滑油。黏度小的润滑油能够快速循环，及时供应，以充分发挥机油的润滑、清洁和冷却等作用。黏度大的机油除在南方夏季使用外，仅适用于一些严重磨损的发动机。因为黏度太大的机油，会使发动机运转阻力增大，油耗增加。但选用黏度太小的机油，会使机油压力过低、润滑油膜变薄，造成密封效果变差。

4）应尽量使用多级机油。多级机油的黏温性好，使用时间长，可四季通用。

5）应坚持经济适用的原则。在选择机油的使用级别时，高级机油可以用在要求较低的发动机上，但过多降级使用不经济。级别较低的机油，切勿在要求较高的发动机上使用，否则会加速发动机的磨损，从而造成发动机过早损坏。

6）单级机油和多级机油不要混用。不同牌号机油必要时可临时混用，但不要长期混用。

7）注意保持合适的油面高度。加注机油时，应注意油量。油量过少，油面过低，会引起供油不足并加速机油变质；油量过多，油面过高，可能导致机油从活塞和气缸壁的间隙中窜入燃烧室燃烧，造成积炭。

6.3.2 车辆齿轮油

汽车齿轮油用于机械式变速器、驱动桥和转向器的齿轮、轴承等零件的润滑，可起到润滑、冷却、防锈和缓冲的作用。齿轮油工作时，由于齿轮工作面不断变换，温度升高不剧烈，其工作温度一般为 10~80℃；其次，齿轮油还承受很高的压力作用。

1. 对齿轮油的主要要求

在齿与齿之间的接触面上，能形成连续坚韧的油膜，即具有高的油性，使传动机件之间维持有韧性的边界油层，保证传动机件磨损小，预防其擦伤；此外，齿轮油还应具有良好的黏温特性，以保证动力传动机构的摩擦损耗较小，提高传动效率，保证汽车易于起步（尤其是冬季的起动）。

2. 齿轮油的分类

国外汽车齿轮油大都按 SAE 黏度分类和 API 使用性能分类（表6-4）。SAE 黏度分类把齿轮油分为 75W、80W、85W、90、140 等牌号。API 使用性能分类把齿轮油分为 GL-1~6 共 6 个质量等级。齿轮油发展的趋势是低黏度化、多级化和长寿命化。为了节省能源，降低燃料消耗，国外选用较低黏度的齿轮油和大跨度的多级油。为了提高齿轮油的质量，延长换油周期，除了提高基础油的精制程度外，普遍使用了以硫化烯烃为主的硫磷型极压剂，它比硫-磷-氯-锌型极压剂有更好的热氧化安全性、抗磨极压性和防腐性能，因而适合于在更苛刻的工况下使用，并可延长使用寿命。

表 6-4 车辆齿轮油 API 使用性能分类

分类	使用说明	用途
GL-1	在低齿面压力、低滑动速度下工作的汽车弧齿锥齿轮、蜗轮式驱动桥以及各种手动变速器规定用 GL-1 级齿轮油。直馏矿物油能满足这类情况的要求，可以加入抗氧剂、防锈剂和消泡剂改善其性能，但不加摩擦改进剂和极压剂	汽车手动变速器，包括拖拉机和载货汽车手动变速器
GL-2	汽车蜗轮式驱动桥，由于其负荷、温度和滑动速度的状况，用 GL-1 齿轮油不能满足要求，规定用 GL-2 级齿轮油，通常都加有脂肪类物质	蜗杆传动装置
GL-3	滑动速度和负荷比较苛刻的汽车手动变速器和弧齿锥齿轮驱动桥规定用 GL-3 级油。这种使用条件要求润滑油的负荷能力比 GL-1 和 GL-2 级油高，但比 GL-4 级油低	苛刻条件的手动变速器和弧齿锥齿轮的驱动桥
GL-4	在低速高转矩、高速低转矩下操作的各种齿轮，特别是客车和其他各种车用双曲线齿轮，规定用 GL-4 级齿轮油，适用于抗擦性能等于或优于 CRC RGO-105 参考油。该级油已做过各种试验，证明具有 1972 年 4 月 ASTM STP 说明的性能水平	手动变速器、弧齿锥齿轮和使用条件不太苛刻的双曲线齿轮
GL-5	在高速冲击负荷、高速低转矩、低速条件下操作的各种齿轮，特别是客车和其他车用双曲线齿轮，规定用 GL-5 级齿轮油，适用于抗擦性能等于或优于 CRC RGO-110 参考油。该级油已做过各种试验，证明具有 1972 年 4 月 ASTM STP 说明的性能水平	适用于操作条件缓和或苛刻的双曲线齿轮及其他各种齿轮，也可用于手动变速器
GL-6	在高速冲击条件下运转的轿车和其他车辆的各种齿轮，特别是大偏移距的双曲线齿轮，偏移距大于 50nm 或接近大齿轮直径的 25%，规定用 GL-6 级齿轮油，其抗擦性能应等于或优于参考油 L-1000，该级油已做过各种试验，证明具有 1972 年 4 月 ASTM STP 说明的性能水平	—

根据齿轮的形式和负载情况，我国将车辆用齿轮油划分为普通车辆齿轮油、中负荷车辆齿轮油、重负荷车辆齿轮油三个等级。其中，普通车辆齿轮油相当于 API GL-3，中负荷车辆齿轮油相当于 API GL-4，重负荷车辆齿轮油相当于 API GL-5。齿轮油的黏度根据齿轮油低温启动黏度达 15 万 MPa·s（超过该黏度，容易引起齿轮损伤）时的最高温度和 100℃时的黏度（mm/s），分为 70W、75W、80W、85W、90、140 黏度标号（见表6-5）。

普通车辆齿轮油以石油润滑油、合成润滑油及石油润滑油和合成润滑油混合组分为原料，并加入抗氧剂、防锈剂、抗泡剂和少量极压剂等制成，适用于中等速度和负荷比较苛刻的手动变速器和弧齿锥齿轮驱动桥，按黏度分为80W-90、85W-90和90标号。

中负荷车辆齿轮油以精制矿油加抗氧剂、防锈剂、抗泡剂和极压剂等制成，适用于在低速下使用。

重负荷车辆齿轮油，按黏度分为75W-90、80W-90、90、85W-140、85W-90等标号。它以精制矿物油加抗氧剂、防锈剂、抗泡剂和极压剂等制成，适用于在比GL-4更恶劣的工作环境下工作的各种齿轮，例如高速冲击负荷、高速低转矩和低速、高转矩下工作的各种齿轮，特别是轿车和其他各种车辆的准双曲面齿轮。

表6-5 齿轮油黏度

黏度牌号	黏度为15万MPa·s时的最高温度/℃	运动黏度（100℃）/（mm/s）	
		最小	最大
70W	-55	4.1	—
75W	-40	4.1	—
80W	-29	7.0	—
85W	-12	11.0	—
90	—	13.5	24.0
140	—	24.0	41.0

3. 齿轮油的选用

（1）质量等级的选用　中等速度和负荷比较苛刻的齿轮或螺旋齿轮选用普通车辆齿轮油，如CA1091等车型的变速器和转向机选用普通车辆齿轮油；低速大转矩或高速低转矩下工作的齿轮及使用条件不太苛刻的准双曲线齿轮选用GL-4级齿轮油，如BJ2022、EQ1090E、EQ2090等车的变速器；高速冲击负荷、高速低转矩和低速、高转矩下工作的齿轮及使用条件缓和或苛刻的准双曲线齿轮选用GL-5级齿轮油，如红旗、奥迪、大众、切诺基等车的变速器和主减速器。

某些重型工程车辆主传动器的齿轮为双曲线齿轮，齿面压力可达$(200\sim400)\times10^4$kPa，齿面滑动速度达8~10m/s，油温最高达120~130℃，同时接触压力也很高，这种车辆主传动器选用GL-5级齿轮油。

（2）牌号的选用　齿轮油的黏度应根据外界气温条件进行选择，要求所选齿轮油的黏度达到15万MPa·s时的最高温度不得高于环境温度。江南地区以及冬季气温不低于-10℃的地区，全年可使用90齿轮油；气温特别高（或大功率或柴油车等）时才使用140齿轮油；在江南地区全年都可使用85W~90齿轮油；气温低于-26℃的地区，冬季应使用75W齿轮油。

（3）齿轮油的更换　车辆齿轮油在使用中性能逐渐劣化，通常需要定期更换。一般国产载货汽车行驶24000km、乘用车行驶30000~40000km，更换一次齿轮油。

需要注意的是，必须严格按车辆使用说明书的规定，正确选用齿轮油；齿轮油加注要适量。加注量不足，润滑不良，磨损增加；加注量过多，增加动力损失和造成漏油。对于双曲线齿轮驱动桥，必须选用双曲线齿轮油，否则会造成齿轮的早期严重磨损；不可掺兑柴油将齿轮油兑稀，否则会造成齿轮咬伤。

6.3.3 车用润滑脂

润滑脂是介于液体和固体之间的油膏状的润滑材料。在常温和静止状态下，润滑脂是塑性体，能附着在摩擦表面，像固体一样不流动，又称黄油或干油。

1. 润滑脂的组成

润滑脂主要由基础油、稠化剂、稳定剂和添加剂组成。基础油是指润滑脂中的液体润滑油组分。根据稠化剂的类型和用量、润滑脂拟应用的场合，基础油的比例有很大的不同。对于大多数润滑脂，基础油的含量为 70%~97%。润滑脂稠化剂分为皂类和非皂类，各具有相应的性能。皂类润滑脂可分为简单皂和复合皂，均是按与羧酸相连接的金属离子来命名的，例如，锂皂、钠皂、钙皂、钡皂和铝皂等。这些皂是由脂肪酸和碱反应制得的，而脂肪酸是由植物油或动物脂肪获得的。润滑脂中的添加剂起防止磨损和锈蚀、减少摩擦、改进润滑脂的黏附性、防止在边界和混合摩擦条件下损坏设备的作用。添加剂影响着润滑脂的潜在应用质量和最根本的实用价值。

2. 车用润滑脂的分类

按照 GB/T 36990—2018《车用润滑脂分类》规定，根据润滑脂在汽车上的主要应用场合要求及产品类型的不同，车用润滑脂包括汽车底盘、轮毂轴承和汽车附件的润滑脂，每个车用润滑脂的类型由一组大写英文字母所组成的代号来表示。规定车用润滑脂的品种代号有：LA、LB、GA、GB、GC、GC-LB、PR、PO 和 PE，车用润滑脂用途见表 6-6。

表 6-6　车用润滑脂用途

品种代号	用途描述
用于底盘的润滑脂	
LA	适用于在轻负荷以下工作的(乘用车、商用车等)车辆的万向联轴节和底盘零部件等。车辆使用中存在润滑周期短(乘用车的润滑周期小于 3200km)的非关键部件应考虑为轻负荷
LB	适用于中、重负荷条件下乘用车、商用车和其他车辆的底盘和万向联轴节。车辆遇到润滑周期延长(乘用车的润滑周期大于 3200km)，高负荷、严重的振动、暴露于水或其他污染等条件时,应考虑为重负荷
用于轮毂轴承的润滑脂	
GA	适用于工作在轻负荷下的乘用车、商用车和其他车辆的轮毂轴承，车辆使用中润滑周期短的非关键应用场合，可考虑为轻负荷
GB	适用于工作在轻到中等负荷下的乘用车、商用车和其他车辆的轮毂轴承。通常运行在城市、高速公路和非道路的大多数车辆应考虑为中等负荷
GC	适用于中、重负荷条件下乘用车、商用车和其他车辆的轮毂轴承。轴承温度较高应考虑为重负荷。这类车辆使用状况为：频繁启动-停止(如公交车、出租车、城市警车等)，或者强力制动(如拖车、重载车辆、山区行驶等)
底盘、轮毂轴承通用润滑脂	
GC-LB	适用于中到重负荷条件下的公交车、出租车、城市警车、拖车、重载车辆以及山区行驶的乘用车、载货汽车和其他车辆
用于汽车辅件的润滑脂	
PR	适用于旋转的轴承，如交流发电机轴承、离合器分离轴承、冷气装置用电磁离合器轴承、水泵轴承、发动机传送带张紧轮轴承
PO	适用于往复运动或摆动的零部件,如软轴、牵引鞍座、制动装置
PE	适用于电器开关等

3. 润滑脂的选用

选用润滑脂需要考虑以下几个方面：工作温度、润滑部件的运转速度、负荷、环境条件及经济性。汽车中要用到润滑脂的零部件主要有以下几大部分。

1）车身部件：包括车门系统、天窗系统、气囊、后视镜、门锁系统、控制缆索、内饰件、座位系统，以及螺栓和紧固件、车架和制动系统。

2）电气部件：包括连接件、继电器开关、附件、点火系统和照明系统。

3）其他。燃料系统、动力系统部件，总成辅助件，冷却和气压控制系统，发动机涂层，离合器，密封装置，传动和变速系统。

通常使用美国润滑脂学会（NLGI）的分类标准将润滑脂分为 $000^\#$、$00^\#$、$0^\#$、$1^\#$、$2^\#$、$3^\#$、$4^\#$、$5^\#$、$6^\#$ 九个级别，以表示润滑脂的稠度。级别越靠后，表示润滑脂越硬。通常，高温、大负荷的条件下选用硬度稍大一些的润滑脂。此外，选用润滑脂时要确定该部件的工作环境及温度。可以根据润滑脂滴点来判断润滑脂所能适应的最高温度。如一些高转速的轴承及一些在高温环境下工作的机械，就要选择高滴点、质量较好的润滑脂。一般锂基润滑脂可耐 120℃ 左右的使用温度，短时间可耐 180℃ 的高温；而合成脂可耐更高温度（滴点在 300℃ 以上）。一般车辆轮毂轴承的润滑选用 $2^\#$、$3^\#$ 锂基脂及复合锂基脂。

选择润滑脂时，还要考虑机械的负载和对极压性能方面的要求。如一些大型载货汽车、严重超载的车辆的轮毂轴承应选用极压性、机械安定性等较好的润滑脂，如选用 3# 极压复合锂基脂或合成润滑脂。

6.4 车用工作液及其选用

车用工作液主要包括液力传动油、汽车制动液、液压系统用油、车用发动机冷却液、车用空调制冷剂、汽车风窗玻璃清洗液等。车用工作液的消耗费用和其他运行材料相比，虽然不是太多，但其对汽车性能，如行驶安全性、行驶舒适性等，有显著的影响，其选用合理与否，对节约车用燃料和车用润滑油料，发挥车辆动力性，延长汽车使用寿命，有直接关系。

6.4.1 液力传动油

液力传动油又称为自动变速器油（ATF）或自动传动油，用在由液力变矩器、液力偶合器和机械变速器构成的车辆自动变速器中作为工作介质，借助液体的动能起传递能量的作用。

液力传动油在自动变速器中应满足的要求：适度的黏度、起泡程度；高抗氧化性能；一定的润滑性能；比重大。

1. 液力传动油的分类

（1）国外液力传动油的分类　按照 ASTM（美国材料试验学会）和 API（美国石油学会）的分类方案，国外液力传动油分为 PTF-1、PTF-2、PTF-3 三类。

PTF-1 类油的特点是低温起动性好，主要用于轿车和轻型载货汽车的自动传动装置；PTF-2 类油的特点是适于在重负荷下工作，主要用于重负荷载货汽车、越野车、履带车的自动变速器、多级变矩器和液力耦合器；PTF-3 类油的特点是极压抗磨性和负荷承载能力都很强，是液压、传动两用油，主要用于传动、差速器和最后驱动齿轮的润滑，以及液压转向、制动、分动器和悬架装置的工作介质。

（2）国内液力传动油的分类　我国液力传动油研制从 20 世纪 80 年代起步，国产液力传动油按照 JB/T 12194—2015 机械行业标准规定，根据使用设备不同，分为液力传动油和液力变矩器用液力传动油两类。国内现行的液力传动油标准为中国石油化工集团公司的企业标准，按 100℃ 的运动黏度分为 6 号和 8 号。

6 号液力传动油的性能接近于国外的 PTF-2 类油，主要用作内燃机车或载重汽车的液力变矩器。8 号液力传动油性能接近于国外的 PTF-1 类油，主要用于各种小轿车、轻型载货汽车的液力自动变速器传动系统。

2. 液力传动油的选用

在选用液力传动油时必须严格按车辆使用说明书的规定，选用适合品种的液力传动油。对于无说明书的车辆，轿车、轻型货车应选用 8 号液力传动油，进口轿车要求用 GM-A 型、A-A 型或 Dcxron 型液力传动油的，也可用 8 号液力传动油代替；重型货车、工程机械的液力传动系统，可选用 6 号液力传动油。

6.4.2 汽车制动液

汽车制动液是用于汽车液压制动系统中传递压力的液体。

1. 汽车制动液种类

按照 GB 12981—2012《机动车辆制动液》规定，机动车辆制动液产品系列名为 HZY（H、Z、Y 分别代表"合成""制动""液体"），根据工况温度和黏度要求的差异，分为 HZY3、HZY4、HZY5、HZY6 四种级别，分别对应国际标准 ISO 4925：2005 中的 Class3、Class4、Class5.1、Class6；HZY3、HZY4、HZY5 分别对应于国外制动液类型的 DOT3、DOT4、DOT5.1。其数字越大，级别越高，汽车制动液性能越好。

汽车制动液一般分为蓖麻油-醇型、矿油型、合成型三类。前两种因性能问题已经被淘汰。合成型制动液通常是用醚、醇、酯等掺入润滑、抗氧化、防锈、抗橡胶溶胀等性能添加剂制成的，其工作温度范围宽，黏温性好，对橡胶和金属的腐蚀作用均很小，适合于高速、大功率、重负荷和制动频繁的汽车使用，是目前使用最多最广的一种制动液。合成型制动液又分为醇醚型、酯型和硅油型三大类型。醇醚型常见于DOT3，酯型常见于DOT4，酯型比醇醚型制动性能更好。硅油型的化学成分为聚二甲基硅氧烷，常见于DOT5，它的沸点在这三类中是最高的。

2. 制动液的选择

1）尽可能购买长期为汽车厂家提供配套制动液的生产厂家的产品，确保质量可靠，性能稳定。

2）不同类型的制动液由于成分不同，混合后可能会发生反应，产生分层或沉淀，堵塞制动系统，以致失去作用，通常不允许混用。

3）制动液都是由有机溶剂制成的，易挥发、易燃，灌装和保存时应远离火源，防止日晒雨淋，用后应把瓶盖拧紧，防止吸水变质。

4）制动液级别越高，性能越好，安全保障性越好。一般情况下，微型、中低档汽车适宜选取HZY3标准的制动液，中高档汽车建议选择HZY4标准的制动液。

6.4.3 液压系统用油

目前汽车上许多机构都采用了液压传动，而液压油是液压系统必需的工作介质。除了自动变速器、液压制动系统需要液力传动油及制动液外，汽车中的液压助力转向器、液压减振器、自动倾卸机构等，都应用了液压传动，也需要液压油来保证汽车液压系统正常工作。这些系统对液压油没有特殊要求，可按国家标准GB 11118.1—2011规定的液压油的分类来选取。

选用液压油首先要参考机器设备的推荐用油。在此基础上对于液压油品种的选择，要考虑液压系统的工作环境和系统的工况条件，必须根据各机构的工作特点选取不同类型的液压油。汽车液压系统常用液压油有L-HL、L-HM、L-HV和L-HS液压油等。L-HL是一种精制矿物油，能改善防锈和抗氧化性，常用于低压系统和传动装置中，在0℃以上的环境中使用；L-HM是耐磨型液压油，适合于低、中、高压系统，适用环境温度为-5~60℃；L-HV是低温耐磨型液压油，适用于环境温度变化大或工作条件恶劣的低、中、高液压系统，如野外作业的工程车辆、军车等；L-HS也是低温耐磨型液压油，性能与L-HV液压油相似，具有更好的黏温特性和低温性能，适用于严寒地区。

在液压油选用中，经济性是非常重要的。不同生产厂生产的同类产品的价格是不同的，价格越贵不一定质量越好、越适用。应当在考虑经济效益的基础上，选用质量较好的产品。若质量达不到使用要求，造成设备损伤等事故，结果会带来更大的经济损失。

汽车中部分机构的运行故障中，选用的油品不当是一个重要的原因。因此，正确合理地选用液压油对提高液压设备运行的可靠性、延长系统和元件的使用寿命，是非常重要的。

6.4.4 燃油汽车发动机冷却液

发动机冷却液全称为防冻冷却液，意为有防冻功能的冷却液。在寒冷季节停车时，防冻液可以防止冷却液结冰而胀裂散热器和冻坏发动机气缸体。防冻液不仅仅是冬天用的，它可以全年使用。

1. 冷却液的作用

（1）**防冻** 用乙二醇配制的冷却液最低可在-70℃环境下使用。市场上销售的冷却液，乙二醇浓度一般为33%~50%，也就是冰点为-45~-20℃，应根据不同地域的实际需要合理选择，以满足使用要求。

（2）**防沸** 加到水中的乙二醇会改变冷却液的沸点。乙二醇浓度越高，冷却液的沸点也越高。-20℃的环境下，冷却液的沸点为104.5℃；50℃的环境下，其沸点可达到108.5℃。如果冷却系统采用压力盖，冷却液的实际沸点会更高，即使在炎热的夏天，也能有效地防止散热器"开锅"。

(3) 防腐 冷却液最主要的功能是防腐蚀。腐蚀是一种化学、电化学侵蚀作用，逐步破坏冷却系统内的金属表面，严重时可使冷却系统的壁穿孔，引起冷却液漏失，导致发动机损坏。使用去离子水及适当的添加剂能防止各种腐蚀的出现。

(4) 防锈 锈蚀是冷却系统内的氧化作用造成的。热量和湿气使锈蚀的过程加速。锈蚀留下的残余物会阻塞冷却系统，加速磨损，降低热传导的效率。冷却液中的添加剂有助于防止冷却系统通道内锈蚀的出现。

(5) 防结垢 水源中所含的各种杂质，包括金属离子、无机盐等，会导致结垢和沉淀的形成，从而降低冷却系统的传热效率，对发动机造成严重损害。冷却液所使用的去离子水可以避免结垢和沉淀的形成，从而保护发动机。

2. 冷却液的类型

冷却液主要由水、防冻剂、添加剂三部分组成。根据 GB 29743.1—2022《机动车冷却液 第1部分：燃油汽车发动机冷却液》规定，燃油汽车发动机冷却液按主要原材料可分为四类：

1）乙二醇型冷却液。以乙二醇作为防冻剂，冰点不高于-25℃的冷却液。

2）1,2-丙二醇型冷却液。以1,2-丙二醇作为防冻剂，冰点不高于-25℃的冷却液。

3）1,3-丙二醇型冷却液。以1,3-丙二醇作为防冻剂，冰点不高于-25℃的冷却液。

4）其他类型冷却液。采用乙二醇或1,2-丙二醇、1,3-丙二醇作为防冻剂，冰点在0~25℃（不包含-25℃）的冷却液；以其他原料作为防冻剂，具有特定冰点数值的冷却液。

每种类型又分为浓缩液和稀释液两种。乙二醇型冷却液是用乙二醇作为防冻剂，并添加少量抗泡沫、防腐蚀等综合添加剂配制而成。由于乙二醇易溶于水，可以任意配成各种冰点的冷却液，其最低冰点可达-68℃，这种冷却液具有沸点高、泡沫倾向低、黏温性能好、防腐和防结垢等特点，是一种较为理想的冷却液。目前国内外发动机所使用的和市场上所出售的冷却液几乎都是乙二醇型冷却液。

3. 冷却液的选用

乙二醇型冷却液的冰点比丙二醇型冷却液低，因此，更适合在寒冷的地区使用。乙二醇型冷却液具有比丙二醇型更好的耐腐蚀性能，可以有效地保护发动机和冷却系统不被腐蚀。乙二醇具有毒性和易挥发性，有可能对人体和环境造成一定的危害；丙二醇则更加环保，使用更加安全。

6.4.5 车用空调制冷剂

1. 汽车空调制冷剂的发展及应用

随着全球气候变化问题的日益严峻，环保和可持续发展成为各行业关注的焦点。在汽车行业中，汽车空调制冷剂的选择和使用也开始向着环保和可持续的方向发展。传统的汽车空调制冷剂 R-12（氟利昂）已禁止使用，目前应用最广泛的是 1,1,1,2-四氟乙烷（气雾罐型）。1,1,1,2-四氟乙烷也称 R-134a、HFC-134a，是一种低温环保制冷剂，它不会破坏臭氧层。但是，R-134a 的 GWP（温室效应潜能）值为 1430，在越来越严格的环保要求下，也终将被低 GWP 值的新型节能制冷剂替代。现阶段替代 R-134a 的汽车空调制冷剂主要有 R744（二氧化碳制冷剂）、R1234yf，这些替代产品虽然对环境友好、GWP 值低，但安全性不足，生产成本高。随着技术的不断进步和成本的降低，这些环保制冷剂的性能将不断提升，这不仅有助于减缓全球气候变暖的速度，也能促进汽车行业的可持续发展。

2. 汽车空调制冷剂使用注意事项

1）制冷剂易挥发，在贮存时应避开日光直射、火炉及其他热源，贮存温度不得超过45℃，应在低温环境下添加和保存制冷剂。

2）制冷剂在装卸运输过程中应轻取轻放，严禁撞击、拖拉、摔落、重压和直接暴晒。

3）在添加空调制冷剂的时候，现场要保持通风良好，严格遵守相关安全与操作规定。

4）空调制冷剂在大气压下会急剧蒸发制冷，会冻伤皮肤，在添加时要穿戴好专业的防护用品，如防护眼镜和防护手套。

5) 不同的制冷剂不能混用。

6.4.6 汽车风窗玻璃清洗液

汽车风窗玻璃清洗液,广泛用于汽车玻璃、后视镜及家用玻璃、办公室玻璃、门窗玻璃、装饰玻璃等多种玻璃的快速去污、光亮清洗。

市场上的风窗玻璃清洗液一般可分为三大类:第一类是夏季用的,在原成分基础上增加了除虫胶成分,可以更快速清除撞在风窗玻璃上的飞虫残留物,另外也对飞虫残留痕迹有很好的清除效果;第二类是专为冬季使用的防冻型风窗玻璃清洗液,保证在外界气温低于-20℃时,依旧不会结冰冻坏汽车设施,在冬季天气寒冷而路上又需要清洗风窗玻璃时,风窗玻璃清洗液不仅能够有效清洁玻璃,还能够起到吸收静电的作用,一举多得,十分方便;第三类是特效防冻型风窗玻璃清洗液,能保证在-40℃时不结冰,适合我国最北部的严寒地区使用。

一般来说,优质的风窗玻璃清洗液是由去离子水加各类环保添加剂制成的,具有去污、防冻、抗静电、防腐蚀等功能。有些更好的优质风窗玻璃清洗液,还带有快速融雪融冰、防眩光、防雾气等性能,对提高驾车安全有着重要的作用。而劣质的风窗玻璃清洗液多数是用水和酒精等勾兑而成的,不仅损害汽车漆面光泽度和橡胶条的硬度,严重的还会引起橡胶件或其他塑料件产生色差、胀溶等。风窗玻璃清洗液在清洗完玻璃后,会流到空调进风口附近,风窗玻璃清洗液挥发的气味也会沿着汽车空调的通风管道进入到驾驶室内,而劣质的风窗玻璃清洗液挥发的气体是有害的。

6.5 汽车轮胎及其选用

轮胎是汽车行驶系统的主要组成部分之一,在汽车行驶过程中主要起到以下四种作用:承受载荷、产生驱动力与制动力、缓冲和吸振、改变汽车的行驶方向。

6.5.1 轮胎的分类

轮胎按用途可分为以下9类。

1) 普通轮胎,即普通用途的轮胎。

2) 特殊轮胎,即特殊用途的轮胎。例如,混合用途(既可用于公路,也可用于越野)或有严格速度限制的轮胎。

3) 雪泥轮胎。轮胎胎面花纹和设计与普通轮胎不同,在雪地或泥泞区域行驶时,比普通轮胎具有更好的行驶性能。

4) 临时使用的备用轮胎。不同于装置在车辆上按规定行驶条件使用的轮胎,仅供限定行驶条件下临时使用的备用轮胎。

5) T型临时使用的备用轮胎。充气压力高于标准型、增强型轮胎,仅供临时使用的备用轮胎。

6) 雪地轮胎。轮胎花纹、胎面胶料或轮胎结构特别设计,在冰雪条件下,车辆的启动、操控及制动性能方面比普通轮胎有更好的性能表现的轮胎。

7) 缺气保用轮胎。用于正常充气状态下行驶,且在缺气状态下仍能以一定速度行驶一定距离的充气轮胎。

8) 自体支撑型缺气保用轮胎。用于正常充气状态下行驶,且在缺气状态下不需其他任何附属配件,仍能以一定速度行驶一定距离的充气轮胎。

9) 内支撑轮胎。在外胎内腔中有支撑物的轮胎。

2. 按轮胎的结构类型分类

轮胎按结构类型可分为斜交轮胎、子午线轮胎、带束斜交轮胎。

（1）斜交轮胎（Bias） 斜交轮胎又称普通轮胎，指胎体、帘布层和缓冲层相邻层帘线交叉，且与胎面中心线呈小于90°角排列的充气轮胎，其结构如图6-6a所示。这种轮胎纵向刚性好，适于在普通路面中速行驶。

（2）子午线轮胎（Radial） 子午线轮胎俗称钢丝轮胎，其胎体帘线与钢丝带束层帘线之间所形成的角度，就像地球的子午线一样，因此称为子午线轮胎。其结构如图6-6b所示。子午线轮胎接地面积大，附着性能好，胎面滑

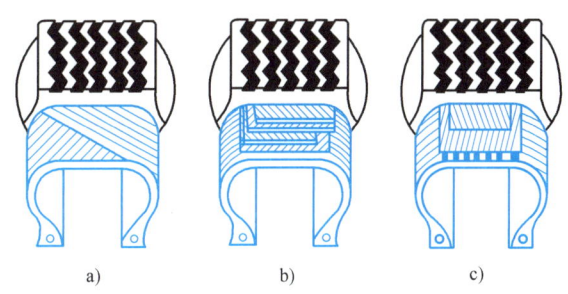

图 6-6 轮胎的结构
a）斜交轮胎 b）子午线轮胎 c）带束斜交轮胎

移小，因此滚动阻力小，使用寿命长；胎冠较厚且具有坚硬的带束层，不易刺穿，行驶时变形小，能降低油耗；缓冲性能好，负荷能力较大；散热性能好，能适应高温、高速条件下行驶。子午线轮胎的缺点是胎侧较薄，胎冠较厚，在胎冠与胎侧的过渡区易产生裂口，侧面变形大，导致汽车的侧向稳定性差。

（3）带束斜交轮胎（Bias-Belted） 由两层或多层基本不能伸张的帘线材料构成的带束层，箍紧斜交结构胎体帘布层的充气轮胎，其结构如图6-6c所示。带束斜交轮胎的带束层帘线排列与子午线轮胎接近，其帘布层的帘线与子午断面的交角比普通斜交轮胎小，比子午线轮胎的大，轮胎使用性能介于斜交轮胎和子午线轮胎之间。

6.5.2 轮胎胎面花纹

胎面花纹是由凸起部分和沟槽部分组成的，并与地面有良好抓着性能的胎面式样。图6-7为轮胎胎面花纹示意图。

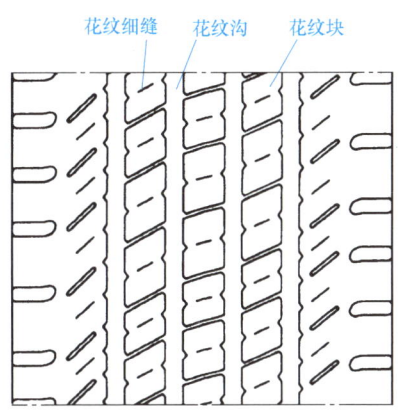

图 6-7 轮胎胎面花纹示意图

常见轮胎胎面花纹特征、特性及适用条件见表6-7。

表 6-7 不同类型花纹轮胎的花纹特征、特性及适用条件

类型	花纹特征	花纹特性	适用条件	典型实例
纵向花纹	花纹沟基本呈轮胎周向分布	优点：具有较好的横向抓着性能，静音效果好，排水性好，舒适性强 缺点：不耐磨	铺装路面	
横向花纹	花纹沟基本呈轮胎轴向分布，一般胎纹较深	优点：具有较好的纵向抓着性能，驱动力强，制动性能好，适合雨雪天气 缺点：噪声大	非铺装路面	

(续)

类型	花纹特征	花纹特性	适用条件	典型实例
混合花纹	综合了纵向花纹与横向花纹的特点	优点:兼具横纵花纹,具有综合性能,排水性能较好 缺点:设计难度大	铺装路面 非铺装路面	
公路花纹	胎面花纹细密,与混合花纹相像,区别在于其块状花纹相对大一些,凹槽宽一些	优点:静音、舒适、排水性较好,各方面性能优良	铺装路面	
越野花纹	花纹沟槽宽而深,花纹块大,花纹接地面积较小	优点:花纹深,越野性能强 缺点:噪声大,油耗高	非铺装路面	
光胎面	没有胎面花纹,仅有胎面磨耗深度测量用窄沟	优点:接地面积大,抓着性能强 缺点:易打滑,使用寿命低	应用于公路路面施工中及专业赛车比赛	

6.5.3 轮胎的组成、规格、材料及选用

1. 轮胎的组成

图 6-8 所示为轮胎的部位部件示意图。从图中可以看出,轮胎的主要部件有胎冠、胎肩、胎侧、胎踵、胎趾、胎面、胎体、胎里、缓冲层、冠带层、带束层、帘布层、帘线、内衬层、胎圈、三角胶、钢丝圈、胎圈包布、装配线、防擦线等。

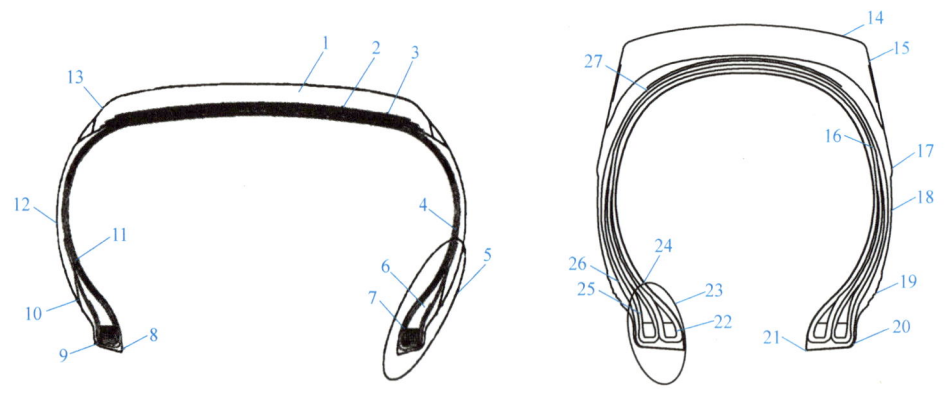

图 6-8 轮胎的部位部件示意图
a) 子午线轮胎 b) 斜交轮胎

1、14—胎面 2—冠带层 3—带束层 4、24—内衬层 5、23—胎圈 6、25—三角胶 7、22—钢丝圈 8、21—胎趾 9、20—胎踵 10、19—装配线 11、16—胎体 12、18—胎侧 13、15—胎肩 17—防擦线 26—胎圈包布 27—缓冲层

1)胎冠:外胎两胎肩之间的整个部位,包括胎面、缓冲层(或带束层)和帘布层等。
2)胎肩:胎冠两侧的边缘部分。
3)胎侧:轮胎安装在轮辋上,从侧面看不包括胎冠的部分。
4)胎踵:胎圈外侧与轮辋胎圈座圆角接合的部位。

5）胎趾：胎圈内侧的尖端部分。

6）胎面：轮胎与地面接触的部分。

7）胎体：通常由一层或数层帘布与钢丝圈组成整体的充气轮胎结构（除胎侧胶、胎面胶和带束层或缓冲层）。

8）胎圈：轮胎与轮辋的配合部分。

9）缓冲层：斜交轮胎胎面与胎体之间的胶帘布层或胶层，不延伸到胎圈的中间材料层。

10）冠带层：位于带束层与胎面之间的胶帘布层。

11）带束层：轮胎胎面或冠带层下，沿胎冠中心线方向箍紧胎体的材料层。

12）帘布层：覆胶的平行帘线层。

13）帘线：组成轮胎胎体的帘布层、带束层、缓冲层等各种部件用的线绳。

14）钢丝圈：油带涂层钢丝烧成的刚性环，是将轮胎固定到轮辋上的主要部件。

15）三角胶：从钢丝圈上部向胎侧部位过渡的断面为三角形的胶条。

16）防擦线：模压在胎侧上用来保护胎侧、防止擦伤的环形凸起胶棱。

2. 轮胎的规格

规格是轮胎几何参数与物理性能的标志数据。轮胎的规格以外胎外径 D、胎圈内径或轮辋直径 d、断面宽度 W 及高宽比等尺寸来表示。中间的字母或符号为结构类型代号："R"为子午线结构代号；"—"或"D"为斜交结构代号。图6-9所示为轮胎规格示例。

轮胎除了规格之外，还有其他一些标示。

（1）层级　层级是指轮胎橡胶层内帘布的公称层数，与实际帘布层数不完全一致，是轮胎强度的重要指标。层级用中文标志，如12层级；用英文标志，如"14P.R"即14层级。

（2）帘线材料　有的轮胎单独标示帘线材料，如"尼龙"（NYLON），一般标在层级之后；有的轮胎厂家将其标注在规格之后，用汉语拼音的第一个字母表示，如9.00-20N、7.50-20G等。N表示尼龙、G表示钢丝、M表示棉线、R表示人造丝。

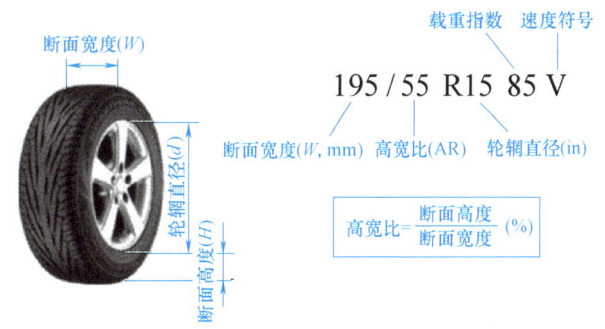

图6-9　轮胎的规格示例

（3）负荷及气压　一般标示最大负荷及相应气压，负荷以千克为单位，气压即轮胎胎压，单位为千帕。

（4）轮辋规格　轮辋规格表示与轮胎相配用的轮辋规格，便于实际使用，如"标准轮辋5.00F"。

（5）平衡标志　用彩色橡胶制成标记形状，印在胎侧，表示轮胎此处最轻，组装时应正对气门嘴，以保证整个轮胎的平衡性。

（6）滚动方向　轮胎上的花纹对行驶中的排水防滑特别关键，所以花纹不对称的越野车轮胎常用箭头标示装配滚动方向，以保证设计的附着力、防滑等性能。如果装错，则适得其反。

（7）磨损极限标志　轮胎一侧用橡胶条、块标示轮胎的磨损极限，一旦轮胎磨损达到这一标志位置，应及时更换，否则会因强度不够中途爆胎。

（8）生产批号　生产批号用一组数字及字母标示，表示轮胎的制造时间，如图6-10所示。生产批号用于识别轮胎的新旧程度及存放时间。

（9）商标　商标是轮胎生产厂家的标志，包括商标文字及图案，一般比较突出和醒目，易于识别，大多与生产企业厂名相连标示。

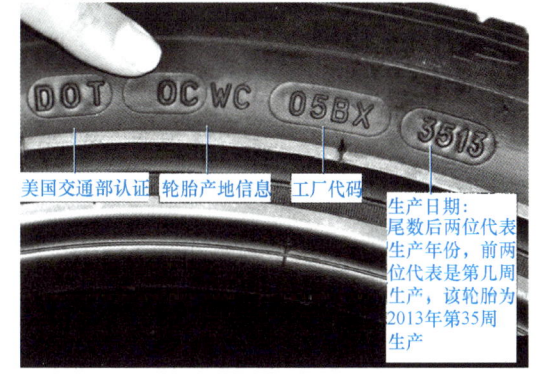

图6-10　轮胎的生产批号

3. 轮胎的材料

汽车轮胎的主要材料包括橡胶、钢丝、尼龙和化学添加剂等。其中，橡胶是轮胎的主要材料，一般使用天然橡胶或合成橡胶制成。天然橡胶的综合性能优于合成橡胶，所以高级轮胎多用天然橡胶。钢丝主要用于轮胎的内层，以增加其强度和稳定性。尼龙则主要用于轮胎的帘线，提高轮胎的耐磨性和强度。橡胶中加入的比较重要的化学添加剂是炭黑，炭黑具有较强的吸附性，可与橡胶分子发生粘结反应，从而提高橡胶的硬度、强度和耐磨性。

轮胎的制造要经过十几道工序。首先，橡胶与化学添加剂混炼，生产出胶料；经压出、压延工艺制成胎面；帘布经压延、裁断、贴合制成帘布筒或帘布卷；钢丝经合股、包胶后成型为胎圈；然后将所有半成品在成型机上组合成胎胚，在硫化机的金属模型中，经硫化而制成轮胎成品。

随着人们环保意识的不断提高，在绿色低碳发展背景下，绿色轮胎的研制成为世界各大轮胎企业竞相投入的重点。绿色轮胎是指由于应用新材质和设计，而使滚动阻力小，因而油耗低、废气排放少的子午线轮胎。绿色轮胎运用特殊的硅土混合技术、结构设计技术和生产技术，在不损失轮胎基本安全性能的情况下，使滚动阻力比普通轮胎下降20%，减少油耗5%以上，有效降低汽车燃油消耗，同时也减少二氧化碳的排放。

> **环保贴士：轮胎的回收利用**
>
> 废旧轮胎含有多种有害物质，处理不当会形成"黑色污染"。我国是汽车大国，废旧轮胎数量庞大，近年来，国家推动正规化、生态化回收利用，提高回收利用率，减少污染。党的二十大报告指出，必须牢固树立和践行绿水青山就是金山银山的理念，站在人与自然和谐共生的高度谋划发展，为继续推动绿色发展指明了方向。近年来，我国开发出填补全球空白的废旧轮胎热裂解和炭黑再生技术及智能化装备，并在河南汝南县、湖北省十堰市成功建成了废旧轮胎循环利用"工业4.0"智能化工厂，实现了废旧轮胎处理的"零污染、零残留、零排放、全利用"。

4. 轮胎的选用

正确选用轮胎是保证轮胎及整车性能的重要前提。一般来说，选择轮胎应遵循以下几个原则。

1）原车配套的规格为首选，以及相应的层级或负荷指数、速度级别、同类型的花纹等。

2）根据使用条件如道路状况、气候条件等进行选择。

3）切记同一轴上不得混装不同类型的轮胎、不同规格或同规格不同轮辋的轮胎、不同胎体结构的轮胎（临时备胎除外）。

6.6 新能源汽车运行材料

6.6.1 新能源汽车用工作液

新能源汽车的结构和工作过程与传统燃油车不同，这使其所需要的油液也发生了改变，尤其是润滑油、制动液、冷却液等。

1. 润滑油

新能源汽车是一体化的电动机结构，增加了电池、电机、电控三电系统，其润滑和养护所需要的油液也因此发生了改变。通常新能源汽车需要用润滑油的部位包括变速器、连接件、减振器、冷却系统和制动系统，要求润滑油产品能采用电气化专用配方，具有低用量、高效能、绿色环保的性能。针对纯电动汽车油冷系统、水冷系统开发不同的变速器专用油；针对混合动力汽车的发动机开发满足新型启停技术、抑制低温油泥的机油；混合动力汽车变速器专用油则需要具备电气性能、抗氧化性、防腐性能以及机械保护性能。

2. 制动液

随着新能源汽车产业的快速发展，与传统燃油车的制动系统不同，新能源汽车的制动系统除了液压制动器外，还包含了电机回馈制动器和电子控制单元（ECU）。由于新能源汽车的机械制动系统使用的频率比较少，很容易出现氧化、锈蚀等问题，影响制动的安全性。此外，由于新能源汽车中电池组的存在，整车的重量要比传统燃油车更重，车辆的加速性能更好，因此在需要紧急制动的时候对制动液的黏度、沸点、耐蚀性等性能指标的要求更高，这就要求润滑油生产厂家需要针对新能源汽车的特点，对制动液进行专门的设计和优化。

3. 冷却液

为了适应新能源汽车的特殊需求和工作环境，确保车辆的稳定运行和延长部件的使用寿命，新能源汽车使用的冷却液与普通燃油车有所区别。

1）新能源汽车的冷却液通常采用纯水基的配方，不含传统冷却液中的防冻剂和防腐剂等物质。这种纯水基冷却液可以更好地适应电动发动机的高温运行，同时避免对敏感的电动部件造成腐蚀或损伤。

2）新能源汽车使用的冷却液应具备一定的导电性。由于新能源汽车采用电池组来储存电能并供给电动机，因此冷却液需要具备一定程度的导电性，以帮助传输和调节电流。这样，冷却液可以在流动过程中提供一定的电流传导能力，帮助维持电池组的工作效率和稳定性。

3）新能源汽车使用的冷却液应具备较高的热传导效率。由于新能源汽车采用高效的电力驱动系统，发动机和电池组产生的热量较高，因此需要冷却液具有较好的热传导性能，能够快速地将热量从关键部件传递到散热器并进行有效的散热。

4. 轮胎

新能源汽车自重比燃油车大，瞬间起步传递的转矩也更大，因此，新能源汽车对轮胎也提出了更高的要求。

1）轮胎材料应该具备环保、低滚动阻力和高能效的特点。新能源汽车无发动机的噪声，胎噪更明显，所以对静音性要求高。为达到省电续航的目的，新能源汽车轮胎多采用低滚阻配方。

2）轮胎的抓着性能要好。因为新能源汽车转矩大、提速快，要求轮胎抓着性能要好，否则容易打滑。

3）轮胎的规格应该与车辆的其他部分相匹配，以确保车辆的整体性能和安全性。

4）轮胎的花纹设计也需要考虑到车辆的行驶需求和舒适性。

6.6.2 新能源汽车用电池材料

在环保与科技的驱动下，新能源汽车发展迅速，目前，我国新能源汽车产业在技术和市场上都处于领先地位。电池作为新能源汽车的"心脏"，其电极材料选择至关重要。目前，主流的新能源纯电动汽车主要采用锂电池，其核心成分主要为锂及其化合物。

1. 锂及其化合物

锂是一种金属元素，原子序数为3，在所有已知的金属中比重最轻，单质锂为银白色质软金属。锂在电子、能源和医疗行业应用广泛，被称为"白色石油"，是新能源时代的核心材料。常见锂的无机化合物主要有氧化锂、碳酸锂、氢氧化锂、氢化锂等；锂的有机化合物主要有烷基锂、芳基锂、氨基锂等。

1）金属锂原子量很小，只有6.941，其电极电势低，因此用锂作负极的电池具有很高的能量密度。锂电池还具有质量轻、体积小、使用寿命长、性能好、低污染等优点。如今锂电池已经被广泛应用到电动汽车、储能电池、笔记本计算机、小型电子器材、机电以及航天领域等。

2）金属锂具有热容大、液相温度范围宽、热导率高、黏度低和密度小等性质，可在核聚变或核裂变反应堆中用作冷却剂。

3）锂及其化合物具有燃烧度高、速度快、火焰宽、发热量大等特点。1kg锂通过热核反应放出的能量相当于两万多吨优质煤的燃烧，因此锂也是火箭燃料的最佳金属之一。

4）锂作为轻合金、超轻合金、耐磨合金以及其他有色合金的组成部分，能大大改善合金性能。

5）在医疗领域，锂可用于治疗躁郁症、抗炎、预防认知退化及心血管疾病等。

此外，金属锂有强烈的腐蚀性，接触眼睛和皮肤会引起刺激或灼伤；加热至熔融状态时能在空气中自燃，在一定条件下加热可能会发生爆炸；锂离子也用来呈现烟花中的紫红色。

2. 电池材料

电池材料主要包括正极材料、负极材料、电解质材料以及辅助材料。图 6-11 所示为正极材料为钴酸锂的锂电池组成及工作原理示意图。

（1）正极材料　锂电池的正极材料是锂离子电池的核心成分，其性能对电池的能量密度、充放电效率以及循环寿命等关键指标有直接影响。常见的正极材料包括三元材料、磷酸铁锂、钴酸锂等。

1）三元锂电池正极材料。三元锂电池以镍钴锰酸锂或镍钴铝酸锂为正极，能量密度高（200~300Wh/kg），广泛应用于乘用车，但成本较高。

2）钴酸锂（$LiCoO_2$）。作为第一代商用锂离子电池的正极材料，钴酸锂的工作电压高且循环稳定性好。但生产所需的钴资源有限，价格相对较高，其热稳定性也有待提高。

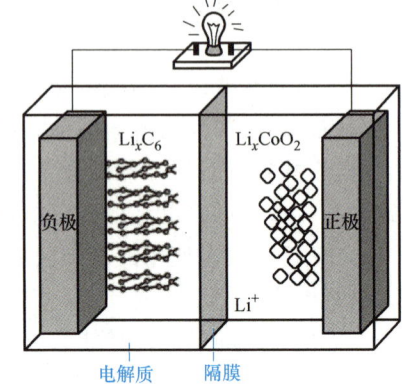

图 6-11　钴酸锂电池组成及工作原理示意图

3）锰酸锂（$LiMn_2O_4$）。这种正极材料成本低、安全性高，特别适合大容量锂离子电池。但其循环和高温性能相对较弱。

4）磷酸铁锂（$LiFePO_4$）。作为一种新型正极材料，磷酸铁锂具有高安全性、长使用寿命和优异的热稳定性。但其能量密度相对较低，在高功率应用方面受到一定制约。

（2）负极材料　负极的作用主要是作为电子传输通道并提供电池的电子，同时承担锂离子的存储和释放。负极材料分为碳系和非碳系两大类，碳系负极因其优异的物理和化学性质占主导地位。常见的负极材料包括石墨、硅基材料、锡基材料等。

1）石墨。石墨具有出色的导电性、稳定的化学特性以及较高的锂离子嵌入容量，因此，在商用锂离子电池中占据着主导地位。但是锂离子嵌入容量相比其他材料低，限制了锂离子电池的能量密度。

2）硅基材料。硅基材料在理论上能够大幅提升锂离子电池的能量密度，因此其锂离子嵌入容量高。但实际使用中，硅在充放电过程中的体积膨胀收缩问题会导致电极结构受损，进而影响循环性能。

3）锡基材料。锡基材料以其高锂离子嵌入容量和出色的循环性能脱颖而出，成为一种潜力非凡的新型负极材料。但需要注意的是，锡的化学性质较为活泼，容易与电解液发生反应，从而影响电池性能。

目前，负极材料主流为石墨，未来可能向硅基或锂金属负极材料发展。

（3）电解质及隔膜材料

1）隔膜材料。如图 6-11 所示，隔膜材料是锂离子电池中的关键组件，置于锂电池正极与负极之间，是一层微孔均匀分布的多孔薄膜。首先，它有效地阻止了正、负电极的直接接触，能防止电池短路；其次，隔膜还承担着传输离子的重任，确保电池的高效工作。隔膜的性能对电池的界面结构、内阻等核心性质有着深远的影响，进而影响着电池的能量密度、循环寿命以及倍率等综合性能。此外，隔膜的热稳定性决定了电池在高温环境下的工作能力及整体安全性。理想的电池隔膜应具备优异的绝缘性、力学强度和电化学稳定性，同时还应拥有出色的热稳定性、高孔隙率以及适宜的孔径，对电解液有良好的湿润性和吸附能力，从而确保电池的稳定与高效运行。

目前市场上主流的锂离子电池隔膜材料是以聚乙烯（PE）和聚丙烯（PP）为主的聚烯烃类材料。锂离子电池隔膜的形态各异，包括单层 PP、单层 PE、PP+陶瓷涂覆、PE+陶瓷涂覆、双层 PP/PE、双层 PP/PP 以及三层 PP/PE/PP 等。其中单层 PP 和单层 PE 主要适用于计算机类、通信类和消费类电子产品的小电池领域，后几类产品多应用于动力锂离子电池领域。

2)电解质材料。电解质是锂离子电池的重要组成部分,不仅用于正、负极间输送和传导电流,而且在很大程度上决定着电池的工作机制,影响电池的比能量、安全性能、大倍率充放电性能、循环寿命和生产成本等。电解液一般由高纯度的有机溶剂、电解质锂盐及必要的添加剂等原料,在一定条件下按一定比例配制而成。

根据电解质的存在状态可将锂电池电解质分为液体电解质、固体电解质和固液复合电解质。液体电解质包括有机液体电解质和室温离子液体电解质,固体电解质包括固体聚合物电解质和无机固体电解质,而固液复合电解质则是固体聚合物和液体电解质复合而成的凝胶电解质。

有机液体电解质是把锂盐电解质溶解于极性非质子有机溶剂得到的电解质,这类电解质的电化学稳定性好、凝固点低、沸点高,可以在较宽的温度范围内使用,是目前最常用的电解质类型。但有机液体电解质中的有机溶剂介电常数小、黏度大,溶解无机盐电解质的能力差,电导率不高,对微量水(在电解过程中溶解在电解液中的微量水分)特别敏感;易渗漏,产品必须使用坚固的金属外壳,型号尺寸固定,缺乏灵活性;有机溶剂的易燃性导致其安全性差,对电池的保护措施要求高。

室温离子液体电解质是由特定阳离子和阴离子构成的,在室温或近室温条件下呈液态的功能材料或介质,具有导电率高、蒸汽压力低、液程宽、化学与电化学稳定性好、无污染、易回收等突出的优点。

固体聚合物电解质具有不可燃、与电极材料间的反应活性低、柔韧性好等优点,可以克服液态锂离子电池的上述缺点,允许电极材料放电过程中的体积变化,比液体电解质更耐冲击、振动和变形,易于加工成型,可以根据不同的需要把电池做成不同形状。

凝胶电解质是在聚合物基体中引入液体增塑剂如 PC、EC 等,得到固液复合的凝胶电解质,这种由高分子化合物、锂盐和极性有机溶剂组成的三元电解质兼有固体电解质和液体电解质的性质。

无机固体电解质是具有高离子传导性的固体材料,包括氧化物、硫化物等。用于全固态锂离子电池的无机固体电解质分为玻璃电解质和陶瓷电解质。固体电解质既有电解质的作用,又可以取代电池中的隔膜,因此,使用无机固体电解质制备的全固态锂电池不必担心漏液问题,电池可以向小型化和微型化发展。虽然在这类材料中锂离子迁移数大,但电解质本身的导电性比液体电解质小得多,这类材料用于锂离子电池时与电极材料间的界面阻抗高。此外,无机固体电解质的脆性大,以此作为电解质的锂离子电池的抗振性能差。

6.6.3 新能源汽车电机及控制器材料

汽车电机及控制器技术属于新能源汽车的核心技术,影响着车辆的动力性、经济性、安全性和操控稳定性。汽车电机及控制器材料也是新能源汽车材料的核心组成部分。

1. 汽车控制器材料

常见的汽车控制器材料主要有硅、碳化硅和氮化硅。

1)硅。硅(Si)是一种非金属元素,在地壳中的含量仅次于氧,位居第二位。在自然界中,硅通常以复杂的硅酸盐或二氧化硅的形式,广泛存在于岩石、砂砾、尘土之中。硅单质有晶态和无定形两种同素异形体。单晶硅具有准金属的物理性质,有明显导电性,电导率小于金属,且随温度升高而增加,是一种典型的半导体材料。高纯度的单晶硅是制造半导体器件和集成电路的基础材料。图 6-12 所示为单晶硅棒。

硅是车用控制芯片的主要材料,主要因为其电子元器件所需晶片制造比较成熟,制造成本较低。硅材料还具有较好的电学性能、抗热性能和耐蚀性能,能够在不同的工作环境下发挥稳定的性能。

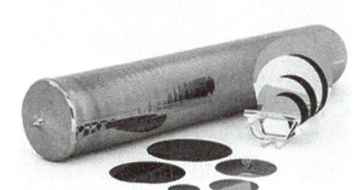

图 6-12 单晶硅棒

2)碳化硅。碳化硅(SiC)是一种无机物,是由硅(Si)和碳(C)紧密结合而成的化合物材料,是用石英砂、石油焦(或煤焦)、木屑(生产绿色碳化硅时需要加食盐)等原料通过电阻炉高温冶炼而成的,如图 6-13 所示。碳化硅是一种半导体,具有高导热性、高强度和耐蚀性。同时,碳化硅在高温环境下表现出色,能耐受高达 2700℃ 的温度,也称金钢砂或耐火砂。我国工业生产的碳化硅分为黑色碳化硅和绿色碳化硅两种，均为六方晶体。

在新能源汽车的电机控制器中，碳化硅器件被广泛应用于直流转换器、逆变器以及交流驱动单元等核心部件。一方面，碳化硅器件具有更高的开关频率和更低的导通电阻，从而减少了能量损耗，提高了整体系统效率；其次，通过减少能量损耗，碳化硅器件有助于延长电动汽车的续航里程；使用碳化硅器件还可以简化电动汽车的高压系统设计，减少外部组件的数量和复杂性。此外，碳化硅器件的初始成本较高，但其长期运行效率和可靠性优势使其总体成本降低。

图 6-13 碳化硅

在电池管理系统中，碳化硅功率器件通过优化电池的充电和放电过程，显著延长了电池使用寿命。其精确控制能力使得电池的能量转换和储存更高效，进而提升了新能源汽车的续航里程和整体能效。碳化硅器件在新能源汽车充电桩中的应用，不仅减小了充电桩的体积，还大幅提高了充电速度。

3）氮化硅。氮化硅（Si_3N_4）是一种新兴的半导体材料，具有很高的绝缘强度、热稳定性和化学稳定性，在高温和高频环境下均具有优异的性能。因此，氮化硅在控制器的制造中得到了广泛的应用，特别应用于高速、高功率、高温等苛刻工作条件。

2. 车用电机材料

车用电机的主要材料包括铁磁材料、导电材料、绝缘材料和轴承材料等。导电材料主要使用铜和铝，用于电机导线、接线柱、轴承等部件。绝缘材料采用纸、棉纱、塑料、陶瓷等材料，用于导线绝缘和部件隔离，确保电机运行安全。轴承材料通常采用钢或合金钢制造滚动轴承或滑动轴承，保证其高速运转的精度和使用寿命。导电材料、绝缘材料及轴承材料在前面章节已经介绍过，本节主要介绍车用电机的铁磁材料。

车用电机的铁磁材料主要包括永磁材料和软磁材料。

1）永磁材料。在新能源汽车电机中，永磁材料常用作定子或转子部件，能够产生稳定的磁场，从而提高电机的效率和性能。车用电机的永磁材料主要为钕铁硼（NdFeB）永磁材料，它具有高磁能积（是铁氧体的5~12倍）、高矫顽力（859kA/m以上）和良好的温度稳定性，工作温度范围为-20~220℃，但存在高温退磁和脆性等问题。通过添加钽、铽等重稀土元素可提升耐温性至近400℃。

铁氧体磁铁属于烧结永磁材料，由钡和锶的氧化物及三氧化二铁（Fe_2O_3）组成，具有较强的抗退磁性能，在高频时具有较高的磁导率，成本低，耐蚀性能强，多用于要求不高的场合。

2）软磁材料。软磁材料是具有低矫顽力和高磁导率的磁性材料，软磁材料易于磁化，也易于退磁。软磁材料能显著降低磁阻，使定子产生的磁场高效传递至转子。这种特性可提升电机转矩输出15%~20%，同时减少涡流损耗导致的温升问题。软磁材料主要用于电机铁芯、定子线圈骨架等部件，配合永磁材料使用以提升整体效率。

电工钢（无取向硅钢）是新能源汽车电机最常用的软磁材料，也是产量最大的金属功能材料。电工钢也称硅钢片，是一种含碳量极低的硅铁软磁合金。这种材料含有质量分数0.8%~4.8%的硅，经过热轧和冷轧工艺，可以制成厚度不到1mm的硅钢薄板。硅元素的加入提升了铁的电阻率和最大磁导率，同时降低了矫顽力、铁芯损耗以及磁时效，有利于提升电机的可靠性、耐久性并降低电机振动噪声。

面对车用电机高速、高效、高功率密度的发展趋势，电机的软磁材料也要求向高强度、低铁心损耗及高饱和磁通密度等更高磁性能发展。目前，车用电机用新软磁材料主要有极薄硅钢、高强硅钢、取向硅钢和非晶合金等。将传统硅钢加工得更薄可以减少电机的铁心损耗，提高效率，因此极薄硅钢满足了电机高效率转速的需求。电机高速化可以提高转矩密度，但是转子铁心会承受离心力，因此高强度硅钢也在持续研发中。晶粒取向硅钢已经成熟应用于变压器、互感器等磁路单一的电气装备中，与无取向硅钢相比，其轧制方向具有高饱和磁通密度、低铁心损耗及高磁导率的特点，因此将其应用到电机中无疑会使电机性能大幅提高。近些年来，非晶合金作为非硅钢类的新软磁材料也一直是高性能电机产业化的关注重点。非晶合金的厚度只有0.02mm，可以有效抑制铁心中的涡流损耗，并且其内部长程无序、短程有序的非晶态结构使其磁滞损耗也较小。

模块4

汽车常用机构及机械传动

第7章 汽车常用机构

> **学习任务：**
> 在汽车构造实训台上找出汽车中应用的平面连杆机构、曲柄滑块机构、凸轮机构的实例，说明其作用。

> **知识目标：**
> 1. 理解机器、机构、构件、零件的区别及联系。
> 2. 掌握平面连杆机构的概念、特点及类型。
> 3. 掌握铰链四杆机构和曲柄滑块机构的特点及其在汽车中的应用。
> 4. 掌握凸轮机构的组成、类型及其在汽车中的应用。
> 5. 理解凸轮从动件运动常见规律。

> **能力目标：**
> 1. 能识读机构运动简图。
> 2. 能正确分析汽车中应用的平面连杆机构的工作原理。
> 3. 能正确分析汽车中应用的凸轮机构的工作原理。
> 4. 培养学生分析问题、解决问题的能力。

> **素养目标：**
> 培养学生树立正确的世界观。

7.1 机构的组成及其运动简图

7.1.1 机器和机构

1. 机器和机构的概念

在日常生活和生产实践中，我们见过或用过很多机器，如电动机、汽车发动机、洗衣机等。它们的作用是实现能量转换或完成有用的机械功，代替人的劳动。图7-1所示的单缸发动机，是由齿轮1和2、凸轮3、凸轮轴4、进气门5、排气门6、气缸体7、活塞8、连杆9及曲轴10组成的。

发动机在工作时，由燃气混合气燃烧推动活塞在气缸中做往复移动，通过连杆带动曲轴转动，从而将燃料燃烧的热能转换为机械能。其中，活塞、连杆、曲轴和气缸体构成了曲柄滑块机构，可将活塞的往复移动转变为曲轴的连续转动；两个齿轮组成的齿轮机构可以改变转速的大小和转动方向；由凸轮、推杆、气门等构成了配气机构，将凸轮的转动转变为推杆的往复移动，定时打开和关闭气门。

由此可见，机器是能够转换和传递能量，以代替人的体力劳动的一种机械运动装置。机构是具有确定相对运动的实物的组合，它的功用主要是转换或传递运动形式。机械是机器和机构的总称。

机器和机构具有以下共同特征。

1）都是若干实物的组合。

2）各实物之间具有确定的相对运动。

2. 机器和机构的区别

由以上分析可知，机器和机构是不一样的，机构不能实现能量的转换和传递，只能够传递和转换运动形式，而机器却能传递、转换能量或做功。例如，图7-1所示发动机中的曲柄连杆机构，实现的就是运动形式的转换；而整个发动机则是机器，它可以将燃料燃烧的热能转变为机械能。

7.1.2 构件和零件

1. 零件

零件是指机械中每一个单独加工的单元体，是一个制造单元。

2. 构件

构件是指机构中能够做相对运动的实物即机件。通常构件由一个或几个零件刚性地连接在一起，作为一个整体而运动，是运动的单元。例如，图7-1中的连杆就是由连杆体、连杆盖、螺栓、螺母等零件刚性连接在一起的。在机构的运动过程中，这一刚性连接体就是一个构件。另外，一个单独零件也可以是一个构件，如发动机的曲轴。

7.1.3 运动副及其分类

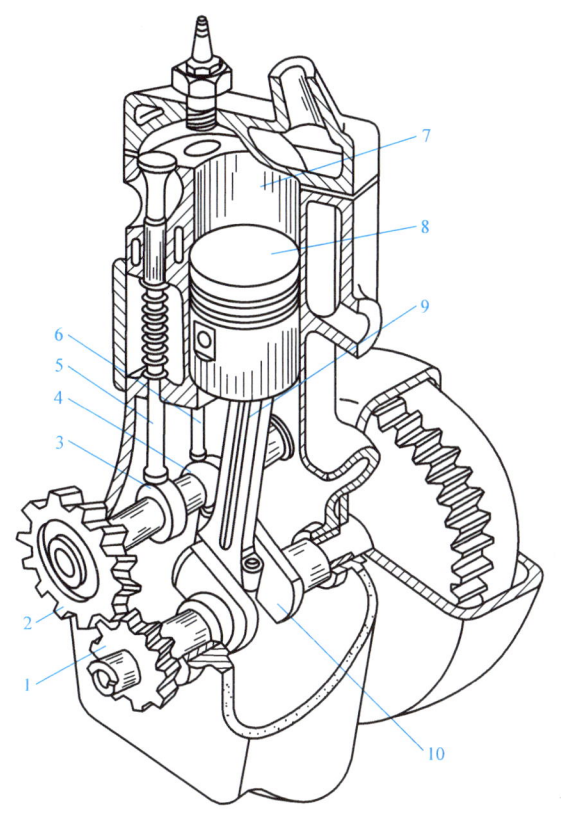

图 7-1 单缸发动机

1、2—齿轮 3—凸轮 4—凸轮轴
5—进气门 6—排气门 7—气缸体
8—活塞 9—连杆 10—曲轴

使两构件直接接触并能保持一定形式的相对运动的连接，称为运动副。运动副是一种可动连接。例如，活塞和气缸体的连接、曲轴轴颈和轴承的连接、齿轮与齿轮之间的连接等，都构成了运动副。根据组成运动副的两构件间的接触形式不同，运动副分为高副和低副。

1. 低副

两构件以面接触组成的运动副，称为低副。按两构件相对运动形式的不同，低副可分为以下类型。

（1）转动副　组成运动副的两构件在接触处只有相对转动，这种运动副称为转动副，也称为铰链连接，如图7-2a所示。

（2）移动副　组成运动副的两构件在接触处只做相对移动，这种运动副称为移动副，如图7-2b所示。

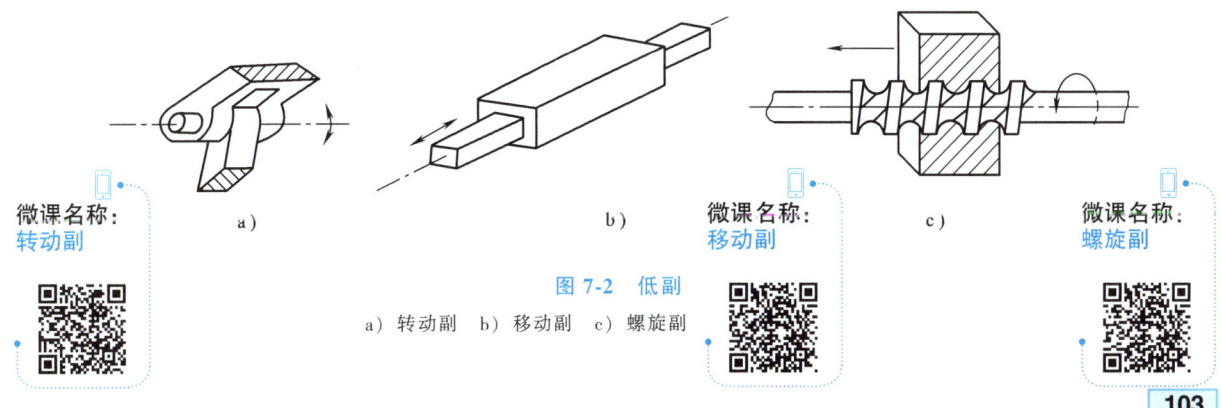

图 7-2 低副

a）转动副　b）移动副　c）螺旋副

(3) **螺旋副** 组成运动副的两构件在接触处只做螺旋运动，这种运动副称为螺旋副，如图 7-2c 所示。

2. 高副

两构件通过点或线接触而形成的运动副，称为高副，如图 7-3 所示。

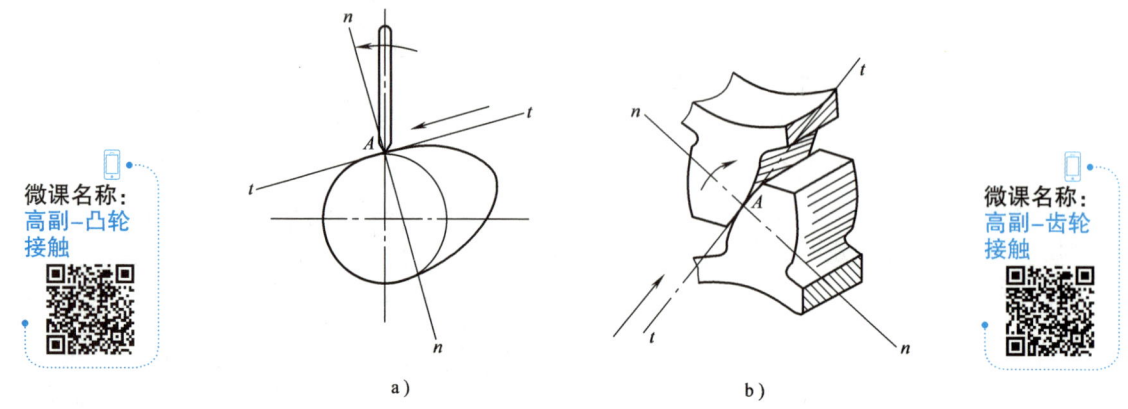

图 7-3 高副

a) 凸轮接触　b) 齿轮接触

通过分析可知，构件只是构成机构的一个要素，只有构件而没有运动副，也不能构成一个完整的机构，运动副是构成机构的另一个要素。因此，机构是由若干构件通过运动副连接而成的。

7.1.4 机构的运动简图

研究机构运动时，为使问题简化，可以不考虑与运动无关的构件外形和运动副的具体结构，只用简单的线条和符号来表示构件和运动副，并按比例确定各运动副的位置。这种用来表明机构中各构件间相对运动关系的简图，称为机构运动简图。我们常在书中看到的各种机构示意图，是指不严格按照比例绘制的表示机构的结构和运动情况的简图。

要绘制机构运动简图，首先要分析机构的实际构造和运动情况，明确三类构件：固定件——机架；主动件——机构中作用有驱动力或力矩的构件；从动件——机构中随主动件运动而运动的可动构件。在任何机构中必须有也只能有一个构件为固定件，即机架，在可动构件中必定有一个或几个为主动件，一般和固定件相连，其余为从动件。其次，要明确机构由多少个构件组成，各构件之间通过何种运动副连接，然后按照表 7-1 中常用运动副及构件的图示符号绘制机构运动简图。

表 7-1 机构运动简图常见符号（GB/T 4460—2013）

名称	简图符号	名称	简图符号
杆、轴构件		转动副	
机架			
构件组成部分的永久连接		移动副	
组成部分与轴（杆）的固定连接			

（续）

名称	简图符号	名称	简图符号
单副元素构件（细实线所画为相邻构件）	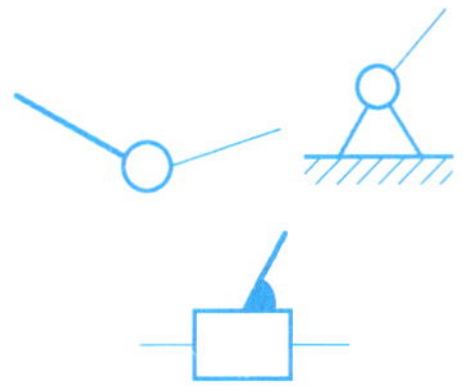	螺旋副	
双副元素构件（细实线所画为相邻构件）	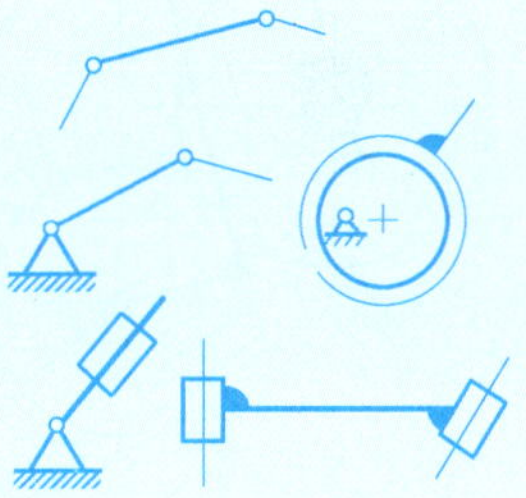	三副元素构件（细实线所画为相邻构件）	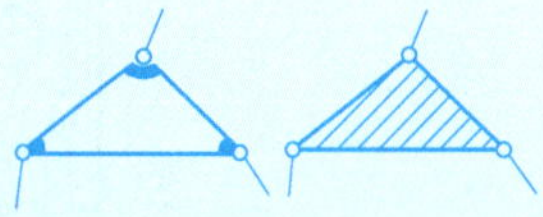 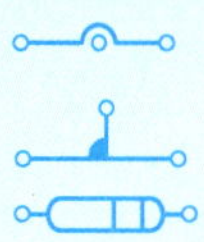
锥齿轮传动	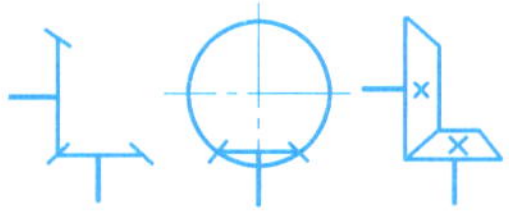	齿轮齿条传动	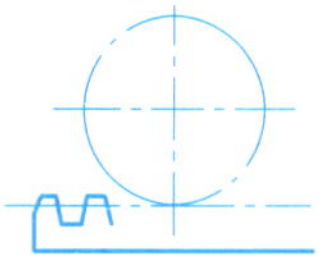
蜗轮与圆柱蜗杆传动	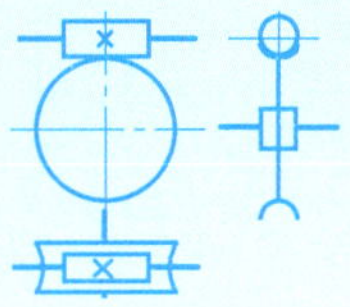	凸轮与凸轮从动件	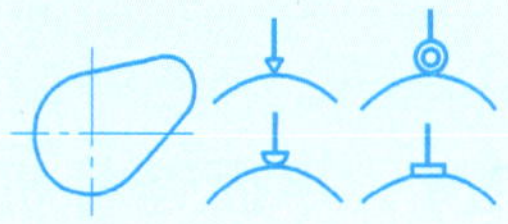
带传动	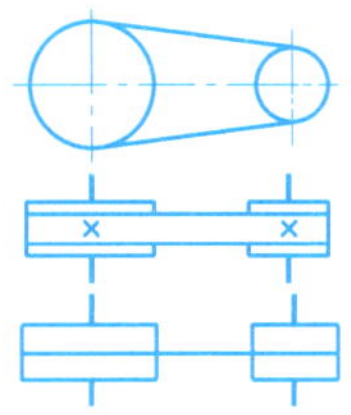	链传动	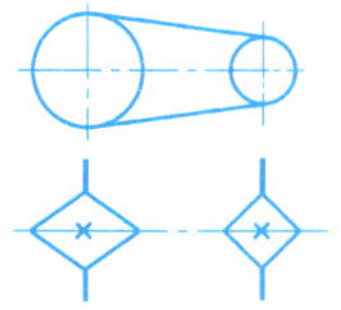
圆柱齿轮传动	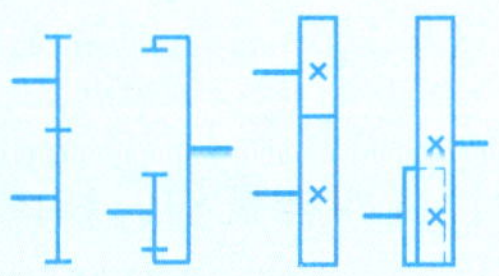		

图 7-4a 所示为单缸发动机结构图，图 7-4b 所示为它的机构运动简图。

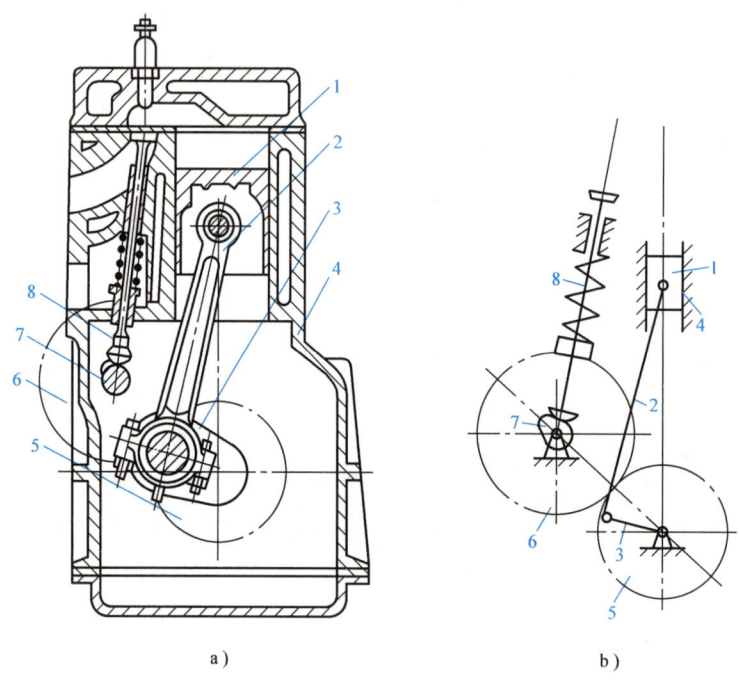

图 7-4 单缸发动机及其机构运动简图
a）结构图 b）机构运动简图
1—活塞 2—连杆 3—曲轴 4—机体 5、6—齿轮 7—凸轮 8—推杆

7.2 平面连杆机构及其在汽车中的应用

7.2.1 平面连杆机构的特点

平面连杆机构是指由一些刚性构件（简称"杆"）通过转动副和移动副连接而成的机构，且机构内各构件的相对运动都在同一平面内或相互平行的平面内。平面连杆机构又称平面低副机构，如图 7-5 所示的曲柄滑块机构和天线调节机构都属于平面连杆机构。

平面连杆机构具有以下主要特点。
1）由于低副是面接触，因此压强小、便于润滑，磨损小。
2）运动副的接触面为圆柱面或平面，形状简单，因而制造容易。
3）结构简单、工作可靠，能满足多种运动规律和运动轨迹的要求。
4）不适用于高速传动。
5）对于多杆机构，因构件和运动副数目多，传动精度较低且设计困难。

7.2.2 平面连杆机构的类型

平面连杆机构的种类繁多，运动形式多样，应用广泛。这里只介绍几种常见的平面连杆机构。

1. 铰链四杆机构及其在汽车中的应用

由四个构件通过转动副连接而成的平面连杆机构，称为铰链四杆机构，如图 7-6a 所示。机构中的固定件 4 称为机架，与机架直接相连的杆 1 和 3 称为连架杆，连接两连架杆的杆 2 称为连杆。

能绕与机架相连的固定铰链做整周转动的连架杆，称为曲柄；只能在小于 360°的某一角度内摆动

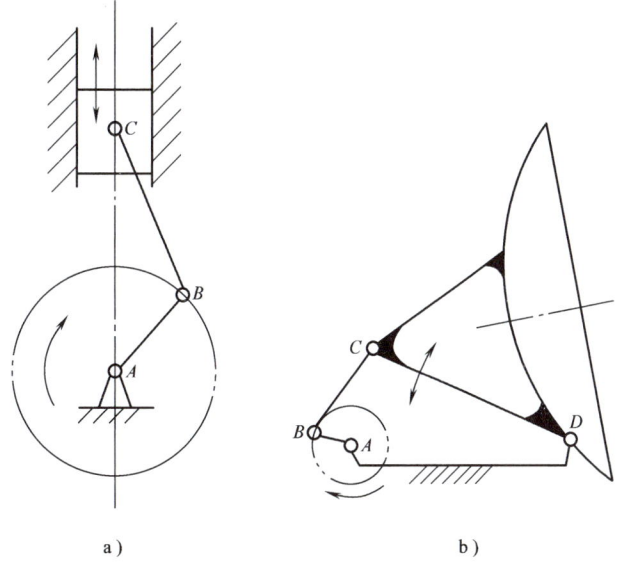

图 7-5 平面连杆机构

a）曲柄滑块机构 b）天线调节机构

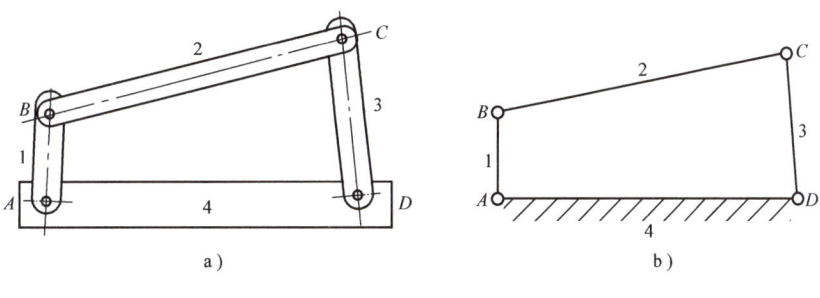

图 7-6 铰链四杆机构

a）机构图 b）机构运动简图

1、3—连架杆 2—连杆 4—机架

的连架杆，称为摇杆。因此，根据连架杆运动形式不同，铰链四杆机构可分为曲柄摇杆机构、双曲柄机构和双摇杆机构三种基本形式。

(1) 曲柄摇杆机构　两个连架杆中，一个为曲柄、另一个为摇杆的铰链四杆机构，称为曲柄摇杆机构。图 7-7 所示的缝纫机踏板机构就属于曲柄摇杆机构，它可以将主动件 3（踏板）的摆动转变为从动件 1（曲柄）的转动；图 7-8 所示的碎石机也是一种曲柄摇杆机构，它可以把主动件 AB 杆的转动转变为从动件 CD 杆的摆动。因此，曲柄摇杆机构能完成两种运动形式的转换，即

1）将曲柄整周的转动转换为摇杆的往复摆动。

2）将摇杆的往复摆动转变为曲柄的整周转动。

(2) 双曲柄机构　图 7-9 所示的机车车轮联动机构中，两个连架杆均做整周旋转，即两个连架杆都是曲柄，这种机构称为双曲柄机构。该机构中，如果两曲柄长度相等，连杆与机架的长度也相等，这种双曲柄机构称为平行双曲柄机构。这种机构在工作时，两曲柄回转方向相同，角速度相等。但双曲柄机构在实际工作中还存在一种特别的情况，如图 7-10 所示，主动曲柄 1 回转方向不变，各构件恰好位于同一直线 AD 上时，则从动曲柄 3 的回转方向不确定，有可能变为反向双曲柄机构，这时两曲柄回转方向相反，角速度不等。

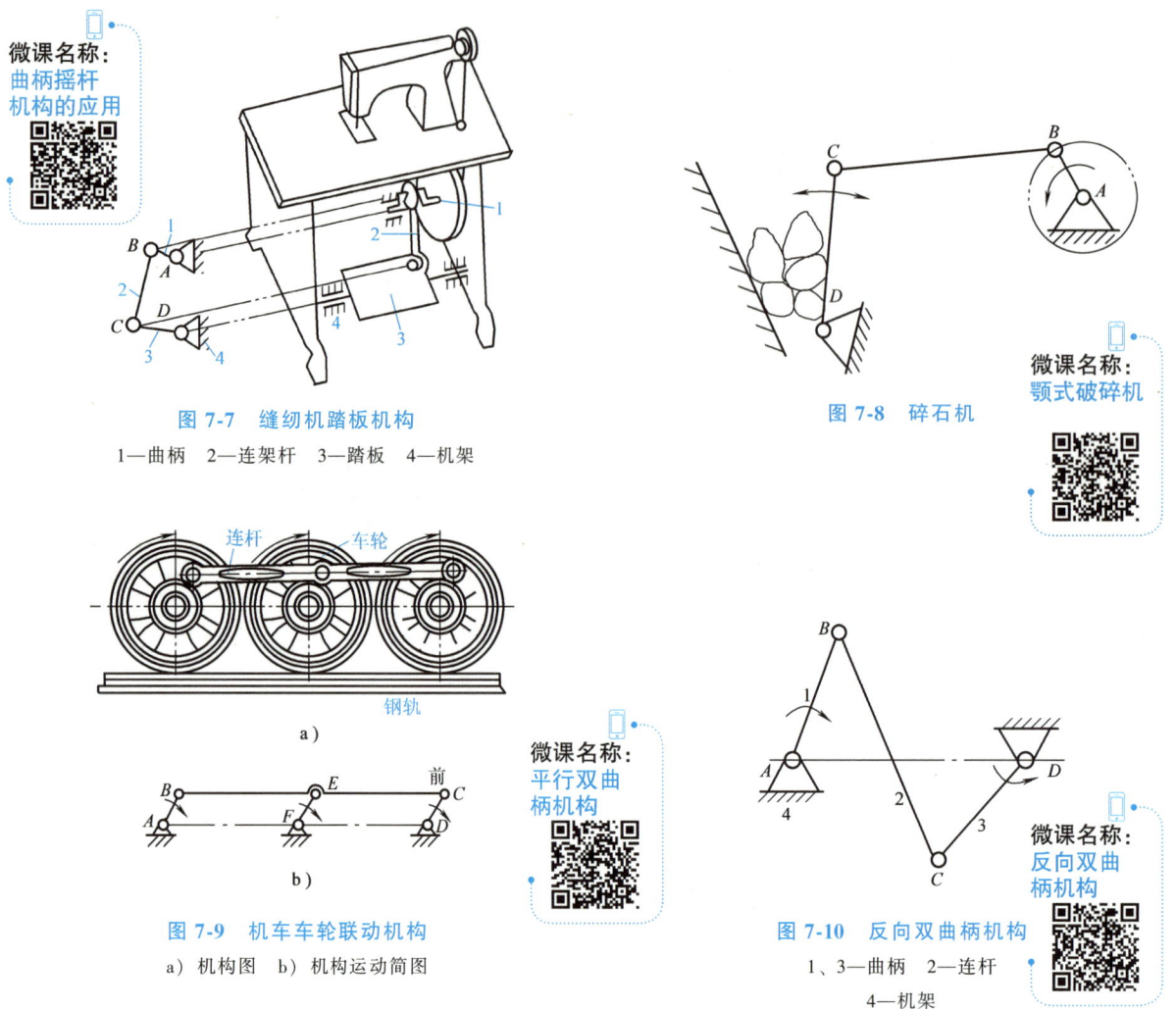

图 7-7 缝纫机踏板机构
1—曲柄 2—连架杆 3—踏板 4—机架

图 7-8 碎石机

图 7-9 机车车轮联动机构
a) 机构图 b) 机构运动简图

图 7-10 反向双曲柄机构
1、3—曲柄 2—连杆
4—机架

反向双曲柄机构应用较少,图 7-11 所示的汽车车门启闭机构即为反向双曲柄机构。主动曲柄 AB 转动时,通过连杆 BC 使从动曲柄 CD 向反方向转动,从而保证两车门能同时开闭到预定位置。

在生产实际中,为防止平行双曲柄机构转化为反向双曲柄机构,可采用机构错位配置的方法来解决。机构错位配置是指使平行双曲柄机构不同时处于可能反向的位置,来保证机构正常运转,如图 7-12 所示的机车车轮联动机构利用错列配置和增加平行曲柄来消除这种位置的运动不确定状态。

(3) 双摇杆机构 铰链四杆机构中,如果两连架杆都是摇杆,则称为双摇杆机构。图 7-13 所示为自卸翻斗车的双摇杆机构,AD 杆为车架,当液压缸中的活塞向右运动时,带动双摇杆 AB、CD 向右摆动,使车卸货。图 7-14 所示为汽车前轮转向机构,该机构是两摇杆长度相等的双摇杆机构。

2. 曲柄滑块机构

图 7-15 所示为曲柄滑块机构,由滑块、连杆、曲柄和机架四个构件通过转动副和移动副连接而成。这是常见的含有一个移动副的平面四杆机构。在图 7-15 中,当曲柄 AB 旋转到与连杆 BC 成一直线时,滑块 C 的两个极限位置 C_1 和 C_2 之间的距离 H,称为滑块的行程。它与曲柄的长度 r 存在如下关系

$$H = 2r$$

在曲柄滑块机构中,当滑块为主动件时,机构可将滑块的往复运动转变为曲柄的转动,常用于内燃机、蒸汽机等机器中,如发动机的活塞连杆机构(图 7-16a);当曲柄为主动件时,机构可将曲柄的转动转变为滑块的往复运动,常用于压力机(图 7-16b)、自动送料机构(图 7-16c)、自动搓丝机构(图 7-16d)等机器设备中。

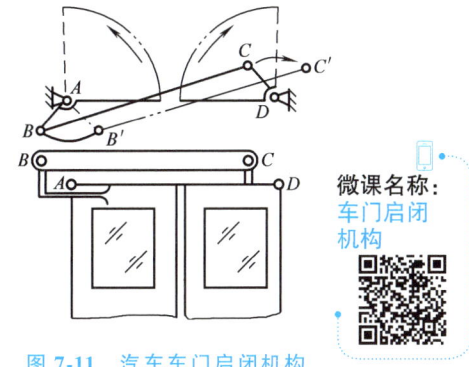

图 7-11　汽车车门启闭机构

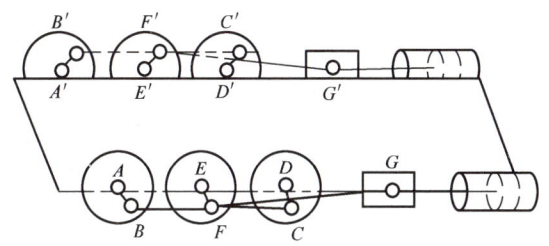

图 7-12　机车车轮联动机构的错列配置

图 7-13　自卸翻斗车卸货机构

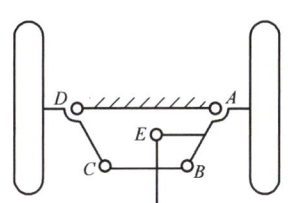

图 7-14　汽车前轮转向机构

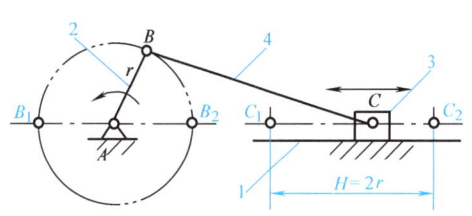

图 7-15　曲柄滑块机构

1—机架　2—曲柄　3—滑块　4—连杆

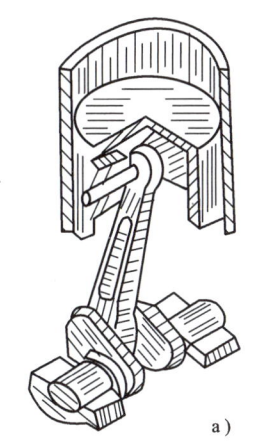
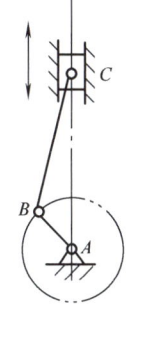

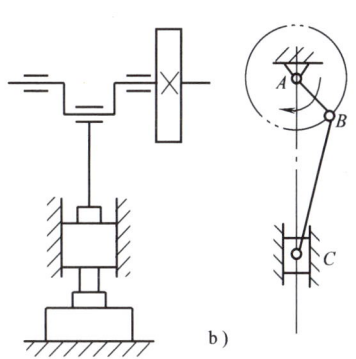

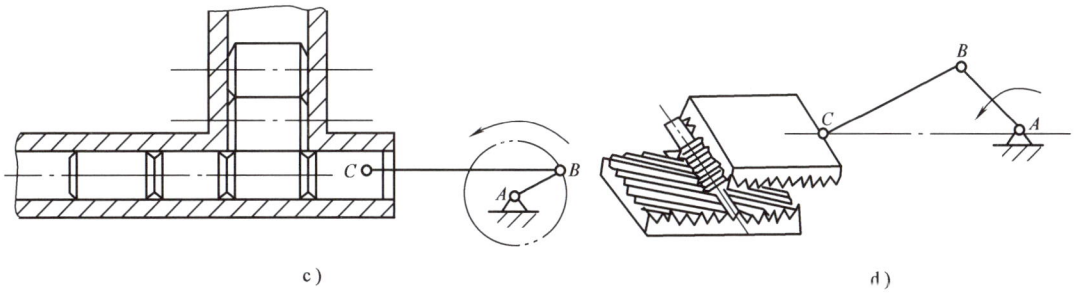

图 7-16　曲柄滑块机构的应用

a）发动机活塞连杆机构　b）压力机　c）自动送料机构　d）自动搓丝机构

7.2.3 平面连杆机构的工作特性

1. 死点位置

在图 7-15 所示的曲柄滑块机构中，当滑块 C 为主动件，曲柄 AB 为从动件，连杆 BC 与曲柄 AB 共线时，机构处于极限位置，连杆 BC 施加在曲柄 AB 上的力恰好通过转动中心 A，无论作用力有多大，其转动力矩都为零，因此不能推动曲柄转动。机构所处的这种极限位置，称为死点位置。平面四杆机构是否存在死点，决定于从动件是否与连杆共线。如果从动件不能和连杆共线，则不存在死点。

为了使机构能顺利通过死点继续正常运转，常采用安装飞轮加大惯性的方法。例如，在汽车发动机中，为了使曲轴顺利通过死点位置，在曲轴末端安装了飞轮，利用飞轮的惯性带动曲轴通过死点位置，使曲轴连续不断地转动。

> **知识探究**：任何事物都具有两面性，死点在机构运动中是需要避免的现象，但是有些场合，却可以利用死点来实现某些工作要求。如图 7-17 所示的钻床夹紧机构和图 7-18 所示的飞机起落架机构，就是利用死点的实例。根据所学知识对上述机构进行分析，说明死点有何作用？

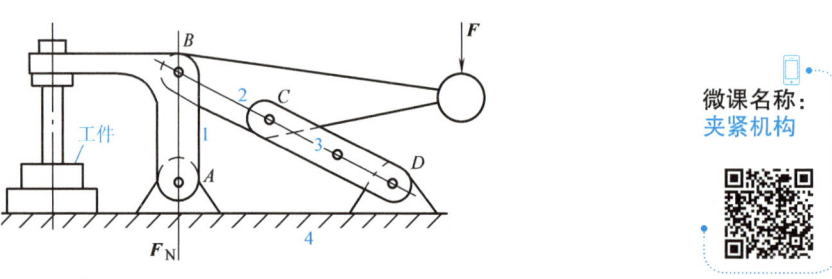

图 7-17 钻床夹紧机构

1、3—连架杆　2—手柄　4—机架

2. 急回特性

在图 7-19 所示的曲柄摇杆机构中，当曲柄 AB 是主动件，摇杆 CD 是从动件时，曲柄在转动一周的过程中有两次与连杆 BC 共线，两个共线位置分别为 B_1AC_1 和 AB_2C_2，此时曲柄 AB 分别位于 AB_1 和 AB_2，摇杆 CD 的位置分别为 C_1D 和 C_2D，C_1D 和 C_2D 称为摇杆 CD 的极限位置，$\angle C_1DC_2 = \psi$ 称为摇杆的最大摆角。摇杆处于两个极限位置的时候，对应的曲柄 AB_1 和 AB_2 之间所夹的锐角称为极位夹角，用 θ 表示。若曲柄 AB 沿顺时针方向以等角速度 ω 转动，当曲柄从 AB_1 位置转到 AB_2 位置的时候，曲柄转过的角度 $\phi_1 = 180° + \theta$；当曲柄沿顺时针方向从 AB_2 位置再转到 AB_1 位置时，曲柄转角 $\phi_2 = 180° - \theta$，两个过程摇杆的最大摆角相同，由于曲柄是等角速度转动的，从 AB_1 位置转到 AB_2 位置所用的时间比从 AB_2 位置再转到 AB_1 位置用的时间要长，即摇杆 CD 从 C_2 回到 C_1 所用的时间比从 C_1 到 C_2 用的时间要短。从动件（工作件）的这种返回行程时间小于工作行程时间的特性，称为急回特性。

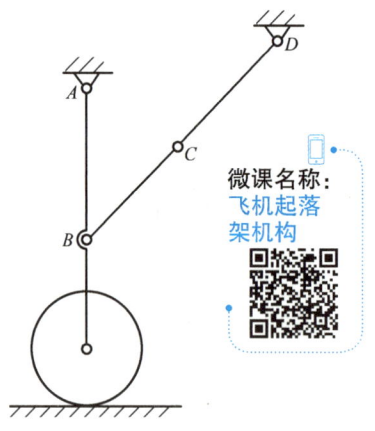

图 7-18 飞机起落架机构

从以上分析可以看出，平面四杆机构存在急回特性的条件是极位夹角不为零。生产实际中，常利用机构的急回特性来缩短非工作时间，以提高生产率，如颚式破碎机、往复式运输机等机械。

微课名称：
曲柄摇杆机构的急回特性

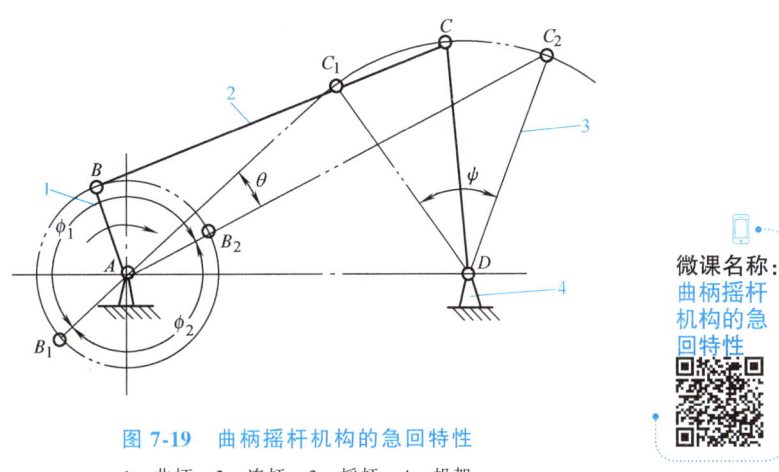

图 7-19　曲柄摇杆机构的急回特性

1—曲柄　2—连杆　3—摇杆　4—机架

7.3　凸轮机构及其在汽车中的应用

7.3.1　凸轮机构的组成

凸轮机构可以完成各种复杂的运动，且结构简单、紧凑，是机械工业中的一种常用机构，尤其在自动和半自动化机械以及自动生产线中应用广泛。

图 7-20 所示的发动机配气机构就是凸轮机构。在这个机构中，具有曲线外廓形状的凸轮 1 转动的时候，其轮廓将会通过气门弹簧座 4 推动气门 2 做断续的往复移动，从而控制气门有规律地开启和关闭（气门的关闭是借助气门弹簧 3 的弹力作用实现的），使可燃混合气进入气缸或使燃烧后的废气排出。在这个配气机构中，与凸轮始终保持接触的气门弹簧座及往复移动的气门均称为从动件。凸轮机构是由凸轮、从动件和机架三个构件组成的高副机构（图 7-21）。

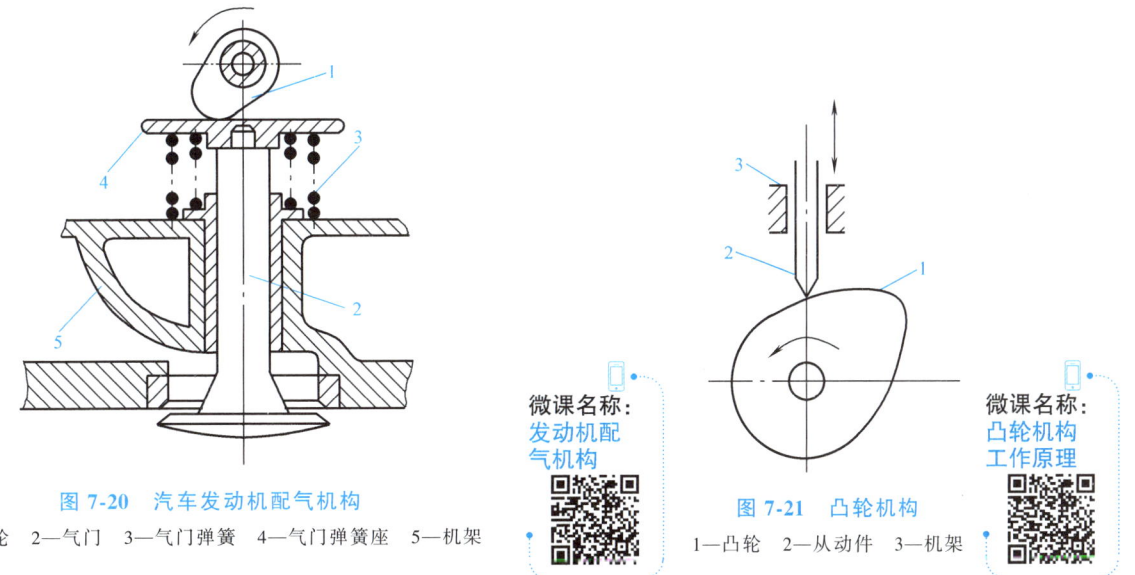

图 7-20　汽车发动机配气机构

1—凸轮　2—气门　3—气门弹簧　4—气门弹簧座　5—机架

微课名称：
发动机配气机构

图 7-21　凸轮机构

1—凸轮　2—从动件　3—机架

微课名称：
凸轮机构工作原理

7.3.2　凸轮机构的类型及特点

凸轮机构的类型很多，不同类型的凸轮机构由不同类型的凸轮和从动件所组成。常用凸轮机构的类型及简图见表 7-2。

表 7-2 常用凸轮机构的类型及简图

凸轮名称	简 图	从动件名称	简 图	
			移动从动件	摆动从动件
盘形凸轮	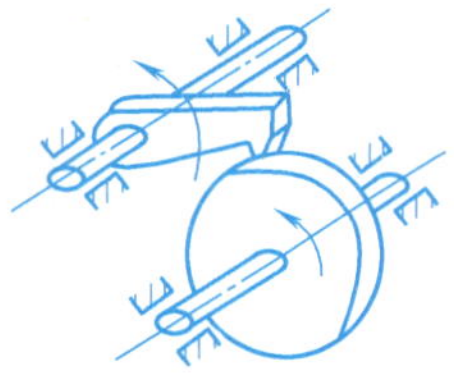	平底从动件	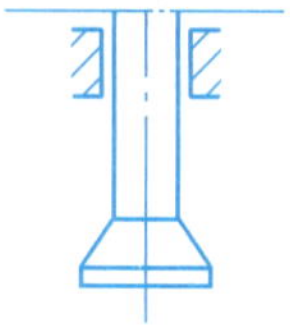	
移动凸轮	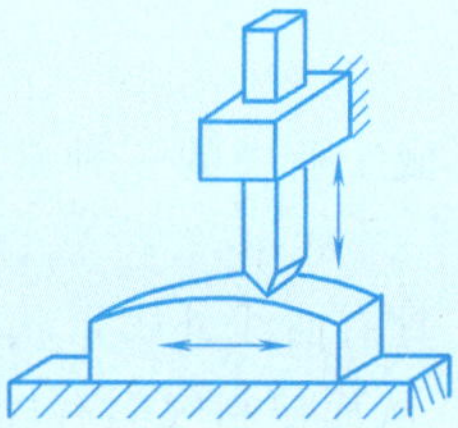	尖顶从动件	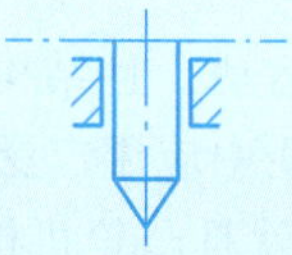	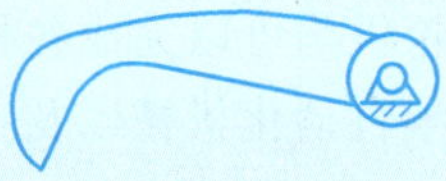
圆柱凸轮	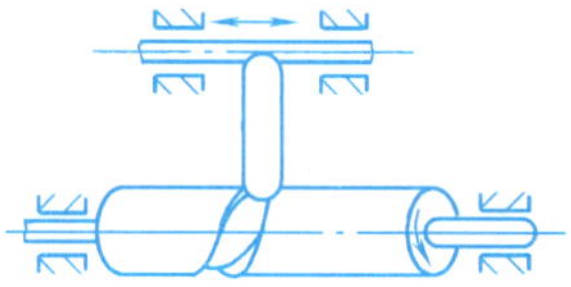	滚子从动件	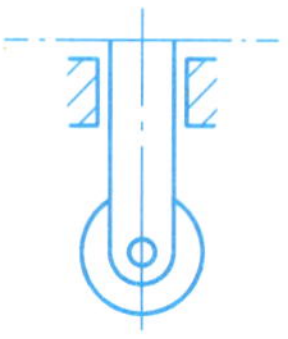	

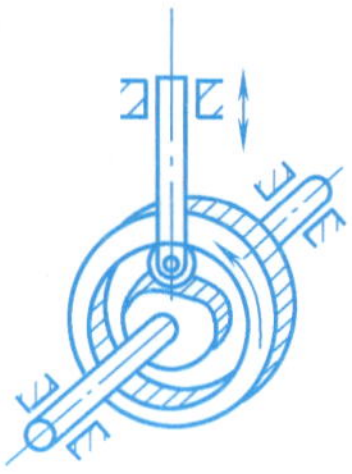

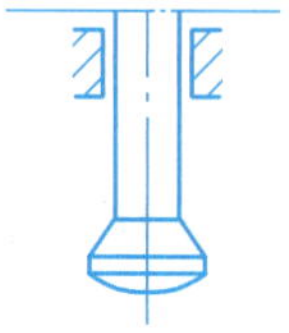

1. 按凸轮形状分类

(1) **盘形凸轮** 盘形凸轮又称为圆盘凸轮，是凸轮最基本的形式，如图 7-22a 所示。这种凸轮是一个绕固定轴转动且径向尺寸变化的盘形构件。盘形凸轮结构简单，应用最广，但从动件的行程不能过大，因此多用于行程较短的场合。

(2) **移动凸轮** 移动凸轮也称为板状凸轮，如图 7-22b 所示。这种凸轮相对机架做往复直线移动。

(3) **圆柱凸轮** 圆柱凸轮是在端面上做出曲线轮廓（图 7-22c），或在圆柱面上开有曲线凹槽的凸轮（图 7-22d），从动件一端位于凹槽中。当凸轮转动时，从动件沿凹槽做直线往复运动或摆动。这种凸轮与从动件的运动不在同一平面内，是一种空间凸轮。

2. 按从动件形状分类

(1) **尖顶从动件** 尖顶从动件是结构最简单的从动件，它的尖顶可以与任何形状的凸轮轮廓保持点接触以实现复杂的运动规律。但是尖顶从动件易于磨损，仅适用于速度较低和作用力不大的场合。

(2) **滚子从动件** 滚子从动件是用滚子来代替尖顶，把滑动摩擦变成滚动摩擦，因此磨损较小，可传递较大的力，应用比较广泛，但它的结构比尖顶从动件复杂一些。

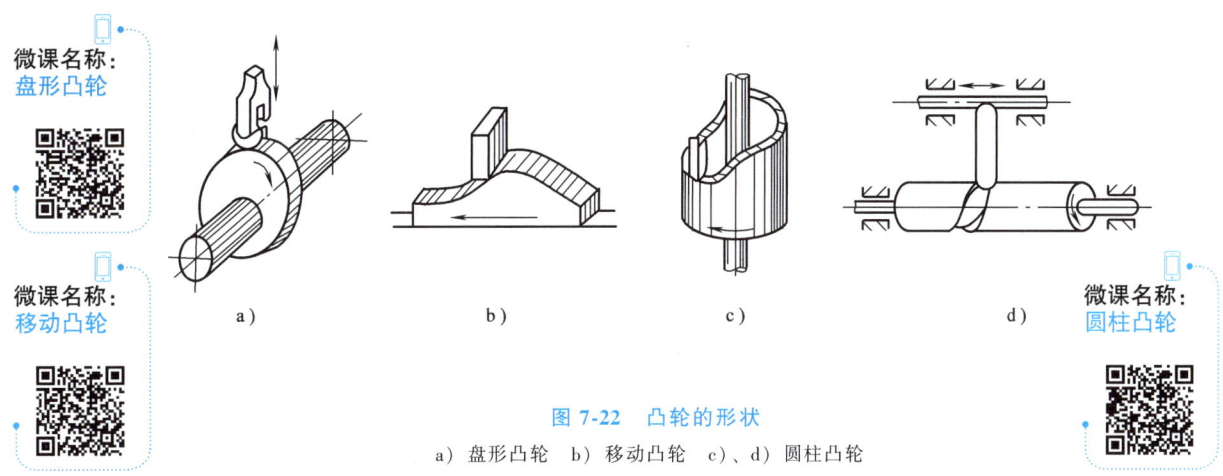

图 7-22 凸轮的形状

a)盘形凸轮　b)移动凸轮　c)、d)圆柱凸轮

(3) **平底从动件**　平底从动件是用平面代替尖顶，所以它的受力情况较好，结构简单，便于润滑，常用于高速凸轮机构中。

从动件不仅有不同的结构和形状，而且还有不同运动形式和相对位置。做往复直线运动的称为移动从动件，做往复摆动的称为摆动从动件。移动从动件的导路中心线通过凸轮的回转中心时，称为对心从动件，否则称为偏置从动件。

7.3.3　凸轮机构的应用实例

图 7-23 所示为凸轮机构的应用实例。

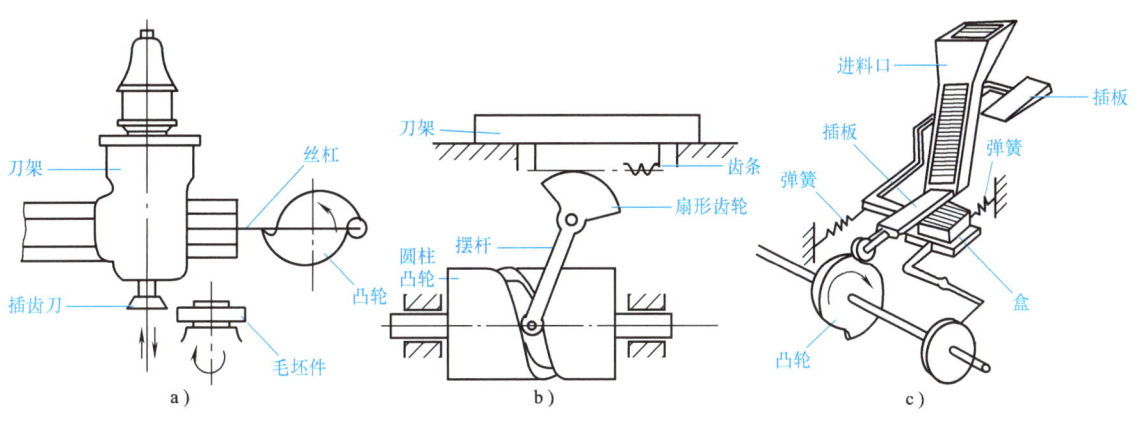

图 7-23　凸轮机构应用实例

图 7-23a 所示为插齿机的切深机构。当凸轮转动时，拉动丝杠向右侧运动，则刀架和插齿刀一起向毛坯件移动，直到将齿轮切到需要的深度为止。

图 7-23b 所示为自动车床上使用的进给机构。当圆柱凸轮转动时，利用其凹槽带动摆杆绕固定轴往复摆动，再通过扇形齿轮与齿条的啮合传动，使刀架按一定规律运动，完成进刀和退刀的动作。

图 7-23c 所示为火柴自动装盒机构。火柴从进料口装入，当插板在凸轮推动下插入进料口下部时，火柴就不能落下来。当凸轮转回时，在弹簧的作用下插板退出，火柴便落入盒中，随后插板插入，阻止火柴落下，使火柴盒正好装满。

7.3.4　从动件的运动规律

1. 凸轮机构的有关参数

(1) **基圆半径**　以凸轮的最小半径所作的圆称为凸轮的基圆，其半径称为基圆半径，用 r_b 表示（图 7-24）。

（2）行程　如图7-24所示，当凸轮逆时针方向转过一个角度δ时，从动件将上升一段距离，即产生一段位移s。当从动件到达最高位置时（图7-24c），从动件的最大升距称为行程，用h表示。

（3）推程　当凸轮逆时针方向转动时，从动件从最低位置（图7-24a中的a点）运动到最高位置（图7-24c中的b点）的过程称为推程。到达b点后，从动件将在b→c段停止不动，该段称为远停程。

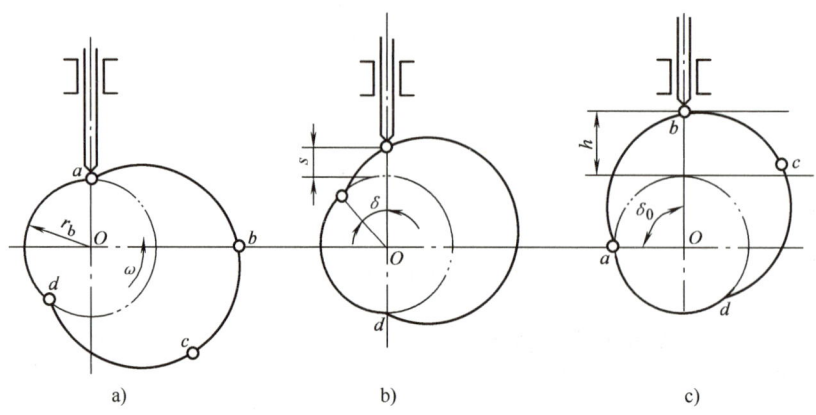

图7-24　凸轮的运动过程

（4）回程　从动件从最高位置（图7-24c）回到最低位置的过程称为回程。到达d点后，从动件将在d→a段停止不动，该段称为近停程。

凸轮的各参数影响着从动件的位移、速度和加速度，因此从动件的运动规律是由凸轮的轮廓曲线的形状决定的。

2. 等速运动规律

等速运动规律的特点：当凸轮等速回转时，从动件推程或回程中的速度为常数。

图7-25所示为从动件等速运动规律的位移、速度和加速度曲线图。由图可知，这种运动规律的位移曲线是斜直线，速度曲线为水平直线，加速度为零。但是，从动件在运动开始和停止的瞬时，速度由零突变到v_0，或由v_0突变到零，其加速度在理论上为∞和$-\infty$，所产生的惯性力在理论上也达到无穷大，对机构将产生强烈的冲击，这种冲击称为刚性冲击。实际上由于材料的弹性变形，加速度和惯性力都不会达到无穷大，但是刚性冲击仍会引起机构的强烈振动，对构件的工作极为不利。因此，等速运动规律只适用于低速轻载或从动件质量小的场合。

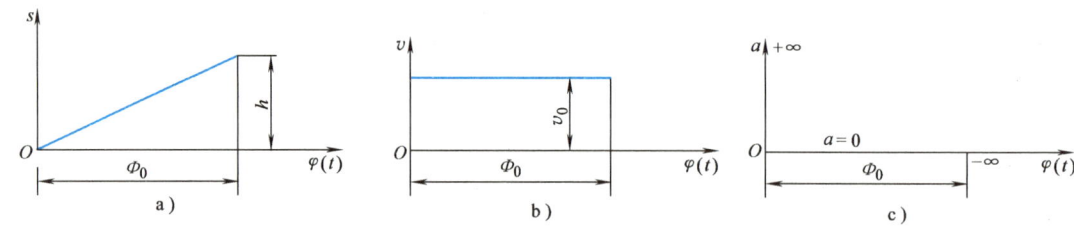

图7-25　从动件的等速运动规律
a）位移曲线　b）速度曲线　c）加速度曲线

3. 等加速等减速运动规律

从动件的等加速等减速运动规律的特点：从动件在一个推程或者回程中，前半段做等加速运动，后半段做等减速运动，通常加速度和减速度的绝对值相等。

图7-26所示为从动件等加速等减速运动规律的位移、速度和加速度曲线图。由图可知，这种运动规律的位移曲线是一段抛物线，速度曲线为斜直线，加速度曲线为水平直线。

由加速度曲线图可见，这种运动规律在推程和回程的两端及中点，其加速度仍存在变化，但其变化值是一个有限值，因此产生的惯性力也为有限值，由此引起的冲击称为柔性冲击。由于柔性冲击的存在，等加速等减速运动规律多用于中速轻载的场合。

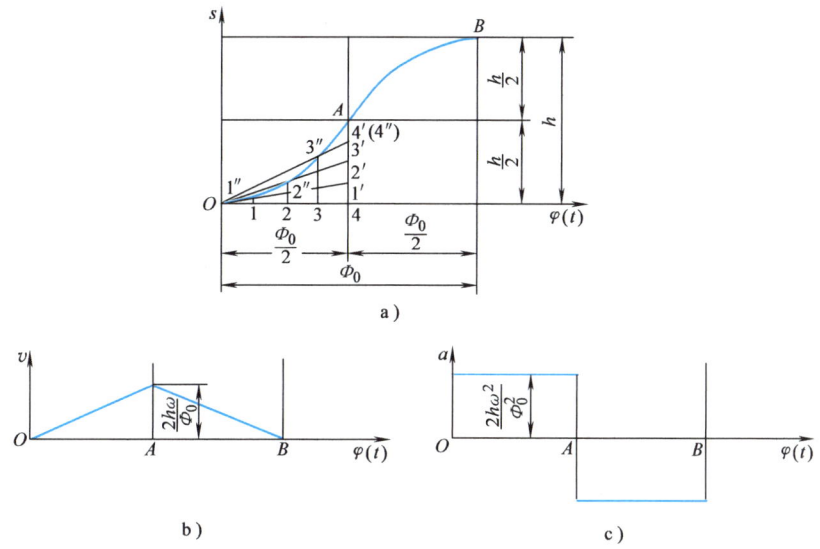

图 7-26 从动件的等加速等减速运动规律
a）位移曲线 b）速度曲线 c）加速度曲线

7.4 实践环节

7.4.1 拆装活塞连杆组

1. 设备及工具准备

发动机拆装台架、扭力扳手、定扭矩扳手、中棘轮扳手、中短接杆、大转中转接头、各尺寸套筒、活塞环拆装钳、卡箍、橡胶锤等专用及常用工具。

2. 拆装步骤

（1）活塞连杆组的拆卸

1）将要拆卸的活塞连杆组（有两个缸）转到活塞处于下止点，如图 7-27 所示，并检查活塞顶、连杆大端处有无记号。如无记号，应按次序在活塞顶、连杆大端上用钢字号码或样冲打上记号。

2）拆下连杆螺母，取下连杆端盖、衬垫和连杆轴承，并按顺序放好，避免弄错。

3）用手将连杆向上推，使连杆与连杆轴颈分离。用橡胶锤或锤子木柄推出活塞连杆组，如图 7-28 所示。如缸口磨成了台阶或有积炭，应先刮平，以免损坏活塞环等。另外，注意不要硬撬、硬敲，以免损伤气缸。

图 7-27 待拆活塞置于下止点

图 7-28 分离连杆与连杆轴颈

4) 取出活塞连杆组后，应将连杆盖、衬垫、螺栓和螺母按原样装回。

(2) 活塞连杆组的分解

1) 用活塞环装卸钳拆下活塞环，如图 7-29 所示，注意观察活塞环装配记号。

2) 将活塞连杆组浸入 60℃ 热水中，并在热状态下拆下活塞销和活塞，如图 7-30 所示。完成上述作业后，仔细观察活塞连杆组各零件的结构，分析其作用和特点，及其各零件间的相互连接关系。

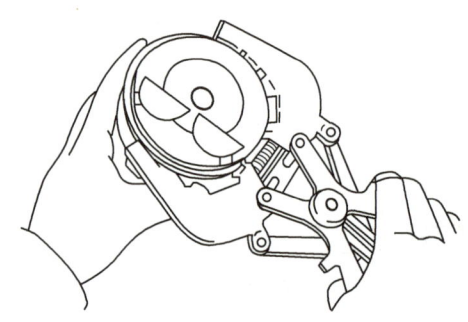

图 7-29　拆卸活塞环

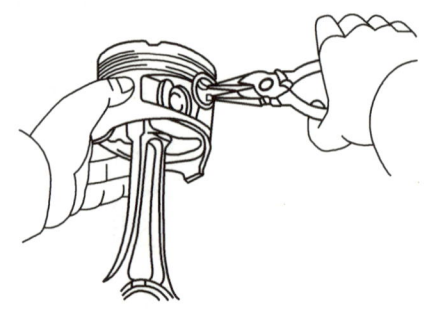

图 7-30　拆卸活塞销和活塞

(3) 活塞连杆组的装配

1) 安装活塞销。将活塞置于水中加热至 60~80℃ 后，取出活塞迅速擦净座孔，用拇指的力量将涂有润滑油的活塞销推入活塞的一端销孔内，随即在连杆小头的衬套内涂上一层润滑油，将小头伸入活塞内；继续用拇指力量将活塞销推入连杆衬套，至活塞另一端的销孔边缘，使活塞销端面与活塞销卡环槽的内端面平齐（严禁用锤子打入）；再装入卡环。卡环嵌入环槽中的深度，应不少于环径的 2/3。卡环在环槽中与活塞销两端应留有间隙，为活塞销受热膨胀留出余地。

2) 安装活塞环。用活塞环装卸钳依次装好第 1 道气环、第 2 道气环、第 3 道油环（组合环），注意装配记号和活塞环开口方向。

(4) 将活塞连杆组件装入气缸

1) 将第 1 缸曲柄转到下止点位置，取第 1 缸的活塞连杆总成。在轴瓦、活塞环处加注少许机油，转动各环使机油进入环槽，并检验各环开口是否处于规定方位。

2) 用专用工具收紧各环，按活塞顶箭头方向，将活塞连杆总成从气缸顶部放入缸筒，用手引导连杆使其对准曲轴轴颈，用木锤柄将活塞推入。装入前注意检查装配记号。

3) 取第 1 缸的连杆轴承盖（带有轴瓦），使标记朝前装在连杆上，并按规定力矩交替拧紧连杆螺母。

4) 依同样方法，将其余各缸活塞连杆组件装入相应气缸。

5) 活塞连杆组装配后，用锤子朝曲轴轴线方向前后轻敲轴承时，连杆应能轻微移动；全部装配完成后，转动曲轴时，松紧度应适宜；所有连杆螺栓、螺母应齐全、可靠。

拆装训练完成后，按实训室规范要求整理工具、清理现场。

7.4.2　拆装发动机气门传动组

1. 认识发动机气门传动组

(1) 气门传动组的功用　气门传动组的功用是驱动并控制气门的开闭。

(2) 气门传动组的组成　气门传动组主要由凸轮轴、挺柱、推杆、摇臂等组成，其结构如图 7-31 所示。

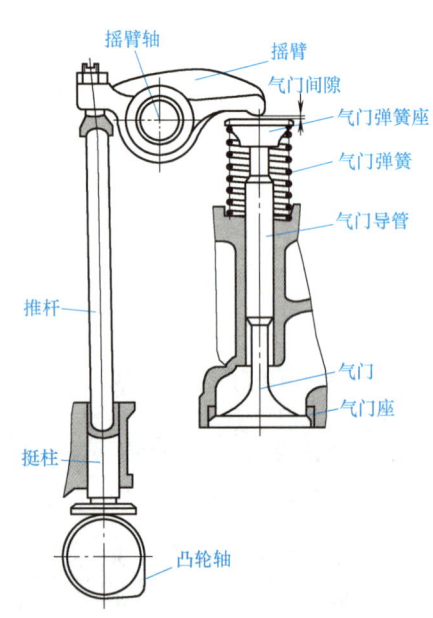

图 7-31　气门传动组的组成

(3) 凸轮轴　凸轮轴是气门传动组中最主要的零部件，其结构如图 7-32 所示。它的作用是驱动和控制发动机各缸气门的开闭，使其符合发动机的工作顺序、配气相位及气门开度的变化规律的要求。凸轮轴由进气凸轮、排气凸轮及轴颈组成，凸轮的作用是驱动气门开闭，轴颈的作用是支撑凸轮轴。

图 7-32　凸轮轴的结构

2. 设备及工具准备

发动机拆装台架、气门弹簧装卸钳等。

3. 拆装步骤

(1) 气门传动组的拆卸步骤

1) 将气缸盖平放在工作台上，如图 7-33 所示。

2) 如图 7-34 所示，取出各缸的液压挺柱。拆卸时给液压挺柱做上标记，注意液压挺柱不可互换。

3) 用气门弹簧装卸钳将气门弹簧座压下（图 7-35），取出气门锁片和气门弹簧，如图 7-36 所示。

4) 取出各缸的进、排气门。拆卸时必须给气门做上标记，因为气门不可互换。

5) 用气门油封钳取出气门油封，如图 7-37 所示。

6) 用专用工具取出气门导管，如图 7-38 所示。

(2) 气门传动组的安装步骤

1) 安装气门导管，如图 7-39 所示。给气门导管涂上机油后用专用工具从凸轮轴端将其压入气缸盖到规定位置。

图 7-33　将气缸盖置于工作台上

图 7-34　取出液压挺柱

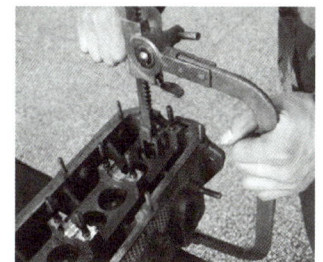

图 7-35　用气门弹簧装卸钳压下气门弹簧座

图 7-36　取出气门锁片和气门弹簧

图 7-37　取出气门油封

图 7-38　取出气门导管

2）安装气门油封,如图7-40所示。给气门油封涂上油并用专用工具装入气门油封。

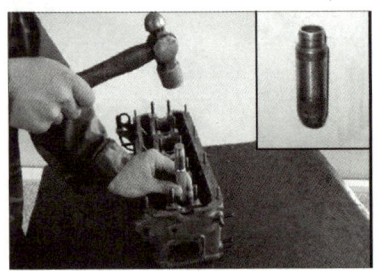

图7-39　安装气门导管

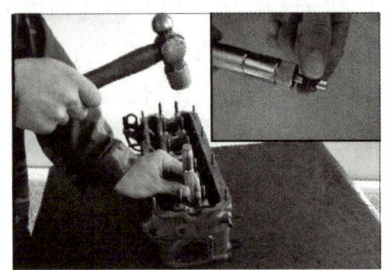

图7-40　安装气门油封

3）安装气门,如图7-41所示。在气门杆上涂上油后安装气门。注意区分进、排气门,不要装错。

4）安装气门弹簧,如图7-42所示。安装前应检查气门弹簧是否有变形、裂纹和折断等损坏情况。

图7-41　安装气门

图7-42　安装气门弹簧

5）装入气门弹簧垫片,如图7-43所示。并用专用工具将气门弹簧垫片压下,如图7-44所示,装入气门锁片,如图7-45所示。

图7-43　安装弹簧垫片

图7-44　压下气门弹簧垫片

6）安装液压挺柱,如图7-46所示。注意液压挺柱不可互换。

图7-45　装入气门锁片

图7-46　安装液压挺柱

拆装训练完成后,按实训室规范要求整理工具、清理现场。

第 8 章 汽车常用机械传动

学习任务：

在汽车构造实训台上找出汽车中应用的带传动、链传动、齿轮传动、蜗杆传动、螺旋传动实例，并说明各类传动的作用。

知识目标：

1. 熟悉带传动的类型、特点及工作原理。
2. 掌握 V 带传动的张紧方法。
3. 掌握链传动的特点及工作原理。
4. 了解渐开线的形成和基本性质，掌握渐开线圆柱齿轮的基本参数。
5. 掌握渐开线齿轮的啮合特性、正确啮合条件及标准安装条件。
6. 了解蜗杆传动的类型和特点。
7. 了解螺旋传动的特点及应用。
8. 熟悉轮系的类型及应用，掌握定轴轮系、周转轮系的组成及传动比计算方法。

能力目标：

1. 能按规范正确拆装、检查发动机正时带。
2. 能识别汽车中应用的齿轮传动机构。
3. 能按规范正确拆装汽车手动变速器。
4. 会计算汽车手动变速器的传动比。
5. 培养学生利用理论知识分析实际问题的能力。

素养园地：

培养学生的创新精神及工匠精神。

齿轮的发明应用：机械史话——我国古代的机械发展与应用，进行爱国主义、民族自豪感、创新精神及工匠精神教育

8.1 带传动

8.1.1 认识汽车正时带

正时带是发动机配气系统的重要组成部分，位于发动机的最前端，发动机散热器风扇的后面，常

用防尘罩盖住。图 8-1 所示为发动机中正时带的位置。在发动机工作过程中，气缸内不断发生进气、压缩、做功、排气四个过程，每个步骤的时机都要与活塞的运动状态和位置相配合，使进气与排气及活塞升降相互协调起来，称为正时。正时就是靠正时带连接的曲轴和凸轮轴来完成的。正时带属于橡胶部件，随着发动机工作时间的增加，正时带和正时带的附件，如正时带张紧轮、正时带张紧器和水泵等都会发生磨损或老化。如果正时带发生错位，或者带损坏甚至断裂，发动机将无法正常工作。因此，有必要了解带传动的有关知识。

图 8-1 发动机中的正时带

8.1.2 带传动的类型、特点和应用

1. 带传动的类型

带传动是利用张紧在带轮上的传动带与带轮之间的摩擦或啮合来传递运动和动力的装置。带传动机构由主动带轮、从动带轮和传动带组成，如图 8-2 所示。

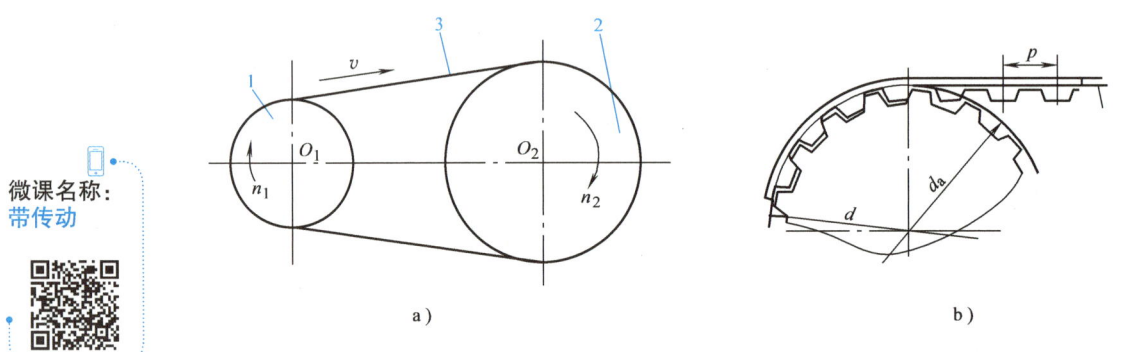

图 8-2 带传动
a) 摩擦型带传动　b) 啮合型带传动
1—主动带轮　2—从动带轮　3—传动带

按照工作原理不同，带传动分为摩擦型带传动（图 8-2a）和啮合型带传动（图 8-2b）。摩擦型带传动依靠传动带和带轮之间的摩擦力传递运动和动力；啮合型带传动即同步带传动，靠带上的齿与同步带轮上的轮齿的啮合作用来传递运动和动力。

按传动带的截面形状不同，摩擦带可分为平带、V 带、多楔带、圆带和同步带等（图 8-3）。其中，平带和 V 带应用最多。

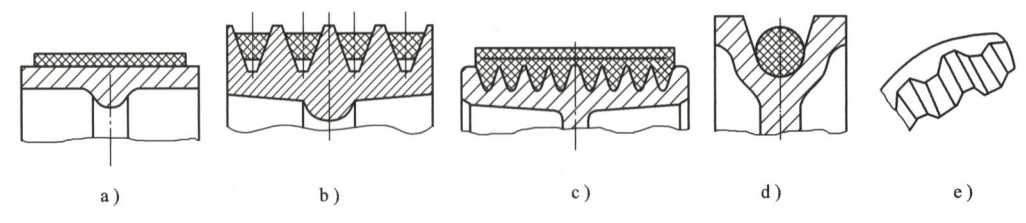

图 8-3 带传动的类型
a) 平带　b) V 带　c) 多楔带　d) 圆带　e) 同步带

2. 带传动的特点

与其他传动形式相比，带传动具有如下特点。

1) 传动带能够吸收振动，缓和冲击，传动平稳，噪声小。

2）带传动过载时，传动带会在带轮上打滑，可以防止其他零件损坏，起到保护作用。

3）结构简单，制造、安装和维护方便。

4）带与带轮之间存在弹性滑动，因此传动比不恒定，传动精度和传动效率较低。

5）由于带工作时需要张紧，带对带轮轴有很大的压力。

6）带传动装置外廓尺寸大，结构不够紧凑。

7）带的使用寿命较短，需经常更换。

由于带传动的上述特点，在一般情况下，带传动的功率 $P \leq 100kW$，带速 $v=5\sim25m/s$，平均传动比 $i \leq 5$，传动效率为 94%～97%。同步带的带速为 40～50m/s，传动比 $i \leq 10$，传递功率可达 200kW，效率高达 98%～99%。

8.1.3　V带的结构和标准

在传递相同的功率时，由于V带传动可得到比较紧凑的结构，所以在一般机械传动中V带传动应用最为广泛，尤其是在传动比较大和中心距较小的场合。这里主要介绍普通V带传动的知识。

1. V带的结构

V带都制成无接头的环形。V带有普通V带、窄V带、宽V带、汽车V带、大楔角V带等，其中普通V带和窄V带的应用较广。V带的结构如图 8-4 所示，由包布层、伸张层、强力层和压缩层四个部分组成。包布层一般由胶帆布制成，起耐磨和保护作用。伸张层和压缩层主要由橡胶组成，当带在带轮上弯曲时可分别伸张和压缩。强力层由几层棉帘布或一层线绳制成，承受基本的拉力。强力层为绳芯结构。绳芯结构的V带柔韧性好，抗弯强度高，适用于带轮直径较小、转速高的场合。

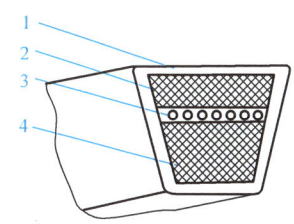

图 8-4　V带的结构

1—包布层　2—伸张层
3—强力层　4—压缩层

2. V带的标准

普通V带已标准化，按其截面尺寸的大小，分为 Y、Z、A、B、C、D、E 七种型号，其截面尺寸依次增大。我国普通V带的截面尺寸见表 8-1。

表 8-1　V带的截面尺寸（摘自 GB/T 11544—2012）

带型	节宽 b_p/mm	顶宽 b/mm	高度 h/mm	单位长度 /kg·m^{-1}	楔角 α
Y	5.3	6	4	0.023	40°
Z	8.5	10	6	0.060	
A	11.0	13	8	0.105	
B	14.0	17	11	0.170	
C	19.0	22	14	0.300	
D	27.0	32	19	0.630	
E	32.0	38	23	0.970	

8.1.4　V带轮

1. 带轮常用材料

带轮常用材料为灰铸铁，有时也采用钢、铝合金和工程塑料，转速较高时多采用锻钢或钢板冲压后焊接，低速或小功率传动时可用工程塑料。

2. 带轮的结构

带轮一般由轮缘、轮辐、轮毂三部分组成，如图 8-5 所示。

轮缘是带轮上具有轮槽的部分，它是带轮的工作部分。轮槽的截面形状和尺寸都与带的截面尺寸相适应。轮槽数目也应与传动带的根数相适应。带轮上的梯形轮槽的槽角有 32°、34°、36°、38°四种。为了让V带包在带轮上弯曲后，其工作侧面能与带轮的两个工作侧面贴紧，槽角都小于传动

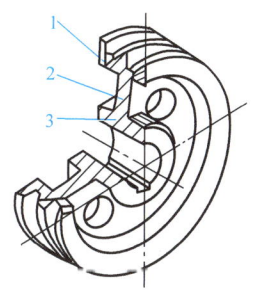

图 8-5　带轮的结构

1—轮缘　2—轮辐
3—轮毂

带两侧的夹角（40°）。轮毂是带轮与轴互相配合的部分。轮辐是轮缘的连接部分。

根据带轮直径的不同，带轮可制成实心式、腹板式和轮辐式三种，如图8-6所示。对于尺寸较大的腹板轮，为了便于加工、安装和减轻重量，常在腹板上均匀制出4~6个直径大小一样的圆孔。轮辐式带轮的轮辐截面常做成椭圆形。为了减轻带轮回转时的空气阻力，椭圆形截面的长轴应在带轮的回转平面内。

V带轮结构的详细内容可参考其他有关资料。

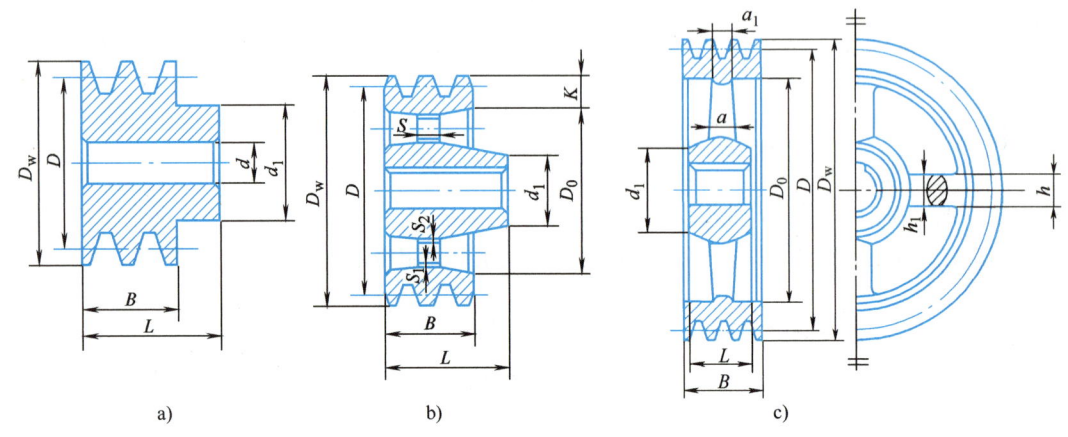

图8-6　V带轮的结构形式

a）实心式带轮　b）腹板式带轮　c）轮辐式带轮

8.1.5　带传动的安装、维护与张紧

1. 带传动的安装与维护

正确地安装、调整、使用和维护是保证带传动正常工作和延长使用寿命的有效措施。在带传动的安装、调整、使用和维护方面，应注意以下几点。

（1）带轮的安装　安装时两带轮的轮槽应对正，两轮轴应尽量平行，如图8-7所示。带轮装在轴上不应有晃动，否则将使传动带侧面过早磨损。

（2）带轮的布置　为使传动带装拆方便，带轮应尽量布置在轴的外伸端，如图8-8所示。

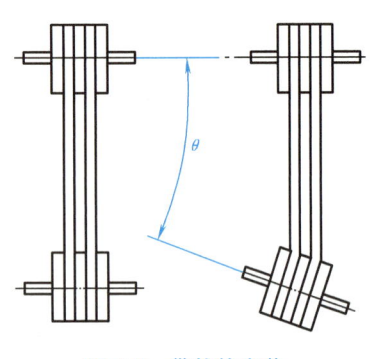

图8-7　带轮的安装

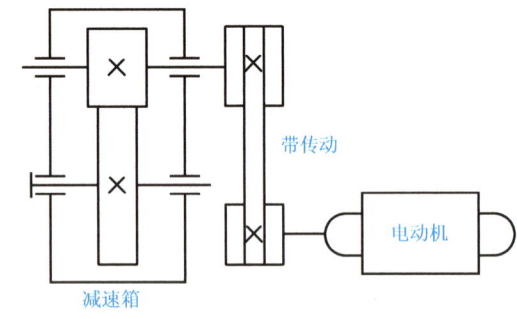

图8-8　带轮的布置

（3）V带在轮槽中的位置　安装时应保证V带顶面与带轮轮缘平齐（新安装时可略高于轮缘），带与槽底面要留有间距，以保证带的工作侧面和轮槽的工作侧面充分接触，如图8-9所示。

（4）初拉力的要求　带的初拉力要适当。在生产实践中，可根据经验来调整。一般来说，在中等中心距的情况下，控制V带的初拉力时，以大拇指能按下10~15mm比较合适，如图8-10所示。

（5）定期检查　对带传动要进行定期检查并及时调整，对不能使用的带应及时更换。更换传动带时，必须全部同时更换，不能新旧混合使用，以保证各根传动带受力均匀。

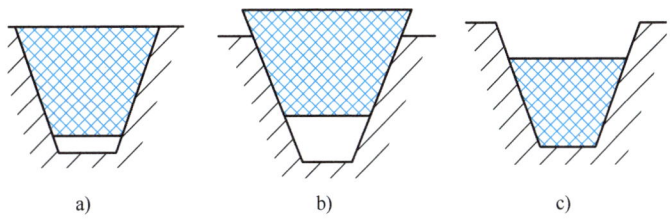

图 8-9 V带在轮槽中的位置
a) 正确位置 b) 错误位置 c) 错误位置

（6）安装防护罩 带传动装置应安装防护罩，以免发生意外事故和保护带传动的工作环境，防止润滑油、切削液和其他杂物影响传动效果，避免传动带过早老化。

（7）使用环境 带不能和酸、碱、油接触，工作温度不宜超过60℃。

2. 带传动的张紧装置

V带在安装时，必须以一定的初拉力 F_0 张紧在两带轮上，使带与带轮间产生足够的摩擦力，才能传递运动和动力。但V带并非完全弹性体，工作一段时间后，会由于产生塑性变形而松弛，使初拉力 F_0 降低，在带与带轮间产生相对滑动，无法传递动力和运动。因此，为了保证带传动的正常工作，应定期检查初拉力，当发现初拉力 F_0 小于要求值时，必须重新张紧，所以必须设置带张紧装置。

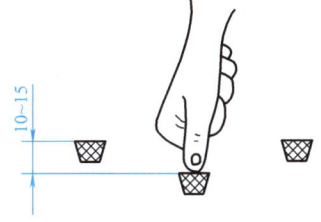

图 8-10 带的初拉力控制

通常带传动的张紧主要采用两种方法，即调整中心距（主动带轮与从动带轮轴线之间的距离）和应用张紧轮。

（1）调整中心距的张紧方法 利用调整螺钉来调整中心距，如图8-11a、b所示；在小功率的传动中，也可利用电动机自身的重量下垂来达到张紧的目的，如图8-11c所示。

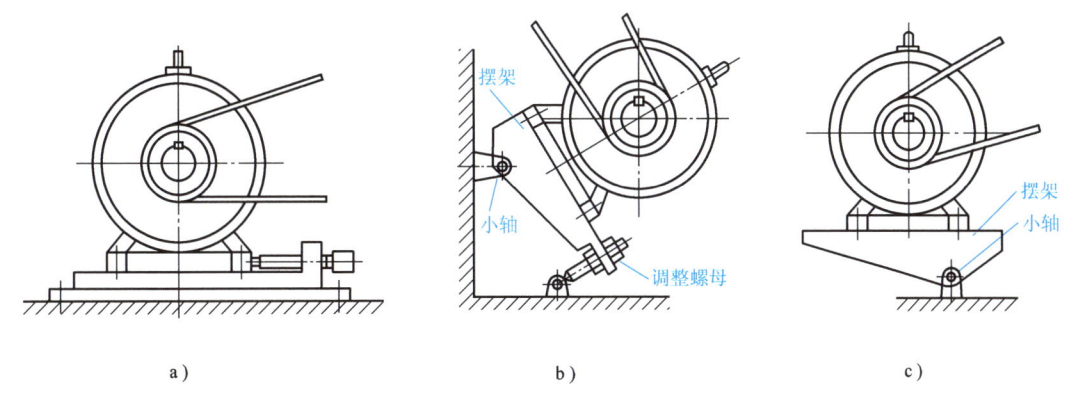

图 8-11 调整中心距的张紧方法

（2）应用张紧轮的张紧方法 当中心距不能调整时，可采用张紧轮张紧，张紧轮的布置如图8-12所示。图8-12a所示为定期张紧装置，定期调整张紧轮的位置可实现张紧。图8-12b所示为摆锤式自动张紧装置，依靠摆锤重力可使张紧轮自动张紧。汽车正时带就是靠张紧轮来张紧的，图8-12c所示为汽车发动机中带传动的张紧轮。

V带张紧时，张紧轮一般放在V带的松边内侧并尽量靠近大带轮，使带只受单向弯曲，避免影响带的使用寿命，且小带轮的包角不致过分减小。平带传动时，张紧轮一般应放在松边外侧，且应靠近小带轮，增大小带轮包角，以提高平带的传动能力。

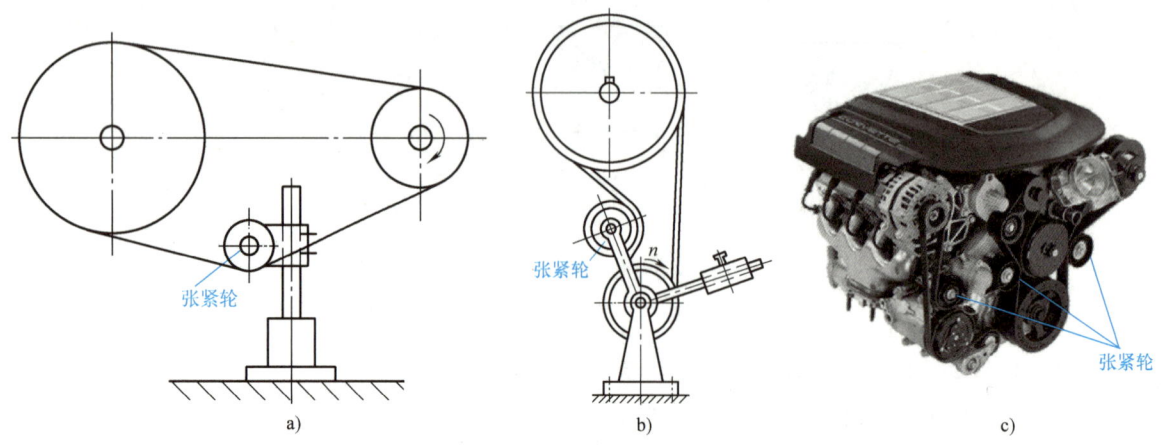

图 8-12 采用张紧轮的张紧装置

8.1.6 同步带传动简介

同步带以钢丝为强力层,外面覆盖聚氨酯或橡胶,带的工作面制成齿形,带轮的轮面也制成相应的齿形,靠带齿与轮齿啮合实现传动,带与带轮无相对滑动,能保持两轮的圆周速度同步,其结构如图 8-13 所示。

同步带常用于要求传动比准确的中小功率传动中,其传动能力取决于带的强度。图 8-14 所示为汽车中的同步带传动。

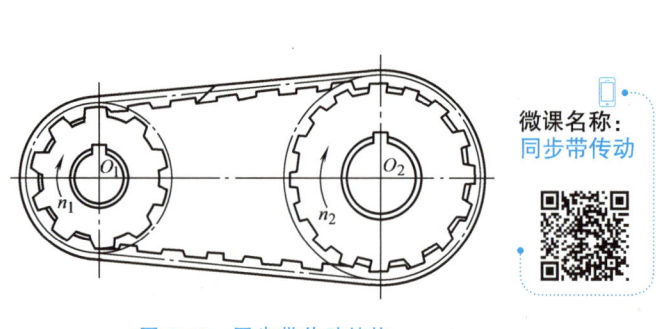

图 8-13 同步带传动结构

图 8-14 汽车中的同步带传动

同步带传动主要有以下特点。

1) 平均传动比准确。

2) 带的初拉力较小,轴和轴承上所受的载荷较小。

3) 由于带薄而轻,强力层强度高,故带速可达 40m/s,传动比可达 10,结构紧凑,传递功率可达 200kW,因而应用日益广泛。

4) 效率较高,约为 98%。

5) 带与带轮价格较高,对制造安装要求高。

8.2 链传动

8.2.1 认识汽车正时链

正时链与正时带的作用是相同的。与传统的带传动相比,链传动方式可靠、耐久性好,还可节省空间，整个系统由齿轮、链条和张紧装置等部件组成，其中液压张紧器可自动调节张紧力，使链条张紧力始终如一，并且终身免维护，从而使其与发动机同寿命，不但安全、可靠性得到了一定提升，还使发动机的使用、维护成本有所降低。图 8-15 所示为正时链在汽车中的位置。

8.2.2 链传动的组成、特点及类型

1. 链传动的组成

链传动是通过链条和链轮轮齿的啮合来传递运动和动力的一种传动方式，广泛用于运输、起重、建筑领域等各种机械的传动装置中。图 8-16 所示为汽车发动机配气机构中的链传动装置。链传动主要由主动链轮、从动链轮和链条组成，如图 8-17 所示。

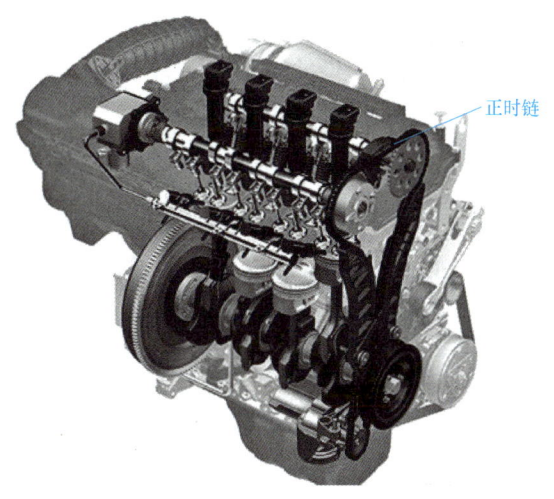

图 8-15 发动机中的正时链

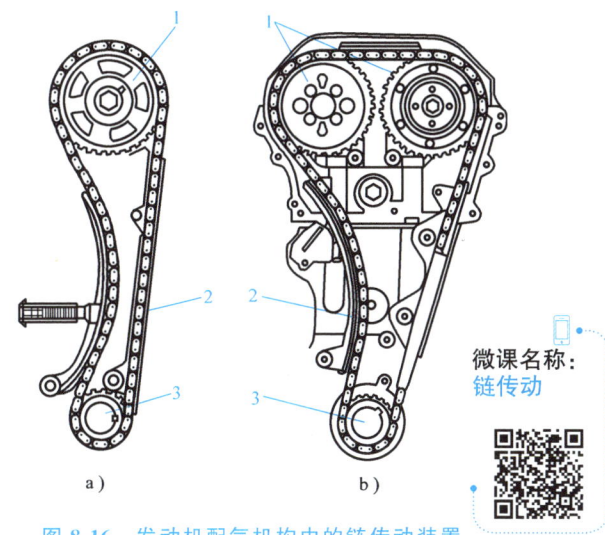

图 8-16 发动机配气机构中的链传动装置
1—凸轮轴正时链轮 2—链条 3—曲轴正时链轮

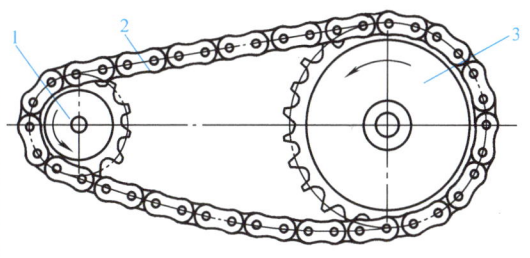

图 8-17 链传动的组成
1—主动链轮 2—链条 3—从动链轮

链传动与其他传动方式相比，主要有以下特点。

1）与带传动相比，链传动没有弹性滑动，能保持准确的平均传动比，传动效率较高；链条不需要大的张紧力，所以轴与轴承所受载荷较小；不会打滑，传动可靠，过载能力强，能在低速重载下较好地工作。

2）与齿轮传动相比，可以有较大的中心距，能在高温环境和多尘环境中工作，成本较低。

3）瞬时链速和瞬时传动比都是变化的，传动平稳性较差，工作中有冲击和噪声，不适合高速和转动方向频繁改变的场合。

链传动的应用范围很广，通常用于中心距大、多轴、转速比要求准确的传动，恶劣工作环境的开式传动，低速重载传动以及润滑良好的高速传动中。

根据用途不同，链条可分为传动链、输送链和起重链。传动链用于在一般机械中传递运动和动力，输送链用于在链式输送机中输送重物，起重链用于在起重机械中提升重物。传动链又可分为套筒滚子链（图 8-18）和齿形链（图 8-19）。

2. 传动链的类型

(1) 套筒滚子链　套筒滚子链的结构如图 8-18 所示。它由滚子、套筒、销轴、内链板和外链板所组成。外链板与销轴、内链板和套筒之间均采用过盈配合；滚子与套筒、套筒与销轴之间均采用间隙

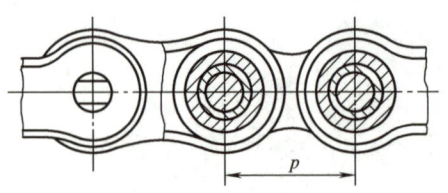

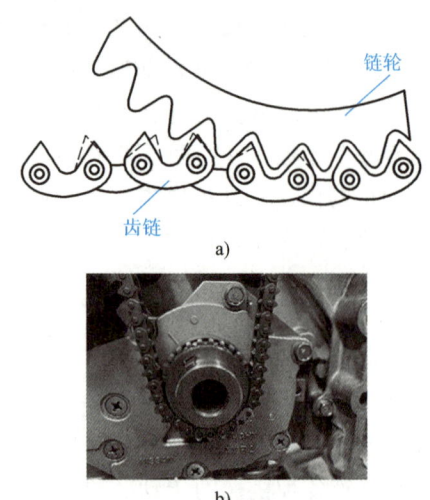

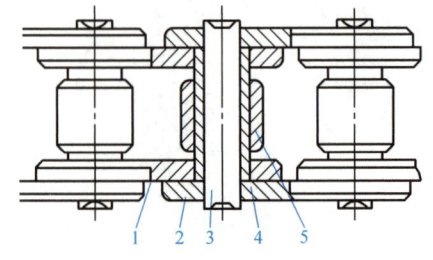

图 8-18 套筒滚子链的结构

1—内链板 2—外链板
3—销轴 4—套筒 5—滚子

图 8-19 齿形链

a) 齿形链结构图 b) 油泵用的齿形链实物图

配合。外链板与销轴构成一串外链节，内链板与套筒则构成一串内链节。当内、外链节相对屈伸时，套筒可绕销轴自由转动。内、外链节组成一个铰链，一系列内、外链节便组成了一根链条。链传动工作时，套筒上的滚子沿链轮齿廓滚动，可以减轻与链轮轮齿的磨损。链板均做成∞形，使其近似符合等强度要求，并减轻链条重量和运动时的惯性力。

套筒滚子链有三种接头形式（图 8-20），当链节数为偶数时，接头处可用开口销（图 8-20a）或弹

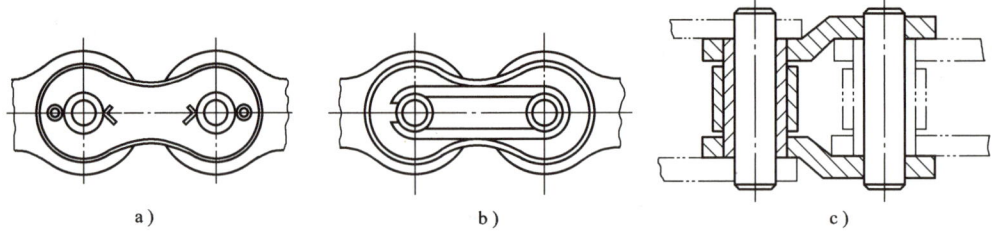

图 8-20 套筒滚子链的接头形式

a) 开口销 b) 弹簧夹 c) 过渡链节

簧夹（图 8-20b）来固定。通常前者用于大节距链，后者用于小节距链。当链子节数为奇数时，采用过渡链节连接（图 8-20c）。过渡链节在链条受拉时，其链板要产生附加弯曲，所以应尽量避免用奇数链节。

滚子链分单排链（图 8-18）、双排链（图 8-21）和多排链。排数越多承载能力越高，当传递功率较大时，可用多排链。但排数越多，各排链条受力越不均匀，会降低多排链的使用寿命，因此排数不宜超过 4 排。

（2）齿形链 图 8-19a 所示为齿形链结构图。齿形链是由铰链连接的齿形板组成的。与套筒滚子链比较，它传动平稳，噪声较小，耐冲击，能承受较高的链速，但结构复杂、价格较高，且摩擦力较大，易磨损，因此主要用于高速传动。图 8-19b 所示为发动机机油泵用的齿形链实物图。

一般来说，链条各零件由碳钢或合金钢制成，并经过热处理

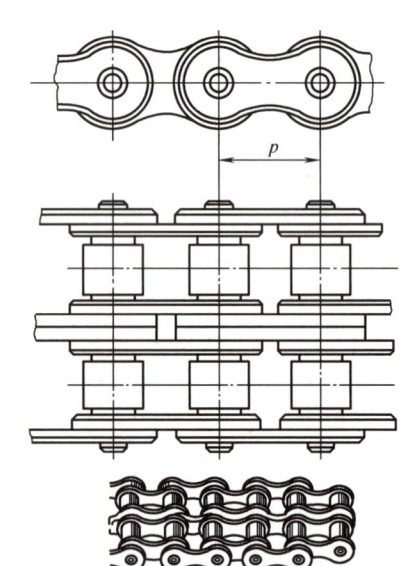

图 8-21 双排套筒滚子链

以提高强度和耐磨性。

3. 滚子链的链轮

链轮的齿形要求尽可能减小啮合时产生的冲击和接触应力，保证链节能自由地进入和退出啮合，且便于加工，因此一般多采用三圆弧一直线齿形，如图 8-22 所示。

链轮的材料应满足强度和耐磨性要求，可根据尺寸大小和工作条件选择合金钢、碳钢和铸铁等材料。由于小链轮轮齿的啮合次数比大链轮轮齿的啮合次数多，磨损和冲击较大，为了使两链轮的使用寿命接近，小链轮材料的强度和齿面硬度要比大链轮高一些。

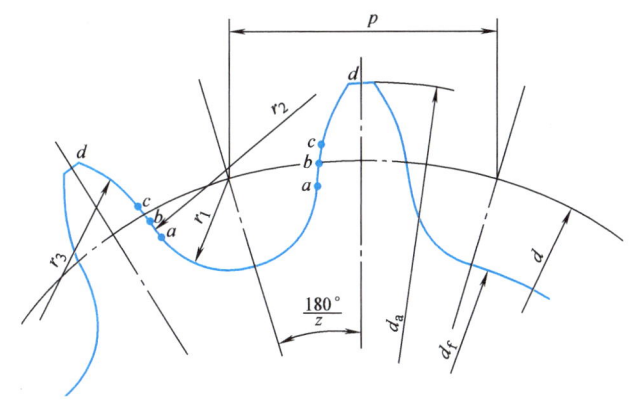

图 8-22　滚子链链轮端面齿形

8.2.3　链传动的运动特性及主要参数

1. 运动特性

由于链条和链轮啮合传动时，使链条绕在链轮上呈一多边形，链轮每转过一个齿，链条速度就会变化一次，即链条速度呈周期性变化，使链条呈周期性上下抖动，从而造成链传动运动的不均匀性。这种链传动固有的现象称为多边形效应。链轮齿数越少，链速的变化幅度越大，多变形效应越严重。为避免链传动的运动不均匀性等对其他机构的影响，常将链传动安排在低速级。

2. 主要参数及选择

（1）链轮的齿数 z_1 和 z_2　链传动的平均传动比为

$$i = \frac{n_1}{n_2} = \frac{z_2}{z_1} \tag{8-1}$$

式中　n_1、n_2——主、从动链轮的转速（r/min）；

z_1、z_2——主、从动链轮的齿数。

由于链轮的齿数越少，多边形效应越明显，传动越不平稳，所以在传动比不过大的情况下，尽量增加小链轮的齿数 z_1 对传动是有利的，一般 $z_{1min}=17$。但是 z_1 不能太大，因为 z_1 大，z_2 会更大，不仅增大传动尺寸，而且铰链磨损后容易发生跳链、脱链的现象，缩短链条的使用寿命。

两轮的齿数 z_1、z_2 应优先选用序列 17、19、21、23、25、38、57、76、95、114。为了使链传动磨损均匀，两链轮齿数应尽量选取与链节数（偶数）互为质数的奇数。

（2）链节数 p　链的节距越大，承载能力越高，但传动的速度不均匀性和动载荷也要增大。因此，在满足功率要求的前提下，应尽量选用较小的链节距。高速、大功率和大传动比的链传动，可选用小节距多排链。低速、大中心距、小传动比时，可选用稍大节距的单排链。

（3）中心距 a　中心距的选择要适当。若中心距太小，则小链轮上的包角也小，同时啮合的链轮齿数也减小；若中心距过大，则易使链发生抖动。一般可初选中心距 $a=(30\sim50)p$，最大中心距 $a_{max}=80p$。

8.2.4　链传动的布置和张紧

链传动的布置是否合理，对链传动的工作能力和使用寿命影响较大。一般来说，链传动应布置在铅垂平面内，尽可能避免布置在水平面或倾斜平面内。如有必要，应考虑加装托板或张紧轮装置，并选择较为紧凑的中心距。布置时，常使链条的紧边在上、松边在下。链传动的布置方案见表 8-2。

表 8-2 链传动的布置方案

传 动 参 数	布 置 方 案	说 明
$i=2\sim3$ $a=(30\sim50)p$ (i 与 a 较合适)		两链轮轴线在同一水平面内，紧边在上或在下均可，一般紧边在上
$i>2$ $a<30p$ (i 大 a 小)		两链轮轴线不在同一水平面内，松边应在下面
$i<2$ $a<60p$ (i 小 a 大)		两链轮轴线在同一水平面内，松边应在下面
i、a 为任意值 （垂直传动）		两链轮轴线在同一垂直平面内，应设置张紧装置或使上、下两链轮偏置

在链传动过程中，链的松边过松时，链传动容易产生振动、跳齿或脱链，因此在安装链条时，要使链条有一定的张紧力。通常使链条松边有适当的垂度，靠悬垂拉力就可保持链传动的张紧。张紧的目的主要是避免链条松边垂度过大时啮合不良和链条的振动。链传动的张紧方法主要有两种，即调整中心距和用张紧轮张紧。用张紧轮张紧时，张紧轮一般是压紧在松边靠近小链轮处，其直径应与小链轮的直径相近，张紧方式如图 8-23 所示。

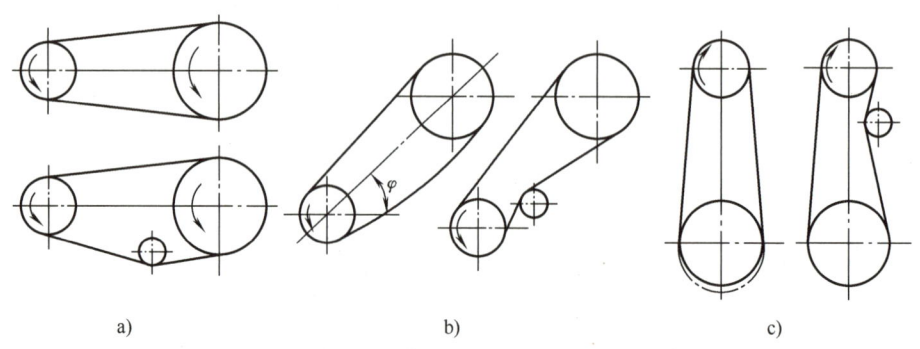

图 8-23 链传动的张紧方式

8.2.5 链传动的润滑

链传动必须保证有良好的润滑,才能缓和冲击,减少磨损,提高工作的可靠性和传动效率,延长使用寿命。不管采用何种润滑方式,润滑油都应加在松边上,因为松边上的链节松弛,润滑油更容易流到需要润滑的缝隙表面。发动机正时链采用的是喷溅润滑。

8.3 齿轮传动和蜗杆传动

8.3.1 认识汽车手动变速器

汽车需要变速器是由汽车发动机的物理特性决定的。任何发动机都有速度极限,转速超过这个最大值,发动机就会爆炸。在功率和转矩都达到最大值时,发动机的转速变化范围很小。在汽车加速或者减速时,变速器通过改变输入轴与输出轴之间的转速比,使发动机转速保持在速度极限以下,并且使发动机接近最佳性能转速区。图8-24所示为手动变速器的外形及解剖图。手动变速器一般由壳体、传动部分和操纵部分组成,其中传动部分主要由齿轮机构组成,它是手动变速器的主要组成部分。

微课名称:
手动变速器齿轮机构

图8-24 汽车手动变速器外形及解剖图

变速器在汽车的传动系统中,位于离合器的后面(或液力变矩器的后面)。变速器通过离合器与发动机相连,变速器的输入轴就和发动机转速同步了。变速器具有以下几个功用。

1)改变传动比,扩大驱动轮转矩和转速的变化范围,以适应经常变化的行驶条件,同时使发动机在有利(功率较高而油耗较低)的工况下工作。

2)在发动机旋转方向不变的情况下,使汽车能倒向行驶。

3)利用空档,中断动力传递,以使发动机能够起动、怠速,并便于变速器换档或进行动力输出。

8.3.2 齿轮传动的特点及分类

1. 齿轮传动概述

齿轮传动是各类机械传动中应用最广泛、最主要的一种传动。它是通过两个齿轮相互啮合来传递运动和动力的传动装置。如图8-25所示,两齿轮轴线的相对位置不变,各自绕其自身的轴线转动。工作时,主动轮O_1的轮齿1、2、3……通过啮合点法向力的作用,推动从动轮O_2的轮齿1′、2′、3′……使从动轮转动,从而将主动轮的动力和运动传递给从动轮。

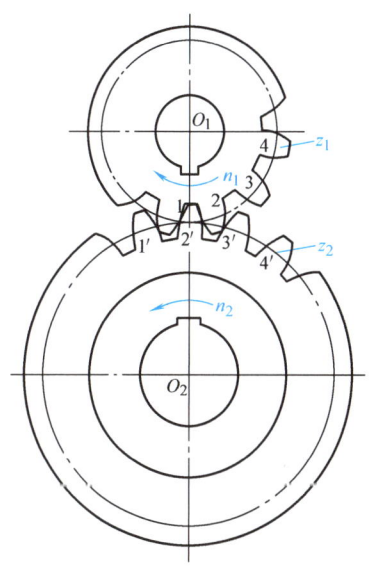

图8-25 齿轮传动

在图 8-25 所示的一对齿轮中，设主动轮的转速为 n_1、齿数为 z_1，从动轮的转速为 n_2、齿数为 z_2。当主动轮转过 n_1 转数时，转过的齿数为 $n_1 z_1$，此时从动轮转过 n_2 转数，其转过的齿数为 $n_2 z_2$。由于两齿轮转过的齿数相等，即 $n_1 z_1 = n_2 z_2$，因此可知一对齿轮的传动比为

$$i_{12} = \frac{n_1}{n_2} = \frac{z_2}{z_1} \tag{8-2}$$

式（8-2）说明一对齿轮的传动比 i_{12} 是主动轮与从动轮转速（角速度）之比，与齿数成反比。

2. 齿轮传动的特点

与其他传动相比，齿轮传动具有以下特点。

1）可实现较大的传动比，且传动比恒定，传动精度高。
2）传动效率高，寿命长。
3）结构紧凑、工作可靠，可实现平行轴、任意角相交轴和任意角交错轴之间的传动。
4）适用的速度和传递功率及尺寸范围大，可用于高速（$v>40\text{m/s}$）、中速和低速（$v<25\text{m/s}$）的传动；传递功率为 1~50000kW 或更大；其直径包括不到 1mm 的仪表齿轮到 10m 以上的重型齿轮。
5）有较高的齿轮制造和安装精度要求，成本高，不适合远距离两轴之间的传动。

3. 齿轮传动的分类

齿轮传动的类型很多，根据两啮合齿轮几何轴线的相对位置和齿向的不同，可将齿轮传动分为平行轴齿轮传动（两齿轮轴线互相平行）、相交轴齿轮传动（两齿轮轴线相交）和交错轴齿轮传动（两齿轮轴线既不平行也不相交）。常用齿轮传动的类型见表 8-3。

表 8-3 常用齿轮传动的类型

类型		简 图
平行轴齿轮传动	直齿圆柱齿轮机构	 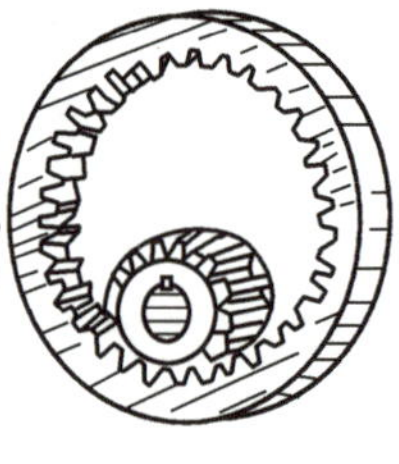 外啮合　内啮合　齿轮齿条传动 微课名称：齿轮传动-外啮合　微课名称：齿轮传动-内啮合 　微课名称：齿轮齿条传动
	斜齿圆柱齿轮机构	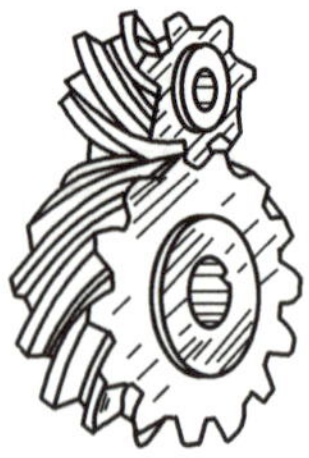 微课名称：斜齿轮传动
	人字齿轮机构	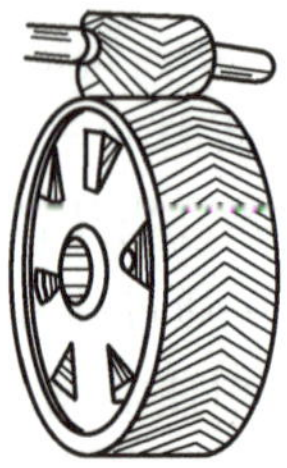 微课名称：人字齿轮传动

(续)

类 型	简 图
相交轴齿轮传动	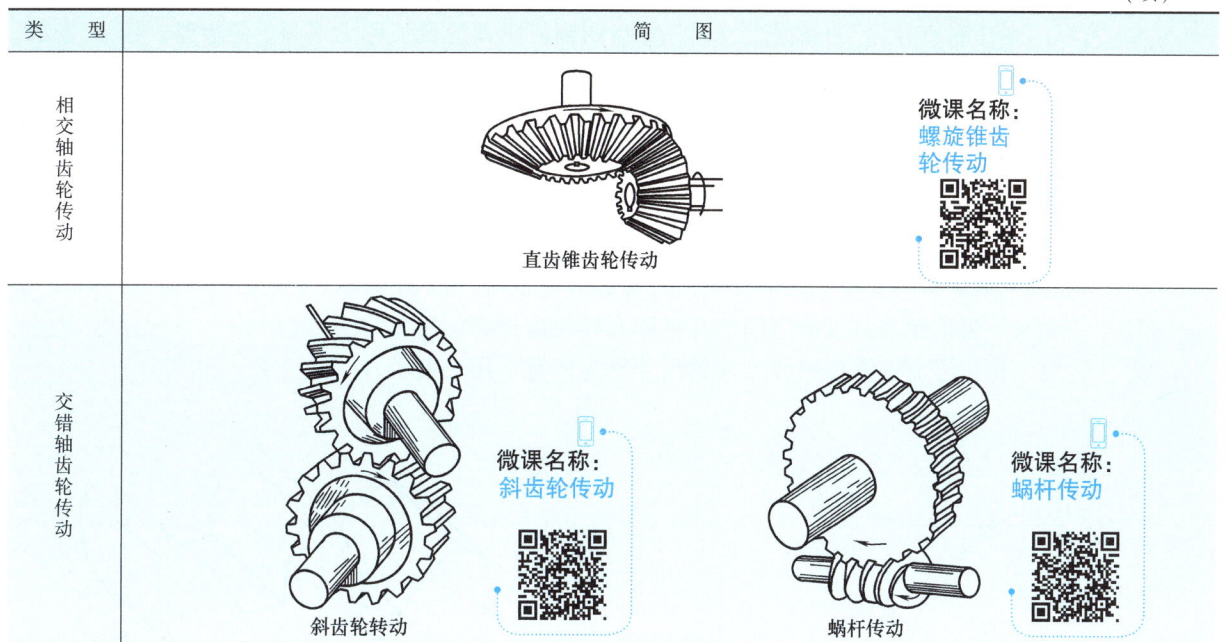
交错轴齿轮传动	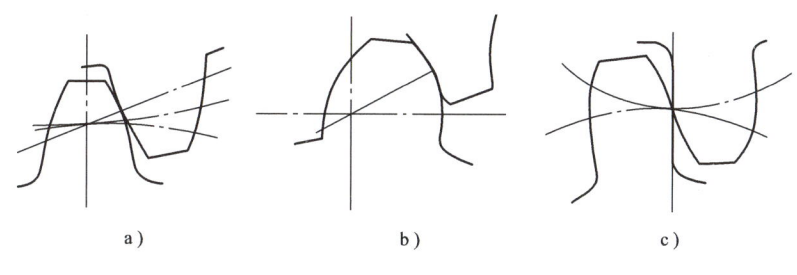

8.3.3 渐开线直齿圆柱齿轮各部分的名称、主要参数和几何尺寸

齿轮可按齿廓曲线不同，分为渐开线、圆弧和摆线三种，如图 8-26 所示，其中渐开线齿轮应用最广泛。本节主要介绍外啮合渐开线直齿圆柱齿轮传动。

图 8-26 齿廓曲线
a）渐开线 b）圆弧 c）摆线

1. 渐开线的形成及其传动特点

渐开线齿轮的齿廓取用了渐开线的一段。因此，我们要先了解一下渐开线的形成及其性质。

如图 8-27 所示，当一条动直线（发生线）n—n 沿着一固定的圆（基圆）做纯滚动时，该动直线上任一点 K 的轨迹称为该圆的渐开线。

渐开线齿廓具有以下的传动特点。

1）能保证传动比为一常数。
2）齿廓间正压力的方向保持不变，有利于齿轮传动保持平稳。
3）齿轮的传动比取决于两齿轮基圆半径的大小，即使两轮中心距稍有变化，传动比仍然保持不变。

2. 齿轮各部分的名称

图 8-28 所示为直齿圆柱齿轮（简称直齿轮）的一部分，其各部分的名称和符号如下。

（1）齿槽 齿轮上相邻两齿之间的空间，称为齿槽。

（2）齿顶圆 齿顶圆柱面与端平面的交线称为齿顶圆，其直径用 d_a 表示。

（3）齿根圆　齿根圆柱面与端平面的交线称为齿根圆，其直径用 d_f 表示。

（4）齿厚　在任意直径 d_k 的圆周上，同一轮齿两侧齿廓间的弧长称为该圆上的齿厚，用 s_k 表示。

（5）槽宽　齿槽两侧齿廓间的弧长称为该圆周上的槽宽，用 e_k 表示。

（6）分度圆　为了设计、制造方便，在齿顶圆与齿根圆之间取个圆，作为计算、制造、测量齿轮尺寸的基准，该圆称为分度圆，其直径用 d 表示。在标准齿轮上，分度圆的齿厚 s 与槽宽 e 相等。

（7）齿距　两相邻同侧齿廓间的弧长称为齿距，分度圆上的齿距用 p 表示，$p=s+e$。

（8）齿高　齿顶圆与齿根圆之间的径向距离称为齿高，用 h 表示。

（9）齿顶高　齿顶圆与分度圆之间的径向距离称为齿顶高，用 h_a 表示。

（10）齿根高　齿根圆与分度圆之间的径向距离称为齿根高，用 h_f 表示。

（11）齿宽　轮齿沿分度圆柱母线方向的尺寸称为齿宽，用 b 表示。

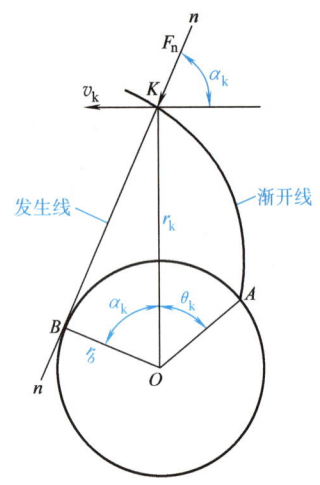

图 8-27　渐开线的形成

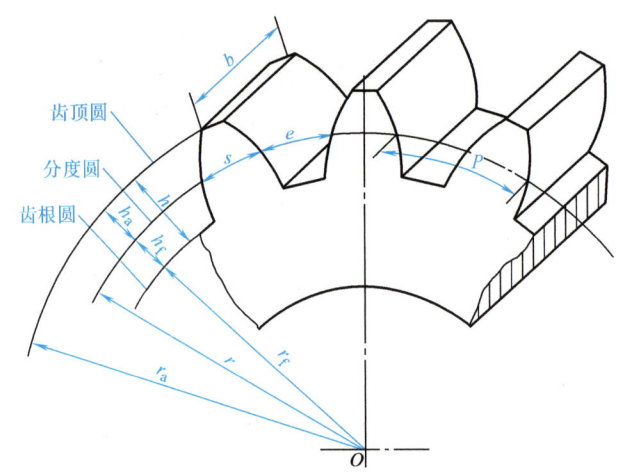

图 8-28　直齿圆柱齿轮各部分名称和符号

3. 齿轮的主要参数

（1）模数　因为分度圆的周长 $\pi d = zp$，则分度圆的直径为

$$d = pz/\pi \tag{8-3}$$

当已知直齿轮的齿距 p 和齿数 z 时，可由上式求出分度圆直径 d。但由于上式中 π 为无理数，所以求得的 d 也为无理数，使计算繁琐又不精确，给齿轮制造和检验带来诸多不便。工程上为设计、制造和检验方便，规定齿距 p 除以圆周率 π 所得的商为模数，用 m 表示。即

$$m = p/\pi \tag{8-4}$$

我国已规定了标准模数系列，见表 8-4。

表 8-4　渐开线圆柱齿轮标准模数系列（摘录 GB/T 1357—2008）　　　　（单位：mm）

第一系列	1	1.25	1.5	2	2.5	3	4	5	6
	8	10	12	16	20	25	32	40	50
第二系列	1.125	1.375	1.75	2.25	2.75	3.5	4.5	5.5	(6.5)
	7	9	11	14	18	22	28	36	45

注：1. 对斜齿圆柱齿轮指法向模数。
　　2. 优先采用第一系列，括号中的数值尽可能不用。

（2）压力角　渐开线齿廓上任一点的法线，与该点的线速度之间所夹的锐角，称为该点的压力角（图 8-27 中的 α_k）。因为齿轮齿廓上各点的法线及线速度的方向是不相同的，故各点的压力角也是不同的。

齿轮的压力角通常指分度圆上的压力角，用 α 表示。我国规定，标准压力角 $\alpha = 20°$。因此，分度

圆就是齿轮取标准模数和标准压力角的圆。从图 8-27 中可得分度圆压力角的计算公式为

$$\cos\alpha = \frac{r_b}{r} \tag{8-5}$$

式中　r_b——基圆半径（m）；
　　　r——分度圆半径（m）。

4. 标准直齿圆柱齿轮的几何尺寸

外啮合渐开线标准直齿圆柱齿轮的主要参数和几何尺寸的计算公式见表 8-5。内齿轮和齿条的几何尺寸计算，可查阅相关机械设计手册。

表 8-5　外啮合渐开线标准直齿圆柱齿轮的主要参数和几何尺寸的计算公式

名　称	符　号	公　式
齿数	z	选定 $z_1 \geqslant z_{min}$，$z_2 = iz_1$
模数	m	根据强度或结构确定，选用标准值
压力角	α	选用标准值，$\alpha = 20°$
分度圆直径	d	$d = mz$
齿顶高	h_a	$h_a = h_a^* m$，对正常齿：$h_a^* = 1$
齿根高	h_f	$h_f = (h_a^* + c^*) m$，对正常齿：$c^* = 0.25$
齿高	h	$h = h_a + h_f$
齿顶圆直径	d_a	$d_a = m(z+2)$
齿根圆直径	d_f	$d_f = (z - 2h_a^* - 2c^*) m$
基圆直径	d_b	$d_b = d\cos\alpha$
齿距	p	$p = \pi m$
齿厚	s	$s = \pi \dfrac{m}{2}$
槽宽	e	$e = \pi \dfrac{m}{2}$
中心距离	a	$a = (d_1 + d_2)/2 = (z_1 + z_2) m/2$
顶隙	c	$c = c^* m$

5. 正确啮合的条件和正确安装中心距

（1）正确啮合的条件　要使一对渐开线齿轮正确啮合，必须使它们的模数和压力角分别相等，这就是齿轮正确啮合的条件，即

$$\begin{cases} m_1 = m_2 = m \\ \alpha_1 = \alpha_2 = \alpha \end{cases} \tag{8-6}$$

（2）正确安装中心距　图 8-29 所示为一对渐开线标准直齿圆柱齿轮啮合传动，渐开线标准直齿圆柱齿轮机构的中心距等于两齿轮分度圆半径之和。这种中心距称为正确安装中心距或标准中心距，即

$$a = r_1 + r_2 \tag{8-7}$$

8.3.4　斜齿圆柱齿轮传动

1. 斜齿圆柱齿轮传动的特点及应用

直齿圆柱齿轮的轮齿方向与轴线是平行的，所有垂直于轴线的平面内的齿形完全相同。当两个直齿圆柱齿轮啮合时，相互啮合的两个齿的接触线，是平行于轴线且与齿宽相等的直线（图 8-30a），在直齿轮运转的过程中，轮齿将沿齿宽同时进入或脱离啮合，即：作用在轮齿上的

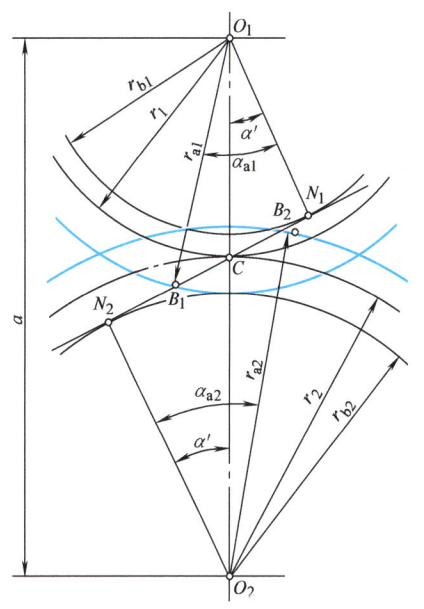

图 8-29　渐开线齿轮的啮合

载荷是突然加上或卸掉的，这样会使传动不平稳，容易产生振动和噪声。

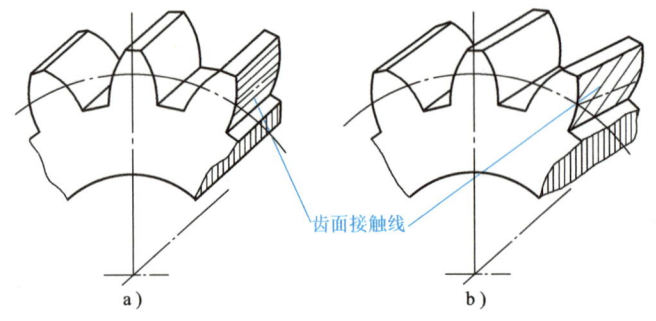

图 8-30　齿面接触线
a) 直齿轮传动　b) 斜齿轮传动

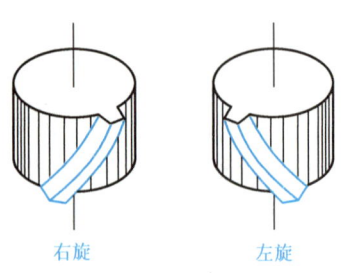

图 8-31　斜齿轮轮齿的旋向

斜齿轮的轮齿与轴线倾斜成螺旋形，如图 8-31 所示。一对斜齿轮啮合的过程中，每个瞬时接触线都不与轴线平行，是倾斜的（图 8-30b）。轮齿开始啮合时，接触线长度由零逐渐增大；当达到某一位置后，接触线长度又逐渐缩短，直到脱离啮合。另外，由于斜齿轮轮齿是倾斜的，同时啮合的齿数比直齿轮传动多。因此，斜齿轮传动比直齿轮传动平稳，承载能力较大，适用于高速和重载传动，但在传动中会产生轴向分力，且不便用作变速滑移齿轮。

2. 斜齿圆柱齿轮的主要参数及几何尺寸

由于斜齿圆柱齿轮在齿宽方向上轮齿是沿螺旋线方向分布的，所以其齿面在端面（垂直于齿轮轴线的平面）和法向（垂直于齿的平面）的齿形不同。由于加工斜齿轮时，刀具是沿螺旋线方向进给的，因此要以轮齿的法向参数为标准来选择刀具。但在计算几何尺寸时，要按端面的参数进行计算。因此，需要熟悉斜齿轮端面与法向之间的参数换算关系。

为了便于分析，假想将斜齿轮的分度圆柱面展开，如图 8-32 所示。

(1) 螺旋角 β　在斜齿轮的展开平面上，螺旋线变成了斜直线，它与轴线的夹角称为分度圆柱上的螺旋角，简称螺旋角，用 β 表示。斜齿轮轮齿的旋向分为左旋和右旋两种，如图 8-31 所示。

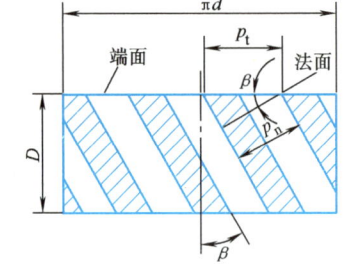

图 8-32　斜齿轮展开图

(2) 模数　在图 8-32 中，有阴影线的部分表示齿厚，无阴影线的部分表示齿槽。p_n 表示法向齿距，p_t 表示端面齿距，则 p_n、p_t 之间的关系为

$$p_n = p_t \cos\beta \tag{8-8}$$

上式两边都除以 π 得

$$\frac{p_n}{\pi} = \frac{p_t}{\pi}\cos\beta \tag{8-9}$$

即得

$$m_n = m_t \cos\beta \tag{8-10}$$

式中　m_n——法向模数；

　　　m_t——端面模数。一般规定 m_n 按表 8-5 取标准值。

(3) 压力角

斜齿轮在分度圆上的压力角也分为法向压力角 α_n 和端面压力角 α_t，两者之间的关系为

$$\tan\alpha_n = \tan\alpha_t \cos\beta$$

一般规定法向压力角取标准值，即 $\alpha_n = 20°$。

标准斜齿轮的几何尺寸计算公式见表 8-6。

表 8-6 标准斜齿轮的几何尺寸计算公式

	名　称	符　号	计算公式
基本参数	法向模数	m_n	按强度决定，选取标准值
	法向压力角	α_n	选标准值 $\alpha_n = 20°$
	齿数	z	$z_1 \geq z_{min}$，$z_2 = iz_1$
	齿顶高系数	h_{an}^*	选标准值 $h_{an}^* = 1$
	顶隙系数	c_n^*	选标准值 $c_n^* = 0.25$
	分度圆柱螺旋角	β	一般取 $\beta = 8° \sim 20°$
几何尺寸	端面模数	m_t	$m_t = m_n / \cos\beta$
	分度圆直径	d	$d = zm_t = zm_n / \cos\beta$
	齿顶高	h_a	$h_a = h_{an}^* m_n$
	齿根高	h_f	$h_f = (h_{an}^* + c_n^*) m_n$
	齿高	h	$h = h_a + h_f = (2h_{an}^* + c_n^*) m_n$
	齿顶圆直径	d_a	$d_a = d + 2h_a$
	齿根圆直径	d_f	$d_f = d - 2h_f$
	中心距	a	$a = (d_1 + d_2)/2 = m_n(z_1 + z_2)/(2\cos\beta)$

3. 斜齿轮传动的正确啮合条件

一对斜齿轮正确啮合时，除了两齿轮的端面模数和端面压力角分别相等外，两齿轮的螺旋角也必须大小相等、方向相反，即其中一个齿轮为左旋，另一个齿轮为右旋。由于两齿轮的螺旋角相等，所以其法向模数和法向压力角也必然相等。因此，外啮合斜齿轮传动的正确啮合条件为

$$m_{n1} = m_{n2} = m$$
$$\alpha_{n1} = \alpha_{n2} = \alpha \tag{8-11}$$
$$\beta_1 = -\beta_2$$

8.3.5　锥齿轮传动

1. 锥齿轮传动的特点和类型

锥齿轮传动用来传递两相交轴间的回转运动，在一般机械中多采用轴交角 $\Sigma = 90°$。锥齿轮的轮齿分布在圆锥体上，其齿形从大端到小端是逐渐收缩的。与圆柱齿轮相似，锥齿轮有分度圆锥、顶圆锥和根圆锥。工作时，两齿轮的分度圆锥锥顶必须重合，这样使锥齿轮的制造、安装比较困难，也降低了锥齿轮传动的精度和承载能力，因此，锥齿轮传动一般用于轻载、低速场合。

锥齿轮传动可按锥齿轮齿线（齿面与分度圆锥面的交线）形状不同，分为直齿、斜齿和曲齿等多种形式的锥齿轮传动，如图 8-33 所示。由于直齿锥齿轮传动设计、制造和安装比较方便，所以应用最广泛。曲齿锥齿轮具有倾斜的曲线轮齿，比直齿锥齿轮传动平稳，噪声小，承载能力大，常用于高速重载传动。图 8-34 所示为汽车后桥主减速器和差速器应用的锥齿轮传动。

a)

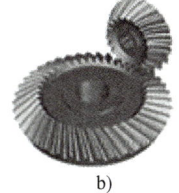
b)

c)

图 8-33　锥齿轮传动的类型
a）直齿锥齿轮传动　b）斜齿锥齿轮传动　c）曲齿锥齿轮传动

2. 直齿锥齿轮传动的正确啮合条件

由于直齿锥齿轮的大端齿形可以近似地用当量齿轮（直齿圆柱齿轮）的齿形代替，其模数以大端模数为标准，因此，直齿锥齿轮的正确啮合条件与直齿圆柱齿轮相同，即

$$m_1 = m_2 = m$$
$$\alpha_1 = \alpha_2 = \alpha$$

3. 直齿锥齿轮传动的传动比

直齿锥齿轮传动的传动比与两轮齿数的关系为

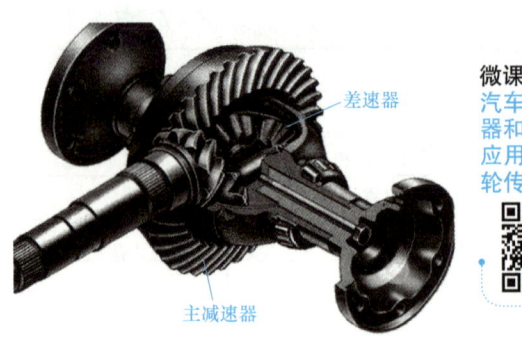

图 8-34 汽车后桥主减速器和差速器应用的锥齿轮传动

$$i = \frac{n_1}{n_2} = \frac{z_2}{z_1}$$

8.3.6 齿轮传动的失效形式及常用材料

1. 齿轮传动的失效形式

齿轮失效是指齿轮在传动过程中，由于载荷的作用发生轮齿折断、齿面损坏等现象，使齿轮失去正常的工作能力。由于齿轮传动的工作条件和应用范围不同，失效形式也各不相同。

按工作情况不同，齿轮传动可分为齿轮外露或只有简单遮盖的开式传动（图 8-35a）和齿轮被封闭在箱体内的闭式传动（图 8-35b 所示为汽车变速器中的齿轮传动）。开式传动容易有灰尘或其他杂物进入轮齿啮合处，且不能保证良好的润滑条件；闭式传动的工作条件相对要好。齿轮失效一般是指轮齿失效，其失效的形式主要有五类，即齿面磨损、齿面点蚀、齿面胶合、齿面塑性变形和轮齿折断。

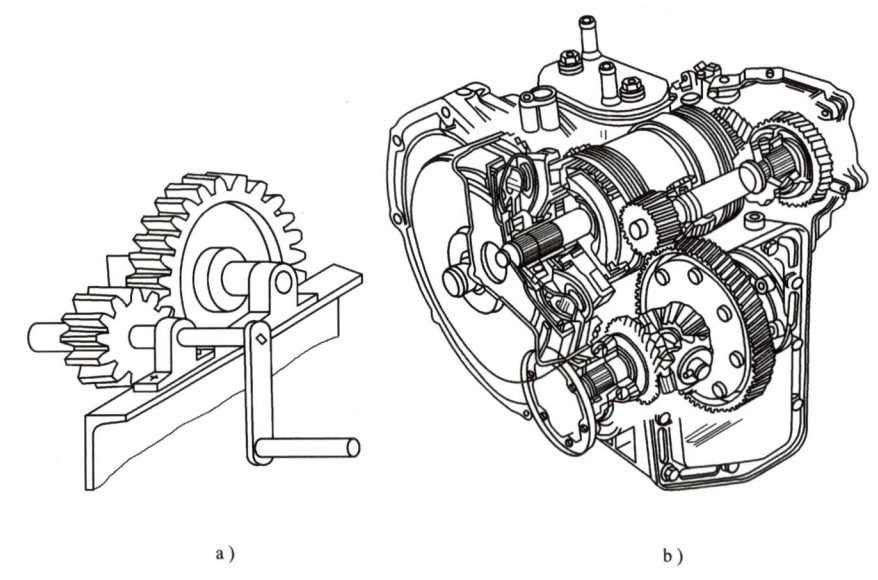

a)   b)

图 8-35 齿轮传动的工作情况
a) 开式传动 b) 闭式传动

（1）**齿面磨损** 外界硬的微粒落入啮合面间时，由于齿面相对滑动，导致轮齿表面磨损。齿面逐渐磨损后，齿廓将失去正确齿形从而影响传动的平稳性，严重时将导致轮齿过薄而折断。齿面磨损是齿轮开式传动的主要失效方式。为了减少磨损，应尽可能采用闭式传动。运转初期磨合后应及时换掉脏油，并清洗有关零件，然后再正式运转。

（2）**齿面点蚀** 齿轮在传递动力时，两齿面理论上是线接触，实际上因为齿面的弹性变形而形成很小的面接触。由于接触面积很小，所以产生很大的接触压应力，简称接触应力。

齿面点蚀是润滑良好的闭式齿轮传动的常见失效形式。齿轮工作时，齿面接触应力是交变的，当接触应力达到一定值、应力交变次数达到一定值时，在靠近节线的齿根表面上，将出现若干小裂纹，封闭在裂纹中的润滑油在外加压力作用下，形成较大的油压，加速裂纹的扩展，从而导致齿面贝壳状小片剥落而形成麻点（图8-36），这种损坏现象称为点蚀。如点蚀继续扩展，将影响齿轮传动的平稳性，并产生振动和噪声，不能保证正常传动。

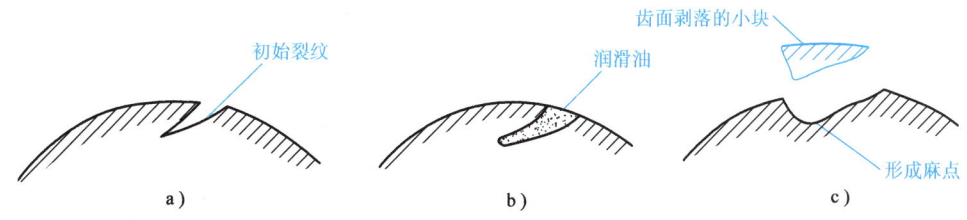

图 8-36 齿面点蚀的过程分析

（3）齿面胶合　在高速重载的齿轮传动中，齿面间的压力大，瞬时温度高，润滑效果差。当瞬时温度过高时，将使两齿面相互胶合，两齿面做相对运动时，粘住的齿面将被撕裂，从而在齿面上沿着滑动方向形成带状或大面积伤痕。低速重载齿轮传动不易形成油膜，摩擦发热虽不大，但也可能会因重载而出现冷胶合。表面粗糙度对于冷胶合影响十分突出。因此，对于低速重载齿轮传动，为避免发生胶合，应注意降低表面粗糙度值以及控制各种载荷集中等因素。

（4）齿面塑性变形　齿面较软的齿轮，载荷及摩擦力又都较大时，在啮合过程中，齿面表层材料容易沿着摩擦力的方向产生塑性变形，使轮齿失去正确齿形，可以通过提高齿面硬度、采用黏度较大的润滑油，来减轻或防止齿面塑性变形。

对于开式传动，应尽量设置防尘罩以防止外界磨料进入啮合区，选用硬度较高材质，较大黏度（或带极压添加剂）的润滑剂以减轻磨损。

（5）轮齿折断　轮齿受力后齿根弯曲应力最大，而且有应力集中。轮齿多次重复受力后，齿根处将产生疲劳裂纹并逐渐扩展，最终引起轮齿折断（图8-37），这种断裂称为弯曲疲劳断裂。此外，轮齿受到短时过载或冲击载荷时也可能产生折断。轮齿折断均起始于拉应力一侧。

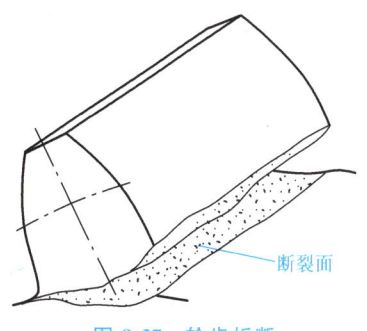

图 8-37 轮齿折断

2. 齿轮的常用材料

由于各种齿轮传动的工作情况都不相同，因而对齿轮的材料要求也不同。为了不发生轮齿的折断，希望材料要有足够的弯曲疲劳强度和冲击韧度。为了不发生表面疲劳点蚀，则希望齿面有较高的硬度，从而提高接触疲劳强度。由于齿轮相互啮合时，小齿轮的啮合次数要多于大齿轮，所以小齿轮材料的强度和硬度应比大齿轮略高。

常用的齿轮材料、轮齿硬度和应用举例见表8-7。

表8-7 常用的齿轮材料、轮齿硬度和应用举例

材　　料	牌　　号	热处理方法	硬　　度		应 用 举 例
			齿心的硬度	齿面的硬度	
优质碳素钢	35钢	正火		150~180HBW	低速轻载的齿轮或中速中载的大齿轮
	45钢			162~217HBW	
	50钢			180~220HBW	
合金钢	35钢	调质		180~210HBW	中、低速中载的齿轮,如通用减速器和机床中一般传动的齿轮
	45钢			217~255HBW	
	35SiMn			217~269HBW	
	35SiMnMo			217~369HBW	
	40Cr			241~286HBW	

(续)

材料	牌号	热处理方法	硬度		应用举例
			齿心的硬度	齿面的硬度	
优质碳素钢	35钢	表面淬火	180~210HBW	40~45HRC	高速中载、无剧烈冲击的齿轮,如机床变速箱中的齿轮
	45钢		217~255HBW	40~50HRC	
	50钢		230~260HBW	45~52HRC	
合金钢	20Cr	渗碳、淬火、回火		58~63HRC	高速中载、承受冲击载荷的齿轮。如汽车、拖拉机中的重要齿轮
	20CrMnMo		28~33HRC	58~63HRC	
	20CrMnTi			58~63HRC	
	38CrMoAl	渗氮	229HBW	>65HRC	载荷平稳、润滑良好的齿轮
铸钢	ZG310-570	正火		163~197HBW	重型机械中的低速齿轮
	ZG340-640			179~207HBW	
	ZG35Mn			163~217HBW	
	ZG40Mn2	调质		197~248HBW	标准系列减速器的大齿轮
球墨铸铁	QT500-5			147~241HBW	可用来代替铸钢
	QT600-2			229~302HBW	
灰铸铁	HT250			170~241HBW	低速中载、不受冲击的齿轮,如机床操纵机构的齿轮
	HT300			187~255HBW	

注:$v<25\text{m/s}$ 为低速,$v=25\sim40\text{m/s}$ 为中速,$v>40\text{m/s}$ 为高速。

8.3.7 汽车中的蜗杆传动

蜗杆传动由蜗杆和蜗轮组成,如图8-38所示。蜗杆传动用于传递交错轴之间的回转运动和动力,通常轴交角为90°。蜗杆传动中,一般蜗杆为主动件,蜗轮为从动件。

蜗杆传动在汽车中应用很多,图8-39所示为托森差速器,其中就应用了蜗杆传动机构进行转矩分配。此外,汽车电动座椅的传动机构、发动机可变气门传动机构、刮水器传动机构、中控锁传动机构及电动后视镜的传动机构中都用到了蜗杆传动。

图8-38 蜗杆传动实物图

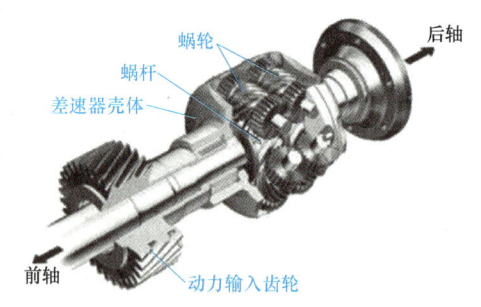

图8-39 托森差速器中的蜗杆传动

1. 蜗杆传动的特点

与齿轮传动相比,蜗杆传动具有以下特点。

1)传动比大。在传力机构中,通常其传动比可在8~80范围内选取。在分度机构中,传动比可达1000。

2)工作平稳,噪声低。

3)结构紧凑,可根据要求实现自锁。

4)传动效率低,一般为70%~80%,自锁时为40%左右。

5)制造成本较高。为减轻齿面磨损、防止齿面胶合,蜗轮一般多用青铜制造,造价较高。

由于蜗杆传动具有以上的特点,因此只适用于中、小功率的传动。

2. 蜗杆传动的类型

根据蜗杆螺旋线的旋向不同,蜗杆可分为右旋蜗杆和左旋蜗杆两种。旋向确定方法如图 8-40 所示,将蜗杆竖直面对观察者,如螺纹自左向右升高,为右旋;反之为左旋。

按蜗杆的形状不同,蜗杆传动可分为圆柱蜗杆传动和环面蜗杆传动,如图 8-41a、b 所示。

圆柱蜗杆传动按蜗杆的螺旋面形状不同又分为阿基米德蜗杆传动、圆柱蜗杆传动、渐开线蜗杆传动等。由于阿基米德蜗杆传动制造简单,应用广泛,这里主要介绍阿基米德蜗杆传动。

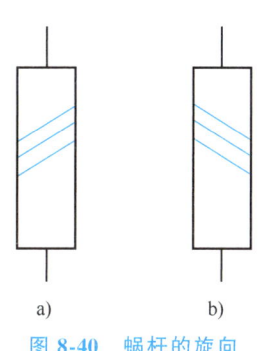

图 8-40 蜗杆的旋向
a) 右旋 b) 左旋

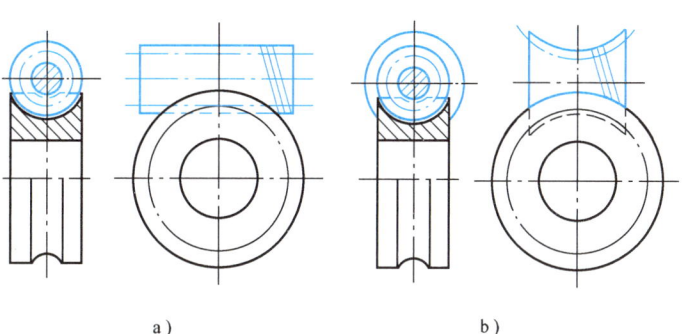

图 8-41 蜗杆传动的类型
a) 圆柱蜗杆 b) 环面蜗杆

3. 蜗杆传动的主要参数

(1) 模数 m 和压力角 α 如图 8-42 所示,通常把通过蜗杆轴线并与蜗轮轴线垂直的平面称为中间平面。在中间平面上,蜗杆和蜗轮的啮合相当于齿条和渐开线齿轮的啮合。因此,蜗杆传动的参数和几何尺寸计算与齿轮传动相似,在设计和加工时以中间平面上的参数和尺寸为基准。

蜗杆传动的正确啮合条件:蜗杆的轴向模数 m_{x1} 应和蜗轮端面模数 m_{t2} 相等;蜗杆的轴向齿距 p_{x1} 和轴向压力角 α_{x1} 应分别与蜗轮的端面齿距 p_{t2} 和端面压力角 α_{t2} 相等,蜗杆导程角 γ_1 等于蜗轮螺旋角 β_2,即正确啮合条件为

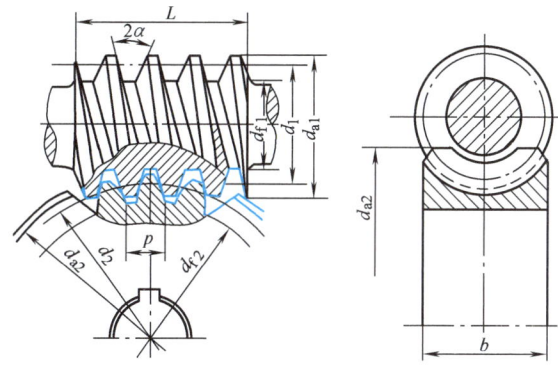

图 8-42 阿基米德蜗杆与蜗轮啮合情况

$$m_{x1} = m_{t2} = m$$
$$\alpha_{x1} = \alpha_{t2} = \alpha$$
$$\gamma_1 = \beta_2$$

规定阿基米德蜗杆的压力角 $\alpha_{x1} = 20°$。在动力传动中,当导程角 $\gamma_1 > 30°$ 时,可增大压力角,推荐用 25°。在分度机构中,允许减小压力角,推荐用 15°或 12°。

(2) 传动比 i、蜗杆头数 z_1 和蜗轮齿数 z_2 蜗杆传动中,一般蜗杆为主动件,设其头数为 z_1,转速为 n_1 (r/min);蜗轮的齿数为 z_2,转速为 n_2 (r/min)。当蜗杆旋转一周时,蜗轮将转过 z_1 个齿 (z_1/z_2 周),其传动比为

$$i = \frac{n_1}{n_2} = \frac{z_2}{z_1}$$

蜗杆头数通常为 $z_1 = 1 \sim 6$,而 z_2 较大,因此蜗杆传动的传动比大且结构紧凑。在动力传动中,其传动比一般为 $i = 10 \sim 80$。要得到大传动比,可取 $z_1 = 1$,但传动效率较低。当传递功率较大时,一般取 $z_1 = 2$、3 或更多。

蜗轮的齿数由选定的蜗杆头数及传动比,根据 $z_2 = iz_1$ 来计算。一般 z_2 不应小于 26,但也不宜大于 80。

(3) 蜗杆的中圆直径 d_1、导程角 γ_1 与直径系数 q

蜗杆的中圆直径相当于蜗杆的中径。如图 8-43 所示，将蜗杆的分度圆柱面展开成平面，由图可得

$$\tan\gamma_1 = \frac{z_1 p_x}{\pi d_1} = \frac{z_1 m}{d_1}$$

为加工方便，实现刀具的标准化、系列化，将蜗杆直径 d_1 定为标准值，蜗杆中圆直径与模数的比值称为蜗杆直径系数，用 q 表示，即 $q = z_1/\tan\gamma_1$。由此可得蜗杆的直径为

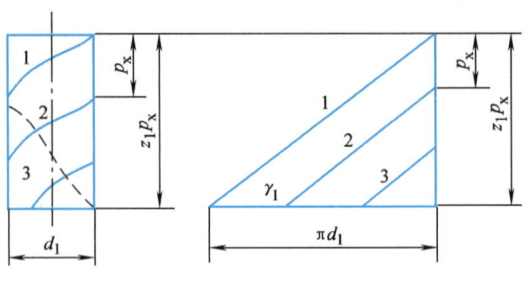

图 8-43 蜗杆展开成平面

$$d_1 = mq$$

4. 蜗杆传动的结构、材料和失效形式

(1) 蜗杆传动的失效形式　蜗杆传动的失效形式与齿轮传动类似，也有齿面点蚀、胶合、磨损和轮齿折断等形式，但由于蜗杆传动的齿面滑动速度较大、发热量大、磨损严重，因此一般开式传动的失效形式主要是因润滑不良及润滑油不洁造成的磨损，润滑良好的闭式传动主要失效形式是胶合。

(2) 蜗轮、蜗杆的材料　蜗杆常用的材料是碳素钢和合金钢，要求齿面光洁且有较高的硬度。蜗杆在低、中速时多采用 45 调质钢，高速时采用 40Cr、40MnB、40MnVB，调质后表面淬火，或采用 20 钢、20CrMnTi、20MnVB 渗碳淬火。

蜗轮常用材料为青铜和铸铁。铸造锡青铜抗胶合，耐磨性好，易切削加工，但价格贵，一般用于高速（$v<25$m/s）的重要场合。铝铁青铜具有足够的强度，并且耐冲击，价格也低，但可加工性和抗胶合性能较差，故不适于高速，常用于相对滑动速度小于 6m/s 的场合。灰铸铁主要用于低速、轻载的场合。

(3) 蜗轮、蜗杆的结构　蜗杆绝大多数情况下和轴做成一体，称为蜗杆轴，如图 8-44 所示。

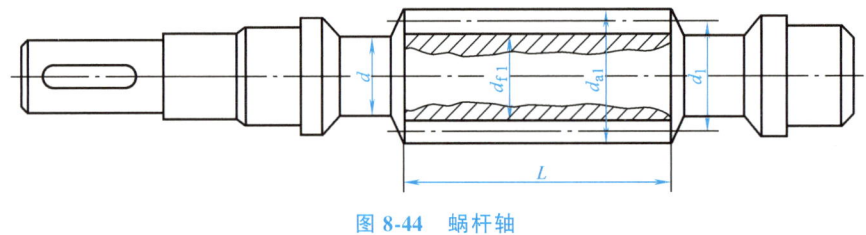

图 8-44 蜗杆轴

蜗轮可以制成整体的，适用于铸铁蜗轮或直径小的青铜蜗轮（图 8-45a）。

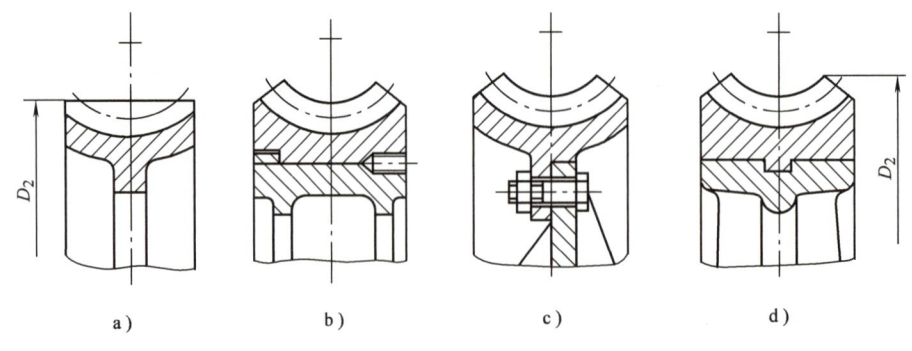

图 8-45 蜗轮的结构形式

直径大的蜗轮，为了节约贵重的非铁金属，常用组合式结构，即齿圈用非铁金属制造，而轮心用钢或铸铁制成。组合形式有以下三种。

1) 齿圈压配式。其齿圈和轮心用过盈配合连接（图 8-45b）。此结构用于尺寸不大而工作温度变化小的场合。

2) 螺栓联接式。其齿圈和轮心通过铰制孔用螺栓联接（图8-45c），常用于尺寸较大或磨损后需要更换蜗轮齿圈的场合。

3) 浇注式。在铸铁轮心上浇注出青铜齿圈（图8-45d），这种形式的蜗轮多用于成批生产。

8.3.8 轮系

汽车中应用的定轴轮系主要是手动变速器，如图8-46所示。汽车中应用的周转轮系有自动变速器中的周转轮系和差速器中应用的周转轮系，图8-47所示为自动变速器中的周转轮系。

1. 轮系的概念及分类

由一对齿轮相互啮合所组成的传动机构是齿轮传动中最简单的形式。在实际应用中，经常需要将主动轴较快的转速变为从动轴较慢的转速，或者将主动轴的一种转速变换为从动轴的多种转速，有时还需要改变从动轴的旋转方向。为此，需要采用一系列互相啮合的齿轮将主动轴和从动轴连接起来。这种由一系列齿轮组成的传动系统称为轮系。

图8-46 汽车手动变速器中的定轴轮系

图8-47 汽车自动变速器中的周转轮系

轮系的结构形式很多。根据轮系运转时各齿轮的几何轴线在空间的相对位置是否固定，轮系可分为定轴轮系和周转轮系两类。

(1) 定轴轮系 又称为普通轮系，轮系中的齿轮（包括蜗轮、蜗杆）在运转中轴线位置都是固定不动的。图8-48所示汽车变速器中的齿轮传动即为定轴轮系，图中Ⅰ为输入轴，Ⅱ为输出轴，4、6为滑移齿轮，A、B为齿轮离合器，齿轮1、2始终处于啮合状态。这种变速器可使输出轴得到四种转速，并可改变输出轴Ⅱ的转向。

图8-48 汽车变速器的传动图

(2) 周转轮系 轮系在传动过程中，至少有一个齿轮的轴线绕另一齿轮的轴线转动的轮系称为周转轮系。周转轮系主要由行星轮、中心轮及行星架组成。其中绕自身轴线旋转的同时还绕公共轴线旋转的齿轮称为行星轮；齿轮的中心线固定并与主轴线重合，且与行星齿轮相啮合的齿轮称为中心轮。支承行星轮的构件称为行星架或系杆。周转轮系分为差动轮系和

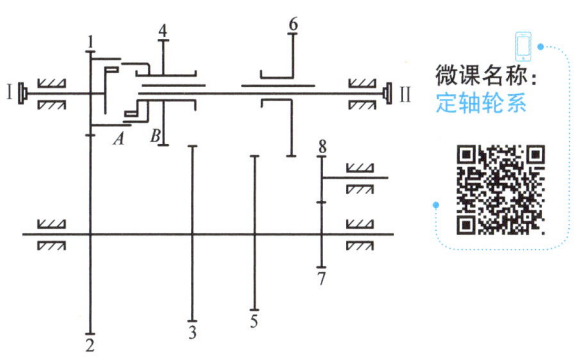

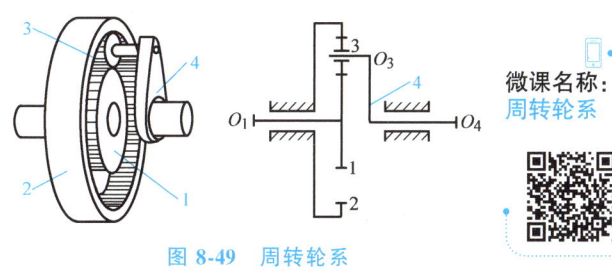

图8-49 周转轮系

1—太阳轮 2—内齿轮 3—行星轮 4—行星架

行星轮系，差动轮系中有两个独立运动的主动件，行星轮系中只有一个独立运动的主动件。图8-49所示的轮系即为周转轮系，其中齿轮1和2绕固定轴线O_1转动，齿轮3除了绕其本身的几何轴线O_3转动（自转）外，同时还随行星架4绕固定的几何轴线O_4转动（公转），齿轮3称为行星轮，齿轮1是

中心轮，也称为太阳轮，齿轮 2 称为内齿轮，是中心轮。

2. 轮系的应用

轮系具有许多优点，应用十分广泛。

（1）可获得较大的传动比　很多机械要求有大的传动比，若使用一对齿轮传动，因受齿轮的结构限制，传动比不能太大，而用轮系则可以获得大的传动比，如航空发动机的减速器。

（2）轮系可做远距离的传动　当两轴的中心距较远时，只用一对齿轮传动则两齿轮的尺寸将会很大，不适宜远距离传动。若用轮系传动，可使其结构紧凑，实现远距离传动。

（3）可实现变速和换向要求　采用轮系组成的各种机构，可将运转速度分为若干等级进行变换，实现多级变速要求，并能变换运转方向。

（4）可合成或分解运动　采用周转轮系可将两个独立运动合成一个运动，也可将一个独立运动分解成两个独立的运动，如汽车的传动轴和差速器。

3. 定轴轮系的传动比计算

轮系的传动比是指轮系中输入轴（轮）和输出轴（轮）角速度（或转速）之比，通常用字母 i 表示，并在其右下角用下标表明其对应的两轴。例如，i_{17} 表示轴（轮）1 与轴（轮）7 的角速度之比。

如图 8-50a 所示的一对外啮合齿轮，两齿轮的转动方向相反，规定其传动比为负值，即

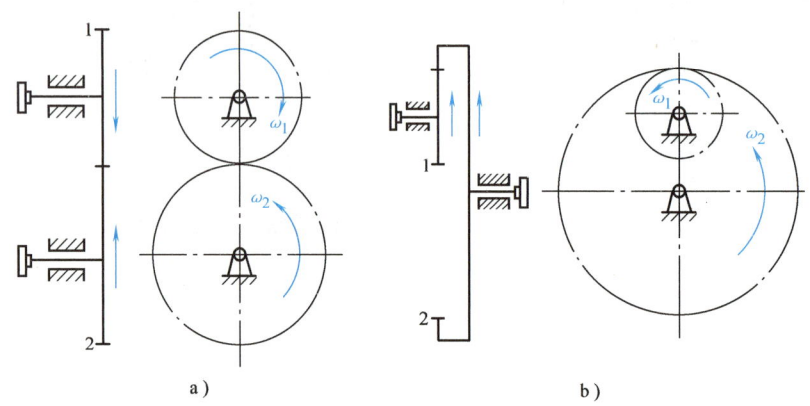

图 8-50　相互啮合的圆柱齿轮的转向及表示

$$i_{12} = \frac{\omega_1}{\omega_2} = \frac{n_1}{n_2} = -\frac{z_2}{z_1}$$

图 8-50b 所示的一对内啮合齿轮，两齿轮的转动方向相同，规定其传动比为正值，即

$$i_{12} = \frac{\omega_1}{\omega_2} = \frac{n_1}{n_2} = \frac{z_2}{z_1}$$

图 8-51 所示的一对锥齿轮传动，由于两齿轮轴线不平行，其转动方向的关系不能用传动比的正、负表示，需要在图上用画箭头的方法来确定。

确定轮系的传动比包含两方面的内容：一是计算传动比 i 的数值大小，二是确定输出轴（轮）的转动方向。

在图 8-52 所示的轮系中，各齿轮的轴线相互平行，为一定轴轮系。设 ω_1、ω_2、$\omega_{2'}$、ω_3、$\omega_{3'}$、ω_4、ω_5 为各轮的角速度。根据一对平行轴间圆柱齿轮传动的传动比计算公式推导得出

$$i_{12} = \frac{\omega_1}{\omega_2} = -\frac{z_2}{z_1} \qquad i_{2'3} = \frac{\omega_{2'}}{\omega_3} = \frac{z_3}{z_{2'}}$$

$$i_{3'4} = \frac{\omega_{3'}}{\omega_4} = -\frac{z_4}{z_{3'}} \qquad i_{45} = \frac{\omega_4}{\omega_5} = -\frac{z_5}{z_4}$$

将上述各式连乘，可得

$$i_{12} i_{2'3} i_{3'4} i_{45} = \frac{\omega_1 \omega_{2'} \omega_{3'} \omega_4}{\omega_2 \omega_3 \omega_4 \omega_5} = (-1)^3 \frac{z_2 z_3 z_4 z_5}{z_1 z_{2'} z_{3'} z_4}$$

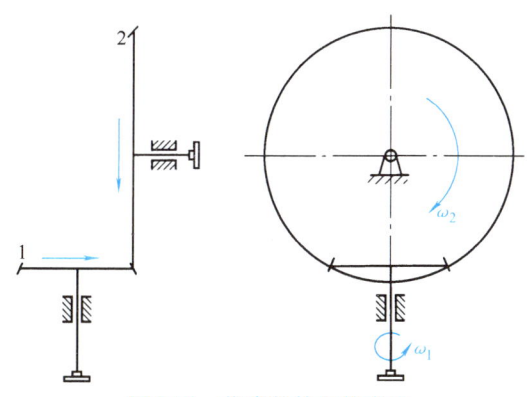

图 8-51 锥齿轮转向的表示

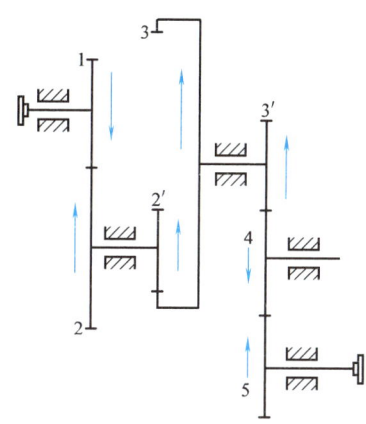

图 8-52 定轴轮系的传动比计算

因 $\omega_2=\omega_{2'}$，$\omega_3=\omega_{3'}$，所以可得

$$i_{15}=\frac{\omega_1}{\omega_5}=-\frac{z_2 z_3 z_5}{z_1 z_{2'} z_{3'}}$$

由以上计算过程可知，该轮系的传动比等于组成轮系的各对齿轮传动比的连乘积，其大小等于所有从动轮齿数的连乘积与所有主动轮齿数的连乘积之比，传动比的正负号取决于外啮合的次数，若轮系中有 m 次外啮合，则由输入轴到输出轴齿轮的转动方向将有 m 次变化。因此，这种轮系传动比的符号可用 $(-1)^m$ 表示。综上所述，由圆柱齿轮组成的定轴轮系，其输入轴与输出轴之间的传动比的一般计算公式为

$$i_{1k}=\frac{\omega_1}{\omega_k}=(-1)^m\frac{1、k\text{之间各从动轮齿数连乘积}}{1、k\text{之间各主动轮齿数连乘积}} \tag{8-12}$$

4. 周转轮系的传动比计算

周转轮系中行星轮一方面绕自身的几何轴线转动，同时又随行星架绕太阳轮的几何轴线转动，因此不能直接应用定轴轮系传动比的方法来计算，可使周转轮系中各构件之间的相对运动保持不变，将行星架视为固定不动，将周转轮系转化成普通轮系来求出周转轮系的传动比。

如图 8-53 所示，在周转轮系中，以 ω_1、ω_3、ω_H 分别表示太阳轮 1、内齿轮 3、行星架 H 的角速度，ω_2 表示行星轮 2 的角速度。经过转化，齿轮 1、3 之间的传动比为

$$i_{13}^H=\frac{\omega_1-\omega_H}{\omega_3-\omega_H}=-\frac{z_3}{z_1}$$

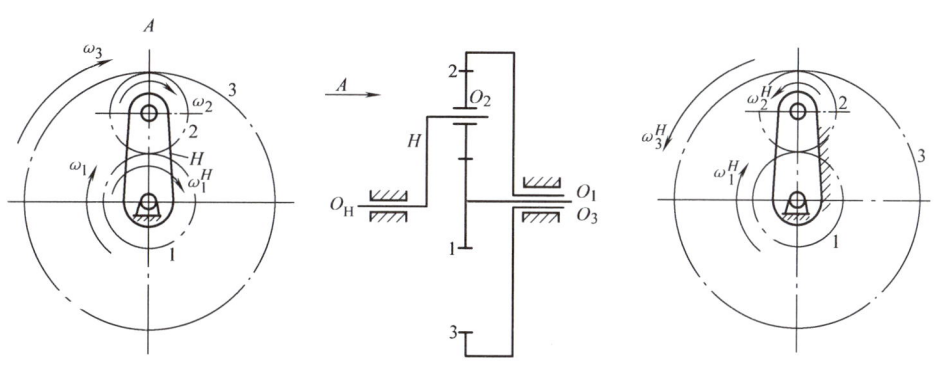

图 8-53 周转轮系及其转化机构

上述结论推广到一般情形，可以求得周转轮系传动比的普遍计算公式。设 n_1 和 n_k 为周转轮系中任意两个齿轮 1 和 k 的转速，则两齿轮与行星架 H 的转速间的关系为

$$i_{1k}^H = \frac{\omega_1 - \omega_H}{\omega_k - \omega_H} = (-1)^m \frac{\text{转化轮系在 } 1 \text{、} k \text{ 之间各从动轮齿数连乘积}}{\text{转化轮系在 } 1 \text{、} k \text{ 之间各主动轮齿数连乘积}} \quad (8-13)$$

式中　m——转化轮系在齿轮 $1\sim k$ 间的外啮合次数。

例　图 8-54 所示为一周转轮系减速器的传动简图，其中 $z_1 = 25$，$z_2 = 19$，$z_2' = 40$，$z_3 = 50$。求：输入件 H 对输出轴 1 的传动比 i_{H1}。

解：分析传动简图可知图中 1、3 为太阳轮，2、2′行星轮，H 是行星架，整个机构（$-\omega_H$）绕 OO' 轴转动，则有

$$i_{13}^H = \frac{\omega_1 - \omega_H}{\omega_3 - \omega_H} = (-1)^2 \frac{z_2 z_3}{z_1 z_2'}$$

∵ $\omega_3 = 0$

$$\therefore i_{13}^H = \frac{\omega_1 - \omega_H}{0 - \omega_H} = \frac{z_2 z_3}{z_1 z_2'}$$

将上式简化，得

$$i_{13}^H = -\frac{\omega_1}{\omega_H} + 1 = \frac{z_2 z_3}{z_1 z_2'}$$

$$\therefore i_{1H} = 1 - \frac{z_2 z_3}{z_1 z_2'}$$

$$i_{H1} = \frac{1}{i_{1H}} = \frac{1}{1 - \frac{19 \times 50}{25 \times 40}} = 20$$

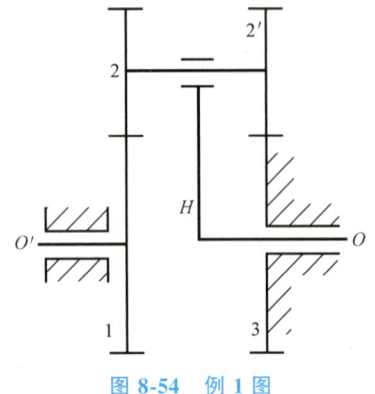

图 8-54　例 1 图

8.4　螺旋传动

8.4.1　螺纹的类型及主要参数

1. 螺纹的类型

螺纹零件在生产实践中应用广泛，如螺栓、螺母、丝杠等。在圆柱外表面上切制的螺纹称为外螺纹，在孔内表面上切制的螺纹称为内螺纹。内、外螺纹配套使用，缺一不可。螺纹按其螺旋线的绕行方向不同可分为右旋螺纹（顺时针方向旋入）和左旋螺纹（逆时针方向旋入），常用的螺纹为右旋螺纹。

在圆柱体上沿一条螺旋线切制的螺纹称为单线螺纹；沿两条或三条螺旋线切制出的螺纹分别称为双线螺纹和三线螺纹。联接用螺纹多为单线螺纹，多线螺纹主要用于传动。螺纹按其截面形状可分为三角形螺纹（普通螺纹）、梯形螺纹、锯齿形螺纹、矩形螺纹及其他特殊形状的螺纹。联接螺纹多为三角形螺纹，传动螺纹多用梯形螺纹。常用螺纹的牙型及应用见表 8-8。

表 8-8　常用螺纹的牙型及应用

螺纹类型		牙型图	特点及应用
联接螺纹	普通螺纹	(60° 牙型图)	牙型角 $\alpha = 60°$，自锁性能好。同一公称直径的螺纹按螺距的大小分为粗牙螺纹和细牙螺纹。粗牙螺纹多用于一般联接，细牙螺纹用于细小零件和薄壁件的联接，也常用于微调机构

(续)

螺纹类型		牙型图	特点及应用
联接螺纹	圆柱管螺纹	55°	牙型角 α=55°，牙顶有较大圆角，内、外螺纹旋合后无径向间隙，密封性好，常用于水、油、气等的管路及电器管路系统的联接
传动螺纹	梯形螺纹	30°	牙型角 α=30°，内径与外径处间隙相等。加工工艺性好，牙根强度高，螺旋副对中性好，广泛用于传动中

2. 螺纹的主要参数

如图 8-55 所示，普通螺纹的主要参数有大径、小径、中径、螺距、导程、牙型角和螺纹升角等。

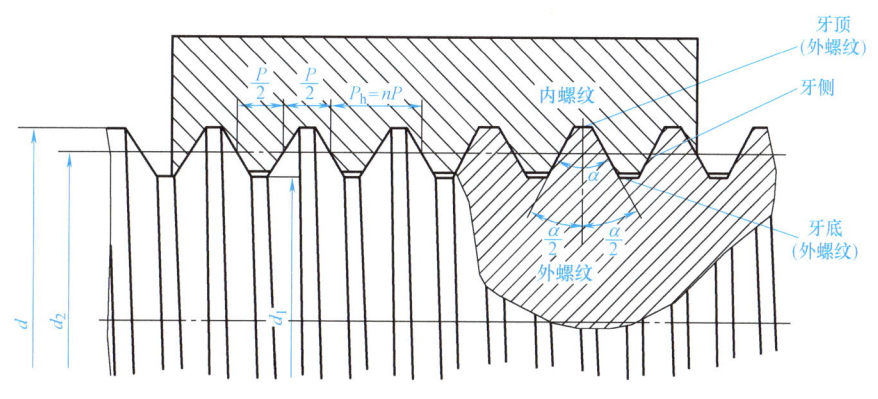

图 8-55 普通螺纹的基本参数

(1) 大径 d　螺纹的最大直径，是与外螺纹牙顶或内螺纹牙底相切的假想圆柱或圆锥的直径，即螺纹的公称直径。

(2) 小径 d_1　螺纹的最小直径，是与外螺纹牙底或内螺纹牙顶相切的假想圆柱或圆锥的直径。

(3) 中径 d_2　中径圆柱或中径圆锥的直径，该圆柱（或圆锥）的母线通过牙型上沟槽和凸起宽度相等的地方。这一直径近似等于大径与小径的平均值。

(4) 螺距 P　相邻两牙体在中径母线上对应两点间的轴向距离。

(5) 导程 P_h　螺纹上任一点沿螺旋线转一周所移动的轴向距离。P 与 P_h 之间的关系：$P_h=nP$，n 为螺纹的线数。显然，对于单线螺纹，$P_h=P$。

(6) 螺纹升角 ϕ　圆柱上螺旋线的切线与垂直于螺纹轴线的平面间夹角，如图 8-56 所示。

(7) 牙型角 α　在螺纹轴向平面内螺纹牙型两侧面间的夹角。

8.4.2 螺旋机构

1. 螺旋机构的类型及应用

螺旋机构按用途可分为三类。

(1) 起重螺旋　起重螺旋用来举重或克服其他较大的阻力，如汽车维修中常用的螺旋千斤顶（图 8-57）。起重螺旋一般间歇性工作，工作速度不高。因其主要用来承受大的轴向力，通常有自锁功能，一般用单线螺旋，螺纹升角为 4°～5°，传动效率为 40% 左右。

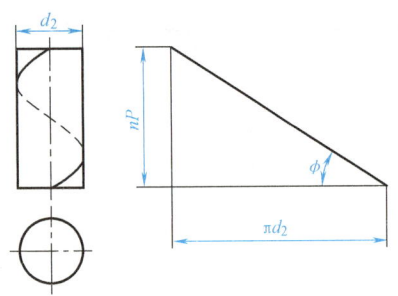

图 8-56　螺纹升角

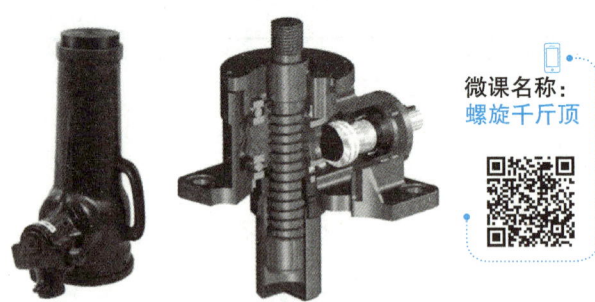

图 8-57　螺旋千斤顶的实物及原理图

（2）传动螺旋　传动螺旋用于传递运动，工作速度较高，在较长时间内连续工作，要求有较高的传动精度。螺旋传动机构按螺纹副间的摩擦性质，分为滑动螺旋机构和滚动螺旋机构。

（3）调整螺旋　调整螺旋用来调整并固定零部件之间的相对位置。调整螺旋一般不在工作载荷下转动。

2. 螺旋机构的特点

螺旋机构具有以下特点。

1）减速比大。当螺杆转动一周时，螺母只移动一个导程，因此螺旋机构可以得到很大的传动比（减速）。

2）机构的效益大。由于减速比大，当在主动件上施加一个较小的转矩时，可在从动件上得到较大的推力。

3）具有自锁性。当螺纹升角不大于螺旋副中的当量摩擦角时，机构具有自锁性。

4）结构简单、传动平稳、无噪声。

5）滑动螺旋由于摩擦力大，故磨损大，效率低，且寿命短。

3. 螺旋传动的运动形式

螺旋传动由螺杆、螺母和机架组成，是通过内、外螺纹组成的螺旋副来传递运动和动力的传动装置，主要用于将回转运动转变为直线运动。图 8-58 所示为螺旋传动的原理。通常螺杆为主动件，做匀速转动，螺母为从动件，做轴向匀速直线运动，螺杆转动一周，螺母的轴向位移为一个螺纹导程。

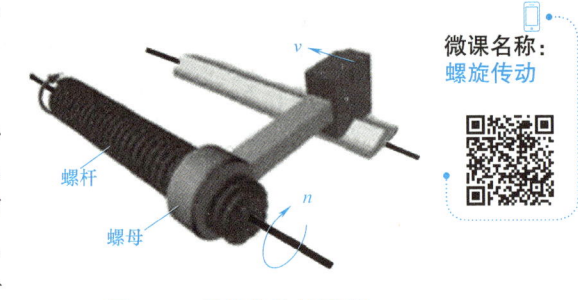

图 8-58　螺旋传动的原理

螺旋传动主要有四种运动形式。

1）螺母不动，螺杆转动并做直线运动。如千分尺、螺旋增力机构等。图 8-59 所示为汽车拆装中使用的螺旋顶拔器，它利用螺旋增力。

2）螺杆不动，螺母回转并做直线运动，如螺旋千斤顶。

3）螺杆原位转动，螺母做直线运动，如汽车中的循环球式转向器。

4）螺母原位转动，螺杆往复运动，如游标卡尺的微调装置。

4. 滚动螺旋传动

为了提高螺旋机构的传动效率，在螺杆与螺母的螺纹滚道间装上滚动体（常为滚珠，少数也应用滚子），称为滚动螺旋机构，如图 8-60 所示。滚动螺旋传动中，当螺杆或螺母转动时，滚动体在螺纹滚道内滚动，摩擦状态为滚动摩擦，摩擦损失比滑动螺旋机构小，因此传动效率比滑动螺旋机构高。

滚动螺旋传动的效率一般在 90% 以上，不能自锁，具有传动的可逆性。汽车转向机构中应用的循环球式转向器就是利用了滚动螺旋传动的可逆性来感知路面状况，将转向盘的旋转运动转变成往复直线运动的，从而实现了汽车的转向。图 8-61 所示为汽车循环球式转向器中的滚动螺旋传动机构。此外，汽车电子驻车制动系统也常用螺旋传动机构来传递运动和动力。

第8章 汽车常用机械传动

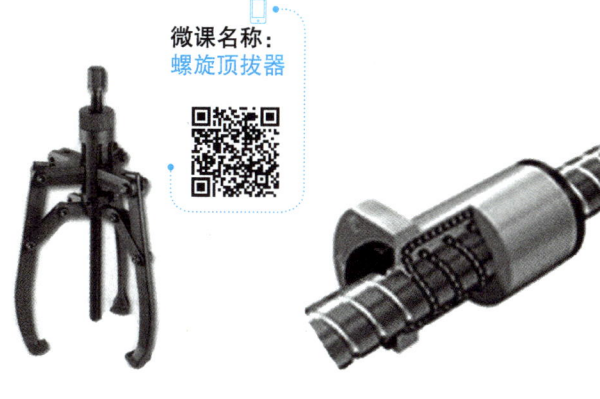

图 8-59 螺旋顶拔器　　图 8-60 滚动螺旋机构

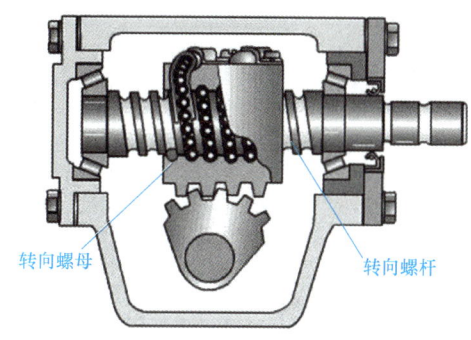

图 8-61 汽车循环球式转向器中的滚动螺旋传动机构

大国工匠机构——刘辉

齿轮是机械设备中常见的传动部件，也是一种易损件。大型齿轮的齿形修复工作需要操作人员有高超的技艺和细心、耐心、责任心。刘辉是江铃汽车股份公司车架厂的一名模具钳工，精益求精是他工作三十多年的主观意识，厂里要求零件尺寸精度要控制在 0.015mm 以内，即头发丝的 1/5，但他对自己的要求是毫厘不差。这位从技校走出来的工人，如今已成为享誉行业内外的大国工匠。车架厂有一台 4000t 机械压力机，其中一个大型人字齿轮的两个齿形齐根断裂，如果到厂家定做齿轮，需要半年时间，而这台设备公司仅有一台，全国也仅有 4 台，如果不能及时修复将造成多款车的停产。刘辉带领同事，连续奋战三天三夜，最终将该大型人字齿轮修复，为公司节省维修费 300 多万元。刘辉在工作中坚持"三心"，即细心、耐心、责任心，这也是每个职业人的基本素质。他说："人要多走出去、多去看、多去学、学无止境。这是我们作为新时代产业技术工人的一项最基本的要求。"他认为，工匠精神就是精益求精，不断创新。实际上，无论哪个行业，要想在工作中有所创新，都需要具有工匠精神。

8.5 实践环节

8.5.1 正时带的检查与拆装

1. 设备及工具

发动机拆装台架、套筒、棘轮扳手、扭力扳手等。

2. 正时带的拆装步骤

1）拆下正时带上护罩，如图 8-62 所示。

2）找到正时记号，如图 8-63 所示。

3）用专用套筒旋转曲轴（360°内），确认是否对正。

4）拆下曲轴带轮、张紧轮、正时带下护罩，如图 8-64 所示。

5）拆卸正时带（须给正时带做好方向记号），如图 8-65 所示。

6）检查正时带是否有裂纹、油污等。

7）安装正时带。安装顺序与拆卸顺序相反。

拆装训练完成后，按实训室规范要求整理工具、清理现场。

图 8-62 拆下正时带上护罩

图 8-63 找到正时记号

图 8-64 拆下曲轴带轮、张紧轮、正时带下护罩

图 8-65 拆卸正时带

8.5.2 分解手动变速器

1. 设备及工具

手动变速器拆装台架、变速器拆装专用工具、铜棒等。

2. 手动变速器分解步骤

1）使手动变速器的换档叉轴处于空档位置，拆下换档机构，如图 8-66 所示。

2）将变速器后盖拆下，取出调整垫片和密封圈，拆卸时可用木槌或铜棒敲击，如图 8-67 所示。

图 8-66 拆下换档机构

图 8-67 拆卸变速器后盖

3）分解变速器上、下壳体，拆下上壳体，如图 8-68 所示。

4）拔出输入轴和输出轴总成，如图 8-69 所示。

图 8-68 分解变速器上、下壳体

图 8-69 拔出输入轴和输出轴总成

5)按与分解相反的步骤装配手动变速器。

拆装训练完成后,按实训室规范要求整理工具、清理现场。

第9章 汽车零部件的联接

学习任务：

在汽车构造实训台上找出螺纹联接、键联接、花键联接及销联接的实例。

知识目标：

1. 掌握螺纹联接的主要类型及应用。
2. 掌握键联接的作用、类型、特点及应用。
3. 掌握销联接的特点及应用。

能力目标：

1. 能识别汽车中各零部件的联接形式。
2. 能按规范正确拆装汽车零部件的联接。
3. 培养学生规范操作的意识和工作习惯。

素养园地：

培养学生遵守规范的意识及创新精神。
我国螺纹标准化进程：知识点滴——科学进步对生产的影响，进行创新教育

9.1 螺纹联接

在机械设备中广泛采用了各种联接，根据被联接的零部件是否允许有相对运动，把联接分为动联接和静联接。构成静联接的被联接件的位置是相对固定的，构成动联接的被联接件能够相对运动。根据拆开时是否需要破坏联接件，联接还可分为可拆联接和不可拆联接。

9.1.1 螺纹联接的主要类型和螺纹联接件

1. 螺纹联接的类型

螺纹联接是利用螺纹联接件构成的。螺纹联接结构简单、紧固可靠、装拆方便快捷，应用极为广泛。螺纹联接的基本类型有四种，即螺栓联接、双头螺柱联接、螺钉联接和紧定螺钉联接，其结构、特点及应用见表9-1。

2. 常用螺纹联接件

常用的标准螺纹联接件有螺栓、双头螺柱、螺钉、螺母、垫圈等。这些联接件多数已标准化。常用部分螺纹联接件见表9-2。

第9章 汽车零部件的联接

表 9-1 螺纹联接的主要类型、结构、特点及应用

类 型		结 构	特 点 及 应 用
螺栓联接	普通螺栓联接	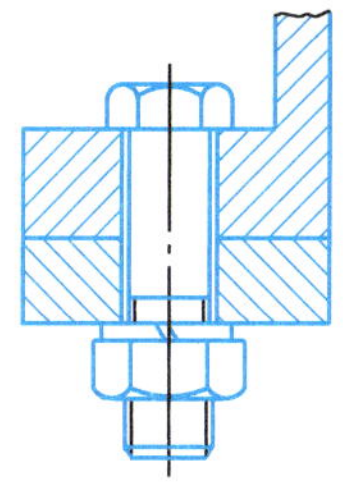	结构简单、装拆方便，被联接件不需切制螺纹，应用广泛，适用于被联接件不太厚，便于加工通孔的场合。工作时，螺栓受轴向拉力
	铰制孔用螺栓联接	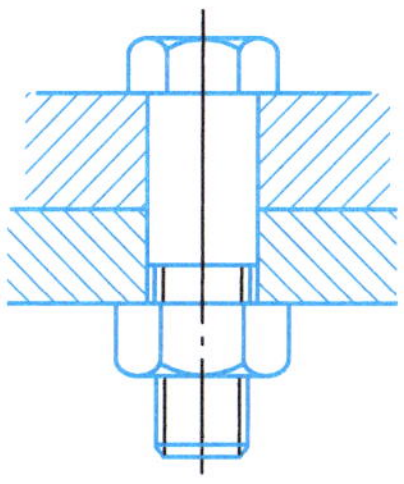	孔与螺栓杆之间没有间隙。工作时，螺栓一般受剪切力
双头螺柱联接		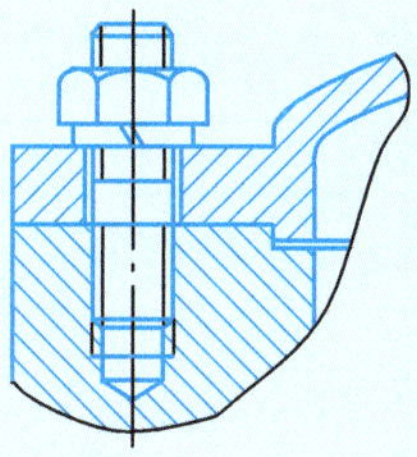	螺柱的一端旋紧于其中一个被联接件的螺纹孔中，另一端穿过另一个被联接件的孔，适用于被联接件之一太厚、结构要求紧凑或经常拆卸的场合
螺钉联接		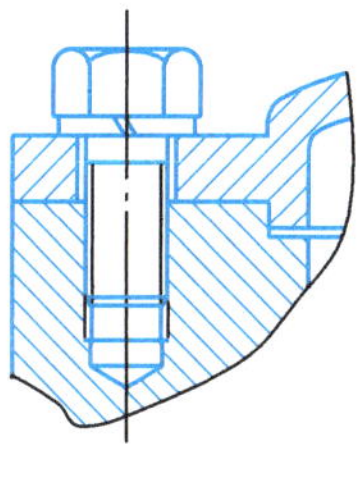	适用于被联接件之一太厚且不经常拆卸的场合
紧定螺钉联接		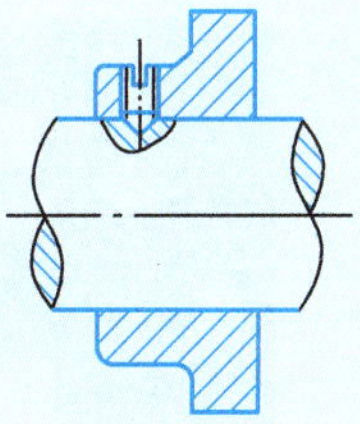	螺钉的末端顶住零件的表面或顶入该零件的凹坑中，将零件固定，可以传递不大的载荷

表 9-2 常用部分螺纹联接件

名 称	图 形	名 称	图 形
六角头螺栓	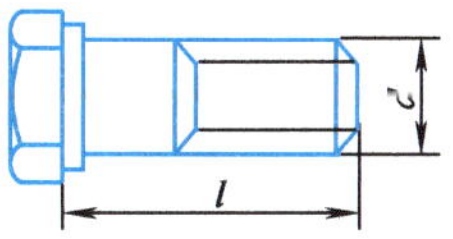 l 为公称长度、d 为螺纹规格	双头螺柱	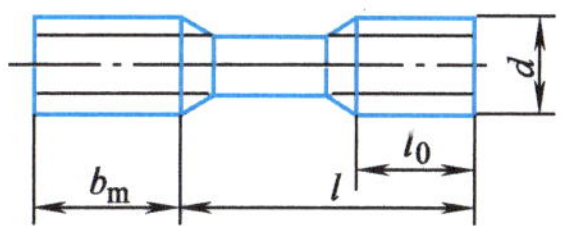 b_m 为旋入机体端长度、l 为公称长度、d 为螺纹规格、l_0 为旋螺母端长度

(续)

名称	图形	名称	图形
六角螺母	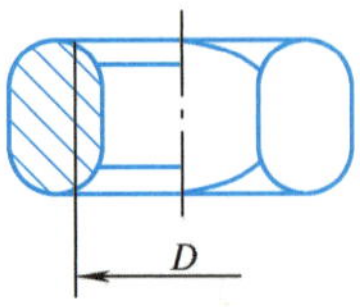 D 为螺纹规格	开槽沉头螺钉	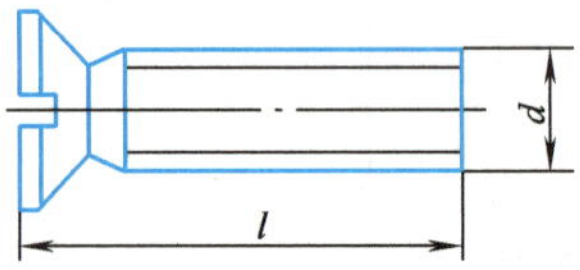 l 为公称长度、d 为螺纹规格
六角开槽螺母	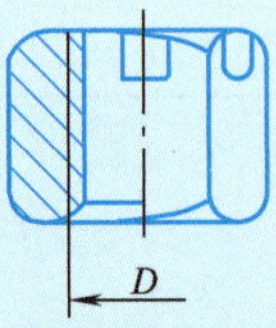 D 为螺纹规格	开槽平端紧定螺钉	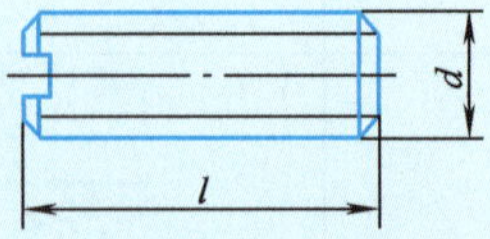 l 为公称长度、d 为螺纹规格
圆螺母	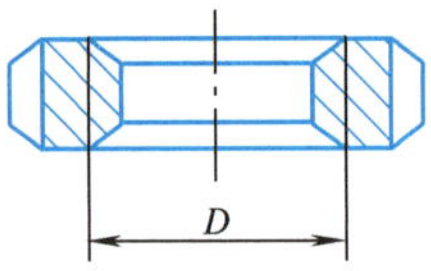 D 为螺纹规格	平垫圈	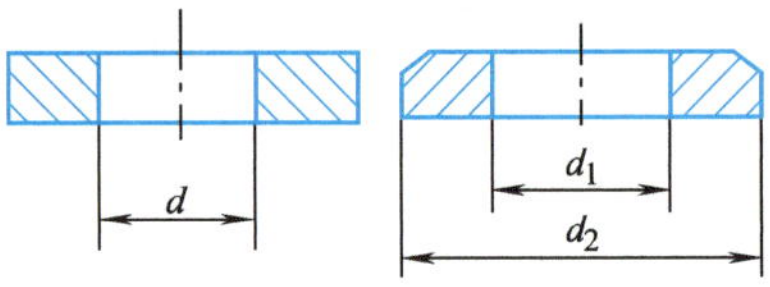 d、d_1、d_2 为螺纹规格
开槽圆柱头螺钉	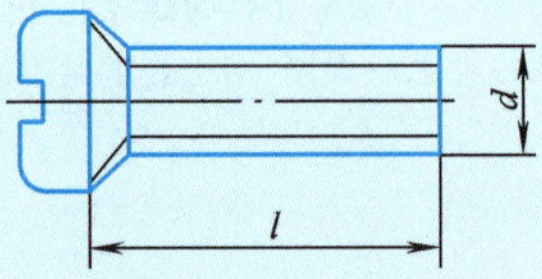 l 为公称长度、d 为螺纹规格	弹簧垫圈	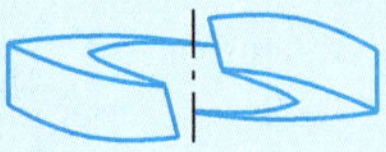

3. 螺纹护套

螺纹护套简称螺套，也称为钢丝螺套，是一种新型内螺纹紧固件，是修复和增强内螺纹的新技术。螺套通常是用高强度的冷轧菱形不锈钢丝精确成形的螺旋线圈，常用的螺套如图 9-1 所示，其中图 9-1a 是钢丝螺套，图 9-1b 是自攻螺套。将螺套旋入金属或非金属材料上可形成高强度的标准内螺纹，在铝、铜、镁及其合金、塑料等低强度工程材料上应用可明显提高螺纹的联接强度和耐磨性。目前，钢

图 9-1 螺套
a) 钢丝螺套　b) 自攻螺套

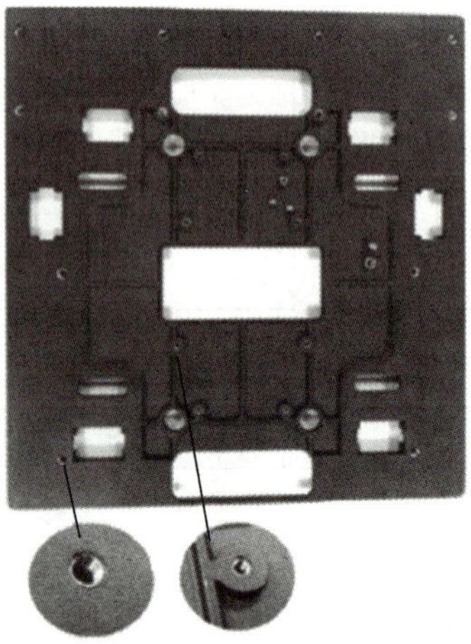

图 9-2 新能源汽车电池包中应用的螺套

丝螺套作为铝压铸件的紧固件广泛应用于新能源汽车，如电动汽车的电池包壳体是一个大的带盖铝盒，铝盒与盒盖之间是用螺纹联接的，而铝合金螺纹强度不够，所以每个铝制螺纹孔内要镶嵌一个钢制或者不锈钢制的螺纹护套，来加强内螺纹的联接强度，如图 9-2 所示。

9.1.2 螺纹联接的预紧与防松

1. 螺纹联接的预紧

螺纹联接在装配时一般需要拧紧，使螺栓受到预紧力的作用。螺纹联接进行预紧的目的是提高联接的可靠性、紧密性和防松能力。对于承受轴向载荷的螺栓联接，还能提高螺栓的疲劳强度。对于受横向载荷的普通螺栓联接，可以增大联接接合面间的摩擦力。预紧力也不能过大，否则将导致装配螺栓或偶然过载时螺栓被拉断。

重要的螺纹联接，应严格控制预紧力的大小。预紧力的大小可用指针式扭力扳手（图 9-3）来测定，也可采用定力矩扳手（图 9-4）来控制，当达到要求的力矩 M 时，弹簧受压会自动打滑。

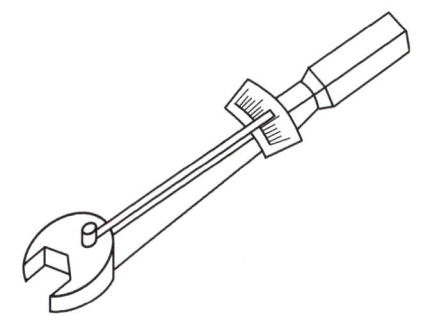

图 9-3　指针式扭力扳手

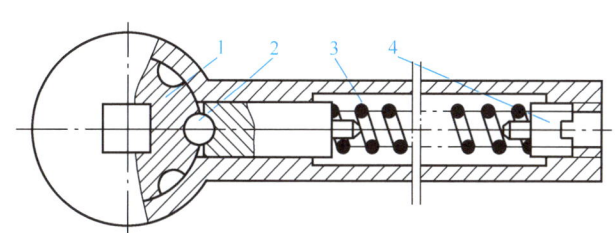

图 9-4　定力矩扳手

1—扳手卡盘　2—圆柱销　3—弹簧　4—调节螺钉

2. 螺纹联接的防松

防松实际上就是防止螺纹副间发生相对转动。一般来说，拧紧的螺母不会有立即松开的现象，这是因为联接用的螺纹具有自锁性能。螺纹的自锁性只有在静载荷下能保证螺纹联接不会自动松脱。当载荷有冲击、振动或是变载荷以及螺纹联接的工作温度变化很大时，螺纹副间的摩擦力有可能减小或瞬间消失，使自锁性能受到破坏，这种情况如多次发生，就会使螺纹联接松脱。因此，对一些重要的联接，必须采取有效的防松措施。

螺纹联接的防松方法很多，常用的见表 9-3。

表 9-3　常用的螺纹联接防松方法

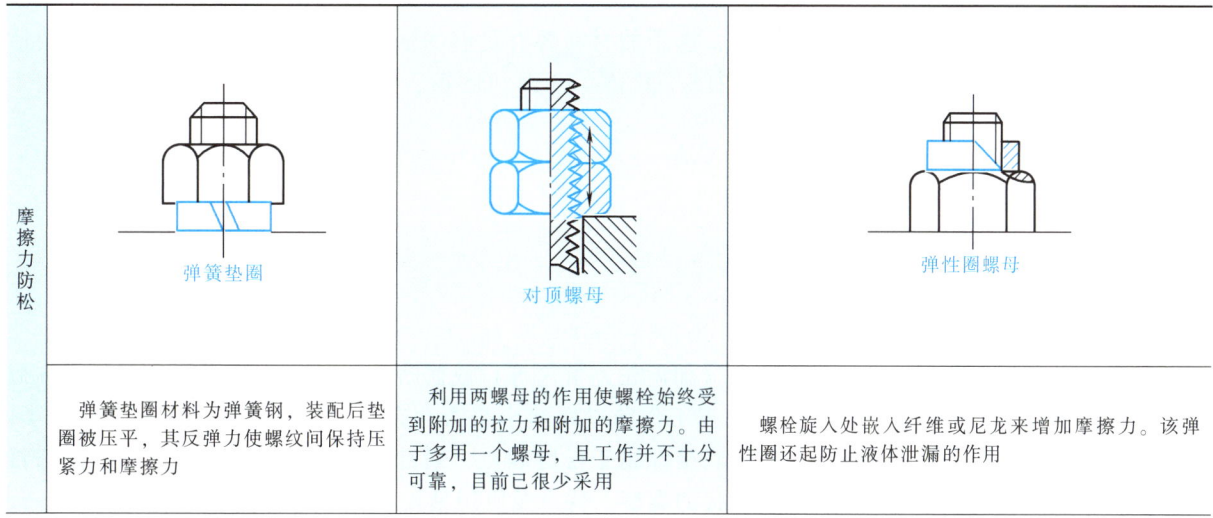

摩擦力防松	弹簧垫圈	对顶螺母	弹性圈螺母
	弹簧垫圈材料为弹簧钢，装配后垫圈被压平，其反弹力使螺纹间保持压紧力和摩擦力	利用两螺母的作用使螺栓始终受到附加的拉力和附加的摩擦力。由于多用一个螺母，且工作并不十分可靠，目前已很少采用	螺栓旋入处嵌入纤维或尼龙来增加摩擦力。该弹性圈还起防止液体泄漏的作用

(续)

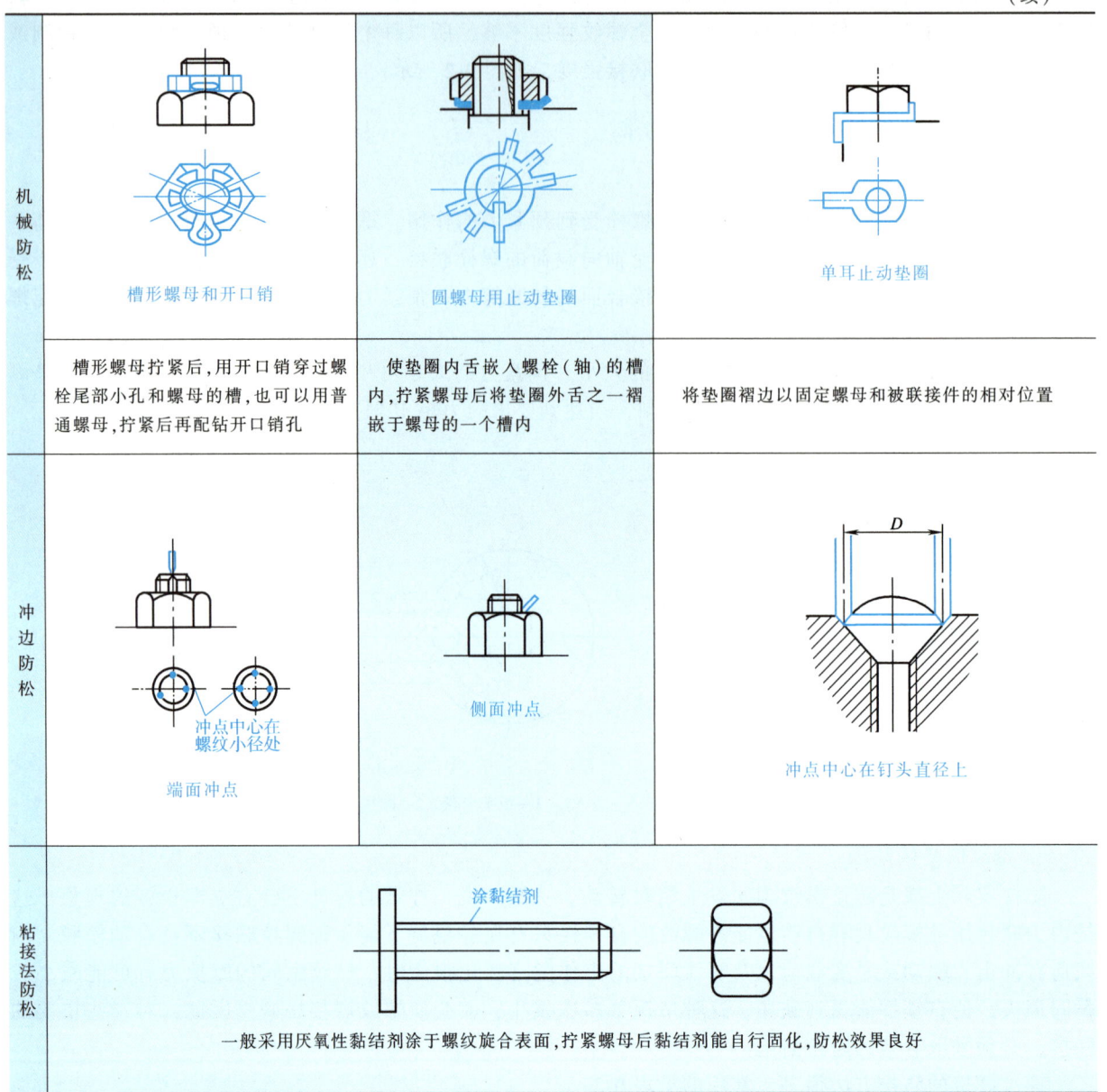

9.1.3 螺纹联接件的材料

适合制造螺纹联接件的材料品种很多，选用的材料要有足够的强度，一定的塑性、韧性，还要适应加工要求。常见的螺纹联接件材料有 Q215、Q235、10 钢、35 钢、45 钢和 40Cr 等。

9.2 键、花键和销联接

9.2.1 键联接

键联接主要用于轴和轴上的旋转零件（如齿轮、带轮等）或摆动零件（如摇臂等）之间的周向固定，并传递转矩，也可用作导向零件。根据工作前键联接中是否存在预紧力，键联接可分为两大类：松键联接和紧键联接。平键联接和半圆键联接都属于松键联接；紧键联接包括楔键联接和切向键联接两类，其中楔键联接较为常见。键和键联接的类型、特点及应用见表 9-4。

表 9-4　键和键联接的类型、特点及应用

键联接类型	键的类型	结构简图	特　点	应　用
平键联接	普通平键	A型 B型 C型	对中性好,装拆方便,构成静联接。通常 A 型键与键槽配合较紧,在键槽中轴向固定良好,但不能轴向固定轴上零件。A 型键的键槽应力集中比 B 型键大。平键的侧面为工作面	A 型、B 型键通常用于轴的中间部位;C 型键应用较少,常用于轴端联接
平键联接	导向平键	A型 B型	靠侧面工作,对中性好,结构简单;轴上零件可沿轴向移动,构成动联接	用于轴上零件轴向移动量不大的场合,如变速器中的滑移齿轮
平键联接	滑键		轴上开键槽,将键固定在轮毂上,并与轮毂一起在轴上的键槽中滑动	用于轴上零件轴向移动量大的场合
半圆键联接	半圆键		半圆键结构紧凑,装拆方便,能在轴上的键槽中摆动,以适应轮毂键槽底面的偏斜。键的上表面与轮毂键槽的底面间留有间隙,键的侧面和轴、轮毂键槽的侧面贴合	主要用于轻载、轮毂宽度较窄和轴端处的联接,尤其适用于圆锥形轴端的联接
紧键联接	普通楔键	1:100	键有 1∶100 的斜度,键的侧面与键槽侧面不接触,键的顶面和底面分别与轮毂键槽和轴槽的底面相互楔紧,靠锁紧作用传递转矩	用于精度要求不高、转速较低时传递较大的、单向或有振动的转矩
紧键联接	切向键	工作面 1:100	由两个具有 1∶100 的单面斜度的普通楔键沿斜面贴合在一起组成,组合体的上、下表面互相平行。工作时,靠上、下平面与键槽底面及轴毂的楔紧作用传递转矩	键槽对轴的削弱强度大,会使装在轴上的零件与轴产生偏心,一般适用于对中性和运动精度要求不高、低速、重载且轴径大的场合

9.2.2　花键联接

1. 花键联接的特点

花键联接是由在轴上加工出的外花键齿和在轮毂孔壁上加工出的内花键齿构成的联接,如图 9-5 所示。花键联接中,键齿的侧面为工作面,工作时靠键齿的侧面传递转矩。与平键联接相比,花键联接具有承载能力大、齿浅、对轴的削弱小、应力集中小、对中性好、导向性能好等优点,但加工需要专用的设备、量具和刀具,成本高。因此,花键联接主要适用于受重载和定心精度要求较高的静、动联接,尤其适用于经常滑移的联接。

2. 花键联接的类型

按齿形不同,花键可分为矩形花键、渐开线花键和三角形花键三种,应用最广的是矩形花键(图 9-6)。图 9-7 所示为汽车离合器中的内花键。常用

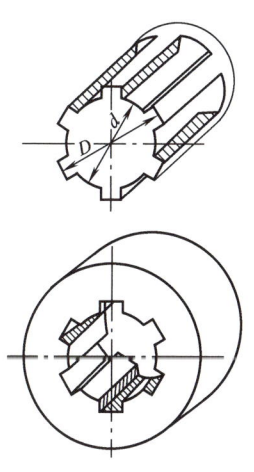

图 9-5　花键联接

花键联接的类型、特点及应用见表 9-5。

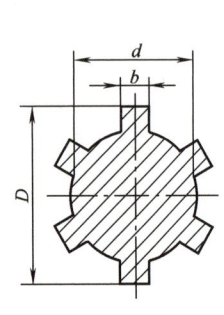

图 9-6 矩形花键

图 9-7 汽车离合器中的内花键

表 9-5 常用花键联接的类型、特点及应用

类型	简图	特点	应用
矩形花键		承载能力高，对中性好，导向性好，齿根较浅，应力集中较小，轴与毂的强度削弱较小，加工方便	应用广泛，主要用于飞机、汽车、拖拉机、机床、农业机械及一般机械传动装置中
渐开线花键		齿廓为渐开线，受载时齿上受径向力作用，能起到自动定心作用，使各齿受力均匀，强度高、使用寿命长。加工工艺与齿轮相同，可获得较高的精度和互换性	用于载荷较大、定心精度要求较高及尺寸较大的联接

9.2.3 销联接

销是标准件，主要类型有圆柱销、圆锥销、开口销等。销主要用作装配定位，固定零件的相对位置（图 9-8a），也可用于联接或锁定零件，传递不大的载荷（图 9-8b），还可作为安全装置中的过载剪断元件（图 9-8c）。

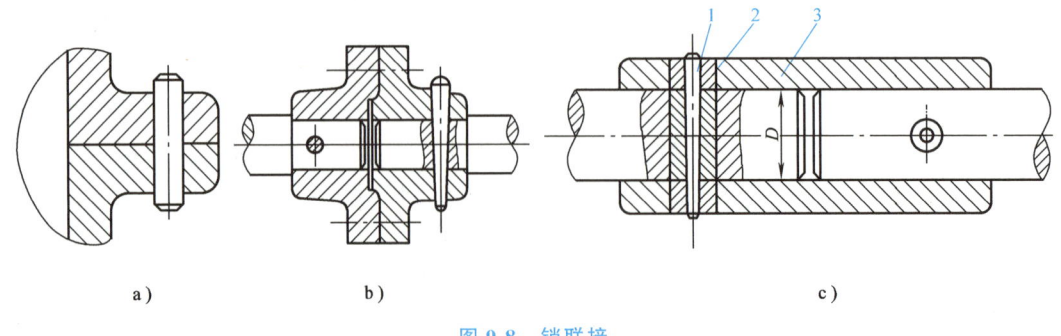

a)   b)   c)

图 9-8 销联接

1—销 2、3—套筒

用于定位的销不受载荷或受很小的载荷，其直径可按结构确定，数目一般不少于两个，且分布在紧固螺栓（螺钉）的对称方向上。销在联接件内的长度，为销直径的 1~2 倍。对于安全销，应考虑销

在被剪断后不至于飞出,且易于更换。常用销联接的类型、特点及应用见表9-6。汽车中的销联接部位很多,如联接活塞和连杆的活塞销,曲轴、变速器上为定位需要设有定位销。

销的常用材料一般为35钢或45钢。

表 9-6 常用销联接的类型、特点及应用

类 型		简 图	特 点	应 用
圆柱销	圆柱销		销孔需铰制,多次装卸会降低定位精度和联接紧密性,只能传递不大的载荷	主要用于定位,也可用于联接
	内螺纹圆柱销		内螺纹供拆卸用;有A、B两种类型,B型有通气孔	B型用于不通孔
圆锥销	圆锥销	 1:50	有1:50的锥度,便于安装,定位精度比圆柱销高。受横向力时能自锁,销孔需铰制,螺纹孔供拆卸用	主要用于定位,也可以固定轴上零件,多用于经常拆卸场合
	内螺纹圆锥销	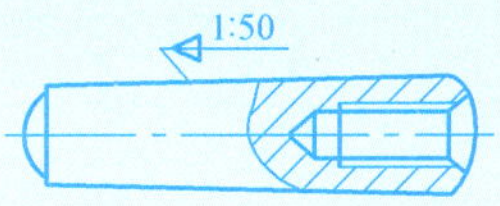 1:50		用于直孔
销轴			用开口销锁定,拆卸方便	用于铰接销轴
带孔销				
开口销		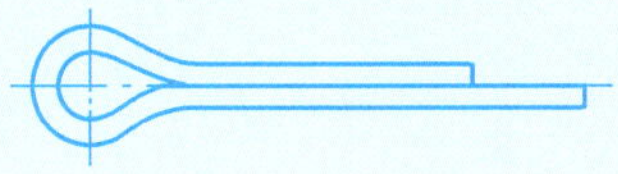	工作可靠,拆卸方便	用于其他紧固件的防松

第10章 汽车常用轴系零件

> **学习任务：**
> 识别汽车上应用的各类轴，说明轴上零件的固定方法。
> 在汽车构造实训台上找到滚动轴承和滑动轴承，说明其作用。
> 在实训台上找出汽车应用的联轴器、离合器及制动器。

> **知识目标：**
> 1. 熟悉汽车中常用的轴类零件。
> 2. 熟悉轴的分类及轴上零件的常用固定方法。
> 3. 掌握汽车常用轴零件的特点。
> 4. 理解汽车中应用的联轴器、离合器及制动器的特点及工作原理。

> **能力目标：**
> 1. 能说明汽车常用轴零件的结构及工作原理。
> 2. 能正确叙述汽车联轴器、离合器及制动器的工作原理。
> 3. 培养学生利用理论知识分析实际问题的能力。

> **素养目标：**
> 培养学生树立严谨认真的工作态度及安全工作意识。

轴作为传递动力和转矩的零件，在汽车中应用非常广泛，常见的轴有曲轴、凸轮轴、变速器轴、传动轴、半轴、转向轴等。图10-1 所示为汽车发动机的曲轴和凸轮轴。无论是曲轴还是凸轮轴，作为旋转零件，其两端都有相应的轴承作为支承。此外，轴在传递动力和转矩时，还可能需要联轴器、离合器、制动器等，这些都属于轴系零件。

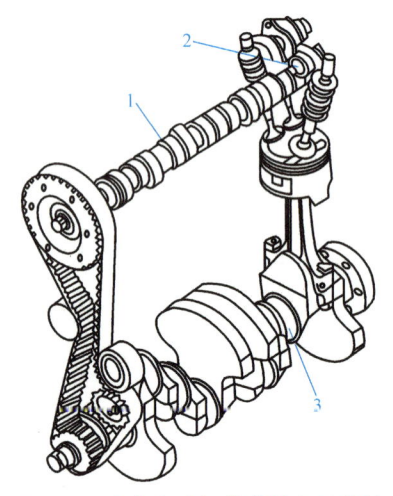

图10-1　汽车发动机的曲轴和凸轮轴
1—凸轮轴　2—摇臂轴　3—曲轴

10.1 轴类零件

汽车中的轴类零件有通用轴,如变速器轴,主要用于支承齿轮、带轮、链轮等传动件,同时传递动力和转矩;还有典型的汽车专用轴,如曲轴、凸轮轴、传动轴和半轴等。

10.1.1 轴的用途及分类

1. 轴的用途

轴是机械中不可缺少的重要零件。轴的作用是支承回转零件,使其具有确定的位置,并传递运动和动力。图 10-1 所示为汽车发动机配气机构中的曲轴和凸轮轴,其作用就是支承其上的回转零件并传递动力。

2. 轴的分类

(1) 按轴线形状　按轴线形状不同,轴可分为直轴(图 10-1 中的凸轮轴)、曲轴(图 10-1 中发动机曲轴)和软轴(图 10-2)。其中,直轴又可分为光轴(图 10-3a)和阶梯轴(图 10-3b)。光轴的各段直径都相等,阶梯轴的各段直径不相等。

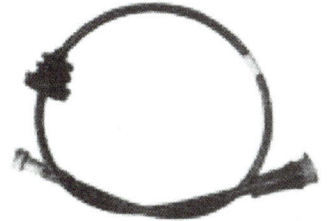

图 10-2　汽车里程表软轴

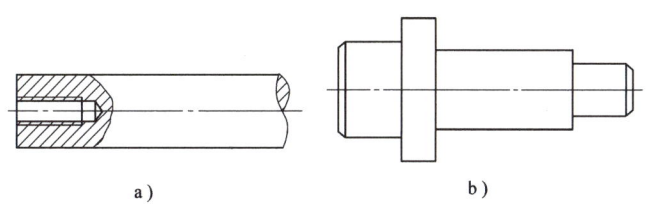

图 10-3　直轴
a) 光轴　b) 阶梯轴

(2) 按轴所受载荷性质　按承载情况不同,轴可分为心轴、传动轴和转轴三种类型。各类轴的承载情况及特点见表 10-1。

表 10-1　心轴、传动轴和转轴的承载情况及特点

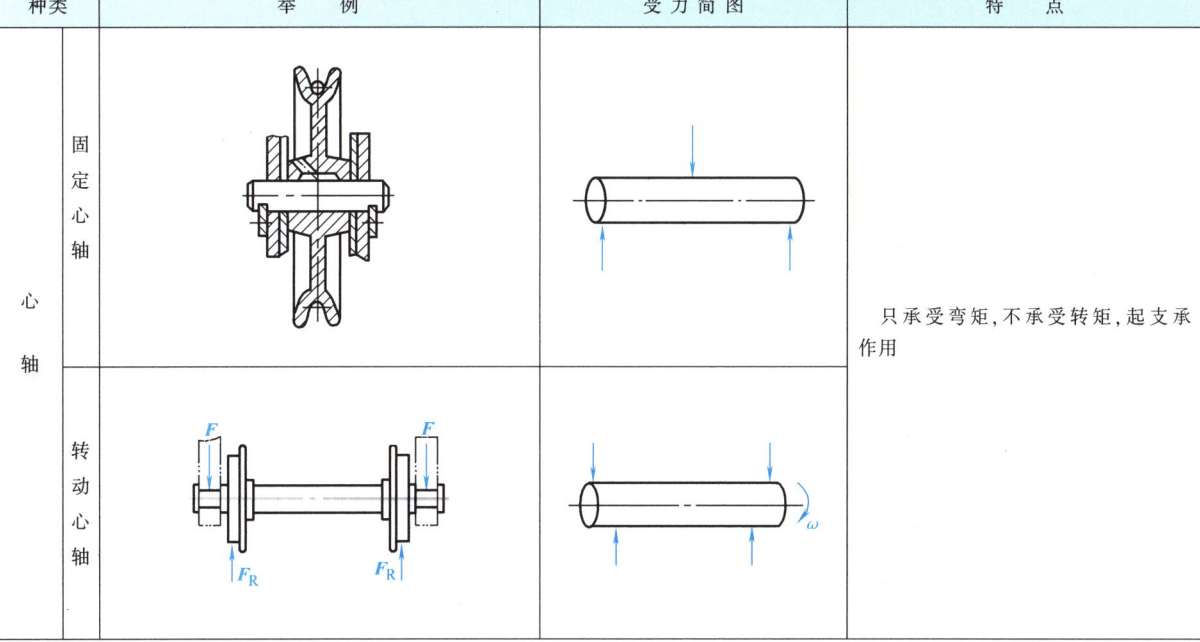

种类		举例	受力简图	特点
心轴	固定心轴			只承受弯矩,不承受转矩,起支承作用
	转动心轴			

(续)

种类	举 例	受力简图	特 点
传动轴	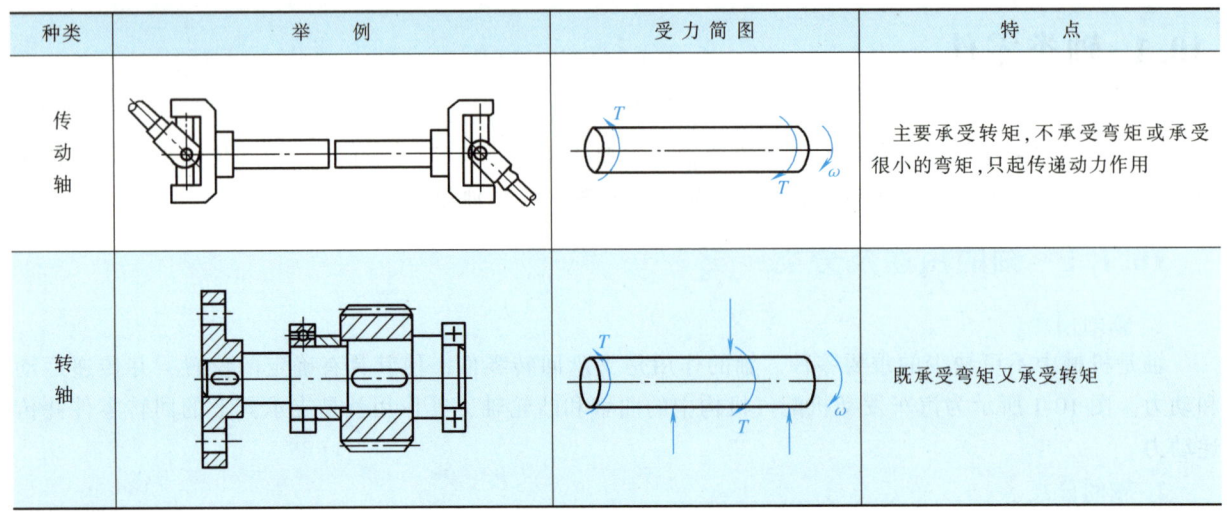		主要承受转矩，不承受弯矩或承受很小的弯矩，只起传递动力作用
转轴			既承受弯矩又承受转矩

3. 轴的材料

轴的失效形式多为疲劳破坏，所以对轴的材料的要求：具有足够的疲劳强度；对应力集中的敏感性低；与滑动零件接触的表面有足够的耐磨性；易于加工和热处理。

轴的常用材料主要有优质碳素钢和合金钢、球墨铸铁和高强度铸铁。由于碳钢比合金钢价格低，对应力集中的敏感性小，所以应用广泛。一般机器中的轴可用30钢、40钢、50钢等，45钢经调质处理是轴类最常用的材料。

合金钢常用于制造高速、重载轴或受力大而要求尺寸小、重量轻的轴。处于高温、低温或腐蚀介质中工作的轴，多数用合金钢制造。

球墨铸铁和高强度铸铁的铸造工艺性好，易于获得较复杂的外形，吸振性、耐磨性好，对应力集中的敏感性低，价格便宜，所以应用日益广泛。例如，汽车、拖拉机发动机的曲轴多用球墨铸铁制造。

10.1.2 轴的结构

如图10-4所示，轴上装有零件的部分称为轴头，装轴承的部分称为轴颈，轴上直径变化形成的阶梯称为轴肩（单向变化）或轴环（双向变化）。

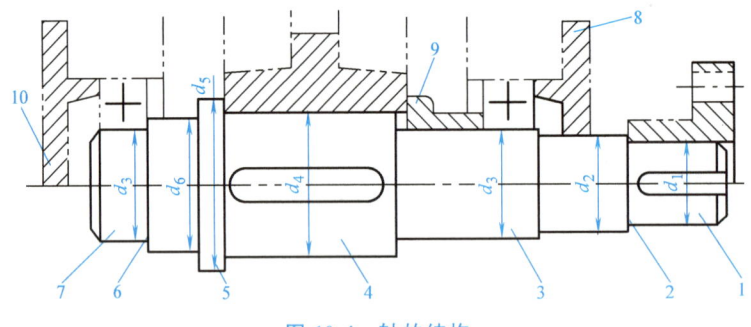

图10-4 轴的结构

1、4—轴头　2、6—轴肩　3、7—轴颈　5—轴环　8、10—轴承盖　9—套筒

为了保证机械的正常工作，轴和轴上零件必须定位准确且固定可靠。轴的定位靠轴承实现。轴上零件的固定形式有两种：轴向固定和周向固定。

1. 轴上零件的轴向定位和固定

轴向固定的作用和目的是保证零件在轴上有确定的轴向位置，并能承受轴向力，防止零件做轴向移动。一般利用轴肩、轴环、轴套、圆螺母和轴端挡圈（也称为压板）等零件，作为轴上零件的轴向定位用（表10-2）。

第10章 汽车常用轴系零件

表 10-2 轴上零件轴向固定的方法及特点

固定方法	简 图	特 点
轴肩、轴环	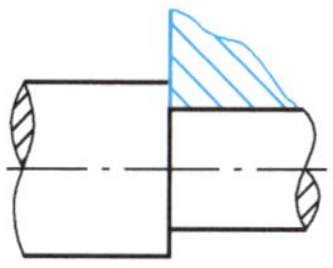 轴肩 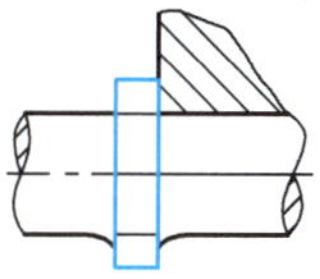　　轴环	结构简单,定位可靠,可承受较大的轴向力,常用于齿轮、链轮、带轮、联轴器和轴承等的定位
套筒	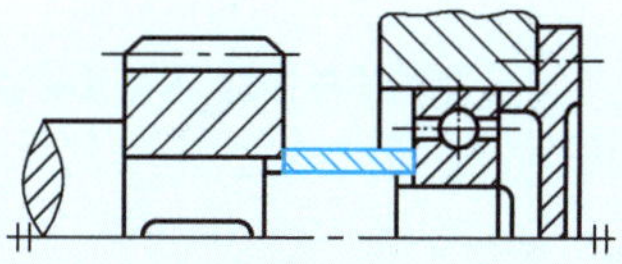	结构简单,定位可靠,轴上不需开槽、钻孔和切制螺纹,从而不影响轴的强度,一般用于零件间距较小的场合。轴的转速高时不宜采用
螺钉锁紧挡圈	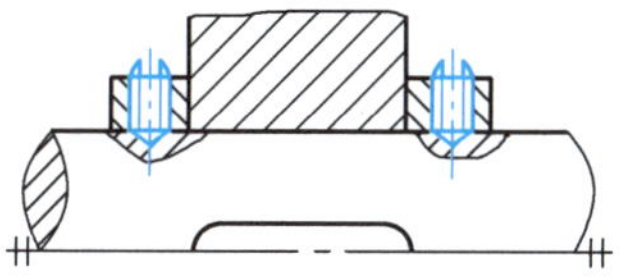	结构简单,不能承受大的轴向力,不宜用于高速场合,常用于光轴上零件的固定
圆锥面	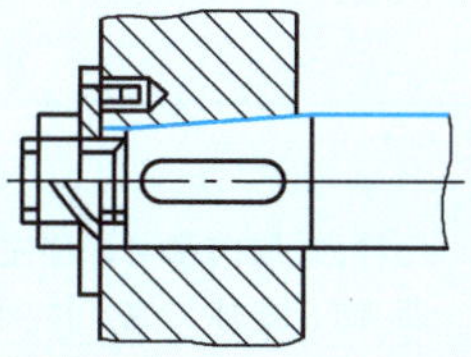	能消除轴与轮毂间的径向间隙,装拆较方便,可兼作周向固定,常与轴端压板或螺母联合使用,使零件获得双向轴向固定
圆螺母	 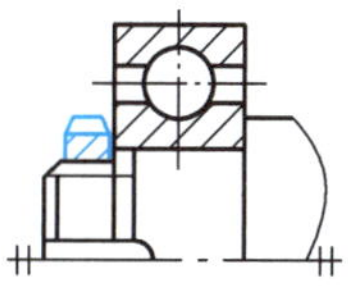	固定可靠,装拆方便,可承受较大的轴向力。由于轴上切制有螺纹,轴的疲劳强度有所下降。常用双圆螺母或圆螺母与止动垫圈固定轴端零件,当零件间距较大时,可采用圆螺母代替套筒来减轻结构重量
轴端挡圈	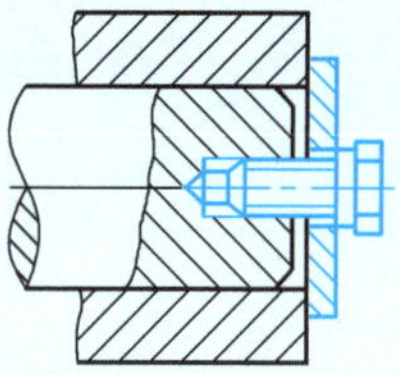	适用于固定轴端零件,可承受剧烈振动和冲击载荷
轴端挡板	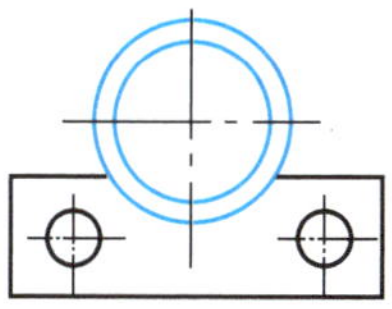 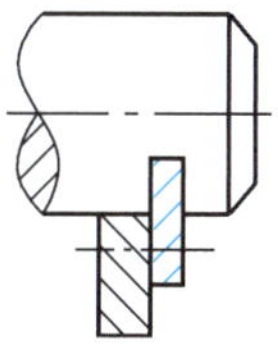	适用于心轴和轴端固定
弹性挡圈	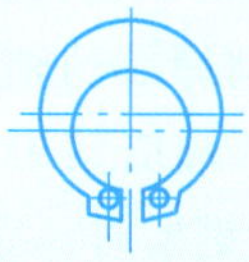 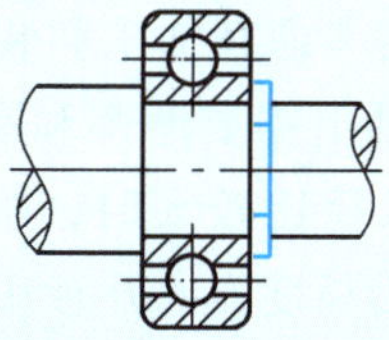	结构简单、紧凑,只能承受很小的轴向力,常用于固定滚动轴承
紧定螺钉	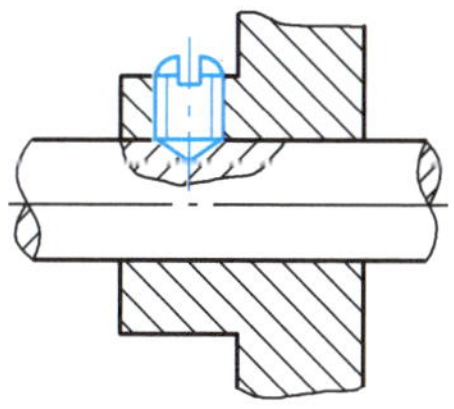	紧定螺钉同时起轴向和周向固定作用,但轴向力和周向力都不能过大,转速不能过高。为防止螺钉松动,可加锁圈

2. 轴上零件的周向固定

周向固定的作用和目的，是保证零件传递转矩和防止轴与零件之间产生相对转动。实际使用时，大多数采用键联接、花键联接、销联接或过盈配合。紧定螺钉也可起周向固定的作用。轴上零件的周向固定形式及特点见表 10-3。

表 10-3 轴上零件的周向固定形式及特点

固定形式	简　图	特　点
键联接	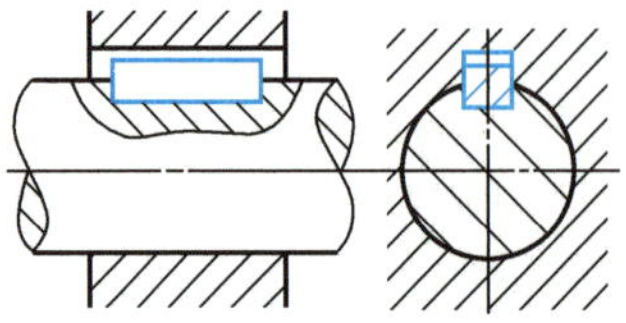	轴向不能固定，不能承受轴向力。加工容易，装拆方便
花键联接	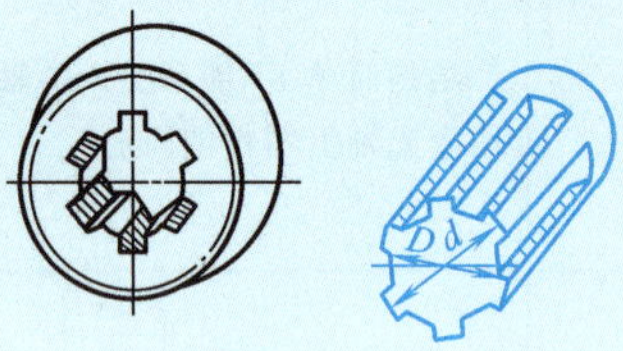	具有接触面积大、承载能力强、对中性和导向性好、轴毂的强度削弱小等优点，适用于载荷较大、定心要求高的静联接和动联接
销联接	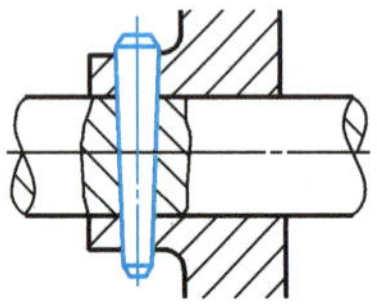	轴向、周向都可以固定，常用作安全装置，过载时可被剪断，防止损坏其他零件，但不能承受较大载荷，对轴强度有削弱
紧定螺钉	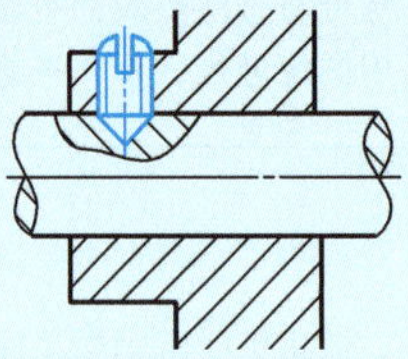	紧定螺钉端部拧入轴上的凹坑内实现固定，结构简单，不能承受较大载荷，只适用于辅助联接
过盈配合	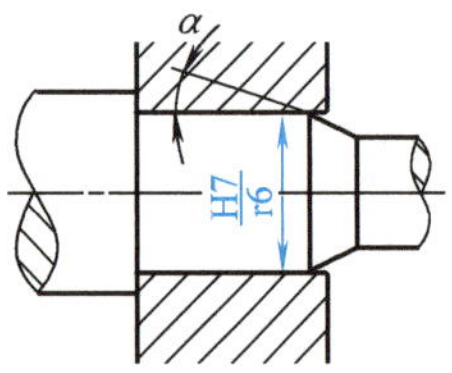	同时有轴向和周向固定作用，对中精度高。拆卸不方便，不宜用于重载和需多次装拆的场合

3. 轴的结构工艺性

轴的结构除了要考虑零件的固定和支承外，还需考虑其加工和装配的工艺性要求。

（1）加工工艺性　轴的形状应简单便于加工。轴上需要磨削和车削螺纹的轴段应分别设有砂轮越程槽（图 10-5a）和螺纹退刀槽（图 10-5b）。轴的长径比较大时，轴两端应钻中心孔，以便加工时用顶尖支承和保证轴各段的同轴度（图 10-5c）。轴上沿长度方向开有几个键槽时，应将它们安排在同一直线上（图 10-4）。同一根轴上所有圆角半径和倒角的大小应尽可能一致，以减少刀具规格和换刀次数。

（2）装配工艺性　装配时，零件各部位不能互相干涉。如图 10-6a 所示，φ20mm 与 φ30mm 不能同时要求紧密配合；图 10-6b 中 A、B 两个平面不能同时要求紧密接合；图 10-6c 中，由于两个零件加工总有误差，容易在圆角 R 处发生干涉，不能保证配合紧密，从而影响装配质量。因此，要保证主要面的配合，非主要面之间则留有一定间隙。

为了使轴上零件容易装拆，轴上各轴端都应有 45°倒角。

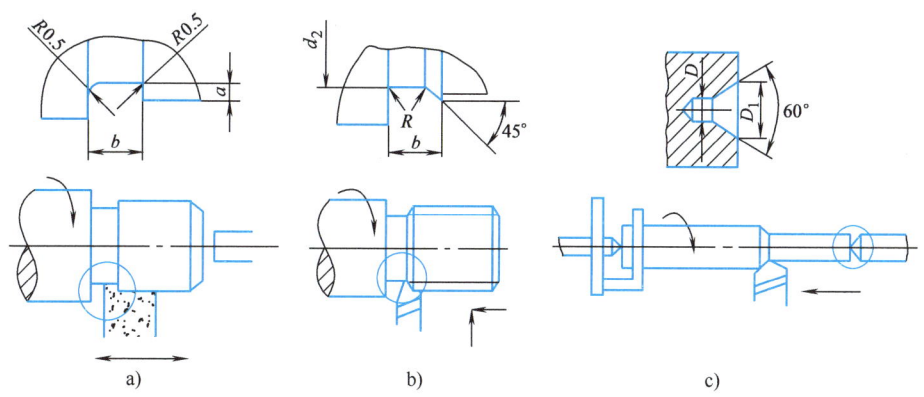

图 10-5 轴的加工工艺性

a）砂轮越程槽 b）螺纹退刀槽 c）中心孔

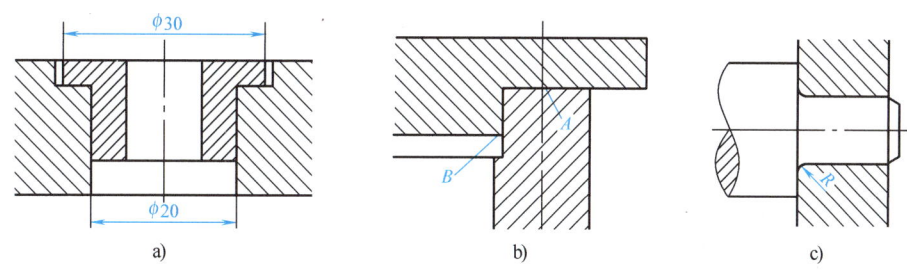

图 10-6 轴的装配工艺性

10.1.3 汽车典型轴类零件

1. 曲轴

曲轴是汽车发动机中构成曲轴飞轮组的主要零件之一，其作用是把活塞的往复运动通过连杆转变为旋转运动，并将其转变为转矩，驱动汽车的传动系统和发动机配气机构以及其他辅助装置，如风扇、水泵、发电机等。图 10-7 所示为汽车曲轴的实物图。曲轴一般由主轴颈、连杆轴颈、曲柄、平衡块、前端和后端组成，如图 10-8 所示。一个主轴颈、一个连杆轴颈和一个曲柄组成一个曲拐，直列式发动机曲轴的曲拐数目等于气缸数，V 型发动机曲轴的曲拐数目等于气缸数的一半。

图 10-7 汽车曲轴的实物图

主轴颈是曲轴的支撑部分，通过主轴承支承在曲轴箱的主轴承座中。主轴承的数目与发动机气缸数目及曲轴的支承方式有关。曲柄是主轴颈和连杆轴颈的连接部分，为了平衡惯性力，曲柄处常设置平衡块。平衡块用来平衡发动机不平衡的离心力矩及部分往复惯性力，从而保证曲轴旋转的平稳性。

曲轴的连杆轴颈是曲轴与连杆的连接部分，曲柄与主轴颈的相连处以圆弧过渡，可减少应力集中。曲轴前端装有正时齿轮，以驱动风扇和水泵的带轮及起动爪。曲轴的后端用来安装飞轮，在后轴颈与飞轮凸缘之间制成挡油凸缘和回油螺纹，用来防止机油窜漏。

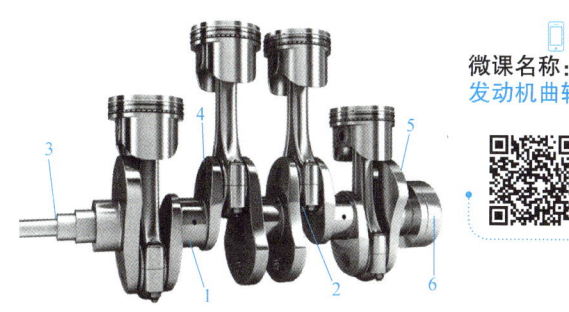

图 10-8 曲轴的组成

1—主轴颈 2—连杆轴颈 3—前端轴 4—曲柄
5—平衡块 6—后端凸缘

曲轴的形状和曲拐相对位置取决于气缸数、气缸排列和发动机的点火顺序。多缸发动机的点火顺序应使连续做功的两个气缸保持尽量远的距离，这样既可以减轻主轴承的载荷，又能避免可能发生的进气重叠现象。此外，做功间隔应力求均匀，也就是说，发动机在完成一个工作循环的曲轴转角内，每个气缸都应做功一次，以保证发动机运转平稳。

曲轴在工作时承受气体压力、惯性力及惯性力矩的作用，受力大而且复杂，并且承受交变载荷的冲击作用。同时，曲轴又是高速旋转件，因此要求曲轴具有足够的刚度和强度，具有良好的承受冲击载荷的能力，耐磨损且润滑良好。曲轴一般由 45 钢、40Cr、40MnB、35CrMo、35Mn2 等中碳钢和中碳合金钢锻压而成，轴颈表面经高频淬火或渗氮处理来提高耐磨性，并要求较高的加工精度。现代汽车发动机的曲轴材料也广泛采用球墨铸铁。球墨铸铁耐磨性好，价格便宜，轴颈不需硬化处理，机械加工量少，减少了金属材料的消耗。

2. 凸轮轴

凸轮轴是气门传动组中最主要的零部件，它的作用是驱动和控制发动机各缸气门的开闭，使其符合发动机的工作顺序、配气相位及气门开度的变化规律的要求。凸轮轴是实心轴，由进气凸轮、排气凸轮及轴颈组成。凸轮的作用是驱动气门开闭，轴颈的作用是支撑凸轮轴。图 10-9 所示为发动机配气机构，从图中可以看出，凸轮轴的结构特点是细而长。为了避免凸轮轴变形，大部分采用全支承方式。

由于气门周期性地开启和关闭，凸轮表面承受着周期性的交变冲击载荷。凸轮轴与挺柱的接触面积很小，相对滑动速度很高，容易造成凸轮表面磨损、擦伤或产生点蚀，因此要求凸轮表面要耐磨，凸轮轴要有足够的韧性和刚度，一般用优质钢

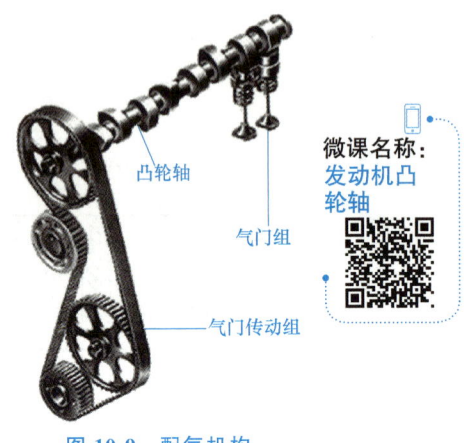

图 10-9　配气机构

（45 钢、40Cr、20CrMn）模锻而成，也可以采用合金铸铁或球墨铸铁铸造。通常凸轮和轴颈的工作表面经过渗碳及表面淬火处理后精磨，以提高耐磨性。

3. 传动轴

传动轴是汽车传动系统中传递动力的重要部件，与变速器、驱动桥一起将发动机的动力传递给车轮，使汽车产生驱动力。传动轴一般由轴管、伸缩套和万向节组成，如图 10-10 所示。

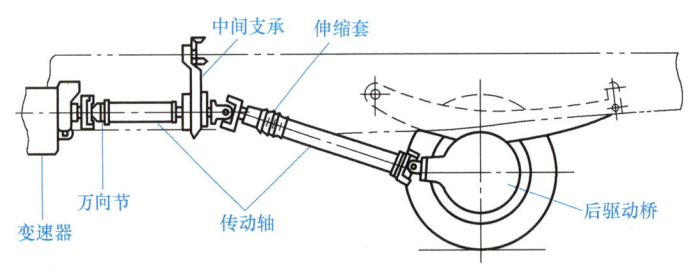

图 10-10　汽车传动轴

传动轴以高速回转，一般要求扭转强度高、弯曲刚度大。为了提高强度和刚度，传动轴多做成空心的，一般用厚度为 1.5~3.0cm 的薄钢板卷焊而成，重载汽车应采用无缝钢管，或制成实心轴。

对发动机前置后轮驱动的车来说，把变速器的转动传到主减速器的传动轴可以由多节万向节连接。传动轴是一个高转速、少支承的旋转体，其动平衡很重要，一般传动轴出厂前应进行动平衡试验，并在平衡机上进行调整。

4. 半轴

汽车半轴也称驱动轴，是汽车后桥中传递转矩的一个重要部件。它将差速器传来的动力传给驱动轮。图 10-11 所示为汽车半轴实物图。半轴是在变速器与驱动轮之间传递转矩的实心轴，内、外端各有一个万向节，通过万向节上的花键与变速器齿轮及轮毂轴承内圈连接，其位置如图 10-12 所示。

汽车半轴工作时承受冲击、反复弯曲和扭转应力的作用。当汽车起动或上坡时，转矩很大，特别是在紧急制动或行驶在不平坦的道路上时，工作条件更为恶劣，半轴要承受冲击、交变弯曲疲劳载荷

图 10-11　汽车半轴实物图　　　　　图 10-12　汽车半轴的位置

和转矩作用。常见的半轴失效形式有扭转疲劳断裂、过量磨损及过量变形。根据工作条件和失效形式，半轴应具有良好的综合力学性能，半轴材料应具有足够的强度和韧性，以及较高的疲劳强度。一般中、轻型汽车的半轴应用 45 钢或 40Cr、40MnB 钢，重型汽车的半轴常用 40CrNiMo 等淬透性较好的合金钢制造。

10.2　汽车轴承

【素养园地】

轴承：知识点滴——我国轴承工业的发展，进行创新思维教育

轴承的作用是支承轴及轴上零件，图 10-13a 所示为发动机连杆轴承，图 10-13b 所示为汽车减速器轴承。根据轴承工作时的摩擦性质，轴承可分为滑动摩擦轴承（简称滑动轴承）和滚动摩擦轴承（简称滚动轴承）两种类型。图 10-13a 所示为滑动轴承，图 10-13b 所示为滚动轴承。每种类型的轴承又按其承受的载荷的方向不同，分为向心轴承、推力轴承和向心推力轴承。

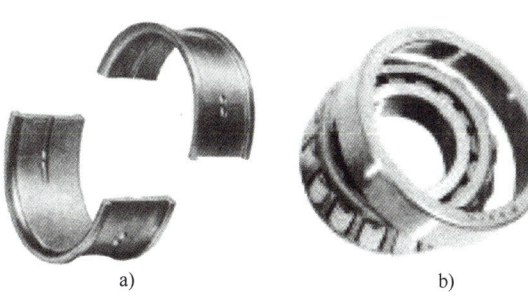

图 10-13　轴承实例
a）发动机连杆轴承　b）汽车减速器轴承

10.2.1　滑动轴承

1. 滑动轴承的类型和结构

滑动轴承一般由轴瓦和轴承座构成。滑动轴承分为径向滑动轴承（承受径向载荷）和推力滑动轴承（承受轴向载荷）。

（1）径向滑动轴承　径向滑动轴承的结构形式主要有整体式和剖分式两大类。图 10-14 所示为整体式向心滑动轴承，轴承通过螺栓与机架联接，用减摩材料制成的轴瓦（也称轴套）压入轴承座孔内，轴瓦上有油孔，并在其内表面上开有轴向油道来分配润滑油，以实现轴瓦润滑。

整体式滑动轴承也可以在机架上直接做出轴承孔，再压入轴套。

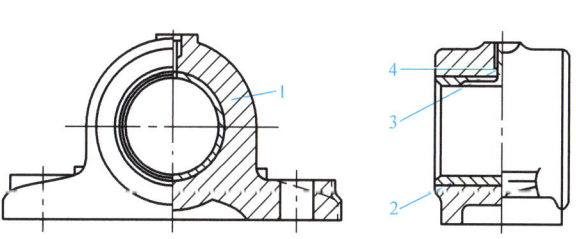

图 10-14　整体式向心滑动轴承
1—轴承座　2—轴瓦　3—油道　4—油孔

整体式滑动轴承结构简单，但轴承工作表面磨损过大时无法调整轴承间隙，而且轴颈只能从端部装入，安装不便，为此可采用剖分式滑动轴承。图 10-13a 所示的发动机连杆轴承就属于剖分式滑动轴承。

图 10-15 所示为剖分式径向滑动轴承，由轴承座、轴承盖、剖分轴瓦和双头螺柱等组成。在轴瓦剖分面上配有调整垫片。当轴瓦磨损后，可以减小垫片厚度，来调整轴承径向间隙。剖分式滑动轴承装拆方便，轴瓦与轴的间隙可以调整，因此应用广泛。

(2) 推力滑动轴承　推力滑动轴承主要承受轴向载荷，其结构如图 10-16a 所示，其轴颈端面与止推轴瓦组成一对摩擦副。由于工作面上相对滑动速度不同，靠近中心处相对滑动速度小，磨损轻；靠近边缘处相对滑动速度大，磨损重，从而造成工作面上的压强分布不均，因此通常采用环状端面。当载荷较大时，可采用多环轴颈，如图 10-16b 所示。

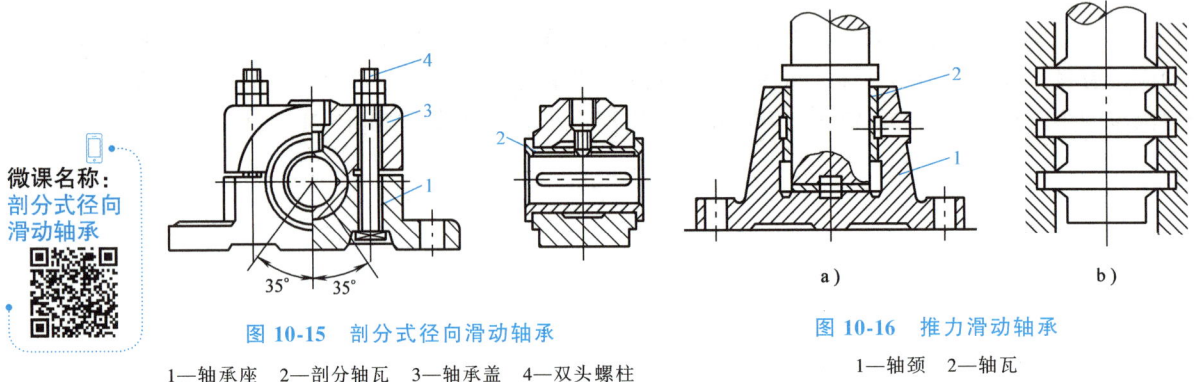

图 10-15　剖分式径向滑动轴承
1—轴承座　2—剖分轴瓦　3—轴承盖　4—双头螺柱

图 10-16　推力滑动轴承
1—轴颈　2—轴瓦

2. 滑动轴承的特性及应用

(1) 滑动轴承的特性　滑动轴承工作平稳，无噪声，耐冲击，承载能力强，径向尺寸小，转速及回转精度高，但是普通滑动轴承的起动摩擦阻力大。

(2) 滑动轴承的应用　①工作转速特别高的场合；②需要承受大的冲击和振动载荷的场合；③要求特别精密的场合；④装配工艺要求轴承剖分的场合，如曲轴的轴承；⑤要求轴承的径向尺寸小的场合。

3. 滑动轴承的安装与维护

安装滑动轴承时要保证轴颈在轴承孔内转动灵活、准确、平稳；瓦背与轴承座孔要修刮贴实，为了压紧，轴瓦剖分面应高出 0.05~0.1mm；整体式轴瓦压入时要防止倾斜，并用紧定螺钉固定；注意油路通畅，油路与油槽要接通；使用过程中要经常检查润滑、发热及振动情况。

10.2.2　滚动轴承

1. 滚动轴承的结构

滚动轴承（图 10-17）一般由外圈、内圈、滚动体和保持架组成。内、外圈上通常都制有沟槽，用来限制滚动体轴向位移。保持架可以保证滚动体等距分布，并减少滚动体间的摩擦和磨损。轴承工作时，内圈装在轴颈上，外圈装在机架的轴承孔内。通常内圈随轴颈转动，而外圈固定；也有的轴承外圈转动而内圈固定。内、外圈相对转动时，滚动体就在内、外圈的滚道间滚动。

2. 滚动轴承的基本类型、特性和应用

滚动轴承是标准件，其类型很多。按照轴承承受载荷的方式不同，滚动轴承分为向心轴承、推力轴承和向心推力轴承三大类，其承载情况如图 10-18 所示。

国产滚动轴承标准中，按承受的载荷方向和滚动体种类不同进行综合分类，各类轴承的结构形式不同，分别适用于不同的载荷、转速和使用条件。常用滚动轴承的基本类型、特性和应用见表 10-4。

第10章 汽车常用轴系零件

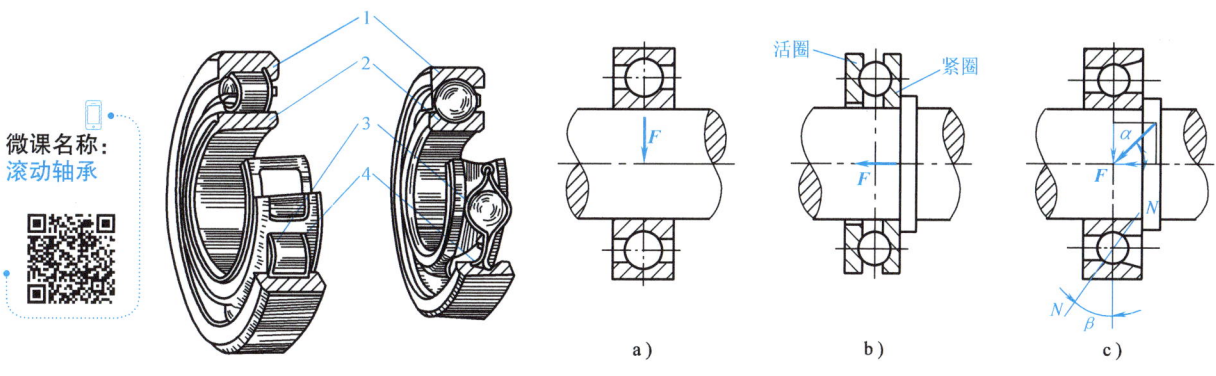

图 10-17 滚动轴承的结构
1—外圈 2—内圈 3—滚动体 4—保持架

图 10-18 滚动轴承的承载情况
a) 向心轴承 b) 推力轴承 c) 向心推力轴承

表 10-4 常用滚动轴承的基本类型、特性和应用

轴承名称	结构简图	类型代号	主要特性和应用
深沟球轴承	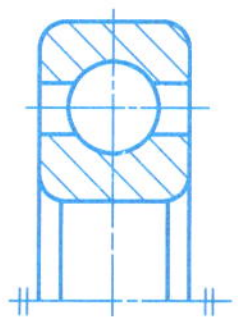	6 或 16	主要承受径向载荷，也能承受一定的双向轴向载荷，极限转速高，适用于转速较高、轴向载荷不大、不宜采用推力轴承时代替推力轴承承受纯轴向载荷的场合
调心球轴承	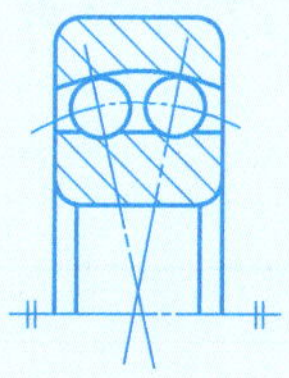	1 或（1）	主要承受径向载荷，也能承受较小的双向轴向载荷，轴承能自动调心，适用于多支点和弯曲刚度低的轴的支承
圆柱滚子轴承	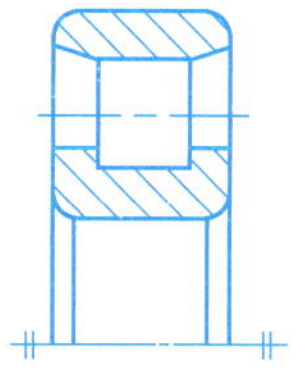	N	径向承载能力为相同尺寸的深沟球轴承的1.5~3倍，如外圈和内圈无挡边，则不能承受轴向载荷，适用于轴的刚度较大、轴与支座孔同轴度好的场合
调心滚子轴承	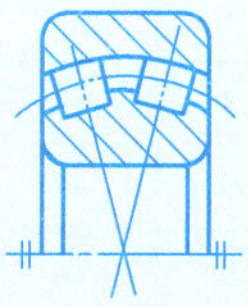	2	径向承载能力强，也能承受少量双向轴向载荷，极限转速低，能自动调心
滚针轴承	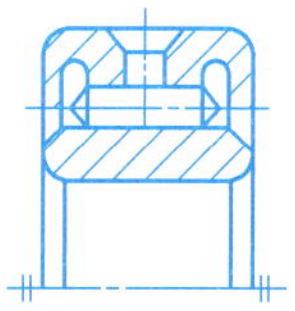	NA	只能承受径向载荷，不能承受轴向载荷，不允许轴线有偏转角，极限转速低，适用于径向尺寸小的场合
角接触球轴承	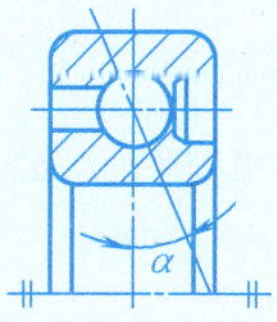	7	能承受较大的径向和轴向混合载荷，且接触角越大，轴向承载能力越大；一般成对使用

167

（续）

轴承名称	结构简图	类型代号	主要特性和应用
圆锥滚子轴承		3	能承受以径向载荷为主的径向和轴向混合载荷，游隙可以调整；一般成对使用
推力球轴承		5	只能承受轴向载荷，载荷作用线须与轴承轴线重合；极限转速低

3. 滚动轴承的代号

滚动轴承的类型很多，各类轴承的尺寸、结构和精度各不相同，为便于生产和选用，国家标准规定，滚动轴承代号由前置代号、基本代号和后置代号构成，其排列顺序如下。

前置代号　　基本代号　　后置代号

(1) 基本代号（滚针轴承除外）　基本代号表示轴承的基本类型、结构和尺寸，是滚动轴承代号的基础。它由轴承类型代号、尺寸系列代号［包括宽（高）度系列代号和直径系列代号］和内径代号构成。其排列顺序见表10-5。其中，类型代号用阿拉伯数字或大写拉丁字母表示，尺寸系列代号（表10-6）和内径代号（表10-7）用数字表示。

表10-5　轴承基本代号排列顺序

基本代号			
类型代号	尺寸系列代号		内径代号
	宽度(或高度)系列代号	直径系列代号	

表10-6　轴承尺寸系列代号表示方法

直径系列	向心轴承							推力轴承			
	宽度系列代号							高度系列代号			
	8	0	1	2	3	4	5	6	7	9	1	2
超特轻7	—	—	17	—	37	—	—	—	—	—	—	—
超轻8	—	08	18	28	38	48	58	68	—	—	—	—
超轻9	—	09	19	29	39	49	59	69	—	—	—	—
特轻0	—	00	10	20	30	40	50	60	70	90	10	—
特轻1	—	01	11	21	31	41	51	61	71	91	11	—
轻2	82	02	12	22	32	42	52	62	72	92	12	22
中3	83	03	13	23	33	—	—	—	73	93	13	23
重4	—	04	—	24	—	—	—	—	74	94	14	24

表10-7　滚动轴承内径代号表示方法

轴承公称直径/mm	内径代号	示例
10~17	10 → 00 12 → 01 15 → 02 17 → 03	深沟球轴承6200 $d=10\mathrm{mm}$

(续)

轴承公称直径/mm	内径代号	示例
20~480（22,28,32 除外）	内径除以 5 的商，商为个位数，需左边加"0"，例如 08	调心滚子轴承 23208 $d=40mm$
≥500 以及 22,28,32	用内径数直接表示，与尺寸系列用"/"隔开	调心滚子轴承 230/500, $d=500mm$ 深沟球轴承 62/22, $d=22mm$

（2）前置、后置代号 前置、后置代号是当轴承在结构形状、尺寸、公差、技术要求等有改变时，在其基本代号左右添加的补充代号，其排列顺序见表 10-8。

表 10-8　前置、后置代号的排列

		轴　承　代　号								
前置代号	基本代号	后置代号（组）								
		1	2	3	4	5	6	7	8	9
成套轴承分部件		内部结构	密封与防尘套圈类型	保持架及材料	轴承材料	公差等级	游隙	配置	振动及噪声	其他

4. 滚动轴承的装拆

轴承的装拆方法不当，会严重地损伤轴承和其他零件。因此，在安装滚动轴承之前，应首先对与轴承相配合的轴颈和轴承座孔的尺寸、表面质量进行仔细的检查，若发现问题及时处理；然后用煤油或汽油把配合表面清洗干净，再涂上一薄层润滑油或润滑脂。

轴承内圈通常与轴颈配合较紧，对于小型轴承，一般可在轴承内圈上垫装配套管（铜管或软钢管），用锤子直接将轴承内圈打入轴颈（图 10-19）。常采用的方法是用压力机将轴承压套到轴颈上。对于尺寸较大的轴承，可先将轴承放到热油（油温 80~100℃）中预热，然后进行安装。

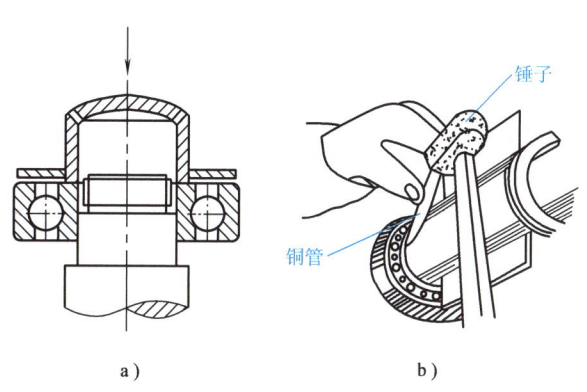

图 10-19　滚动轴承的装拆

a）用锤子和套筒安装轴承　b）用锤子和铜管拆出轴承

用压力法拆卸轴承可用压力机或拆卸工具，较多使用的是顶拔器（俗称拉马），如图 10-20a 所示。它是靠 2~3 个拉爪勾住轴承内圈拆下轴承的。因此，应在内圈轴肩上留出足够的高度。若高度不够，可在轴肩上开槽（图 10-20b）。

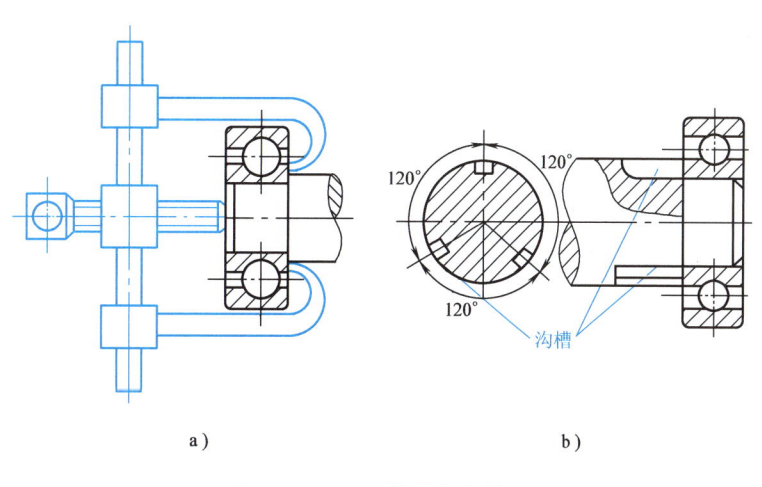

图 10-20　用顶拔器拆出轴承

微课名称：
用顶拔器拆出轴承

5. 滚动轴承的润滑和密封

润滑滚动轴承的目的主要是减少摩擦、磨损，同时也有冷却、吸振、防锈和减小噪声的作用。

当轴颈转速较低时，一般采用润滑脂润滑。润滑脂不易流失，便于密封和维护。装填润滑脂时一般不超过轴承内空隙的 1/3～1/2，以免因润滑脂过多而引起轴承发热，影响轴承正常工作。

当轴颈转动速度很高时，应采用润滑油润滑，以使摩擦阻力小，并可起到散热、冷却作用。润滑方式常采用浸油或飞溅润滑。浸油润滑时，油面高度应低于最下方滚动体中心，以免因搅油能量损失较大，使轴承过热。高速轴承可采用喷油和油雾润滑。

密封轴承的目的是阻止灰尘、水分等杂物进入轴承，同时也是为了防止润滑剂的流失及其对设备的污染。密封方法的选择与润滑剂种类、工作环境、温度、密封处的圆周速度等有关。密封方法分接触式、非接触式和组合式三类。

接触式密封常用的有毡圈密封和密封圈密封。图 10-21a 所示为毡圈密封。图 10-21b 所示为密封圈密封，密封圈一般由耐油橡胶制成。安装时密封唇应朝向密封的部位，其密封效果比毛毡圈好。图 10-21c 所示为油沟密封，属于非接触式密封，在油沟内填充润滑脂，端盖与轴颈的间隙为 0.1～0.3mm。

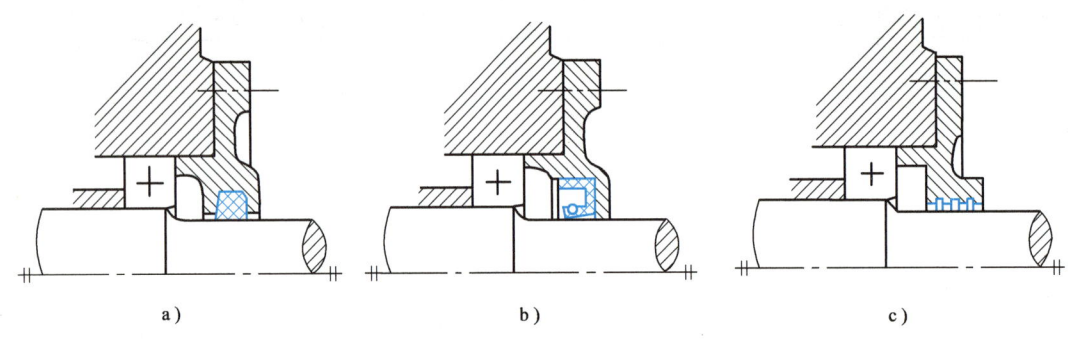

图 10-21 轴承的密封
a) 毡圈密封 b) 密封圈密封 c) 油沟密封

10.3 汽车联轴器、离合器与制动器

【素养园地】

联轴器：安全警示——通过汽车因联轴器故障召回事件，对学生进行严谨认真的工作态度教育及安全意识教育

10.3.1 汽车联轴器

1. 联轴器的功用

联轴器主要用于轴与轴之间的连接，使两轴一起回转并传递运动和动力。汽车转向系统中的双十字万向节是一种联轴器，如图 10-22 所示。用联轴器连接的两轴，在机器运转时不能实现分离，只有在机器停转后，经过拆卸才能分离。

2. 联轴器的类型及特点

联轴器可分为两类：固定式联轴器和可移式联轴器。固定式联轴器要求被连接的两轴要严格对中，没有相对位移；可移式联轴器允许并能够补偿两轴间的相对位移。

(1) 固定式联轴器　固定式联轴器结构简单、成本低，但各零件间不能做相对运动且零件都是刚性的，无法补偿两轴间的相对位移，缺乏缓冲吸振能力。因此，这种联轴器常用于无冲击、轴的对中性好的场合。常用固定式联轴器的类型、结构特点及应用见表 10-9。

第10章 汽车常用轴系零件

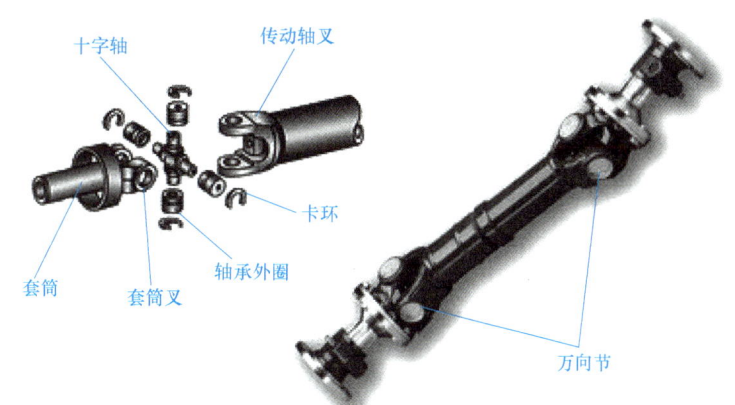

图 10-22 汽车转向系统万向节

表 10-9 常用固定式联轴器的类型、结构特点及应用

类 型	结 构 特 点	应 用
凸缘联轴器	YL 型（铰制孔螺栓联接并对中） YLD 型（普通螺栓联接，用半联轴器端面凸榫与凹槽对中）	使用和维护方便，刚性好，承载能力大。两轴间的对中精度不高时，附加动载荷较大；制造精度高时，可用于高速传动
套筒联轴器		径向尺寸小，装拆时需沿轴向移动较大距离，且只能用于同直径两轴的连接。一般用于小功率传动，也可用作安全联轴器

（2）可移式联轴器　可移式联轴器因工作零件间存在动连接，因此具有补偿相对位移的能力。根据是否有弹性元件，这种联轴器分为刚性可移式联轴器和弹性可移式联轴器。刚性可移式联轴器由于零件均是刚性的，缓冲吸振能力差；弹性可移式联轴器由于装有弹性元件，不仅可以补偿两轴间的相对位移，而且具有缓冲吸振作用。常用可移式联轴器的类型、结构及应用见表 10-10。

表 10-10 常用可移式联轴器的类型、结构及应用

类 型		结 构	应 用
刚性可移式联轴器	齿式联轴器		承载能力大，工作可靠，补偿综合位移的能力强，安装精度要求低；但重量大，成本高，适用于中、高速、重载、正反转频繁的传动

(续)

类 型		结 构	应 用
刚性可移式联轴器	滑块联轴器		结构简单,径向尺寸小,可补偿较大的径向位移,适用于轴间径向位移较大的低速传动
	万向联轴器		径向尺寸小,结构紧凑,工作中常成对使用,适用于两轴夹角较大($\alpha<45°$)或工作中角位移较大的传动
弹性可移式联轴器	弹性套柱销联轴器		结构简单,装拆方便,可缓冲、吸振,工作温度为$-20\sim70℃$,适用于频繁起动换向的中、小转矩的中、高速传动
	弹性柱销联轴器		结构简单,制造、维修方便,工作温度为$-20\sim70℃$,适用于起动及换向频繁的转矩较大的中、低速传动

10.3.2 汽车离合器

汽车离合器位于发动机和变速器之间的飞轮壳内,用螺钉将离合器总成固定在飞轮的后平面上,离合器的输出轴就是变速器的输入轴。图10-23所示为汽车离合器实物图。在汽车行驶过程中,可根据需要踩下或松开离合器踏板,使发动机与变速器暂时分离和逐渐接合,以切断或传递发动机向变速器输入的动力。

1. 离合器的类型及特点

离合器的分类方法很多,根据离合方式不同,可分为操纵离合器和自控离合器两大类。操纵离合器按操纵方式不同分为机械离合器、电磁离合器、液压离合器和气压离合器;自控离合器按特性分为超越离合器、离心离合器和安全离合器。

按工作原理不同,离合器可分为嵌合式离合器和摩擦式离合器。嵌合式离合器的结构简单,尺寸较小,承载能力大,主、从动轴能够同步转动,但接合时有冲击,只能在停机或低速时接合;摩擦式

图10-23 汽车离合器实物图

离合器离合平稳,可实现高速接合,并具有过载打滑的保护作用,但主、从动轴不能严格同步,接合时易产生磨损。摩擦式离合器在汽车中应用广泛。图 10-24 所示为摩擦式离合器的结构。

常用离合器的类型、结构及应用见表 10-11。

2. 汽车离合器的作用

（1）**保证汽车平稳起步**　起步前汽车处于静止状态,如果发动机与变速器是刚性连接的,一旦挂上档,汽车将由于突然接上动力而前冲,不但会造成机件的损伤,而且驱动力也不足以克服汽车前冲产生的巨大惯性力,使发动机转速急剧下降而熄火。起步时,利用离合器可以暂时将发动机和变速器分离,然后离合器逐渐接合。由于离合器的主动部分与从动部分之间存在着滑磨的现象,可以使离合器传出的转矩由零逐渐增大,而汽车的驱动力也逐渐增大,使汽车平稳地起步。

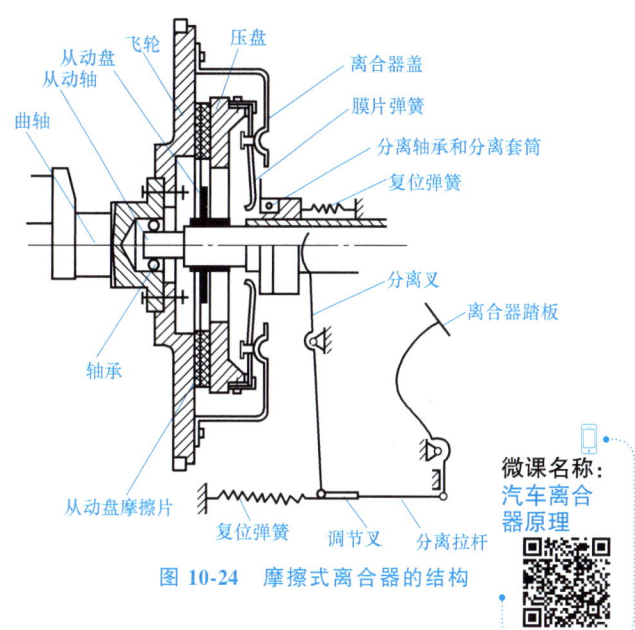

图 10-24　摩擦式离合器的结构

表 10-11　常用离合器的类型、结构及应用

类　型	结　构	应　用
牙嵌离合器		梯形牙强度高,传递转矩大,便于分离,能自动补偿牙面磨损产生的间隙;三角形牙用于中、小载荷;矩形牙不便于离合,且磨损后无法补偿;锯齿形牙只能传递单向转矩。一般用于停机或低速接合、离合不频繁及传动比要求准确的场合
单片离合器		结构简单,散热性能好,易于离合,但传递转矩较小,径向尺寸较大,适用于轻载、传动比要求不严格的场合
多片离合器		承载能力大,径向尺寸较小,易于离合,适用于高速传动场合
滚柱式超越离合器		具有定向及超越作用,工作无噪声,结构简单,可实现高速接合,但只能传递单向转矩,且制造精度要求高,适用于高速传动场合

（2）**便于换档**　在汽车行驶过程中，为适应不断变化的行驶条件，传动系统经常要更换不同档位工作。齿轮式变速器的换档，一般是拨动齿轮或其他挂档机构，使原用档位的某一齿轮副退出传动，再使另一档位的齿轮副进入工作。在换档前必须踩下离合器踏板，中断动力传动，以便使原档位啮合副脱开，同时使新档位啮合副啮合部位的速度逐步趋向同步，这样可以减小啮合副进入啮合时的冲击，实现平顺换档。

（3）**防止传动系统过载**　汽车紧急制动时，车轮突然急剧降速，而与发动机相连的传动系统由于旋转的惯性，仍保持原有转速，这往往会在传动系统中产生远大于发动机转矩的惯性矩，使传动系统的零件容易损坏。由于离合器是靠摩擦力来传递转矩的，所以当传动系统内的载荷超过摩擦力所能传递的转矩时，离合器的主、从动部分就会自动打滑，因而起到了防止传动系统过载的作用。

10.3.3　汽车制动器

【素养园地】
制动器：科技前沿——线控汽车制动，进行科技创新、节能减排教育

1. 制动器的作用

制动器是使机械中的运动件停止或减速的机械零件。图10-25所示为盘式汽车制动器及其安装位置。

2. 制动器的分类

制动器按驱动部件（类别）可分为机械制动器、气压制动器、液压制动器、电动制动器、人力制动器。常用制动器分摩擦式和非摩擦式两大类，摩擦式制动器又分为带式制动器、外抱块式制动器、内张蹄式制动器和盘式制动器等；非摩擦式制动器又分为磁粉制动器、磁涡流制动器和水涡流式制动器等。

图10-25　盘式汽车制动器及其安装位置

1）带式制动器结构简单，包角大，制动力矩大，制动轮轴受较大的弯曲力，制动带的比压和磨损不均匀。简单型和差动型带式制动器的制动力矩大小均与旋转方向有关，限制了应用范围。带式制动器散热性差，适用于大型机器、结构要求紧凑的制动，如机床、移动式起重机、卷扬机的制动等。图10-26所示为带式制动器的工作原理。

2）块式制动器结构简单可靠，散热一般，制动块有较充分和较均匀的退距，调整较方便，但包角和制动力矩小，制造比带式制动器复杂，杠杆系统复杂，外形尺寸较大。图10-27所示为外抱块式制动器的工作原理。块式制动器应用最广，主要用于起重、运输、冶金机械等工作频繁和安装空间较大的机械上。

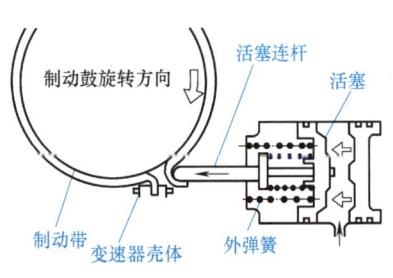

图10-26　带式制动器的工作原理

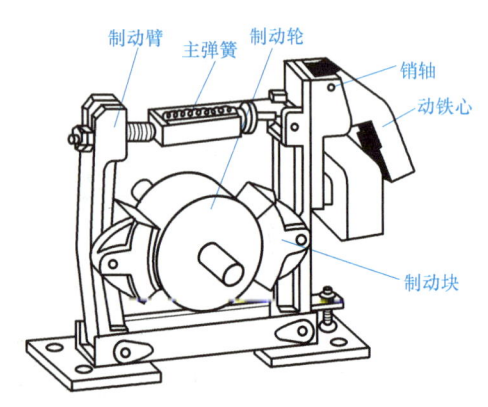

图10-27　外抱块式制动器的工作原理

3）内张蹄式制动器由两个内置的制动蹄在径向向外挤压制动鼓，产生制动力矩。其结构紧凑，散热性较好，密封容易，多为常开式，常安装于空间受限制的场合，广泛应用于轮式起重机及各种车辆（如汽车、拖拉机等）行走机构的制动。图 10-28 所示为内张蹄式制动器的工作原理。

4）盘式制动器利用轴向压力使圆盘或圆锥形摩擦面压紧，实现制动。全盘式或点盘式制动器对称布置时，制动轴不受弯曲力，结构紧凑，制动衬块磨损均匀，制动力矩大小与旋转方向无关，用于防尘防潮时，可制成密封型盘式制动器。点盘式制动器散热性好，全盘式制动器散热性较差，特别适用于紧凑性要求高的场合。图 10-29 所示为汽车中应用的盘式制动器。

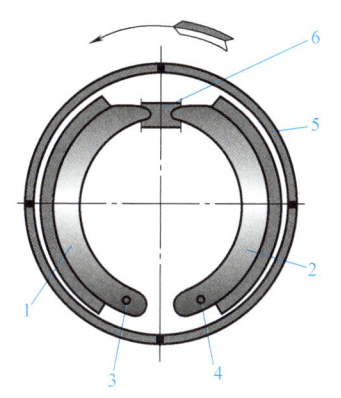
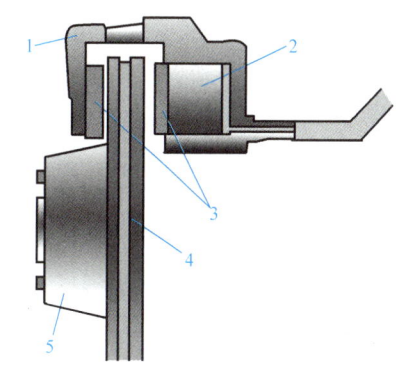

微课名称：
汽车盘式制动器

图 10-28　内张蹄式制动器的工作原理

1、2—制动蹄　3、4—支点　5—制动鼓　6—制动轮缸

图 10-29　盘式制动器工作原理

1—卡钳　2—活塞　3—制动衬块　4—转子　5—轮毂

5）磁粉制动器利用磁粉磁化时产生的内力制动。其体积小，质量轻，励磁功率小且制动力矩与转动件的转速无关，磁粉会引起零件磨损，主要用于制动（制动转矩可调）、精密定位、测试加载、张力控制等。

6）磁涡流制动器坚固耐用，维护简单，调整范围大，但低速时效率低，温升高，必须采取散热措施，常用于有垂直负载的机械中（如起重机械的起升机构），吸收停车前的能量，以减轻停车制动器的负载。

3. 常见汽车制动器及工作原理

汽车中的制动器分为行车制动器和驻车制动器。在行车过程中，一般都采用行车制动，便于在前进的过程中减速停车。当车停稳后，要使用驻车制动，以防止车辆前滑和后溜。行车制动器最常见的形式是盘式制动器和鼓式制动器。

盘式制动器又称为碟式制动器，由液压控制，如图 10-29 所示。制动盘用合金钢制造并固定在车轮上，随车轮转动。分泵固定在制动器的底板上固定不动。制动钳上的两个摩擦片分别装在制动盘的两侧。分泵的活塞受油管输送来的液压作用，推动摩擦片压向制动盘实现摩擦制动，动作起来就好像用钳子钳住旋转中的盘子，迫使它停下来一样。这种制动器散热快，重量轻，构造简单，调整方便，特别是高负载时，耐高温性能好，制动效果稳定，而且不怕泥水侵袭。在冬季和恶劣路况下行车，盘式制动比鼓式制动更容易在较短的时间内使车停下来。有些盘式制动器的制动盘上还开了许多小孔，可加速通风散热，提高制动效率。

汽车中的鼓式制动器即内张蹄式制动器，工作原理如图 10-28 所示。鼓式制动器接触面积大，获得的制动力也大，且因处于相对密闭的空间里，不易受到水和泥沙的影响，制造成本低，维修保养也非常便宜，但是其散热性能差，在制动过程中会聚集大量的热量。制动蹄和制动鼓在高温影响下较易发生极为复杂的变形，容易产生制动衰退和振抖现象，引起制动效率下降。

四轮轿车在制动过程中，由于惯性的作用，前轮的负载通常占汽车全部负载的 70%~80%，因此前轮制动力要比后轮大。轿车生产厂家为了节省成本，常采用前轮盘式制动、后轮鼓式制动的方式。

4. 新能源汽车制动系统

新能源汽车制动器是车辆减速与停车的核心部件。新能源汽车制动器主要采用盘式制动器或电子制动系统。盘式制动器与传统燃油车的制动方式相似，但针对纯电动汽车的特性进行了优化。本节以纯电动车制动系统主流采用的电子机械制动系统（EMB）为例，介绍纯电动汽车制动系统的结构及工作原理。

（1）电子机械制动系统结构　图10-30所示为电子机械制动系统（EMB）结构示意图。电子机械制动系统主要由电子制动踏板、制动踏板传感器、电子控制单元、车轮制动模块及车载电源等组成。

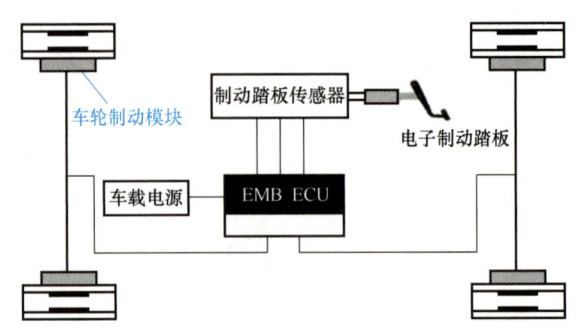

图10-30　EMB系统结构示意图

1）电子制动踏板。电子制动踏板借助踏板上的传感器，其功能是将驾驶员制动意图输入电子控制单元的纽带作用。

2）制动踏板传感器。监测驾驶员踩下制动踏板的力度和速度，将机械动作转化为电压信号传输至电子控制单元（ECU），从而判断制动需求强度。

3）电子控制单元。采集踏板行程、车速、加速度等传感器数据，实时计算目标制动夹紧力，并优化分配至每个车轮的制动力，实现精准制动控制，来确保制动时的乘客舒适性和最短的制动距离。

4）车轮制动模块。它主要包括传感器和制动执行部件，制动电机、减速器、制动盘等部件，接收电子控制单元的指令，通过电机驱动或液压系统对车轮施加制动力，实现车辆减速或停车。

5）车载电源。这是电子机械制动系统的能量源，用来驱动电机及给传感器供电。

除了上述组成，机械电子制动系统还需要车载计算机网络来实现电子控制单元和制动踏板传感器及车轮制动模块之间的通信。

（2）电子机械制动系统的工作原理　驾驶员在进行制动操作时，制动踏板传感器将制动信息传递到电子控制单元（ECU），电子控制单元综合传感器信息，在经过分析计算和处理后，获得此刻最佳的目标制动夹紧力，将它传输到车轮制动模块。车轮制动模块控制驱动电机迅速响应，并由减速增矩和运动转换机构将电机的转动转换为制动衬块与制动盘间的夹紧力，从而实现各车轮的制动。

在制动助力器方面，新能源汽车通常采用电子制动助力器，而非传统汽车的真空助力器。电子制动助力器能够提供更精确的控制，允许更复杂的制动策略，使车辆制动更加稳定和可控。

此外，一些纯电动汽车的电子制动系统还包括随动力辅助制动和再生制动系统（RBS）。随动力辅助制动是当驾驶员松开油门踏板时，电动控制系统会根据车速和制动需求控制制动器与制动块的摩擦力，实现辅助制动效果；再生制动系统是通过电动机的倒转将动能转化为电能，在制动过程中回收并储存起来，以延长电池的续航里程。

总体而言，纯电动汽车的制动器在结构和工作原理上与传统燃油车的制动器有所不同。纯电动汽车的制动器采用了更加智能化和高效的控制系统，实现了更加精确和环保的制动效果。这些新技术的应用不仅提高了驾驶安全性，同时也提升了纯电动汽车整体性能。

10.4 实践环节

10.4.1 拆装汽车离合器

1. 设备及工具准备

离合器拆装台架1台，常用工具、量具1套。

2. 离合器的分解与装配

1）准备好离合器拆装台架，如图 10-31 所示。

2）将离合器的固定螺栓对角拧松（注意观察压盘和飞轮的装配标记），如图 10-32 所示。在松开离合器固定螺栓时，用一字螺钉旋具卡在飞轮上的齿牙中，以方便拧出螺栓，如图 10-33 所示。

图 10-31　离合器拆装台架

图 10-32　对角松开离合器固定螺栓

图 10-33　用工具固定飞轮

3）取下压盘总成及离合器从动盘，如图 10-34 所示。

4）观察离合器各零部件的构造及其装配关系，理解其工作原理。

5）按相反顺序将离合器装配完成。

注意事项：离合器从动盘有减振弹簧保持架的一面应朝向压盘。

拆装训练完成后，按实训室规范要求整理工具、清理现场。

10.4.2　拆装汽车制动器

1. 设备及工具准备

制动系统拆装台架 1 台，常用工具 1 套，风炮及套筒。

图 10-34　取下从动盘及压盘总成

2. 盘式制动器的分解与装配

1）准备好盘式制动器，如图 10-35 所示。

2）拆下制动钳螺栓，如图 10-36 所示。

3）拆下制动钳体与分泵总成，如图 10-37 所示。

4）取出内、外制动块总成，如图 10-38 所示。

5）观察盘式制动器的组成，理解其工作原理。

图 10-35　盘式制动器

图 10-36　拆下制动钳螺栓

图 10-37　拆下制动钳体与分泵总成

177

6）按技术要求，相反顺序装配完成盘式制动器。

3. 鼓式制动器的分解与装配

1）用专用工具拆下轮毂盖，如图 10-39 所示。

2）用尖嘴钳取下开口销和开槽螺母，旋下调整螺母，取出止推垫圈，如图 10-40 所示。

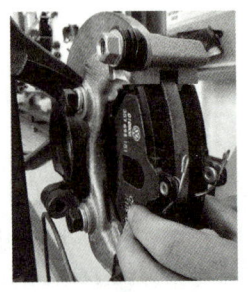

图 10-38 取出内、外制动块总成

图 10-39 拆下轮毂盖

图 10-40 取下开口销和开槽螺母

3）用一字螺钉旋具通过制动鼓螺纹孔向上拨动楔形块，使制动蹄与制动鼓松开，如图 10-41 所示。

4）取下制动鼓，如图 10-42 所示。

5）用尖嘴钳取下制动蹄定位销、弹簧、弹簧座，如图 10-43 所示。

6）用鲤鱼钳将制动蹄总成从支承凸台上拆下，如图 10-44 所示。

7）用鲤鱼钳分离手制动拉索，如图 10-45 所示。

8）观察鼓式制动器组成，理解其工作原理。

9）按技术要求，相反顺序装配完成鼓式制动器。

图 10-41 用一字螺钉旋具拨动楔形块

图 10-42 取下制动鼓

图 10-43 取下制动蹄定位销

拆装训练完成后，按实训室规范要求整理工具、清理现场。

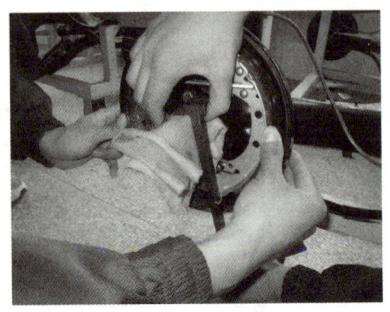

图 10-44 取下制动蹄总成

图 10-45 分离手制动拉索

模块 5

汽车液压及气压传动常识

第11章 液压传动及汽车常见液压系统

学习任务:
分析图示汽车液压制动系统的组成、各部分的作用及工作原理。

知识目标:
1. 掌握液压传动的原理及特点。
2. 理解液压传动的基本概念。
3. 掌握液压传动的组成。
4. 理解液压泵、液压缸、控制阀等元件的作用及工作原理。
5. 理解液压基本回路及汽车常见液压回路的工作原理。

能力目标:
1. 能够识别汽车常见液压系统的组成。
2. 能正确描述汽车常见液压系统的工作原理。
3. 培养学生利用理论知识分析实际问题的能力。

素养园地:
培养学生的爱国主义精神及开拓进取的创新精神。
液压部分: 大国重器——8万吨锻模液压机,进行爱国主义和自主创新教育

11.1 液压传动的基本知识

11.1.1 液压传动的工作原理及特点

1. 液压传动的工作原理

液压传动是利用液体压力来传递动力和进行控制的一种传动方式。图 11-1 所示的汽车液压制动系统,就是液压传动在汽车中的一项具体应用。

图 11-2 所示为液压千斤顶的结构原理图,下面用其来说明液压传动的原理。

大缸体 9 和大活塞 8 组成举升液压缸。杠杆手柄 1、小缸体 2、小活塞 3、单向阀 4 和 6 组成手动液压泵。当提起手柄时,小活塞将向上移动,小活塞下端油腔容积增大,形成局部真空,这时单向阀 4 打开,通过吸油管 5 从油箱 12 中吸油;当用力压下手柄时,小活塞下移,小活塞下腔的压力升高,单向阀 4 关闭,单向阀 6 打开,下腔的油液经管道 7 输入大缸体 9 的下腔,使大活塞 8 向上移动,顶起重物。再次提起手柄吸油时,单向阀 6 自动关闭,使油液不能倒流,从而保证重物不会自行下落。

不断往复地提压手柄,就能不断地把油液压入举升缸的下腔,使重物逐渐地升起。若打开放油阀11,举升缸下腔中的油液将会通过管道10和放油阀11流回油箱,重物落下。这就是液压千斤顶的工作原理。

通过以上分析,可以初步了解液压传动的基本工作原理。液压传动是以密封容积中的受压液体作为工作介质来传递运动和动力的传动。压下杠杆时,小缸体2输出压力油,将机械能转换成了油液的压力能,压力油经过单向阀6及管道7,推动大活塞8举起重物,则是将油液的压力能又转换成了机械能。大活塞8举升的速度取决于单位时间内流入大缸体9中液压油容积的多少。由此可见,液压传动过程存在能量转换。

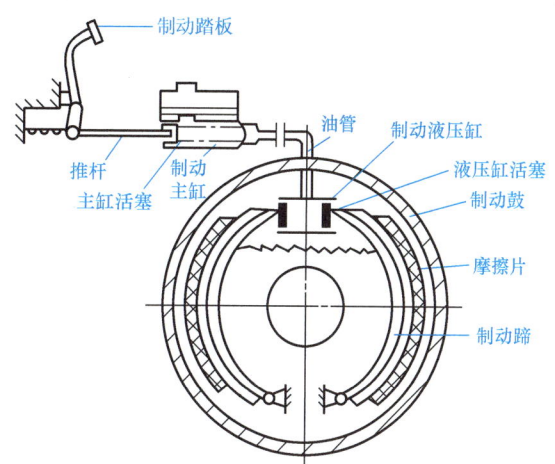

图11-1　汽车液压制动系统

2. 液压传动系统的组成

液压千斤顶是一种简单的液压传动装置。由它的工作原理可以看出,液压系统由以下五个主要部分组成。

(1) 动力元件　它是把机械能转换成油液压力能的装置,为液压系统提供压力油。最常见的动力元件是液压泵。

(2) 执行元件　它是把液压能转换成机械能的装置,在压力油的推动下传递力和速度(或力矩和转速),来驱动工作元件。常见的执行元件有液压缸和液压马达。

(3) 控制调节元件　控制调节元件是指各种阀类,如溢流阀、节流阀、换向阀等。控制调节元件的作用是控制液压系统中油液的压力、流量以及流动方向,保证执行元件完成预定的工作运动。

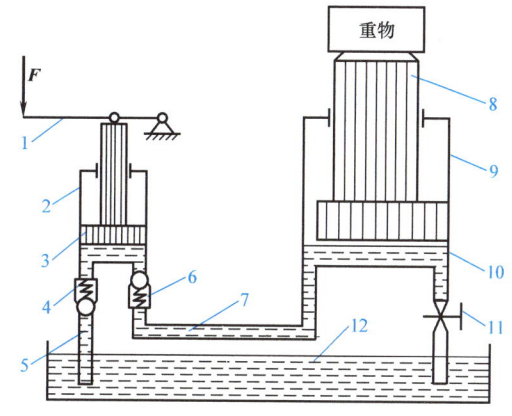

图11-2　液压千斤顶的结构原理图

1—杠杆手柄　2—小缸体　3—小活塞　4、6—单向阀
5—吸油管　7、10—管道　8—大活塞
9—大缸体　11—放油阀　12—油箱

(4) 辅助元件　辅助元件主要指油箱、油管、管接头、滤油器、压力计、流量计等。辅助元件的主要作用是散热储油、连接、输油、过滤、测量压力及流量等。它们对保证系统正常工作是必不可少的。

(5) 工作介质　工作介质即液压油,其作用是实现运动和动力的传递。

3. 液压传动系统图的图形符号

图11-2所示的液压系统是一种结构式的工作原理图,它具有直观性强、容易理解的优点,但图形比较复杂,绘制比较麻烦。因此,国内外一般都采用元件的图形符号来绘制液压系统原理图。图11-3所示为用元件图形符号绘制的液压千斤顶的工作原理图。图形符号脱离了元件的具体结构,只表示元件的职能,使系统图简化,原理简单明了,便于识读、分析、设计和绘制。根据规定液压元件的图形符号以元件的静止位置或零位来表示。

我国已经制定各元件和连接管路的国家标准,即"液压气动图形符号(详见GB/T 786.1—2021《液压传动系统及元件　图形符号和回路图　第1部分:图形符号》)",常用符号见本书附录。

4. 液压传动的特点

液压传动与其他传动形式比较,具有以下优点。

1) 由于液压传动用油管连接,所以可以方便灵活地布置传动机构。

2)液压传动装置的重量轻、结构紧凑、惯性小。

3)可在大范围内实现无级调速。

4)传递运动均匀平稳,负载变化时速度较稳定。

5)液压传动操纵方便,容易实现自动化,而且可以与电气组合应用,实现遥控。

6)液压元件已实现了标准化、系列化和通用化,便于设计、制造和推广使用。

当然液压传动也有不足,如液压传动不能保证严格的传动比;液压传动对油温的变化比较敏感;液压元件的配合件制造精度要求较高,加工工艺较复杂;液压传动要求有单独的能源,不像电源那样使用方便;液压系统发生故障不易检查和排除。

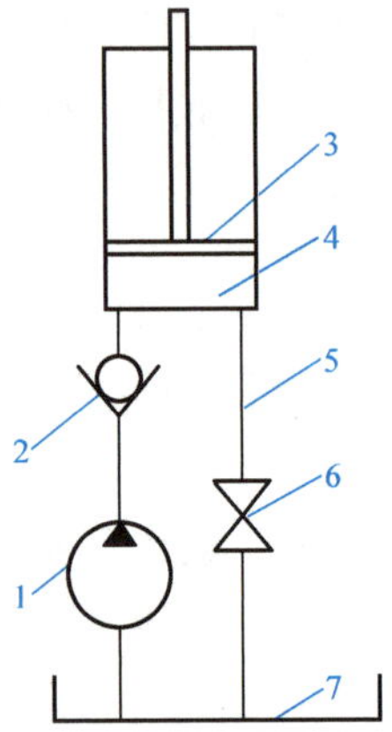

图 11-3 液压千斤顶的工作原理图
1—液压泵 2—单向阀
3—大活塞 4—液压缸
5—油管 6—放油阀 7—油箱

11.1.2 液压传动的基本概念

1. 液体的静压力

液体的静压力是指静止液体单位面积上所受的作用力,用 p 表示。在液压传动系统中,通常由外力产生的压力要比由液体的重力产生的压力大得多,因此可忽略液体重力产生的压力,而认为系统中相对静止液体内各点压力均相等。当液体受到外力作用时,就形成了液体的压力,如图 11-4 所示。

压力的单位为帕斯卡,简称帕,符号为 Pa($1Pa = 1N/m^2$)。由于此单位很小,工程上使用不便,因此常采用 kPa(千帕)和 MPa(兆帕),$1MPa = 10^3 kPa = 10^6 Pa$。

2. 压力的传递

在密封容器内,由外力作用于液面上任一点的压力能等值地传递到液体内部各点,称为静压传递原理,也称为帕斯卡原理。根据帕斯卡原理和静压力的特性,液压传动不仅可以进行力的传递,而且还能将力放大和改变力的方向。

图 11-5 所示为静压传递原理的应用实例。图中液压缸的截面积分别为 A_1、A_2,两个活塞上的外作用力分别为 F_1、F_2,则缸内压力分别为

$$P_1 = \frac{F_1}{A_1} \qquad P_2 = \frac{F_2}{A_2}$$

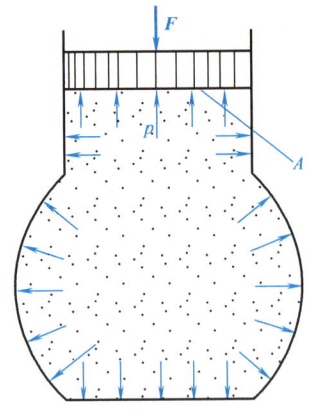

图 11-4 外力作用形成的压力

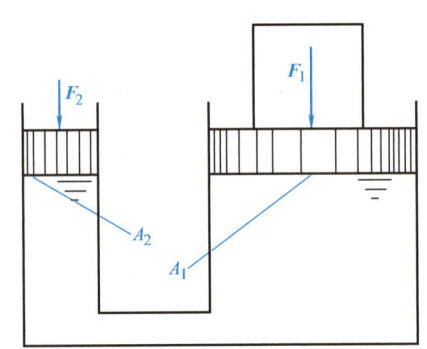

图 11-5 静压传递原理的应用实例

由于两液压缸充满液体且互相连接,根据液体的静压传递原理可知 $P_1 = P_2$,因此有

$$\frac{F_2}{F_1} = \frac{A_1}{A_2}$$

上式表明，只要 A_1/A_2 足够大，用很小的力 F_2 就可产生很大的力 F_1。液压千斤顶和水压机就是依此原理制成的。

如果大缸的活塞上没有负载，即 $F_1=0$，则当略去活塞重量及其他阻力时，不论怎样推动小缸的活塞也不能在液体中形成压力。这说明液压系统中的压力是由外界负载决定的，这是液压传动的一个基本概念。

3. 流量和平均流速

流量和平均流速是描述液体流动的主要参数。通常当液体在管道中流动时，将垂直于液体流动方向的截面称为通流截面。

（1）流量　单位时间内通过通流截面的液体的体积称为流量，用 Q 表示，流量的常用单位为 m^3/s（立方米/秒）或 L/min（升/分）。

$$Q = \frac{V}{t} \tag{11-1}$$

式中　Q——流量（m^3/s）；
　　　V——流过液体的体积（m^3）；
　　　t——时间（s）。

（2）平均流速　液体在单位时间内移动的距离称为平均流速。

$$v = \frac{Q}{A} \tag{11-2}$$

式中　Q——流量（m^3/s）；
　　　v——平均流速（m/s）；
　　　A——液压缸有效作用面积或管道截面积（m^2）。

液压缸工作时，活塞随油液流动而移动，活塞运动的速度等于缸内液体的平均流速。由上式可知，活塞运动速度的大小由输入液压缸的液体的流量决定。

11.1.3　管路内的压力损失

实际液体具有黏性，同时液体在流动时还会产生碰撞、出现漩涡等，因此流动过程中会产生阻力。为了克服阻力，必然造成一部分能量损失。在液压管路中能量损失表现为液体的压力损失。

液体压力损失主要分为两种，即沿程压力损失和局部压力损失。

沿程压力损失是指液体在管路中流动时因内、外摩擦产生的压力损失。它主要取决于液体的流速、黏性和管路的长度以及管路的内径。局部压力损失是指液体流经管路的弯头、接头、突变截面及阀口时，流速的方向和大小发生剧烈变化，形成漩涡、脱流，使液体质点相互撞击，造成能量损失，这种能量损失表现为局部压力损失。

液压传动中的压力损失，大部分都转变为热能，造成油温升高，使泄漏增多，从而使液压传动的效率降低，甚至影响系统的工作性能，所以应尽量减少压力损失。布置管路时，应尽量缩短管道长度，减少管路弯曲和截面的突然变化，选用合理管径，采用较低流速，以提高系统效率。

11.2　液压系统元件

11.2.1　液压泵

1. 液压泵的工作原理

液压泵是液压系统中的动力元件，是将电动机（或其他动力装置）输出的机械能转变为压力能的能量转换装置。

图 11-6 所示为液压泵的工作原理图，柱塞 2 装在缸体 3 中形成一个密封容积 V，柱塞在弹簧 4 的作用下始终压紧在偏心轮 1 上。原动机驱动偏心轮 1 旋转，使柱塞 2 做往复运动，使密封容积 V 的大小发生周期性的变化。当 V 由小变大时，形成局部真空，油箱 7 中的油液在大气压的作用下，经过吸油管顶开单向阀 5 进入 V 腔中，实现吸油；反之，当 V 由大变小时，V 腔中吸满的油液将顶开单向阀 6 流入系统，从而实现压油。原动机驱动偏心轮不断旋转，液压泵就不断地吸油和压油，这样液压泵就将输入的机械能转变成了液体的压力能。由于液压泵是依靠密封容积变化的原理来实现吸油和压油的，因此，一般称之为容积式液压泵。

液压泵的图形符号见表 11-1。

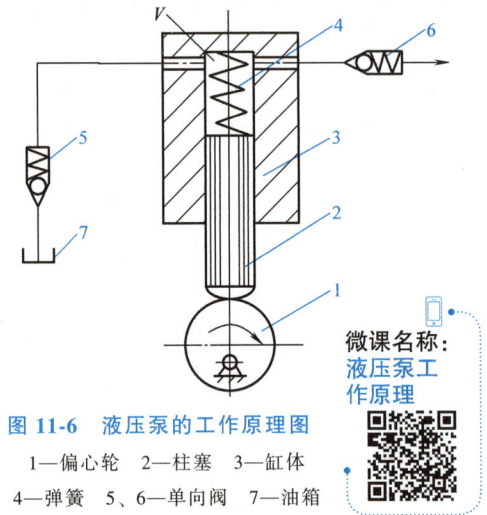

图 11-6 液压泵的工作原理图

1—偏心轮 2—柱塞 3—缸体
4—弹簧 5、6—单向阀 7—油箱

微课名称：液压泵工作原理

表 11-1 液压泵的图形符号

特性	单向定量	双向定量	单向变量	双向变量
图形符号	○	○	○	○

2. 液压泵的工作条件

由液压泵的工作原理可知，液压泵能够正常工作必须满足下列条件。

1) 具备密封容积。

2) 密封容积能不断地交替变化。

3) 具有相应的配油机构，可将吸油腔和压油腔隔开，保证液压泵有规律、连续地吸油和压油。

4) 吸油过程中，油箱必须和大气相通。压油过程中，实际油压取决于输出油路的阻力，即外界负载的大小，这是形成油压的条件。

3. 液压泵的类型及应用

液压泵按其在单位时间内输出的油液体积是否能够调节，可分为定量泵和变量泵两类；按其工作的额定压力（液压泵在正常工作条件下，连续运转正常工作的最高工作压力，即液压泵铭牌上标出的压力）可分为低压泵、中压泵和高压泵三种；按结构形式不同可分为齿轮泵、叶片泵、柱塞泵和螺杆泵，其中常用的是齿轮泵、叶片泵和柱塞泵。

(1) 齿轮泵的工作原理和特点　齿轮泵是液压系统中广泛采用的一种液压泵，按结构不同，齿轮泵分为外啮合齿轮泵和内啮合齿轮泵。外啮合齿轮泵应用最广。

外啮合齿轮泵的工作原理如图 11-7 所示。一对相互啮合的齿轮安装于泵体内部，齿轮的两端面由端盖密封，这样两个齿轮就将泵体内部分成了左、右两个密封的油腔，并且每个齿间都形成了一个密封的工作容积。当齿轮按

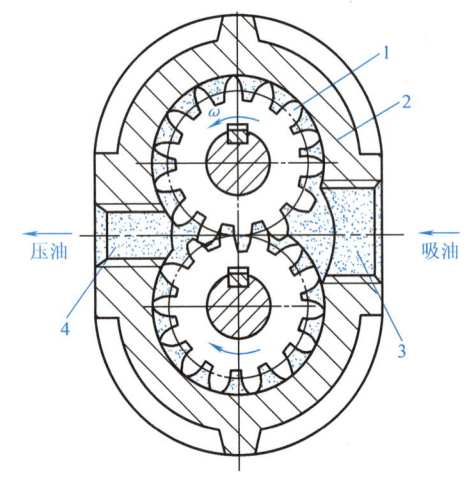

图 11-7 外啮合齿轮泵的工作原理

1—外啮合齿轮（2 个）
2—泵体 3—吸油腔 4—压油腔

图 11-7 所示方向旋转时，轮齿从右侧退出啮合，露出齿间，使右腔的容积增大，形成了局部真空，油箱中的油液在大气压力的作用下，经液压泵的吸油管进入右腔（吸油腔），完成吸油过程。随着齿轮的转动，由每个轮齿的齿间把油液从右腔带入左腔。轮齿在左腔进入啮合，齿间被互相啮合的轮齿占据，于是容积减小，齿间里的油液逐渐被挤出，使左腔的油压升高，油液就从压油腔输出，完成压油过程。两齿轮不断地转动，泵的吸油口和压油口就会连续不断地吸油和压油，使泵不停地向系统供油。

齿轮泵的吸油腔和压油腔是独立的，不需要专门的配油机构，故其结构简单，工作可靠，成本低，对液压油的污染不敏感，且便于维护。但是，齿轮泵在工作过程中，由于压油腔和吸油腔的压力不同，为减小齿轮端面与端盖间的摩擦，齿轮端面与端盖间存在轴向间隙，齿轮顶圆与泵体内腔间也存在配合间隙，因此油液会通过间隙泄漏，故齿轮泵不能形成高压，只适用于低压系统。齿轮泵工作时的噪声较大，且流量的脉动较大，只能作为定量泵。汽车发动机中的机油泵多为齿轮泵。

(2) 叶片泵的工作原理和特点　叶片泵分为两类，即单作用叶片泵和双作用叶片泵。

1) 单作用叶片泵的工作原理。单作用叶片泵的工作原理如图 11-8 所示，单作用叶片泵主要由配油盘 1、传动轴 2、转子 3、定子 4、叶片 5 和壳体等零件组成。定子内表面为圆柱形，转子 3 上有均匀分布的径向槽，叶片 5 安装在槽内，并可在槽内滑动，定子和转子间有偏心距 e。在定子和转子的两端面上装有配油盘，配油盘上开有吸油口和压油口，分别与泵壳体上的吸油口和压油口相通。当转子旋转时，由于离心力的作用，叶片紧靠在定子内壁上，这样在定子、转子、相邻的叶片和两侧配油盘间就形成若干个密封的容积。当转子按图 11-8 所示的方向旋转时，在图示的右部，叶片逐渐伸出，叶片间的工作容积逐渐增大，形成局部真空，油箱中的油液在大气压力作用下，从吸油口经配油盘进入密封的容积内，完成吸油过程；在图的左部，叶片被定子内表面逐渐压进槽内，工作容积逐渐缩小，将油液从压油口压出，完成了压油过程；转子不停地旋转，泵就不断地吸油和压油。这种叶片泵的转子转一周，每个工作容积都完成一次吸油和压油过程，因此称其为单作用叶片泵。由于单作用叶片泵的吸油腔和压油腔各占一侧，转子受到的作用力不平衡，从而使转子轴的受力也不平衡，使得轴承受到较大的载荷作用，因此称这种液压泵为非卸荷式叶片泵。

单作用叶片泵的定子和转子之间的偏心距可做成可调的，从而可以改变泵的流量，因此单作用叶片泵多为变量泵。发动机冷却系统的水泵多为叶片泵。

2) 双作用叶片泵的工作原理。双作用叶片泵的工作原理如图 11-9 所示，双作用叶片泵也由定子、转子、叶片和配油盘等组成。转子和定子中心重合，定子内表面近似为椭圆形。当转子按图 11-9 所示方向转动时，叶片 5 在离心力和叶片底部压力油的作用下，紧贴在定子 3 的内表面上，由定子 3、转子 4 和配油盘 8 形成的密封容积被叶片分成若干个小的密封工作容积（与叶片数目相同）。当叶片处于Ⅰ、Ⅱ位置时，两叶片与定子和转子之间围成的密封容积最小。叶片转过一个角度，露出吸油口时，容积由小变大，开始吸油。当叶片转到Ⅲ、Ⅳ位置时，将吸油口封闭，停止吸油，此时密封容积最大。叶片再继续转动，密封容积开始由大变小，在Ⅳ、Ⅴ位置开始压油，转到Ⅴ、Ⅵ位置时压油结束。转子连续旋转，每个密封容积将重复上述过程，连续输出液压油。这种叶片泵的转子旋转一周，每个油腔吸油和压油各两次，因此称其为双作用叶片泵。由于这种

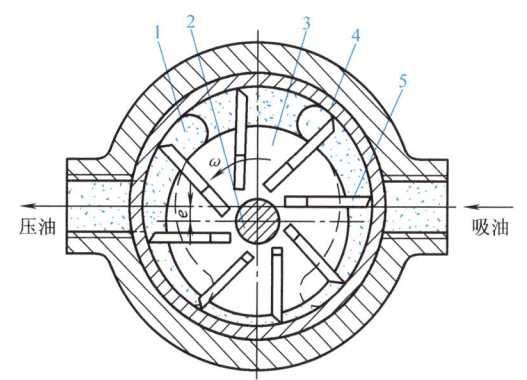

图 11-8　单作用叶片泵的工作原理
1—配油盘　2—传动轴
3—转子　4—定子　5—叶片

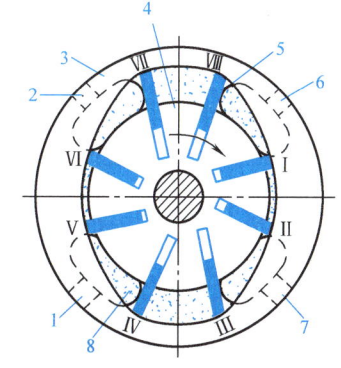

图 11-9　双作用叶片泵的工作原理
1、6—压油口　2、7—吸油口
3—定子　4—转子
5—叶片　8—配油盘

液压泵有两个吸油腔和两个压油腔，且对称于转轴分布，压力油作用于轴承上的径向力是平衡的，所以又称其为卸荷式叶片泵。

叶片泵的结构较齿轮泵复杂，其工作压力较高，且流量脉动小，工作平稳，噪声较小，使用寿命较长。但其结构复杂，吸油特性不太好，对油液的污染也比较敏感。

(3) 柱塞泵的工作原理　柱塞泵是靠柱塞在缸体中做往复运动产生的密封容积的变化来实现吸油与压油的液压泵。根据柱塞的排列和运动方向不同，柱塞泵可分为径向柱塞泵和轴向柱塞泵两大类。

1) 径向柱塞泵的工作原理。径向柱塞泵的工作原理如图 11-10 所示，径向柱塞泵主要由定子 4、转子（缸体）2、配油轴 5、衬套 3 和柱塞 1 等零件组成。转子 2 上均匀地分布着几个径向排列的孔，柱塞 1 可在孔内滑动，衬套 3 紧配合在转子孔中，随转子 2 一起旋转，配油轴 5 固定不动，它把衬套 3 的内孔分隔为上、下两个分油室 b 和 c，它们分别通过配油轴上的轴向孔 a 和 d 与泵的吸油口和压油口相通。柱塞 1 一方面随转子一起转动，另一方面又在离心力的作用下伸出柱塞孔，并压紧在定子内壁上。定子与转子偏心安装。当转子顺时针方向旋转时，柱塞在上半周运动时向外伸出，柱塞孔的容积增大，形成局部真空，密封腔内的压力低于大气压力，此时油箱中的油液在大气压力的作用下，通过配油轴上的吸油口 a 和分油室 b 进入柱塞孔，完成吸油过程。当柱塞运动到下半周时，定子迫使柱塞进入孔中，柱塞孔密封容积变小，孔内的油液通过分油室 c 和压油口 d 进入系统中，完成压油过程。转子每转一周，每个柱塞吸油和压油各一次，转子不断地旋转，柱塞泵便不停地吸油和压油。

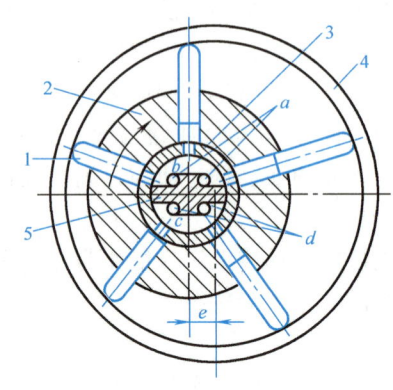

图 11-10　径向柱塞泵的工作原理

1—柱塞　2—转子
3—衬套　4—定子　5—配油轴

径向柱塞泵性能稳定，耐冲击性能好，工作可靠；但其径向尺寸大，结构较复杂，自吸能力差，且配油轴会受到不平衡液压力的作用，容易磨损，使其应用受到了一定的限制。

2) 轴向柱塞泵的工作原理。如图 11-11 所示，轴向柱塞泵由传动轴、缸体、配油盘、柱塞和斜盘等组成。

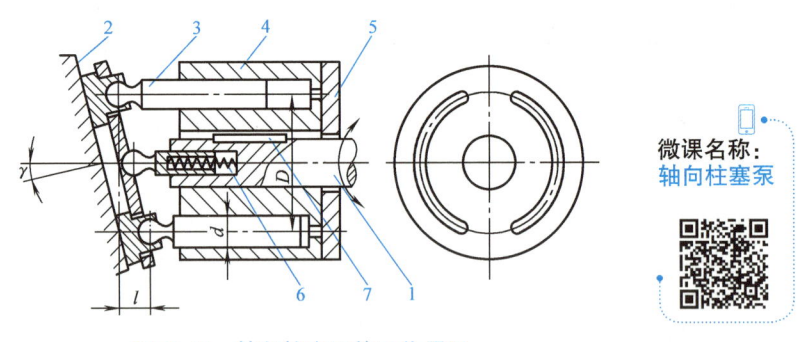

图 11-11　轴向柱塞泵的工作原理

1—传动轴　2—配油盘　3—柱塞　4—斜盘　5—缸体　6—弹簧　7—键

液压泵工作时，传动轴通过键带动缸体旋转，缸体上均匀地分布着奇数个（一般为 7 个）柱塞孔，孔中装有柱塞，柱塞在缸体的孔内轴向安装。缸体旋转时，柱塞随缸体旋转，同时在柱塞孔中滑动，并在油压和弹簧的作用下始终靠在斜盘上。配油盘上开有两个弧形配油窗口，一个是吸油口，一个是压油口。斜盘与缸体的轴线相对倾斜安装。配油盘和斜盘固定不动，当缸体转动时，由于斜盘的作用，柱塞将在柱塞孔中做往复运动，通过配油盘的配油窗口进行吸油和压油。当缸体带着柱塞从图 11-11 所示的最下方位置向上方转动时，柱塞在弹簧的作用下向外伸出，则柱塞孔的密封容积增大，形成局部真空，油箱中的油液在大气压的作用下，通过配油盘的吸油口进入柱塞孔内，完成吸油过程。当缸体带着柱塞从图示最上方位置向下方转动时，柱塞在斜盘的作用下被压入柱塞孔内，于是柱塞孔的密封容积减小，孔内油液受到挤压，通过配油盘的压油口进入系统中，完成压油过程。缸体每转一周，每个柱塞孔都完成一次吸油和压油过程，缸体不断地旋转，柱塞孔就不断地吸油和压油。

轴向柱塞泵结构紧凑，配合精度高，密封性能好，工作压力高，流量可调节，单位功率体积小、重量轻、容积效率高。但其结构复杂，价格高，对液压油的污染敏感，使用和维修要求严格。因此，轴向柱塞泵常用于大功率的液压传动系统。汽车空调系统使用的空调压缩机一般都是轴向柱塞泵。

4. 液压泵的选用

合理地选择液压泵对于降低液压系统的能耗、提高系统的效率、降低噪声、改善工作性能和保证系统的可靠工作都十分重要。

选择液压泵的原则是满足系统的工况要求。首先应确定液压泵的类型，然后按系统所要求的压力、流量大小确定其规格型号。具体选择液压泵时，可参考表11-2所示的液压系统中常用液压泵的主要性能。

表11-2 液压系统中常用液压泵的主要性能

性能	外啮合齿轮泵	双作用叶片泵	限压式变量叶片泵	径向柱塞泵	轴向柱塞泵	螺杆泵
输出压力	低压	中压	中压	高压	高压	低压
流量调节	不能	不能	能	能	能	不能
效率	低	较高	较高	高	高	较高
输出流量脉动	很大	很小	一般	一般	一般	最小
自吸特性	好	较差	较差	差	差	好
对油的污染敏感性	不敏感	较敏感	较敏感	很敏感	很敏感	不敏感
噪声	大	小	较大	大	大	最小

一般来说，低压系统和辅助装置多选用低压齿轮泵；中压系统多选用叶片泵；负载大、功率大的高压系统多选用柱塞泵。汽车中的转向助力泵一般采用齿轮泵或叶片泵，机油泵一般为齿轮泵，输油泵主要有叶片泵、柱塞泵，喷油泵一般使用柱塞泵，自动变速器中的液压泵既有齿轮泵也有叶片泵和柱塞泵。

11.2.2 液压缸和液压马达

1. 液压缸的分类及工作特点

液压缸是液压系统中的执行元件，是将液体的压力能转变为机械能的能量转换装置。因满足不同形式机械的需要，液压缸相应地具有多种结构和不同的性能。按运动形式的不同，液压缸分为两大类，即直线动作液压缸和摆动液压缸。

(1) 直线动作液压缸　能实现直线往复运动，输出推力（或拉力）和直线运动速度。

(2) 摆动液压缸　能实现往复摆动，输出转速和转矩。

液压缸按其作用方式不同可分为单作用式和双作用式两种。单作用式液压缸中液压力只能使活塞（或柱塞）单方向运动，反方向运动须靠外力（如弹簧力或自重等）实现；双作用式液压缸则可实现两个方向的运动。液压缸的类型、图形符号及工作特点见表11-3。

2. 典型液压缸的工作原理及应用

(1) 单杆双作用活塞式液压缸　图11-12所示为单杆双作用活塞式液压缸的结构原理图。它一般由缸体6、缸盖3和9、活塞7、活塞杆5、密封圈1和8等零件组成。这种液压缸在工作时，由于活塞缸两腔的有效面积不同，在两腔的输入流量不变的情况下，无杆腔因有效面积大，进油时活塞运动速度慢，有杆腔进油时，活塞运动速度快；在进入液压缸两腔的油液压力不变的情况下，往返的牵引力也不同，无杆腔进油时牵引力大，有杆腔进油时牵引力小。

表 11-3 液压缸的类型、图形符号及工作特点

名　　称			图形符号	工作特点
直线动作液压缸	单作用液压缸	柱塞式	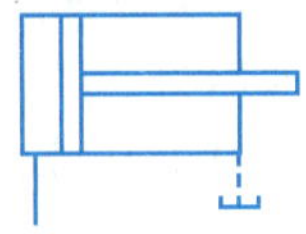	液压缸只有一个通油口,活塞单向运动,由外力使活塞反向运动
		活塞式	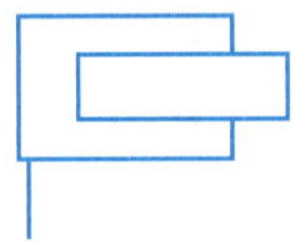	液压缸只有一个通油口,柱塞单向运动,由外力使活塞反向运动
		伸缩套筒式	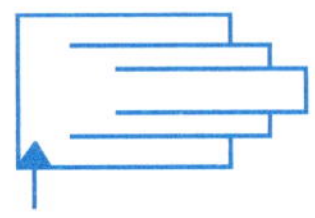	有多个互相联动的活塞,其行程可较长,由外力使活塞返回
	双作用液压缸	单活塞式	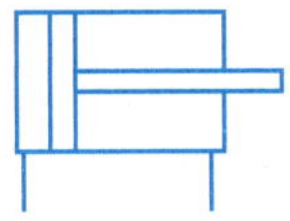	液压缸有两个通油口,活塞双向运动
		差动式	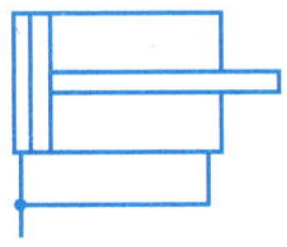	液压缸有杆腔的回油与液压泵输出油液一起进入无杆腔,能提高运动速度
		双活塞式	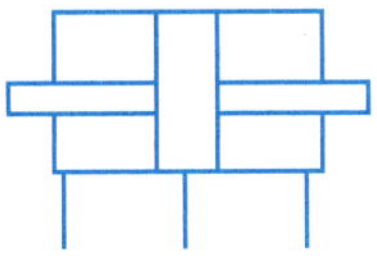	两个活塞同时向相反方向运动
		伸缩套筒式	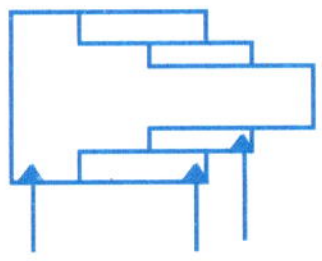	有多个互相联动的活塞,活塞可双向运动。在相同轴向尺寸下,可增加行程
		增压缸	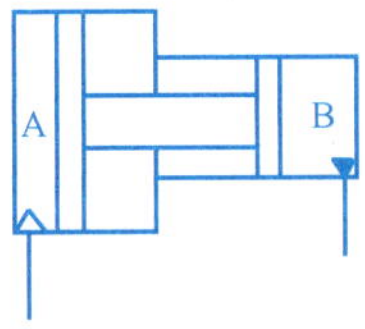	由两个不同的压力室组成,可提高右侧室中油液的压力
摆动液压缸		单叶片式		输出轴只能做小于280°角的摆动
		双叶片式		输出轴只能做小于150°角的摆动

单杆双作用活塞式液压缸由于往复运动速度不相等,常用于实现机床的快速退回和慢速工作进给,一般用于小型设备上。

若将单杆双作用活塞式液压缸的两腔连接起来,如图 11-13 所示,此时液压缸两腔的压力相等,但活塞两侧的有效面积不相等,所以作用在活塞两边的液体压力将产生一个合力推动活塞向有杆腔运动。这样连接起来的单杆活塞液压缸称为差动液压缸。

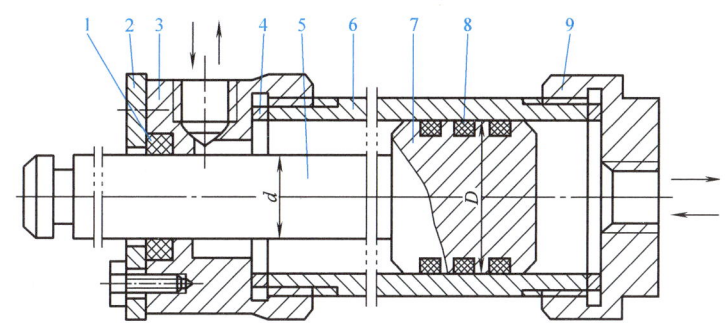

图 11-12　单杆双作用活塞式液压缸的结构原理图

1、8—密封圈　2—盖板　3、9—缸盖　4—垫圈　5—活塞杆　6—缸体　7—活塞

当选择活塞杆的面积等于小腔的有效面积，且等于大腔有效面积的一半时，可实现相等的往返速度，此时差动液压缸的牵引力较小，所以在机床上应用较多，如在组合机床上用于要求推力不大、速度相同的快进和快退工作循环中。

（2）单作用柱塞式液压缸　图 11-14 所示为单作用柱塞式液压缸的工作原理图。它主要由缸体 1、柱塞 2、密封装置 3、导向套 4 和压盖 5 等零件组成。这种液压缸工作时，压力油从缸底部的通油孔 6 进入缸体，将柱塞推起。由于只有一个通油口，所以只能实现一个方向的液压

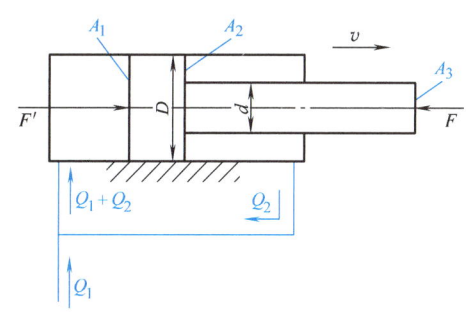

图 11-13　差动液压缸工作原理图

传动，反向运动要靠外力。若需要实现双向运动，则必须成对使用，如图 11-15 所示。这种液压缸中的柱塞和缸筒不接触，而有一定的间隙，缸体内壁不用加工或只做粗加工，运动时由导向套来导向，须保证导向套和密封装置部分内壁的精度，制造方便。其柱塞可以制成空心的，从而减轻了重量，可防止柱塞水平放置时因自重下垂。这种液压缸特别适用于行程较长的场合。汽车自动变速器液压控制系统的执行机构一般采用单作用柱塞式液压缸，其回程一般用弹簧来保证。

（3）摆动液压缸　摆动液压缸用于将油液的压力能转变为叶片及输出轴往复摆动的机械能。根据结构不同，摆动液压缸可分为单叶片式（图 11-16a）和双叶片式（图 11-16b）两种类型。图 11-16 所示为叶片式摆动液压缸的工作原理图。这种液压缸主要由缸体、叶片、定子及回转轴等零件组成，叶片与回转轴连接在一起。叶片和定子将缸体分隔成互不相通的两个腔，当两油口交替供油时，叶片便带动输出轴做往复摆动。通常单叶片式摆动液压缸的摆动角度小于 280°，双叶片式摆动滚压缸的摆动角度小于 150°。

摆动液压缸常用于机床的送料装置、回转夹具等回转机构和装置中。

（4）增压缸　如图 11-17 所示，增压缸是由两个活塞式液压缸复合而成的，即将一大一小两个液压缸串联在一起。当压力油以 p_1 的压力输入到大缸左腔时，活塞杆将力传给小缸，由于大缸和小缸的活塞面积不同，于是小缸输出的液压油的压力 p_2 比大缸的输入压力 p_1 高。因此，这种形式的液压缸可以使小缸的油液增压。

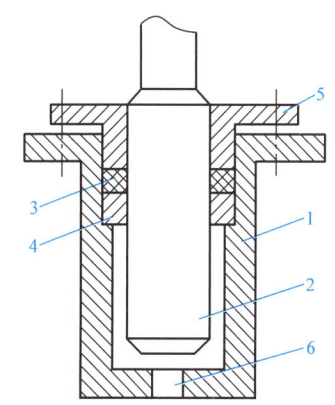

图 11-14　单作用柱塞式液压缸的工作原理图

1—缸体　2—柱塞　3—密封装置　4—导向套　5—压盖　6—通油孔

3. 液压缸的密封

液压系统存在泄漏现象，使得液压缸的工作效率降低，从而影响液压缸的工作性能，严重时会导致系统压力不足，甚至无法工作。为了防止泄漏产生，液压缸必须采取相应的密封措施。但若密封过

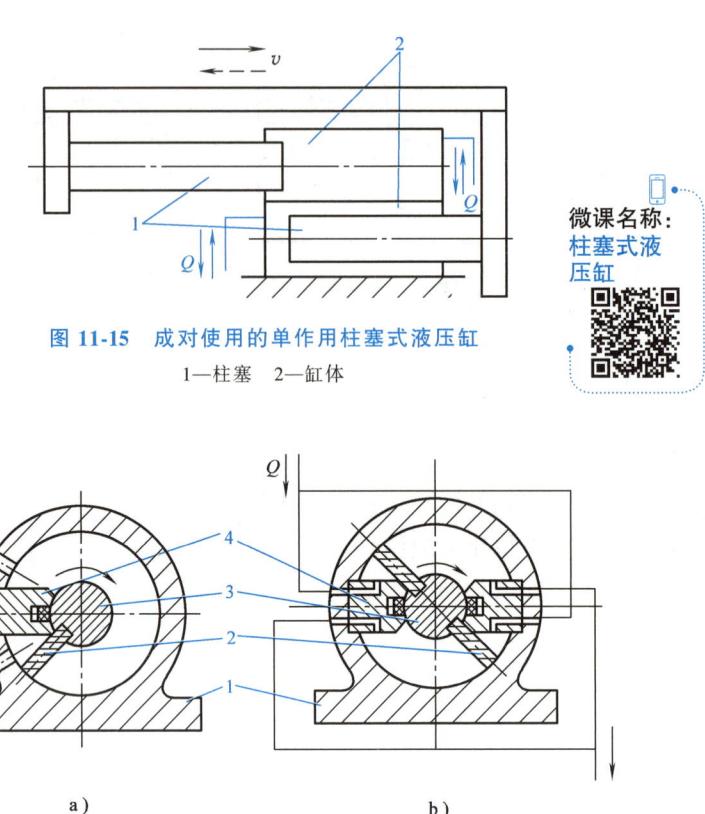

图 11-15 成对使用的单作用柱塞式液压缸
1—柱塞 2—缸体

图 11-16 摆动液压缸工作原理图
1—缸体 2—叶片 3—定子 4—回转轴

度,虽可防止泄漏,但会造成密封部分的剧烈磨损,缩短密封件的使用寿命,增大液压元件内的运动摩擦阻力,降低系统的机械效率。因此,合理地选用和设计密封装置,在液压系统的设计中十分重要。

液压缸中需要密封的部位有活塞、活塞杆和端盖等处。密封方法按其工作原理来分可分为非接触式密封(图 11-18)和接触式密封。

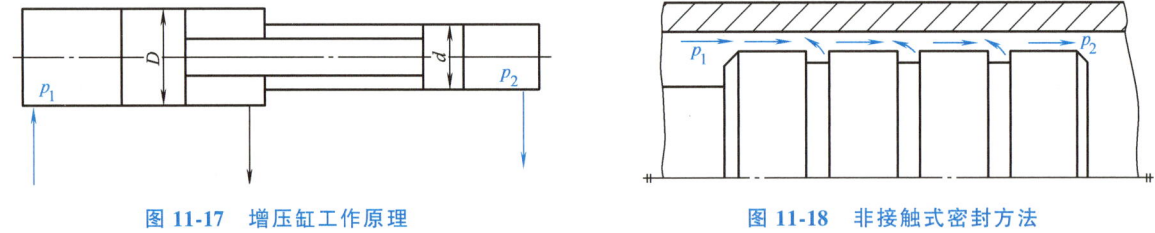

图 11-17 增压缸工作原理

图 11-18 非接触式密封方法

非接触式密封主要有间隙密封和活塞环密封。间隙密封是依靠两运动件配合面间保持一个很小的间隙,使其产生液体摩擦阻力来防止泄漏的方法,该方法只适用于直径较小、压力较低的液压缸与活塞间的密封。活塞环密封是利用一个开口的金属环,依靠其弹性变形所产生的力压浸在缸体内壁上,从而产生密封作用。活塞环的密封效果较好,能适应较大的压力变化和速度变化,耐高温,使用寿命长,易于维护保养,能使活塞具有较长的支承面,但其加工要求较高,工艺复杂,一般只有在其他密封方法不能满足要求时,才采用这种密封方法。

接触式密封是利用密封件的弹性变形来消除间隙的密封方法。这种密封方式磨损后能自动补偿。接触密封的密封件多采用耐油橡胶制成,按形状可分为 O 形密封圈(图 11-19a)和唇形密封圈等。O 形密封圈横截面呈圆形,具有良好的密封性能,内、外侧和端面都能起密封作用,结构紧凑,运动件的摩擦阻力小,制造容易,装拆方便,成本低,且高、低压均可以用,所以在液压系统中得到了广泛的应用。唇形密封圈根据截面的形状可分为 U 形（图 11-19b）、V 形（图 11-19c）、Y 形（图 11-19d）等。这种密封的特点是能随着工作压力的变化自动调整密封性能，压力越高，密封性能越好，适用于运动型密封。

4. 液压缸的缓冲与排气

为了防止活塞在行程终点时和缸盖相互撞击，引起噪声、冲击，液压缸一般都设置缓冲装置，特别是对大型、高速或要求高的液压缸，必须设置缓冲装置。

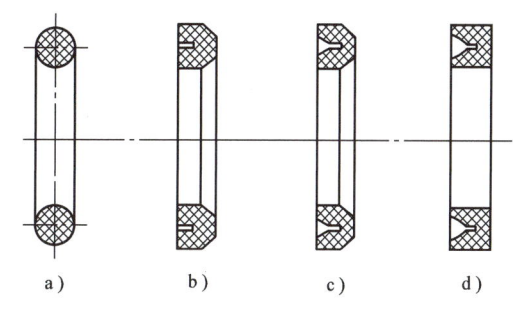

图 11-19 常用密封圈

缓冲装置的工作原理是利用活塞或缸筒在趋向行程终端时封住活塞和缸盖之间的部分油液，强迫油液从小孔或细缝中挤出，以产生较大的阻力，使工作部件受到制动，逐渐减慢运动速度，达到避免活塞和缸盖相互撞击的目的。图 11-20 所示为采用间隙缓冲装置的液压缸。

液压缸在安装过程中或长时间停放重新工作时，液压缸里和管道系统中会渗入空气，使执行元件出现振动、爬行、噪声和发热等不正常现象，影响机械的正常工作，因此需要把缸中和系统中的空气排出。一般可在液压缸的最高处设置进、出油口把气体带走。图 11-21 所示为排气装置的位置。

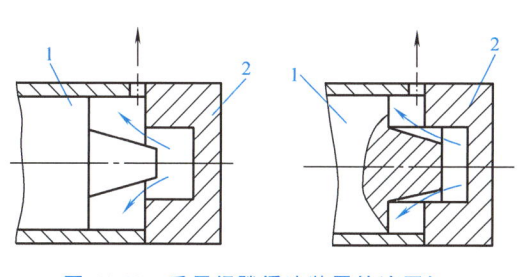

图 11-20 采用间隙缓冲装置的液压缸
1—活塞 2—缸盖

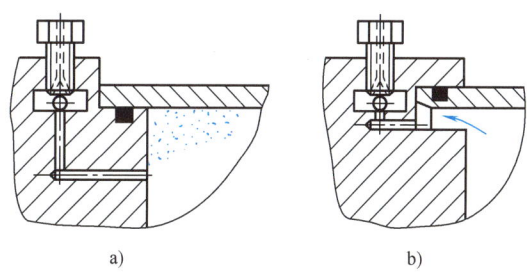

图 11-21 排气装置的位置
a）排气装置的位置错误 b）排气装置的位置正确

5. 液压马达的类型及应用

液压马达是把液体的压力能转变为机械能的装置，可实现连续的回转运动，输出转矩和转速，是液压系统中的一种执行元件。液压马达按其结构类型来分，可以分为齿轮式、叶片式、柱塞式三大类。从原理上讲，液压马达和液压泵是可逆的，如果用电动机带动时，输出的是压力能（压力和流量），即为液压泵；若输入压力油，输出的是机械能（转矩和转速），则变成了液压马达。从结构上二者是相似的，其工作原理都是利用密封工作容积的变化完成吸油和压油。对于液压马达，工作容积增大时进入高压油，工作容积减小时排出低压油。

齿轮式液压马达一般用于高转速、小转矩的场合，也用作笨重物体旋转的传动装置。叶片式液压马达体积小、惯性小、动作灵敏，允许换向频率高，但是工作时泄漏较大，不适于在低速下工作，调速范围也不大。它主要适用于高转速、小转矩和动作灵敏的场合。柱塞式液压马达由于排量较小，输出转矩不大，是一种高速、小转矩的液压马达。

11.2.3 液压阀

一、液压阀的作用、分类及要求

1. 液压阀的作用

液压阀是用来控制液压系统中油液的流动方向或调节其压力和流量的控制元件，用来保证执行元件按照要求进行工作。

2. 液压阀的分类

液压阀按照功能可分为方向控制阀、压力控制阀和流量控制阀。方向控制阀用来控制液流的流动方向，如单向阀、换向阀等。压力控制阀用来控制系统的压力或用压力的大小来控制油路的通断，如溢流阀、减压阀、顺序阀、压力继电器等。流量控制阀用来控制系统中油液的流量，如节流阀、调速阀等。汽车自动变速器中的手动控制阀和换档阀是换向阀，主调节阀类似于溢流阀，自动变速器中还用到了顺序阀，如倒档离合器顺序阀。

图 11-22 所示为方向控制阀、压力控制阀和流量控制阀的实物图。从图中可以看出，这几种液压阀在形状上非常相似，实际上尽管液压阀存在各种不同类型，但是它们之间仍有一些共同点。如在结构上，所有的阀都由阀体、阀芯（转阀或滑阀）和驱使阀芯动作的元件、部件（如弹簧、电磁铁）组成；在工作原理上，所有阀的开口大小，阀的进、出口间压差以及流量之间的关系都符合孔口流量公式，只是各种阀控制的参数各不相同。

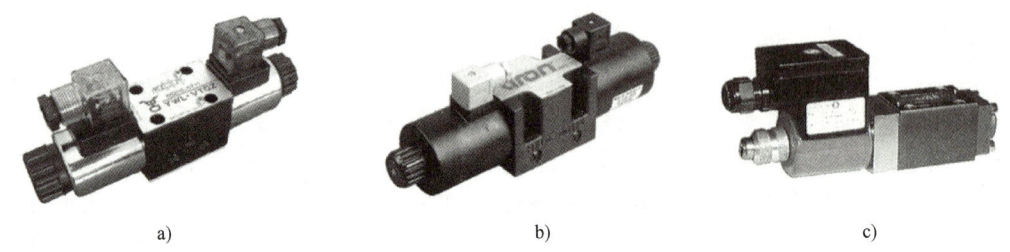

图 11-22 液压阀实物图
a) 方向控制阀　b) 压力控制阀　c) 流量控制阀

3. 对液压阀的基本要求

液压阀虽然种类繁多，但对液压阀的基本要求一般有以下几点。
1) 动作灵敏，使用可靠，工作时冲击和振动小。
2) 油液流过的压力损失小。
3) 密封性能好。
4) 结构紧凑，安装、调整、使用、维护方便，通用性好。

二、方向控制阀

1. 单向阀

单向阀的主要作用是控制油液的流动方向，使压力油或回油只能按单向阀限定的方向流动，构成特定的回路。液压系统中常见的单向阀有普通单向阀和液控单向阀两种。

（1）普通单向阀　普通单向阀只能使油液沿一个方向流动，不允许油液反向倒流，也称为止回阀，简称单向阀。普通单向阀的结构如图 11-23 所示，其中图 11-23a 所示为管式单向阀，图 11-23b 所示为板式单向阀。普通单向阀主要由阀体 1、弹簧 2、阀芯 3 等零件组成。压力油从阀体左端的通口 P_1 流入时，克服弹簧 2 作用在阀芯 3 上的力，使阀芯向右移动，打开阀口，并通过阀芯 3 上的径向孔 a、

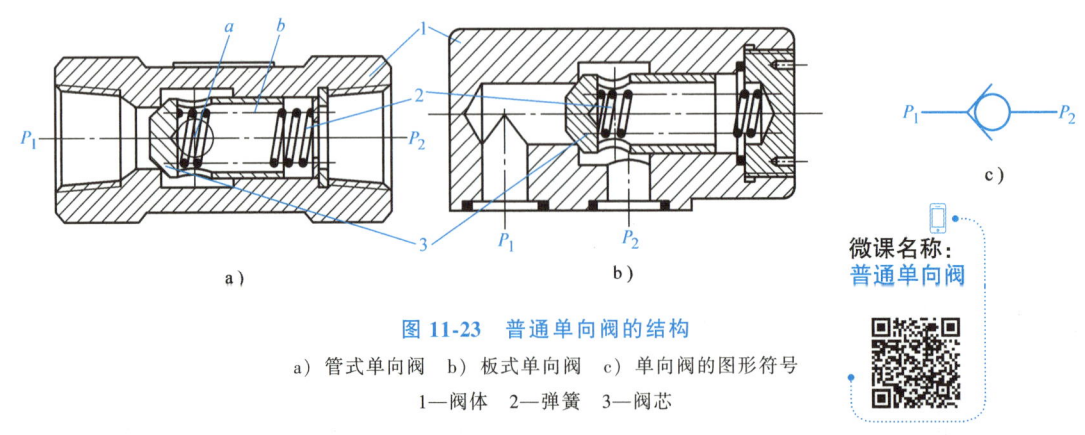

图 11-23 普通单向阀的结构
a) 管式单向阀　b) 板式单向阀　c) 单向阀的图形符号
1—阀体　2—弹簧　3—阀芯

轴向孔 b 从阀体右端的通口流出。当压力油从阀体右端的通口 P_2 流入时，将和弹簧力一起使阀芯锥面压紧在阀座上，使阀口关闭，油液便无法通过。图 11-23c 所示为单向阀的图形符号。

单向阀能够区分高、低压力油，防止高压油进入低压系统。将单向阀安置在泵的出口处时，可以防止系统压力突然升高而反向传给液压泵，起到保护泵的作用。液压泵停止时，可以保持液压缸的位置，起到安全保护作用。如果把单向阀的弹簧换成硬一些的，可使回油压力增大，产生背压，起到背压阀作用，提高执行元件运动的稳定性。

（2）液控单向阀　图 11-24a 所示为液控单向阀的结构图。当控制油口 K 处无压力油通入时，其工作原理和普通单向阀相同，压力油只能从通口 P_1 流向通口 P_2，不能反向倒流。当控制油口 K 通入压力油时，控制活塞 2 顶开锥阀芯 1，使通油口 P_1 和 P_2 接通，从而实现反向通油。当 P_2 处压力较高时，顶开锥阀芯所需要的控制压力可能很高，为了减少控制油口 K 的开启压力，在锥阀芯内可以增加一个卸荷阀芯 3。在控制活塞 2 顶开锥阀芯 1 之前，先顶起卸荷阀芯 3，使上、下腔的油液经卸荷阀芯上的缺口连通，使 P_2 的压力油泄到下腔，压力降低，则控制活塞便可用较小的力将锥阀芯顶起，使 P_1 和 P_2 接通，这样液控单向阀就可以用较低的控制油压控制较高油压的主油路。图 11-24b 所示为液控单向阀的图形符号。

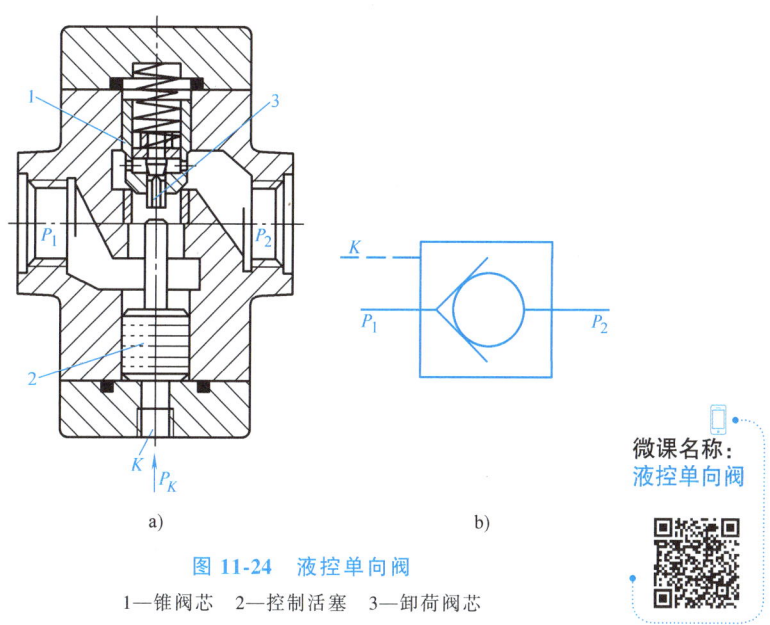

图 11-24　液控单向阀
1—锥阀芯　2—控制活塞　3—卸荷阀芯

液控单向阀具有良好的单向密封性，常用于执行元件需要长时间保压和锁紧的场合，也常用于防止立式液压缸停止运动时因自重下滑以及速度换接的回路中，故称这种阀为液压锁。

2. 换向阀

换向阀是利用阀芯相对于阀体的相对运动，使油路接通、关断或变换油液流动方向，从而使液压执行元件启动、停止或变换运动方向的一种方向控制阀。

按照阀芯相对于阀体的运动方式不同，换向阀可分为转阀式和滑阀式两种；按照操纵方式不同可分为手动、机动、电动、液动型和电液动等形式；按照阀芯的工作位置数和主油路进、出油口数不同，可分为二位、三位、多位和二通、三通、多通等形式，汽车自动变速器中的手动控制阀即为多通滑阀。在液压传动系统中广泛采用的是滑阀式换向阀，因此本书只介绍这种换向阀的结构及换向原理。

（1）滑阀式换向阀的结构特点及换向原理　滑阀式换向阀也称为滑阀，是依靠阀芯的轴向位移改变阀芯与阀体的相对位置来改变油液的流动方向的。图 11-25 所示为滑阀的结构原理及图形符号。滑阀主要由阀体、阀芯和控制机构组成。阀芯是一个具有多个环形槽的圆柱体，阀体孔内有几条环形槽（沉割槽）与油道连通，阀芯上的台肩与阀相配合，起到间隙密封的作用。

图 11-25 所示的换向阀有两个工作位置，即阀芯移到左、右两端时的位置；四个通油口即压力油

口 P 和回油口 O 以及通往执行元件的油口 A、B。图 11-25a 中阀芯相对于阀体处于左端，P 与 B 连通，A 与 O 连通；图 11-25b 中阀芯相对于阀体处于右端，P 与 A 连通，B 与 O 连通，从而实现换向。

（2）滑阀式换向阀的"位"与"通" 为了改变油液的方向，阀芯相对于阀体具有不同的工作位置，其工作位置称为"位"。在图形符号中，用方格表示工作位置，如图 11-25 所示，换向阀有几个工作位置相应地就有几个格。三个格即表示三位，两个格即表示两位。

当阀芯相对于阀体运动时，可以改变各油口之间的连通情况，从而改变油液的流动方向。换向阀与液压系统主油路相连的油口数称为"通"。图 11-25 所示的滑阀即为二位四通阀。在图形符号中，油口的连接情况用箭头来表示，箭头的方向表示油液的流动方向。⊥和⊤表示阀内通道堵塞。

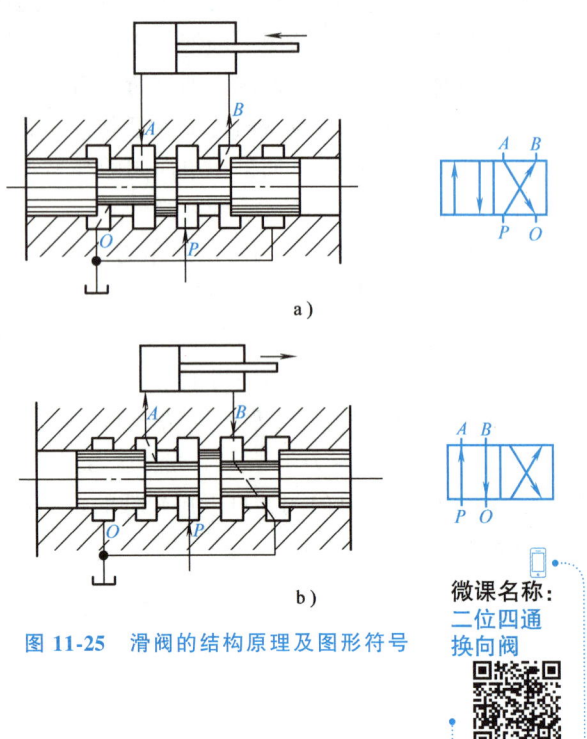

图 11-25 滑阀的结构原理及图形符号

微课名称：
二位四通换向阀

3. 滑阀的操纵方式

常见滑阀的操纵方式有手动、电磁动、液动、机动等。图 11-26 所示为手动换向阀（图 11-26a）、电磁换向阀（图 11-26b）、机动换向阀（图 11-26c）和液动换向阀（图 11-26d）的图形符号。

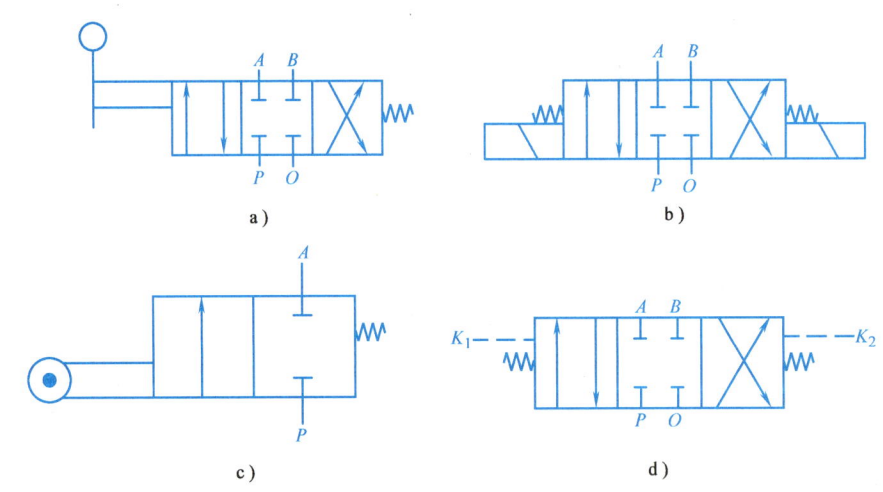

图 11-26 不同操纵方式滑阀的图形符号
a) 手动换向阀　b) 电磁换向阀　c) 机动换向阀　d) 液动换向阀

手动换向阀适用于动作频繁、工作持续时间短、必须由人操作的场合。电磁换向阀操作方便，布置灵活，有利于提高设备的自动化程度，应用最广泛。机动换向阀（也称为行程阀）结构简单，换向平稳、可靠、位置精度高，常用于控制运动部件的行程或快、慢速度的转换。液动换向阀常与机动换向阀或电磁换向阀组合使用，以实现自动换向或大流量的主油路换向。

4. 三位换向阀的中位机能

换向阀的换向功能主要是由阀的工作位置数和它控制的通路数决定的。多位阀的阀芯处于不同位置时能够实现的各种控制功能称为机能。阀芯处于中间位置时的机能称为滑阀的中位机能。滑阀的机能中最重要的是三位四通阀的中位机能。常见三位四通换向阀的中位机能见表 11-4。

表 11-4 三位四通换向阀的中位机能

代号	名称	符号	中位机能及应用
O	中间封闭	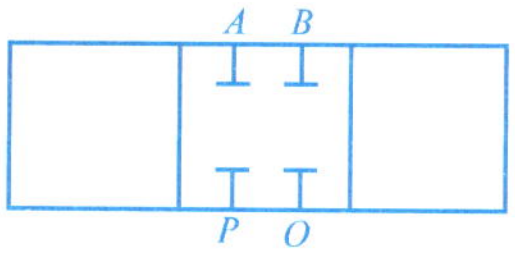	在中间位置时,油口全闭,油不流动。液压缸锁紧,液压泵不卸荷,可与其他执行元件并联使用。因液压缸充满油,从静止到起动较平稳
H	中间开启	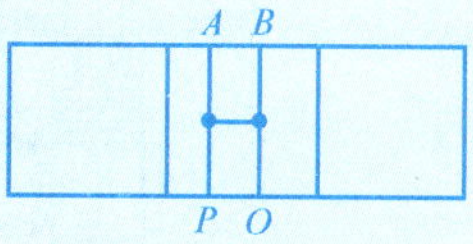	在中间位置时,油口全开,液压泵卸荷,液压缸成浮动式。其他执行元件不能并联使用。因液压缸的油液流回油箱,从静止到起动有冲击。换向较 O 形平稳
Y	ABO 连接	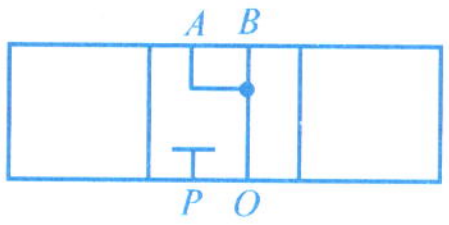	在中间位置时,泵口关闭,液压缸浮动,液压泵不卸荷,可与其他执行元件并联使用。因液压缸中油液流回油箱,从静止到起动有冲击。换向性能不如 O 形
P	PAB 连接	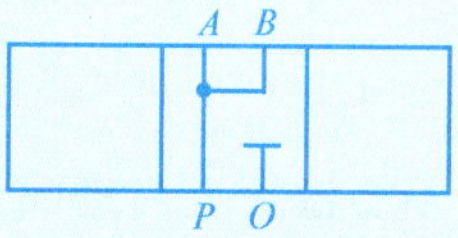	在中间位置时,回油口关闭,泵口和两液压缸连通,可形成差动回路。液压泵不卸荷,可与其他执行元件并联使用。从静止到起动平稳。换向性能最好,应用较广泛
K	PAO 连接	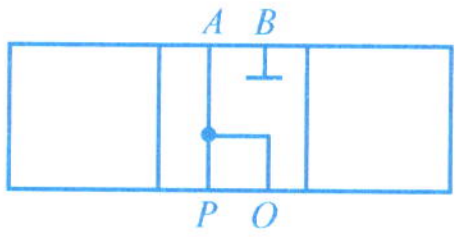	在中间位置时,关闭一个液压缸口,用于液压泵卸荷。从静止到起动平稳。换向过程有冲击,但比 O 形要好
J	BO	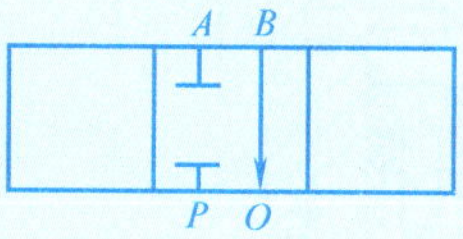	在中间位置时,泵口与液压缸相应接口不通,液压缸的一个接口与回油口相通。液压泵不卸荷,可与其他执行元件并联使用。从静止到起动有冲击,换向过程也有冲击
M	PO	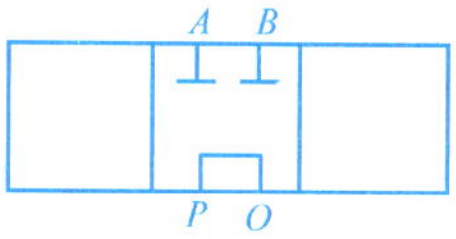	在中间位置时,液压泵卸荷,不能并联其他执行元件,从静止到起动较平稳。换向性能与 O 形相同。可用于立式液压缸或锁紧系统中

三、压力控制阀

压力控制阀是用来控制液压系统压力或利用压力作为信号来控制其他元件动作的阀类。这类阀的共同点是利用作用在阀芯上的液压力和弹簧力相平衡的原理工作的。按其功能和用途不同,压力控制阀分为溢流阀、减压阀、顺序阀和压力继电器。溢流阀、减压阀等定压阀能够稳定液压系统中某处的压力值,顺序阀、压力继电器能够利用液压力作为信号控制其他元件动作。

1. 溢流阀

溢流阀是通过阀口的溢流,使被控制系统或回路的压力保持恒定,来实现稳压、调压或限压作用的。溢流阀一般安装在液压泵的出口处,并联在系统中使用。常用的溢流阀按其结构形式和基本动作方式分为直动型和先导型两种。

(1) 直动型溢流阀 直动型溢流阀依靠系统中的压力油直接作用在阀芯上与弹簧力相平衡,来控制阀芯的启闭动作。图 11-27a 所示是一种低压直动型溢流阀(图 11-27b 所示为它的图形符号),P 是进油口,O 是回油口,进口压力油经阀芯 3 中间的阻尼孔 a 作用在阀芯的底部端面上,当进油压力较小时，阀芯在弹簧 2 的作用下处于下端位置，将 P 和 O 两油口隔开。当油压升高时，阀芯下端所产生的作用力将超过弹簧的压紧力，此时阀芯上升，阀口被打开，多余的油液就会被排回油箱。阀芯上的阻尼孔 a 用来对阀芯的动作产生阻尼作用，可以提高阀的工作平衡性。调整调节螺母 1 可以改变弹簧的压紧力，即可调整溢流阀进口处的油液压力 P。

直动型溢流阀结构简单，动作灵敏，工作时易产生振动和噪声，一般用于压力较低或流量较小的场合。

（2）先导型溢流阀　图 11-28 所示为先导型溢流阀的工作原理图（图 11-28a）和图形符号（图 11-28b）。可以看出，压力油从 P 口进入，通过阻尼孔后作用在先导阀 4 上。当进油口压力较低时，先导阀上的液压作用力不足以克服先导阀弹簧 5 的作用力，先导阀关闭，没有油液流过阻尼孔，则主阀芯 2 两端压力相等，在较软的主阀弹簧 1 作用下主

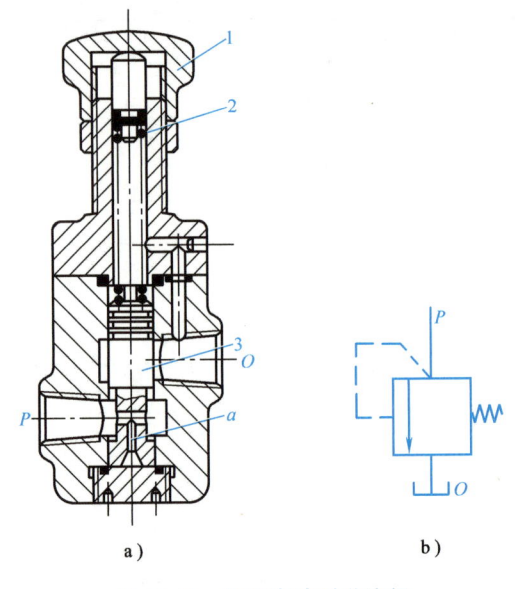

图 11-27　低压直动型溢流阀
1—调节螺母　2—弹簧　3—阀芯

阀芯 2 处于最下端位置，溢流阀阀口 P 和 O 隔断，不会溢流；当进油口压力升高时，作用在先导阀上的液压力增大，当大于先导阀弹簧作用力时，先导阀即打开，压力油就可通过阻尼孔、经先导阀流回油箱。由于阻尼孔的作用，主阀芯右端的液压力 p_2 将小于左端压力 p_1，当这个压力差作用在主阀芯上的力超过主阀弹簧力时，主阀芯开启，油液从 P 口流入，经主阀阀口由 O 流回油箱，实现溢流。

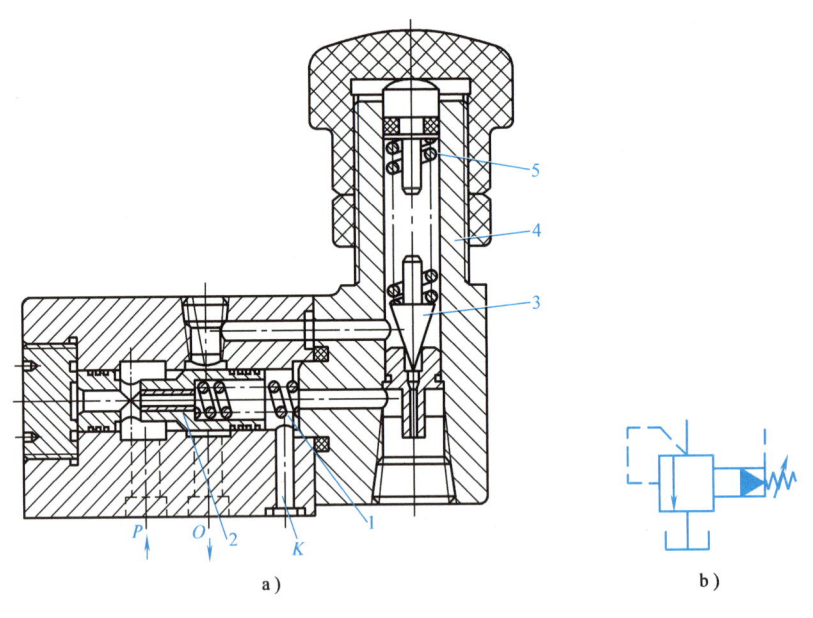

图 11-28　先导型溢流阀
1—主阀弹簧　2—主阀芯　3—先导阀阀芯　4—先导阀　5—先导阀弹簧

由于油液通过阻尼孔而产生的 p_1 与 p_2 之间的压差值不太大，所以主阀芯只需一个小刚度的软弹簧即可；作用在先导阀 4 上的液压力 p_2 与其阀芯面积的乘积即为先导阀弹簧 5 的调压弹簧力。由于先导阀阀芯一般为锥阀，受压面积较小，所以用一个刚度系数不太大的弹簧即可调整较高的开启压力 p_2，用螺钉调节先导阀弹簧的预紧力，即可调节溢流阀的溢流压力。先导式溢流阀有一个远程控制口 K，如果将 K 口用油管接到另一个远程调压阀（远程调压阀的结构和溢流阀的先导控制部分一样）上，调

节远程调压阀的弹簧力，即可调节溢流阀主阀芯上端的液压力，从而对溢流阀的溢流压力实现远程调压。

先导型溢流阀的压力波动比直动型溢流阀小，压力较稳定，噪声小，有外控油口，可用于远程调压和卸荷。先导型溢流阀一般用于压力较高或流量较大的场合。

2. 减压阀

减压阀是利用油液流过缝隙产生压降的原理，使系统的某一回路的压力低于系统压力的一种压力控制阀。当油液压力不稳定时，也可在回路中串入减压阀，得到稳定的较低的压力。减压阀可分为直动型和先导型两种，其中先导型减压阀应用较广。

图 11-29 所示为先导型减压阀的工作原理图（图 11-29a）和图形符号（图 11-29b）。先导型减压阀由先导阀和主阀两部分组成。油液为 p_1 的压力油，由主阀的进油口流入，经减压阀口 h 后从出油口流出，其压力为 p_2。出口油液经孔道 d 及主阀芯上的阻尼孔 e 流入主阀芯及先导阀右腔。当出口压力 p_2 低于先导阀弹簧调定的压力时，先导阀呈关闭状态，主阀芯上、下腔油压相等，先导阀在主阀弹簧力作用下处于最下端位置。此时减压阀口 h 开度最大，不起减压作用，进、出油口的油压基本相等。当 p_2 达到先导阀弹簧调定的压力时，先导阀开启，主阀芯上腔油液经先导阀流回油箱，下腔油液经阻尼孔向上流动，使阀芯两端产生压力差。主阀芯在压力差的作用下向上顶起，使减压阀口 h 变小，则阀口的压降增大，起到了减压作用。若此时因负载增大或进口压力向上波动使 p_2 增大，当 p_2 大于弹簧调定值的瞬时，主阀芯将上移，使开口 h 继续减小，压降增大，从而使出口压力 p_2 自动下降，恢复为调定值。这种减压阀也称为定差减压阀。

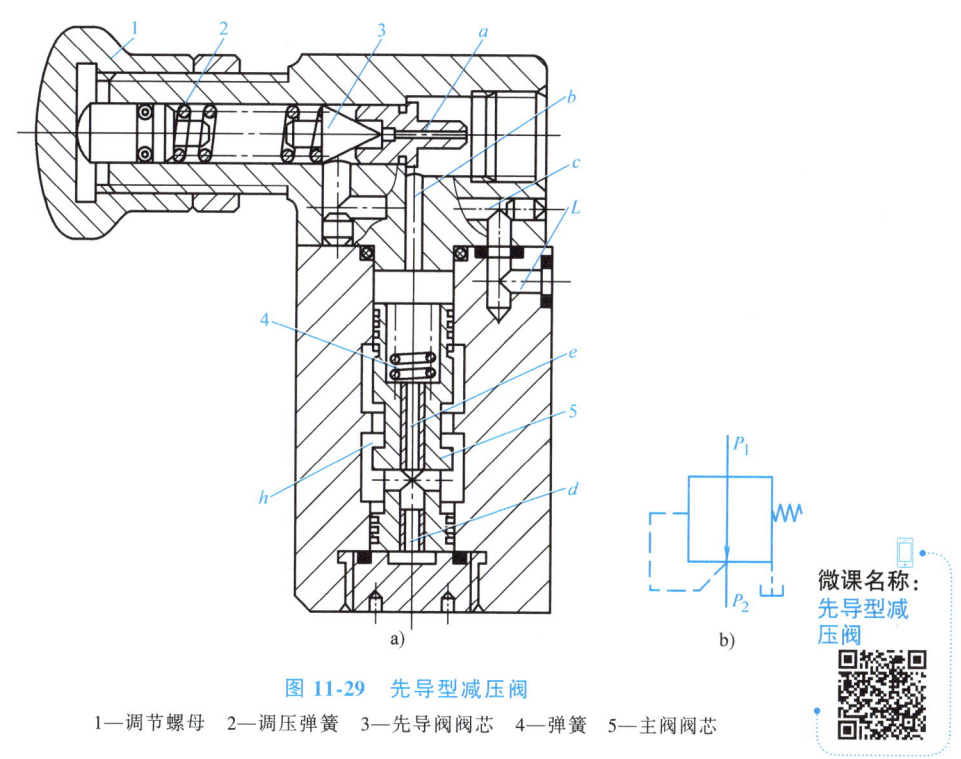

图 11-29 先导型减压阀

1—调节螺母 2—调压弹簧 3—先导阀阀芯 4—弹簧 5—主阀阀芯

微课名称：
先导型减压阀

3. 顺序阀

顺序阀可以用来控制液压系统中两个以上工作机构先后动作的顺序。根据控制压力的不同，顺序阀可分为内控式和外控式两种。前者用阀的进口压力控制阀芯的启闭，后者用外来的控制压力油控制阀芯的启闭（也称为液控顺序阀）。顺序阀也有直动型和先导型两种，直动型一般用于低压系统，先导型用于中高压系统。

图 11-30 所示为直动型顺序阀的工作原理图和图形符号。当进油口压力较低时，阀芯在弹簧作用下处于下端位置，进油口和出油口不相通。当作用在阀芯下端的油液的液压力大于弹簧的预紧力时，

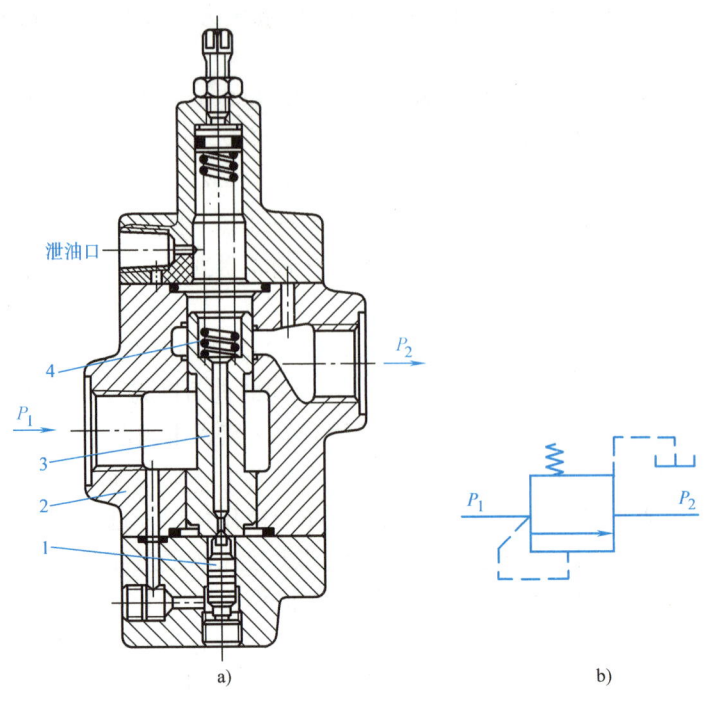

图 11-30 直动型顺序阀
1—控制活塞 2—阀体 3—阀芯 4—弹簧

阀芯向上移动,阀口打开,油液便经阀口从出油口流出,从而操纵另一执行元件或其他元件动作。由图可见,顺序阀和溢流阀的结构基本相似,不同的只是顺序阀的出油口通向系统的另一压力油路,而溢流阀的出油口通油箱。此外,由于顺序阀的进、出油口均为压力油,所以它的泄油口必须单独外接油箱。

直动型外控顺序阀与直动型内控顺序阀的差别仅在于其下部有一控制油口,阀芯的启闭是利用通入控制油口的外部控制油来控制的。

四、流量控制阀

液压系统中执行元件的运动速度是由输入执行元件的油液流量的大小来控制的。流量控制阀是依靠改变阀口通流面积(节流口局部阻力)的大小或通流通道的长度来控制流量的阀类。常用的流量控制阀有普通节流阀和调速阀。

1. 普通节流阀

图 11-31 所示为普通节流阀的工作原理图(图 11-31a)和图形符号(图 11-31b)。这种节流阀的节流通道呈轴向三角槽式,压力油从进油口 P_1 流入阀芯 2 下端的三角槽,进入节流口 1,再从出油口 P_2 流出。调整调节螺钉 3,可使阀芯 2 做轴向移动,以改变节流口的通流截面积,从而调节流量。

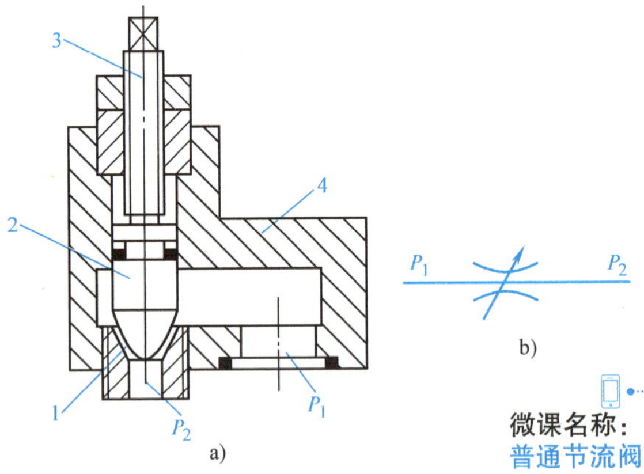

图 11-31 普通节流阀
1—节流口 2—阀芯 3—调节螺钉 4—阀体

微课名称:
普通节流阀

普通节流阀由于刚性差,在节流开口一定的条件下通过它的工作流量受工作负载(即其出口压力)变化的影响,不能保持执行元件运动速度的稳定,因此只适用于工作负载变化不大和速度稳定性要求不高的场合。

2. 调速阀

由于工作负载的变化很难避免,为了改善调速系统的性能,通常需采取措施使节流阀前后压力差在负载变化时始终保持不变。下面主要介绍一种将定压差式减压阀与节流阀并联起来构成的调速阀，其工作原理如图 11-32 所示。这种阀利用流量的变化所引起的油路压力的变化，通过阀芯的负反馈动作来自动调节节流部分的压力差，使其保持不变。

调速阀在工作时，液压泵的出口（即调速阀的进口）压力 p_1 由溢流阀调整基本不变，出口压力 p_3 决定于液压缸的负载。调速阀进油口 3 的油液压力为 p_1，经减压阀 2 的出口流到节流阀的入口，这时压力降为 p_2，再经节流阀到出油口 1，压力由 p_2 降到 p_3。油液作用在减压阀 2 阀芯左、右两端的作用力为 p_3A+F_s 和 p_2A，其中 A 为阀芯两端的面积，F_s 为弹簧力。当阀芯处于平衡时（忽略摩擦力），有

$$p_2A = p_3A + F_s$$

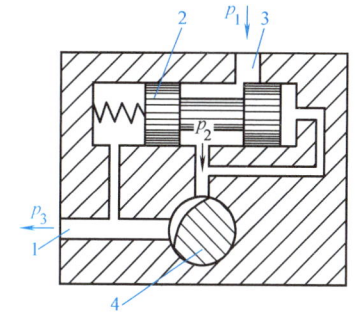

图 11-32　调速阀的工作原理
1—出油口　2—减压阀
3—进油口　4—节流阀

因 $p_2-p_3=F_s/A$ 为常数，当进油口 3 的压力 p_1 升高时，p_2 也升高，则阀芯右端面的作用力增大，使阀芯左移，减压阀的开口将减小，减压作用增强，使 p_2 恢复到原来的数值；当进油口 3 的压力 p_1 降低时，p_2 也降低，阀芯将向右移动，减压阀的开口增大，减压作用减弱，仍可使 p_2 恢复到原来的数值。

当出油口的压力 p_3 升高时，阀芯向右移动，减压阀的开口增大，减压作用减弱，p_2 随之升高，使 p_2 恢复到原来的数值；当出油口的压力 p_3 降低时，阀芯将向左移动，减压阀的开口减小，减压作用增强，p_2 随之降低。这样，不管调速阀的进、出油口的压力如何变化，调速阀内的节流阀前、后的压力差始终保持不变，所以就实现了通过节流阀的流量保持近似稳定，从而可以保证执行元件运动速度的稳定。

11.2.4　液压辅助元件

液压系统中的辅助元件是指除液压泵、液压缸和各种控制元件之外的其他各类组成元件，如油箱、滤油器、管件、压力计、蓄能器等。它们是液压系统不可缺少的组成部分，对系统的工作性能有直接影响。其中，油箱需根据系统要求自行设计，其他辅助装置则做成标准件，供设计时选用。

1. 油箱

油箱的主要功用是储存油液，此外还起着散发油液中热量（在周围环境温度较低的情况下则保持油液中热量）、分离油液中的空气和杂质等作用。在液压系统中，可利用床身或底座内的空间做油箱，也可以采用单独的油箱。

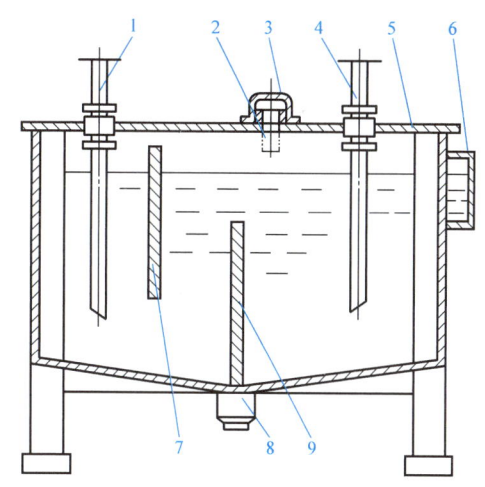

图 11-33　油箱的结构简图
1—吸油管　2—滤油网　3—盖　4—回油管
5—上盖　6—油位计　7、9—隔板　8—放油阀

图 11-33 所示为油箱的结构简图。图中 1 为吸油管，液压泵通过吸油管将油箱中的油液吸到液压泵中，液压系统中的油液则通过回油管 4 流回油箱；隔板 7 可阻挡油液中的气泡进入吸油管，隔板 9 可阻挡沉淀等杂质进入吸油管；盖 3 上有通气孔，使油箱中的油面与大气相通，保证液压泵能够正常吸油；6 是油位计，用于观察油箱中液面高度；上盖 5 用来固定液压泵和电动机传动装置，并防止外界环境中的杂物进入油箱；放油阀 8 用来排放油箱中沉淀的杂物。

油箱是液压系统的主要散热元件，要使液压系统正常工作，油箱的温度必须保持在 30~50℃ 范围内，最高不超过 65℃。如果油温过高，则需在油箱中设置冷却器。冷却器一般由许多蛇形管组成，管

内通冷却水，可把油液中的热量带走，从而起到降温的作用。若液压系统的油温过低，当低于15℃时，则应设置加热器，用加热器使油温升高。加热器也是由蛇形管组成，管内通入热水或蒸汽，使油温升高。

2. 滤油器

（1）滤油器的功用与分类　滤油器的功用是过滤混在液压油液中的杂质，降低进入系统中油液的污染度，减少相对运动件的磨损，防止节流阀和管道小孔堵塞，保证系统正常地工作。滤油器的分类见表11-5。

表11-5　滤油器的分类及应用

分类方式	类型		特点及应用
按滤油器的精度	粗滤油器		能滤除杂质的直径≥0.1mm
	普通滤油器		能滤除杂质的直径≥0.01mm
	精滤油器		能滤除杂质的直径≥0.005mm
	特精滤油器		能滤除杂质的直径≥0.001mm
按滤芯形式	网式滤油器	在金属或塑料制成的基架上，包着一层或两层铜丝网，通常安装在液压泵的吸油口处，过滤进入液压泵油液中的杂质	结构简单，通油能力大，但滤油效果较差，一般用作粗滤油器
	线隙式滤油器	滤芯由铜线或铝线绕成，依靠线之间的微小间隙来过滤杂质	结构简单，过滤效果好，但不易清洗，主要用于中、低压系统
	纸芯式滤油器	滤芯由0.35~0.7mm厚的平纹或波纹的酚醛树脂或木浆的微孔滤纸组成。滤纸用骨架支承来增大滤芯强度	过滤效果好，但易堵塞，无法清洗，需要经常更换纸芯，一般作为油液的精过滤
	烧结式滤油器	滤芯用青铜粉末烧结而成，依靠其颗粒间的间隙滤油	过滤精度高，耐腐蚀、滤芯强度大，能在高温下工作，但易堵塞，难于清洗，颗粒易脱落。主要用于对过滤质量要求较高的液压系统中

（2）滤油器的安装位置　图11-34所示为滤油器的安装位置。滤油器安装在液压泵的吸油管道上（图11-34a）的安装方式要求滤油器有较大的通油能力和较小的阻力，目的是保护液压泵。滤油器安装在回油管道上（图11-34b）的安装方式可经常地清除油液中的杂质，由于回油管压力低，可用强度较低的滤油器。安装在液压泵的输油管道上（图11-34c）的滤油器，可保护除液压泵和溢流阀以外的其他元件。滤油器还常安装在重要元件的前面，以保证这些元件正常工作。

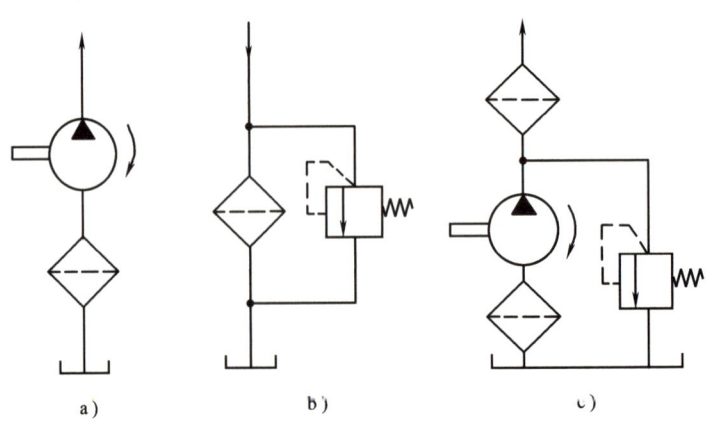

图11-34　滤油器的安装位置

a）安装在液压泵的吸油管道上　b）安装在回油管道上
c）安装在液压泵的输油管道上

3. 管件

(1) 油管 油管的作用是连接液压元件和输送油液。液压系统中使用的油管种类很多，常用的有钢管、铜管、尼龙管、塑料管、橡胶管等，一般可按照安装位置、工作环境和工作压力来选用。油管的类型、特点及应用见表 11-6。

表 11-6 液压系统中常用油管的类型、特点及应用

类型		特点及应用
硬管	钢管	能承受高压，价格低廉，耐油，耐腐蚀，刚性好，但装配时不能任意弯曲，常在装拆方便处使用。用作压力管道时，中、高压用无缝钢管，低压用焊接钢管
	纯铜管	易弯曲成各种形状，但承压能力一般不超过 10MPa，抗振能力较弱，又易使油液氧化；通常用在液压装置内配接不便之处
软管	尼龙管	呈乳白色、半透明，加热后可以随意弯曲成形或扩口，冷却后又能定形不变，承压能力因材质而异，达到 2.5~8MPa
	塑料管	质轻、耐油，价格便宜，装配方便，但承压能力低，长期使用会变质老化，只宜用作压力低于 0.5MPa 的回油管、泄油管等
	橡胶管	高压管由耐油橡胶夹几层钢丝编织网制成，钢丝网层数越多，耐压越高，价格昂贵，用作中、高压系统中两个相对运动件之间的压力管道 低压管由耐油橡胶夹帆布制成，可用作回油管道

(2) 管接头 管接头是油管与油管、油管与液压元件之间的连接件。它必须满足装拆方便、连接牢固、密封可靠、外形尺寸小、通流能力大、压降小等要求。

管接头的种类很多，按接头的通路形式不同可分为直通、直角和三通。按油管和管接头的连接方式不同可分为焊接式、扩口式、卡套式和扣压式软管接头等。液压系统中常见的油管与管接头的连接方式见表 11-7。

表 11-7 液压系统中常见的油管与管接头的连接方式

连接方式	结构简图	特点及应用
焊接式接头	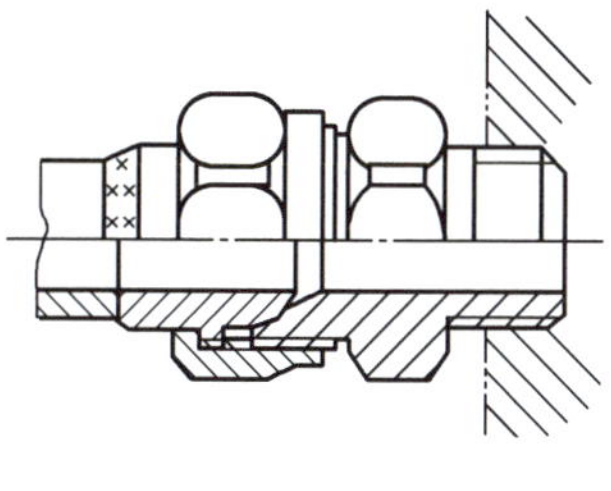	将油管和管接头的一部分焊接起来，适合于连接管壁较厚的油管，用于压力较高的系统中，是应用较多的一种形式
扩口式接头	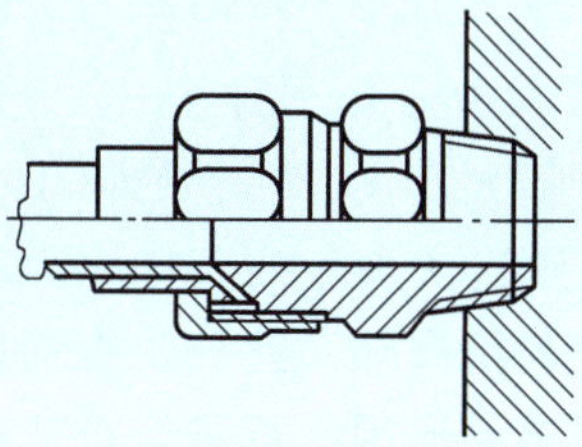	将油管（薄壁钢管或铜管）端部扩口成喇叭形，插入接头用螺母拧紧，适合于中、低压的铜管和薄壁钢管的连接
卡套式接头	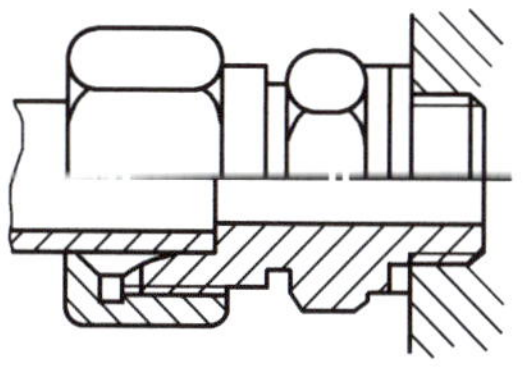	利用锥形卡套插入油管，再用螺母拧紧。这种接头结构简单，工作可靠，不用焊接，装拆方便，在高压系统中应用广泛

连接方式	结构简图	特点及应用
扣压式软管接头		利用曲面和锥面将高压橡胶软管压紧在管接头上。这种管接头装配方便,用来连接高压软管

4. 蓄能器

（1）蓄能器的作用　蓄能器的作用主要是储存油液多余的压力能，并在需要时释放出来。在液压系统中蓄能器的主要作用：在短时间内供应大量压力油液；用作应急油源；维持系统压力；减小液压冲击或压力脉动。汽车自动变速器液压控制系统中就装有蓄能器。

（2）常用蓄能器的结构类型　常用蓄能器主要有气囊式（图11-35a）和活塞式（图11-35b）两种。

气囊式蓄能器主要由充气阀、气囊、无缝壳体、提升阀和通油孔组成。工作之前由充气阀向气囊先充气（一般为氮气），充气阀在工作时始终关闭。提升阀可以使油液进入蓄能器内，同时还可以防止油液全部排出时气囊膨胀出容器之外。这种蓄能器反应灵敏、容易维护、气囊的惯性小，但其容量小，气囊与壳体制造困难。气囊式蓄能器是液压系统中使用较多的一种蓄能器。

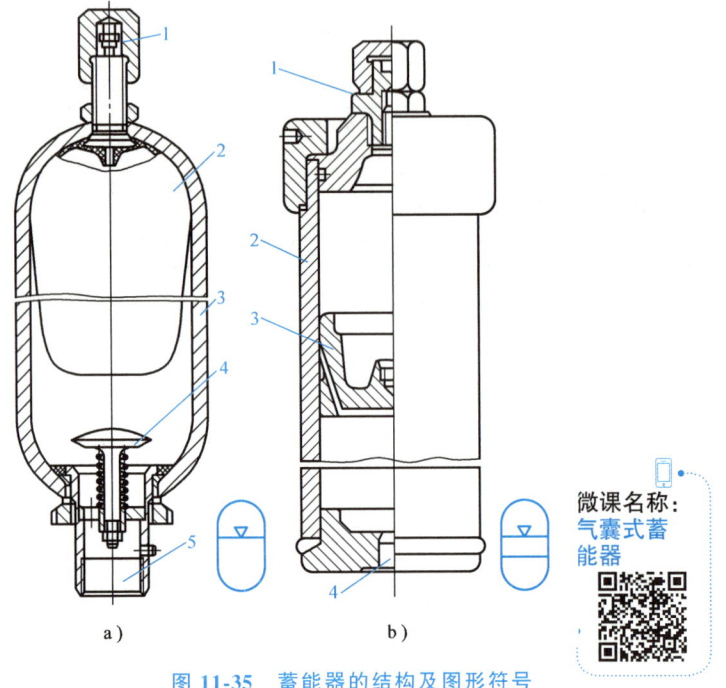

图 11-35　蓄能器的结构及图形符号
a）气囊式蓄能器
1—充气阀　2—气囊　3—无缝壳体　4—提升阀　5—通油孔
b）活塞式蓄能器
1—充气阀　2—缸体　3—活塞　4—通油孔

安全警钟：密封圈引起的灾难

液压系统存在渗漏现象，会降低液压缸的工作效率，因此系统中都会有密封装置。密封装置虽然是一个非常不起眼的部件，但其作用是不可忽视的。1986年1月28日，美国"挑战者"号航天飞机在发射后，随着一声巨响，变成一个巨大火球直坠大西洋，在它的第10次飞行时不幸遇难，7名航天员魂归长空，成为人类航天史上的悲剧。而导致这次事故的直接原因就是航天飞机右侧的固体火箭助推器的密封装置失效，燃气外泄，引起推进剂箱爆炸。此外，火箭发射时气温过低，合成橡胶密封圈失去弹性，失去密封作用，也是该事故的重要原因。可见，虽然只是一个小部件，却对整个火箭发射起到了至关重要的作用。因此，我们在工作中一定要遵守工作规定，养成严谨、认真的工作态度和学习态度，避免出现安全事故。

活塞式蓄能器由活塞、缸体、充气阀等组成。上腔气体从充气阀充入，下腔油液经通油孔与液压系统相通，活塞将气体和油液隔开。使用时，由充气阀充入预定压力的氮气，使油液经通油孔进入，推动活塞上升至处于平衡状态，使系统达到所要求的压力。活塞式蓄能器结构简单，工作平稳可靠，安装维护方便，使用寿命长；但反应不够灵敏，容量较小，且制造费用较高，一般用于蓄能或中、高压系统中吸收压力脉动。

（3）使用和安装　蓄能器在液压回路中的安装位置随其功用而不同：吸收液压冲击或压力脉动时宜放在冲击源或脉动源近旁；补油保压时宜放在尽可能接近有关执行元件处。

11.3 液压基本回路

11.3.1 方向控制回路

方向控制回路在液压系统中的作用是控制执行元件的起动、停止或改变运动方向。常用的方向控制回路包括换向回路和锁紧回路。

1. 换向回路

液压系统中执行元件的换向动作大多由换向阀来实现。

（1）利用换向阀换向　根据执行元件的换向要求，可选用二位（或三位）三通、四通或五通等换向阀。图 11-36 所示为利用二位四通换向阀实现的换向回路。当换向阀的右位接入回路时，液压泵输出的油液经换向阀右位 $P→B$ 进入液压缸右腔，液压缸左腔中的油液经换向阀右位 $A→O$ 流回油箱，实现液压缸活塞从右向左运动；当换向阀左位接入系统时，液压泵输出的油液经换向阀左位 $P→A$ 进入液压缸左腔，则右腔中的油液经换向阀左位 $B→O$ 流回油箱，实现液压缸活塞从左向右运动。

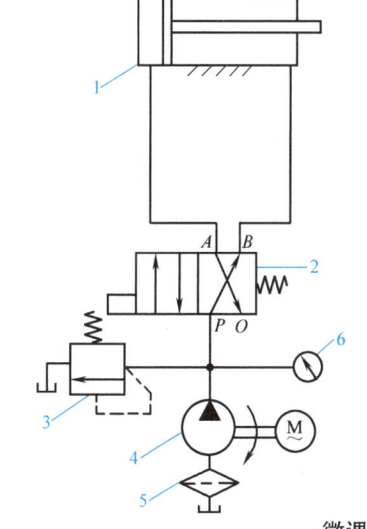

图 11-36　利用二位四通换向阀实现的换向回路
1—液压缸　2—换向阀　3—溢流阀
4—液压泵　5—滤油器　6—压力计

微课名称：
换向回路

（2）利用双向泵换向　双向变量泵是通过改变变量泵输出压力油的方向来控制执行元件的运动方向的，如图 11-37 所示。这种回路换向平稳，换向能量损耗少，能够吸收换向制动阶段因惯性力产生的液压冲击，但换向精度低，因此只适用于惯性大而换向精度要求不高的液压系统，如挖掘机或起重机回转机构的液压系统等。

2. 锁紧回路

锁紧回路可以使液压缸在移动过程中停止在任意位置上，并能防止停止后在外力作用下发生位移。

（1）利用三位换向阀锁紧（图 11-38）　这种锁紧回路利用了 M 形、O 形换向阀的中位机能将元件锁紧在任意位置上。由于换向阀的环状缝隙泄漏较大，密封性较差，不能保证长时间锁紧，故其适用于锁紧要求不高或短时间停留的场合。

（2）利用液控单向阀锁紧　图 11-39 所示的锁紧回路为利用液控单向阀的锁紧回路。图示位置时，液压泵输出油液通过换向阀流回油箱，系统无压力。液控单向阀使液压缸两腔均不能回油，活塞被双向锁紧。由于液控单向阀阀芯和阀体间没有间隙，密封性较好，因而锁紧效果也较好。

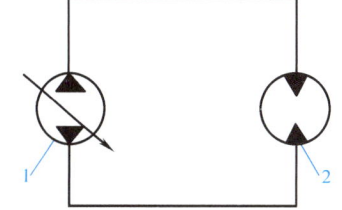

图 11-37　利用双向变量泵的换向回路
1—双向变量泵　2—液压马达

11.3.2 压力控制回路

压力控制回路是利用压力控制阀来控制系统的压力，实现稳压、减压、增压和多级调压等控制，满足执行元件对系统压力的要求的一种液压基本回路。常用的压力控制回路包括调压、减压、保压、增压、卸荷等多种回路。

1. 调压回路

调压回路的功用是使液压系统整体或部分压力保持恒定或限定压力。一般液压泵的供油压力是通过溢流阀来调节的。

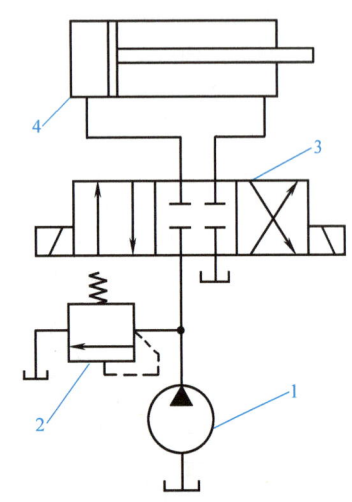

图 11-38 利用三位换向阀中位锁紧
1—液压泵 2—溢流阀
3—换向阀 4—液压缸

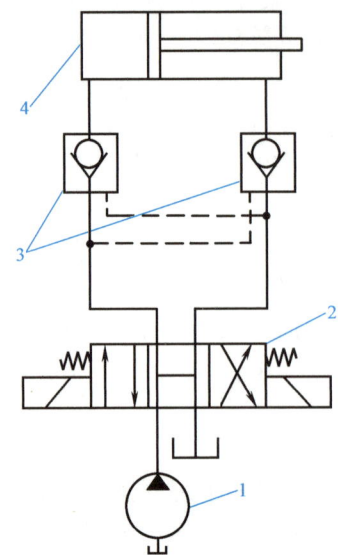

图 11-39 利用液控单向阀锁紧
1—液压泵 2—换向阀
3—液控单向阀 4—液压缸

（1）单级调压回路　图 11-40 所示为单级调压回路。液压泵输出的油液压力由溢流阀调定。这种回路效率较低，一般用于流量不大的场合。

（2）多级调压回路　图 11-41 所示为多级调压回路，当换向阀 4 处于图示位置时，系统的最高压力由溢流阀 1 控制；当换向阀的左位或右位接入系统时，系统压力分别由远程调压阀 2 或 3 来调定，从而实现多级压力控制。

2. 减压回路

减压回路的工作原理如图 11-42 所示。图中减压回路由定值减压阀与主油路相连。主油路的工作压力由溢流阀调定，支路中的压力由减压阀调定，回路中的单向阀供主油路压力降低时防止油液倒流，起到短时保压的作用。为了使减压回路工作可靠，减压阀的调整压力应适当。

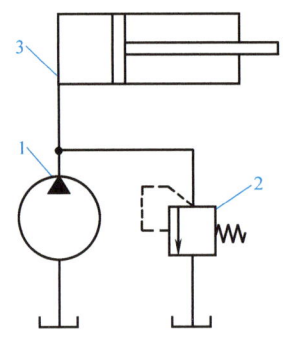

图 11-40 单级调压回路
1—液压泵 2—溢流阀 3—液压缸

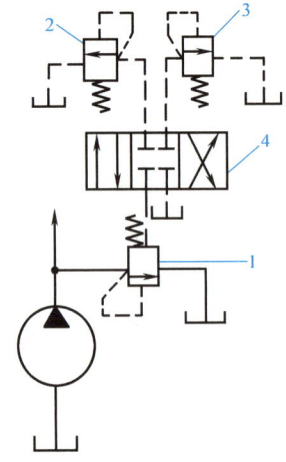

图 11-41 多级调压回路
1—溢流阀 2、3—调压阀
4—换向阀

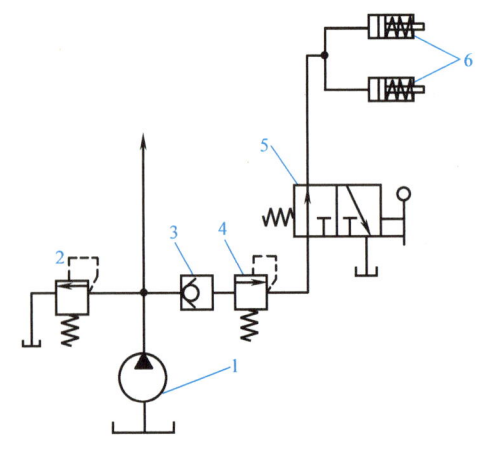

图 11-42 减压回路
1—液压泵 2—溢流阀 3—单向阀
4—减压阀 5—换向阀 6—工作缸

3. 增压回路

增压回路用于某些中、低压系统中需要流量不大的高压油的场合，可以节省高压泵，减少功率损失。图 11-43 所示为利用单作用增压缸实现的增压回路。

4. 卸荷回路

液压泵的卸荷是指液压泵空载运行，其输出的油液在很低的压力下流回油箱。执行元件在工作中常常需要停止，在处于不工作的状态时，不需要液压泵供油或只需少量油液，因此需要卸荷回路。在液压泵驱动电动机不需频繁起闭的情况下，卸荷回路使液压泵在零压或很低压力下运转，减少功率消耗，防止系统发热，且便于实现液压泵空载起动，提高泵的使用寿命和系统的效率。卸荷回路可利用三位换向阀或二位二通换向阀来实现。

（1）利用三位换向阀中位卸荷　图 11-44 所示为利用三位换向阀的中位机能的卸荷回路，液压泵经换向阀中间通道（油口 P 和 O 连通）直接流回油箱，实现液压泵卸荷。

（2）利用二位二通换向阀卸荷　图 11-45 所示为利用二位二通换向阀实现的卸荷回路。当二位二通换向阀左位接入系统时，液压泵输出的油液即可通过换向阀流回油箱，使泵卸荷。断电时泵卸荷；通电时系统压力由溢流阀调定。

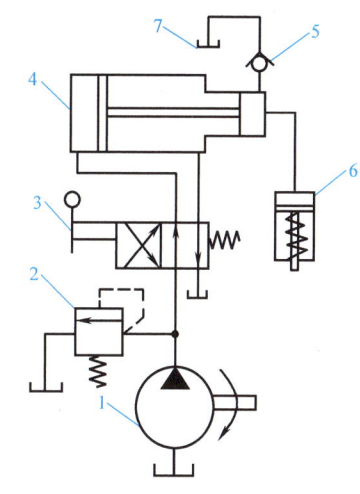

图 11-43　增压回路

1—液压泵　2—溢流阀　3—换向阀　4—液压缸　5—单向阀　6—工作缸　7—补油箱

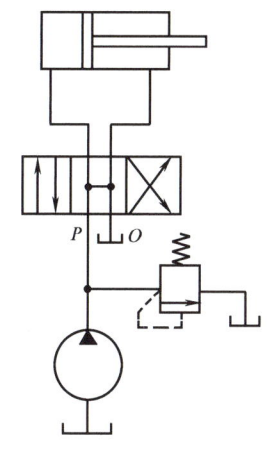

图 11-44　利用三位换向阀中位卸荷

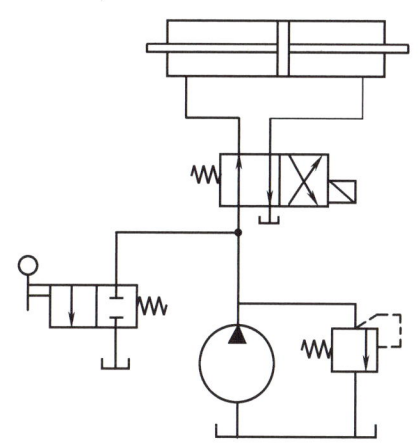

图 11-45　利用二位二通换向阀卸荷

11.3.3　速度控制回路

速度控制回路是通过改变进入液压缸或液压马达的油液流量来实现速度调节的。改变进入液压缸的油液流量一般有三种方法，即采用定量泵，通过调节节流阀的通流面积来改变进入或流出执行元件的流量，实现调速；采用变量泵，通过改变液压泵的供油量或液压马达的排量来实现调速；采用变量泵供油，通过节流阀或调速阀改变流入或流出液压缸的油液流量，实现调速。

1. 进油节流调速回路

进油节流调速是将节流阀串联在液压泵和液压缸（或液压马达）之间，通过调节节流阀的通流面积来改变进入液压缸的流量，从而调节执行元件的运动速度的液压回路，其工作原理如图 11-46 所示。将节流阀串联在回路中，定量泵输出的流量不变，经节流阀流入液压缸的油液流量和经溢流阀流回油箱的油液流量的大小，由节流阀和溢流阀决定。节流阀通过改变节流口的通流截面，可以在较大范围内改变其对油液的阻力，从而改变进入液压缸的油液流量，调节液压缸的速度。

在进油节流调速回路中,工作部件的运动速度随负载和速度的变化而变化,多余的油液经溢流阀流回油箱,造成了功率浪费,效率较低。进油节流调速回路适用于轻载和负载变化不大、速度不高的场合。

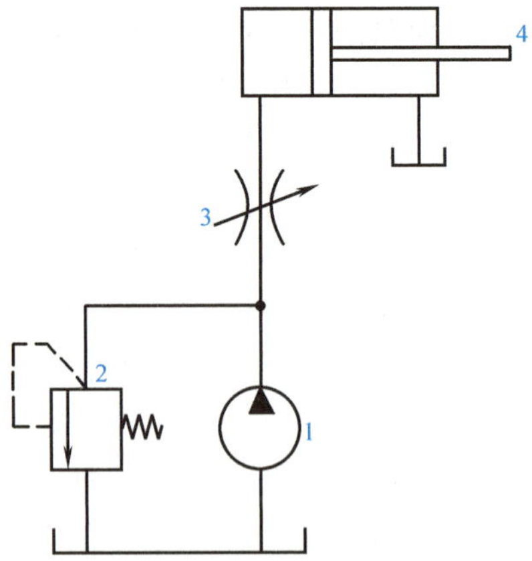

2. 回油节流调速回路

回油节流调速回路将节流阀串联在液压缸和油箱之间,来限制液压缸的回油量,从而达到调速的目的,其工作原理如图 11-47 所示。

这种回路中,由于节流阀串联在回油路上,油液经节流阀流回油箱,可减少系统发热和泄漏,节流阀还能起到背压作用,从而提高运动的平稳性,且具有承受负值负载的能力。与进油节流调速回路一样,其多余油液也需经溢流阀流出,因此效率较低,停止后起动冲击较大。这种回路多用于功率不大但载荷变化较大、运动平稳性要求较高的液压系统中。

图 11-46 进油节流调速回路的工作原理

1—液压泵 2—溢流阀
3—节流阀 4—液压缸

3. 旁路节流调速回路

这种回路由液压泵、溢流阀、节流阀和液压缸组成,节流阀安装在与液压缸并联的分支油路上,其工作原理如图 11-48 所示。液压泵输出的流量一部分进入液压缸,一部分通过节流阀流回油箱。在定量泵供油量一定的情况下,通过节流阀的油液流量大时,进入液压缸的油液流量小,执行元件的运动速度下降;反之则速度升高。因此,通过调节节流阀改变流回油箱的油液流量,来控制进入液压缸的油液流量,从而改变执行元件的运动速度。溢流阀在这里起安全作用,回路正常工作时,溢流阀不打开;当供油压力超过正常工作压力时,溢流阀才打开,以防过载。

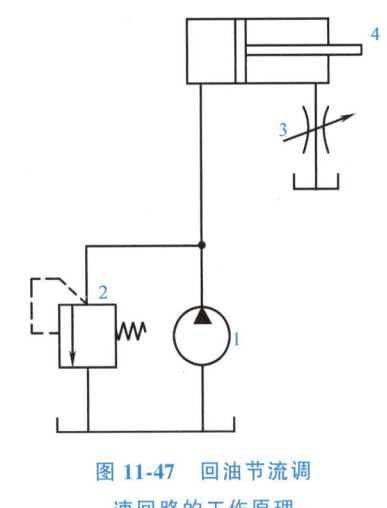

图 11-47 回油节流调速回路的工作原理

1—液压泵 2—溢流阀 3—节流阀 4—液压缸

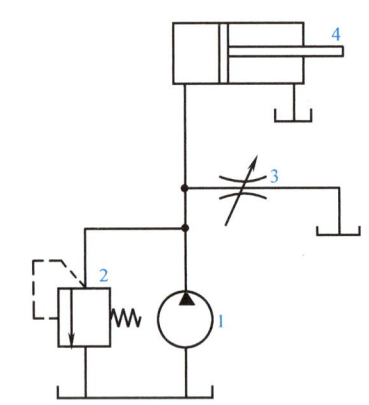

图 11-48 旁路节流调速回路的工作原理

1—液压泵 2—溢流阀
3—节流阀 4—液压缸

11.4 常见汽车液压系统分析

11.4.1 汽车液压制动系统

图 11-1 所示为单回路汽车制动系统的工作原理图,制动系统主要由车轮制动器和液压传动机构组

成。车轮制动器主要由旋转部分、固定部分和调整机构组成。旋转部分是制动鼓,固定部分包括制动蹄和制动踏板,调整机构用于调整制动蹄和制动鼓之间的间隙。制动传动机构主要由制动踏板、推杆、制动主缸、制动轮缸及管路组成。

1)制动系统不工作时,制动蹄和制动鼓之间有间隙,车轮和制动鼓可自由旋转。

2)制动系统工作时,踩下制动踏板,制动踏板通过推杆和主缸活塞,使主缸中的油液在一定压力下流入轮缸,并通过两个轮缸活塞的推动使制动蹄转动,带动摩擦片压紧在制动鼓的内圈上,从而产生制动力。

3)解除制动时,放开制动踏板,复位弹簧将制动蹄拉回原位,制动力消失。

若单回路液压制动系统某一处漏油,会导致4个车轮制动无效,危险性很大,因此现代汽车全部采用双回路制动系统。

11.4.2 汽车液压助力转向系统

汽车液压助力转向系统有机械液压助力转向系统和电子液压助力转向系统两种。机械液压助力是最常见的一种,它产生于1902年,已经有一百多年的历史。由于其技术成熟可靠,而且成本低廉,被经济型轿车广泛采用。

如图11-49所示,机械液压助力系统的主要组成部分有液压泵、油管、压力流体控制阀、V带、储油罐等。这种助力方式是将一部分发动机动力输出转化成液压泵压力,对转向系统施加辅助作用力,从而使轮胎转向。图11-50所示为液压助力转向的液压原理图,在液压助力转向系统中,转向动力的大小取决于作用在液压缸活塞上的压力大小。如果转向操纵力较大,液压就较高。液压缸中液压的变化是由连接在主转轴上的转向控制阀来调节的。转向液压泵将液压油输送至转向控制阀5。如果转向控制阀5处于中间位置,则液压油会流过转向控制阀,进入出油口,流回储液罐。由于此时几乎不能产生压力,液压缸活塞两端的压力又相等,活塞便不会向任何一个方向运动,从而使车辆无法转向。当驾驶人控制转向盘朝左转动时,转向控制阀在左位,液压油通过液压泵进入液压缸左腔,产生压力,右腔的液压油流回储液罐,液压缸活塞向右运动,带动转向杆及转向节转动,辅助车轮向左转动。

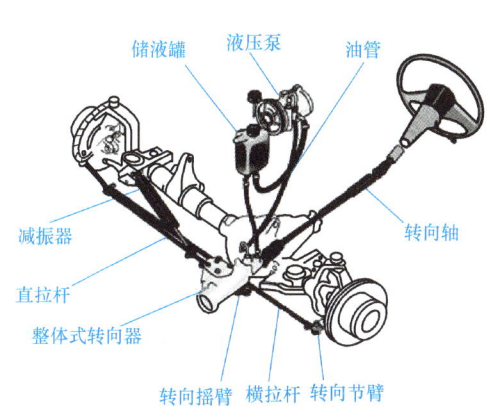

图 11-49 机械液压助力系统的组成

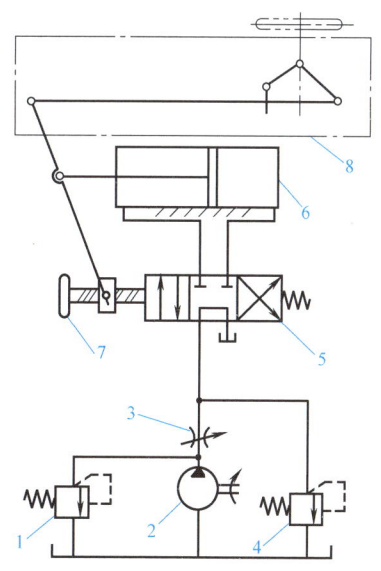

图 11-50 液压助力转向液压原理图

1—溢流阀 2—液压泵 3—节流阀
4—安全阀 5—转向控制阀 6—液压缸 7—转向盘 8—转向节及转向拉杆

电子式液压助力系统的结构原理与机械式液压助力系统大体相同,最大的区别在于液压泵的驱动方式不同。机械式液压助力系统的液压泵直接通过发动机传动带驱动,而电子式液压助力系统采用的是由电力驱动的电子泵,不用消耗发动机本身的动力,而且电子泵是由电子系统控制的,不需要转向时,电子泵关闭,可进一步减少能耗。电子液压助力转向系统的电子控制单元利用对车速传感器、转向角度传感器等传感器的信息处理,可以通过改变电子泵的流量来改变转向助力的力度。

11.4.3　汽车液压悬架车身高度控制系统

车身高度控制系统是在被动悬架的基础上加装水平高度调节机构形成的,根据车身负载的变化自行调节,使车身高度不随乘员和载货的变化而改变,保证悬架始终有合适的工作行程。当汽车高速行驶时,该系统能主动降低车身高度,以改善行车的操纵稳定性和液力传动特性。当汽车行驶于起伏不平的路面时,其主动升高车身,避免车身与地面或悬架磕碰。

图 11-51 所示为千斤顶式车身高度控制系统,该系统由电控装置、动力源、电液伺服阀、蓄能器、传感器、ECU 等组成,执行元件为液压缸。ECU 根据车高传感器信号的变化和驾驶人选择的控制模式指令,给控制车高的电液伺服阀发出指令。当车需要升高时,三位四通伺服阀动作,接通供油油路,液压泵使液压油进入液压缸支撑腔,车身上升。若伺服阀停止动作,液压缸支撑腔压力不变,车身维持在一定高度。当乘客增加使车身高度降低时,车身高度传感器给出的信号将与 ECU 存储的车高不符,ECU 就会发出指令,伺服阀通电打开,给液压缸支撑腔供油,直到车高达到规定的高度为止。当车身需要下降时,液压泵停止工作,三位四通伺服阀动作,接通回油油路,液压油回到油箱,车身下降。

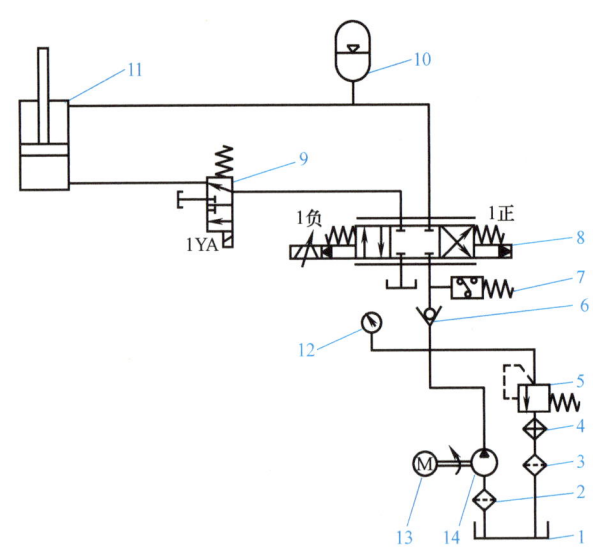

图 11-51　千斤顶式车身高度控制系统原理图

1—油箱　2—粗过滤器　3—精过滤器　4—冷却器　5—溢流阀　6—单向阀　7—压力继电器　8—伺服阀
9—二位三通电磁换向阀　10—蓄能器　11—液压缸　12—压力表　13—电动机　14—液压泵

11.4.4　汽车液压减振器

筒式液压减振器是汽车悬架系统中广泛采用的一种减振装置。筒式液压减振器的工作原理是:减振器壳体内的油液,反复地从一个内腔经小孔隙流入另一个内腔,孔壁与油液间的摩擦及液体分子内的摩擦形成对振动的阻尼力,车身、车架振动的能量经摩擦转化为热能,由油液和减振器壳体吸收并散入到大气中。

汽车液压减振器按作用方式不同分为双向作用减振器和单向作用减振器两种。图 11-52 所示为双向作用筒式减振器的工作原理。双向作用筒式减振器外面的钢筒是防尘罩，上部有一圆环与车架（车身）连接。中间的钢筒是储油缸，内部装有一定量的减振器油，下部有一圆环与车桥相连。最里面的钢筒是工作缸，内部装满减振器油。在工作缸的内部，通过与防尘罩和上部圆环制成一体的活塞杆，其底端固定着活塞。活塞上装有伸张阀和流通阀，在工作缸下部的底座上装有压缩阀和补偿阀。为了使减振器能够满足工作要求，流通阀和补偿阀的弹簧相对较软，较小的油压便可以将其打开或关闭。而压缩阀和伸张阀的弹簧相对较硬，只有当油压增大到一定程度时才能打开；而只要油压稍有下降，阀门立刻关闭。工作过程是：压缩行程时，减振器被压缩，汽车车轮移近车身，减振器内的活塞向下移动，下腔的容积减小，油压升高，大部分油液冲开流通阀流入上腔，由于上腔被活塞杆占去了一部分空间，因而上腔增加的容积小于下腔减小的容积，于是另一部分油液就推开压缩阀，流回到储油缸内。油液通过阀孔时，减振器受拉伸，车轮远离车身，这时减振器的活塞向上移动，上腔油压升高，流通阀关闭，上腔内的油液压开伸张阀流入下腔，由于活塞杆的存在，自上腔流来的油液不足以充满下腔增加的容积，从而使下腔中产生一定的真空度，这时储油缸中的油液推开补偿阀流进入下腔进行补充。这些阀的节流作用对悬架在伸张运动时起到阻尼作用。由于伸张阀弹簧的刚度和预紧力设计得大于压缩阀，在同样力的作用下，伸张阀及相应的常通缝隙通道的截

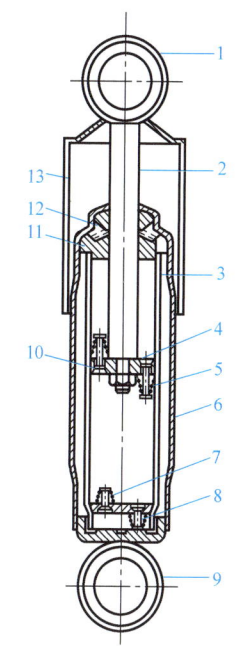

图 11-52　双向作用筒式
减振器工作原理

1—上吊环　2—活塞杆　3—工作缸筒
4—活塞　5—流通阀　6—储油缸筒
7—压缩阀　8—补偿阀　9—下吊环
10—伸张阀　11—导向座
12—油封　13—防尘罩

面积总和小于压缩阀及相应常通缝隙通道的截面积总和，使减振器伸张行程产生的阻尼力大于压缩行程时产生的阻尼力，从而达到迅速减振的目的。

11.4.5　汽车液压系统的使用、维护及常见故障

1. 液压系统的使用及维护

(1) 液压系统的使用注意事项　液压设备具有很多优点，但如果使用不当就会出现各种故障。为了保证液压设备的技术性能，在使用时应注意以下几点。

1）合理调节液压系统的工作压力和工作速度。
2）按使用说明书规定选用液压油，保持油液清洁，加油时要经过过滤。
3）液压系统油液的工作温度不能超过 60℃。
4）不能使用有缺陷的压力计或使液压系统在无压力计的情况下工作或调压。
5）要定期对液压系统进行检查。
6）若设备长期不用，应将调节旋钮全部放松，以防弹簧产生永久变形而影响元件的性能。

(2) 液压系统的维护　正确保养与维护液压设备可以防止机件过早磨损和受到不应有的破坏，从而保证液压系统正常工作，延长其使用寿命。液压设备的定期维护主要包括以下内容。

1）定期紧固。
2）定期更换密封件。
3）定期清洗或更换液压件。
4）定期清洗或更换滤芯。
5）定期清洗油箱。

6）定期清洗管道。

7）定期过滤或更换油液。

2. 液压系统的常见故障及排除方法

液压系统的故障种类很多。不同的液压系统因液压基本回路不同，组成回路的元件不同，出现的故障也不相同。液压系统常见故障有以下几种。

1）系统产生噪声和振动。

2）运动部件爬行。

3）系统中压力不足。

4）运动部件速度不正常。

5）油温过高。

6）换向或起动不正常。

液压系统常见故障的产生原因及排除方法见表 11-8 ~ 表 11-13。

表 11-8　系统产生噪声和振动的原因及排除方法

故障现象	故障原因	排除方法
液压泵吸空引起连续不断的嗡嗡声并伴随杂声	液压泵本身或其进油管路密封不良	拧紧联接螺栓及管路各螺母
	油箱油量不足	将油箱油量加至油标处
	液压泵进油管口滤油器堵塞	清洗滤油器
	油箱不透空气	清理空气滤清器
	油液黏度过大	调整油液黏度
液压泵故障造成杂声	轴向间隙因磨损增大，输油量不足	修磨轴向间隙
	泵内轴承、叶片等元件损坏或精度变差	拆开检修并更换损坏元件
控制元件处发出有规律或无规律的吱嗡的刺耳噪声	调压弹簧永久变形、扭曲或损坏	更换弹簧
	阀座磨损、密封不良	修研阀座
	阀芯拉毛、变形、移动不灵活或卡死	修研阀芯、去毛刺
	阻尼孔被堵塞	清洗、疏通阻尼孔
	阀芯与阀孔配合间隙大，高低压油腔互通	研磨阀孔，重配新的阀芯
	阀的开口小、流速高，产生空穴现象	减小进、出口压差
机械振动引起噪声	液压泵与电动机安装不同轴	重新安装或更换柔性联轴器
	油管振动或互相撞击	适当加设支承管夹
	电动机轴承磨损严重	更换电动机轴承
液压冲击声	液压缸缓冲装置失灵	进行检修和调整
	背压阀调整压力变动	进行检查、调整
	电液换向阀端的单向节流阀故障	调节节流阀螺钉、检修单向阀

表 11-9　运动部件产生爬行的原因及排除方法

故障部位	故障原因	排除方法
控制元件	流量阀的节流口处有污物，通油量不均匀	检修或清洗流量阀
液压缸	活塞式液压缸端盖密封圈压得太死	调整压盖螺钉（不漏油即可）
	液压缸中进入的空气未排净	利用排气装置排气
导轨	由于接触精度不好，使摩擦力不均匀	检修导轨
	润滑油不足或选用不当	调节润滑油量，选用合适的润滑油
	温度高使油液黏度变小，油膜被破坏	检查油温高的原因并排除

第11章 液压传动及汽车常见液压系统

表 11-10 系统中压力不足的原因及排除方法

故障部位	故 障 原 因	排 除 方 法
液压泵电动机	电动机线被接反	调换电动机接线
	电动机功率不足,转速不够高	检查电压及电流大小,采取相应措施
液压泵	泵的进、出油口被接反	调换吸、压油管的位置
	吸油不畅、进入气体	见表 11-8
	泵的轴向和径向间隙过大	检修液压泵
	泵体存在缺陷,造成高、低压腔相连通	更换液压泵
	叶片泵的叶片与定子内表面接触不良或卡死	检修叶片,修研定子内表面
	柱塞泵柱塞卡死	检修柱塞泵
控制元件	压力阀主阀芯或锥阀芯卡死在开口位置	清洗、检修压力阀,使阀芯移动灵活
	压力阀弹簧断裂或永久变形	更换弹簧
	某处控制阀泄漏严重,使高、低压油路连通	检修控制阀,更换损坏的密封件
	控制阀阻尼孔被堵塞	清洗、疏通阻尼孔
	控制阀的油口接反或接错	检查并纠正接错的管路
液压油	黏度过高,吸不进或吸不足油	用指定黏度的液压油
	黏度过低,泄漏过多	用指定黏度的液压油

表 11-11 运动部件速度不正常的原因及排除方法

故障部位	故 障 原 因	排 除 方 法
液压泵	供油不足造成压力不足	见表 11-8、表 11-10
控制元件	压力阀卡死,进、回油路连通	见表 11-10
	流量阀的节流孔被堵塞	清洗、疏通节流孔
	互通阀在互通位置卡住	检修互通阀
液压缸	装配精度或安装精度差	检查并保证达到规定精度
	活塞密封圈损坏造成缸内泄漏严重	更换密封圈
	间隙密封的活塞和缸壁磨损过大,造成泄漏多	修研液压缸内孔,重配新活塞
	缸盖处密封圈摩擦力过大	适当调松压盖螺钉
	活塞杆处密封圈磨损严重或损坏	调紧压盖螺钉或更换密封圈
导轨	无润滑油或润滑不充分使摩擦阻力大	调节润滑油量和压力,使润滑充分
	镶条、压板调得过紧	调整镶条和压板,使松紧合适

表 11-12 油温过高的原因及排除方法

故障部位	故 障 原 因	排 除 方 法
液压泵	液压泵和各连接处存在泄漏,造成容积损失而发热	紧固各连接处,修理液压泵,防止泄漏
控制元件	压力控制阀的调定值过高	适当降低调定值
	卸荷回路的安全阀、卸荷阀和压力开关等工作不良	调节各控制阀,改善阀的工作状况,使其符合要求
油箱	油箱的散热性能差或油箱的体积小	改善油箱的散热性能,适当加大油箱容积,必要时可增加冷却装置
液压油及其他	油液黏度过高,因内摩擦增大而使发热严重	改用黏度合适的液压油
	因系统阻力大,油液沿程功率损失增加,使油温升高	选用管径合适的油管或增加进油口的吸油面积;尽量减少油管的弯曲,缩短管道的长度
	环境温度过高使油温升高	利用隔热材料等,使系统和外界热源隔绝
	大量高压油长时间、不必要地从溢流阀流回油箱,使油温升高	采用变量泵,使流量随工作情况的变化而变化

表 11-13　运动部件换向或起动不正常的原因及排除方法

故障现象	故障原因	排除方法
换向过程有冲击	活塞杆与运动部件连接不牢固	检查并紧固连接螺栓
	换向不在液压缸的端部,缓冲装置不起作用	在油路上设背压阀
	电液换向阀中的节流螺钉松动	检查、调整节流螺钉
	电液换向阀中的单向阀卡住或密封不良	检查、修理单向阀
换向冲击量大	节流阀口有污物,运动部件速度不匀	清洗流量阀节流口
	换向阀芯移动速度有变化	检查电液换向阀节流螺钉
	油温高,油液的黏度下降	检查油温升高的原因并排除
	导轨润滑油量过多,使运动部件"漂浮"	调节润滑油压力或流量
	系统泄漏油液过多,进入空气	检查并防止泄漏,排除空气

第12章 汽车中的气压传动

学习任务：
熟悉汽车中常见气压系统的组成及工作原理。

知识目标：
1. 理解气源装置的组成、工作原理。
2. 理解气缸的分类和使用，气马达的分类、特点和工作原理。
3. 理解气动压力阀、流量阀、方向阀的工作原理与应用，以及辅助元件的工作原理与应用。

能力目标：
1. 能够识别汽车常见气压系统的组成。
2. 能正确描述汽车常见气压系统的工作原理。

素养园地：
培养学生的环保意识和节能意识。
知识探究： 党的二十大报告多次提到自立自强、创新驱动、核心技术，空气悬架作为高附加值集成部件，请结合所学的气压传动知识，分析空气悬架的工作过程

12.1 气压传动基础知识

12.1.1 气压传动系统的组成及工作原理

气压传动是指以压缩空气为工作介质进行能量转换、传递和控制的一种传动方式。气压传动也是一种常见的传动方式，是实现各种生产控制、自动控制的重要手段，广泛地应用于各个领域。在汽车制造行业中，汽车自动化生产线、车体部件自动搬运与固定、自动焊接等常采用气压传动与控制技术，而载货汽车和客车制动系统也几乎都使用气压传动与控制技术。

1. 气压传动系统的组成

在气压传动系统中，根据气动元件和装置的不同功能，可将气压传动系统分成以下四个组成部分，如图 12-1 所示。

（1）**气源装置** 图 12-1 中的电动机 1、空气压缩机 2、储气罐 3 属于气源装置，主要由空气压缩机构成，还配有储气罐、气源净化装置等附属设备，其功用是将原动机提供的机械能转变为气体的压力能，为系统提供压缩空气，图 12-1 中的原动机为电动机。

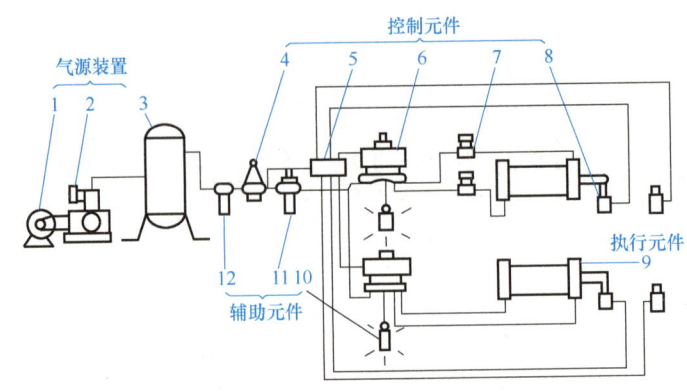

图 12-1 气压传动系统的组成

1—电动机　2—空气压缩机　3—储气罐　4—压力控制阀　5—逻辑元件　6—方向控制阀
7—流量控制阀　8—行程阀　9—气缸　10—消声器　11—油雾器　12—过滤器

（2）执行元件　图12-1中气缸9为执行元件，其功用是将气体的压力能转换成机械能，也是系统能量输出的装置。它的主要形式有气缸、气马达等。其中，气缸输出直线往复式机械能，气马达输出回转式机械能。

（3）控制元件　图12-1中压力控制阀4、逻辑元件5、方向控制阀6、流量控制阀7、行程阀8属于控制元件，控制元件主要用于控制压缩空气的压力、流量、流动方向以及系统执行元件的工作顺序。它主要包括压力阀，流量阀，方向阀和逻辑元件等，使系统执行机构按功能要求的程序和性能进行工作。

（4）辅助元件　辅助元件起辅助作用，如过滤器，油雾器，消声器，散热器，冷却器，放大器及管件等，图12-1中的消声器10、油雾器11、过滤器12属于辅助元件。

2. 气压传动系统的工作原理

图12-1中，原动机（电动机1）驱动空气压缩机2，空气压缩机将电动机的机械能转换为气体的压力能，压缩后的空气进入储气罐3中。储气罐主要用于储存压缩空气并稳定压力。压缩空气经过压力控制阀4、逻辑元件5、方向控制阀6、流量控制阀7等控制元件的调节控制，进入气缸9，推动活塞带动负载工作。

气压传动系统的能源装置一般都设置在距控制元件和执行元件较远的空气压缩机站内，用管道将压缩空气输送给执行元件，而过滤器以后的部分一般都集中安装在气压传动工作机构附近，各种控制元件按要求组合后构成具有不同功能的气压传动系统。

12.1.2 气压传动的特点

气压传动和液压传动的工作原理和基本回路是相同的，但是由于气压传动采用的介质是压缩空气，因此具有区别于其他传动方式的特点。

1. 气压传动的优点

1）以空气为介质，来源方便，不污染环境，因此不需要回气管路，使其管路相对简单。

2）空气黏度小，在管路中流动能量损耗小，适合集中供气、远距离输送。

3）安全可靠，不需要考虑防火防爆问题，能在高温、辐射、潮湿、灰尘等环境中工作。

4）气压传动反应迅速。

5）气压元件结构简单，易加工，使用寿命长，维护方便，管路不容易堵塞，介质不存在变质和更换等问题。

2. 气压传动的缺点

1）空气可压缩性大，因此气压传动系统的工作速度稳定性稍差，负载变化时对工作速度的影响大。

2）气压传动系统压力低，不易输出较大的力和力矩。
3）气动装置中的气信号传递速度在声速以内慢于电子及光速，不适用于高速复杂的传递系统。
4）排气噪声大。

此外，与液压传动相比，气压传动的压力低、动力小，负载重的工况必须用液压传动；气压传动的精度不如液压传动高，气缸一般就伸出、缩回两个动作，液压传动的动作更加多样，可以实现加速和减速的动作；在动作过程中气缸停顿但定位精度比液压缸低，是由于气体压缩时体积变化率大。

12.2 汽车中的气压制动系统

气压制动系统的制动力矩大，踏板行程较短，操纵轻便，使用可靠，压缩空气不易泄漏，对密封件的要求比较低，气压传动气体体积变化大，即使有泄漏，对压力传递的影响也相对较小，因此中型以上的载货汽车、客车等大都采用气压制动，大多数的电动商用车，如纯电动客车、纯电动物流车、纯电动洗扫车等也都采用气压制动系统。

1. 气压制动系统的组成

气压制动系统主要由空气压缩机、储气筒、制动气室、调压阀、制动控制阀、气压制动器等组成。

（1）空气压缩机　空气压缩机是气压制动系统的核心部件，由发动机或电动机通过传动带、齿轮等驱动。它的作用是将空气压缩成高压气体，通过管路输送到制动气缸中，产生制动力。

（2）制动气室　制动气室是将压缩空气转化为机械能的重要组成部分，其内部装有活塞和活塞杆，当气压进入气缸时，推动活塞向外移动，从而带动制动器运动。

（3）储气筒　储气筒的作用是存储压缩空气。当驾驶人踩下制动踏板时，储气筒内的压缩空气通过控制阀进入制动管路作用在气压制动器上。

（4）调压阀　调节储气筒中压缩空气压力，使其保持在规定的压力范围。

（5）制动控制阀　控制制动气室中的工作压力，并可以调节压力。

（6）气压制动器　气压制动器安装在车轮上，对车轮产生制动作用，使其减速或停转。

除了上述核心部件外，气压制动系统还包括多个辅助部件，如气压表、气压开关等。气压表用于检测气压制动系统的气压，以保证系统正常工作。气压开关则检测制动气室的气压是否达到要求，如果气压不足，则会触发报警装置。

2. 气压制动系统的工作原理

图 12-2 所示为某中型货车的气压制动系统示意图，由发动机或电动机驱动的空气压缩机（简称空压机）1 将压缩空气经单向阀 7 输入湿储气罐 16 中，压缩空气在湿储气罐内冷却并进行油水分离之后，分成两个回路。当驾驶员踩下制动踏板时，通过杠杆作用使控制阀打开。其中一个回路经主储气

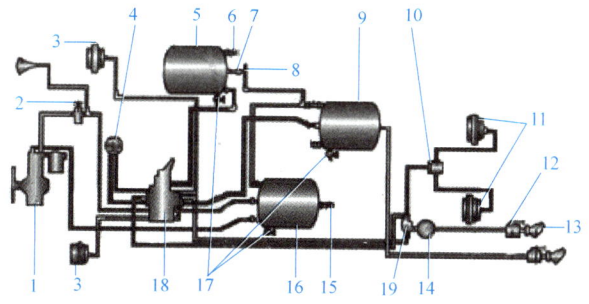

图 12-2　某中型货车双回路气压制动系统示意图

1—空气压缩机　2—调压阀　3—前制动气室　4—双针气压表　5—主储气罐（供后制动器）　6—低压报警开关　7—储气罐单向阀　8—取气阀　9—主储气罐（供前制动器）　10—快速排气阀　11—后制动气室　12—挂车分离开关　13—接头　14—挂车制动阀　15—安全阀　16—湿储气罐　17—放水阀　18—双腔制动阀　19—梭阀

罐 9、双腔制动阀 18 的后腔通向前制动气室 3。当需要制动时，驾驶人再次踩下制动踏板，控制阀打开，让储气罐内的压缩空气进入制动器。制动器内的活塞被压缩空气推动，使制动器夹紧车轮上的制动鼓或制动盘，从而实现制动。另一个回路经主储气罐 5、双腔制动阀 18 的前腔和快速排气阀 10 通向后制动气室 11。当其中一个回路发生故障失效时，另一个回路仍可继续工作，以保证汽车随时都有制动能力，从而提高了汽车行驶的安全性。

当放松制动踏板时，制动控制阀使各制动气室与大气相通，会产生气压泄压的声音，从而解除制动。

双腔制动阀通过制动踏板来操纵。不制动时，前、后制动气室分别经制动阀和快速排气阀与大气相通，与来自储气罐的压缩空气隔绝，因此所有车轮制动器均不制动。当驾驶人踩下制动踏板时，制动阀首先切断各制动气室与大气的通道，并接通与压缩空气的通道，于是两个主储气罐便各自独立地经制动阀向前、后制动气室供气，使前、后制动器产生制动。

图中还有一条通向挂车制动回路的气路。在不制动的情况下，前制动储气罐通过挂车制动阀 14、挂车分离开关 12、接头 13 向挂车储气罐充气。制动时，双腔制动阀的前、后腔输出气压都通入梭阀 19。由于两腔输出的气压不可能一致，梭阀只允许压力较高腔的压缩空气输入挂车制动阀 14，从而控制装在挂车上的继动阀，使挂车产生制动。

由于气压制动中的传动介质是压缩空气，导致制动系统响应的时间较长，不如液压制动系统响应快。此外，气压制动系统的组成比液压制动系统复杂，维护成本较高。尽管气压制动存在一定的局限性，但随着技术的不断进步，气压制动系统将变得更加可靠和高效。

附录

附录 A 常用液压元件图形符号（GB/T 786.1—2021）

表 A-1 基本符号及管接头

描 述	图 形	描 述	图 形
工作管路		控制管路	
连接管路	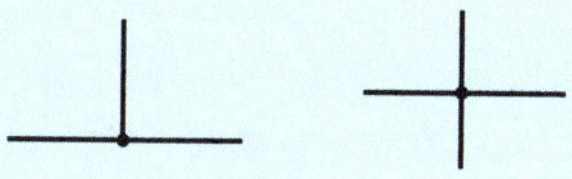	交叉管路	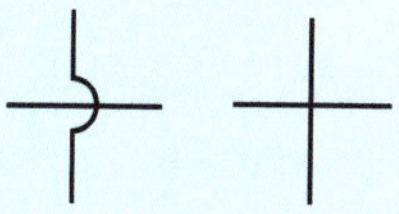
弹簧		软管总成	
不带单向阀的快换接头（断开及连接状态）	 断开： 连接：	带单向阀的快换接头（断开及连接状态）	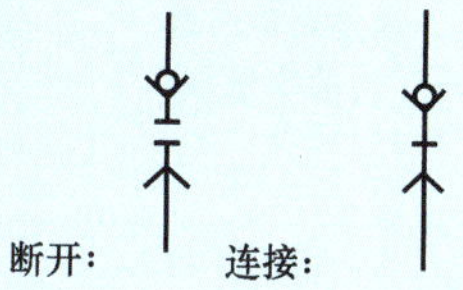 断开： 连接：
带双单向阀的快换接头（断开及连接状态）	 断开： 连接：	截止阀	
阀体内液体流动方向	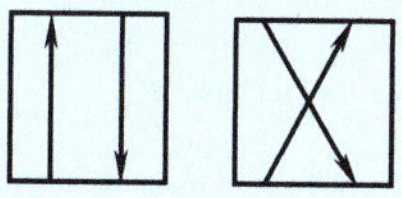	阀内封闭通道	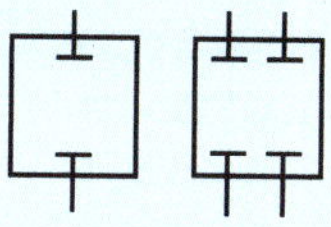
阀内常通通道	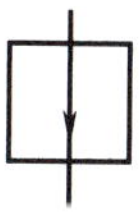	阀内常闭通道	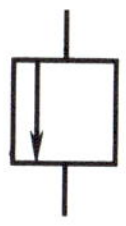
油管端部在液面以下的油箱	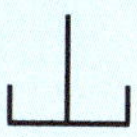	油管端部在液面以上的油箱	

217

表 A-2　控制机构

描 述	图 形	描 述	图 形
用作单方向行程操纵的滚轮杠杆	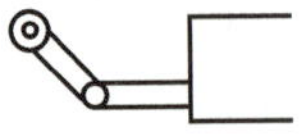	使用步进电动机的控制机构	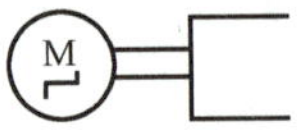
单作用电磁铁，动作指向阀芯	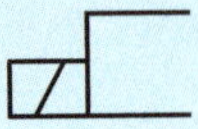	单作用电磁铁，动作背离阀芯	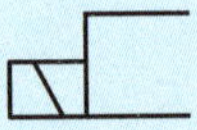
单作用电磁铁，动作指向阀芯，连续控制	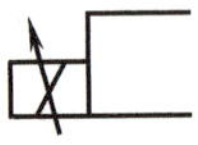	电气操纵的带有外部供油的液压先导控制机构	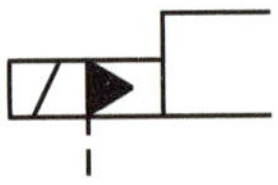

表 A-3　动力元件及执行元件

描 述	图 形	描 述	图 形
单向旋转的定量泵或马达	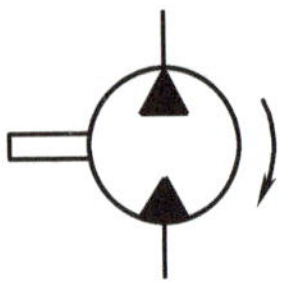	单作用单杆缸，靠弹簧力返回行程，弹簧腔带连接油口	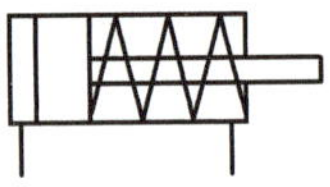
单向变量泵	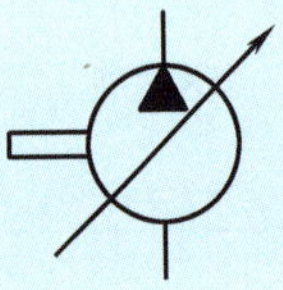	单作用柱塞缸	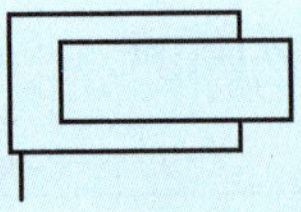
双向流动，带外泄油路单向旋转的变量泵	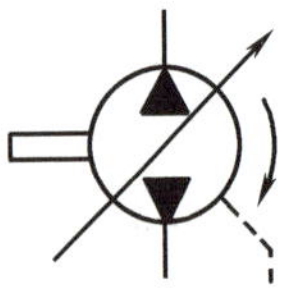	双作用单杆缸	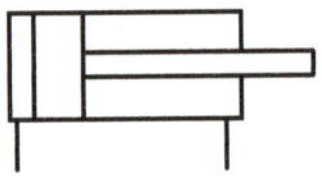
双向变量泵或马达单元，双向流动，带外泄油路，双向旋转	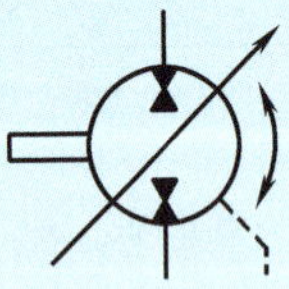	单作用伸缩缸	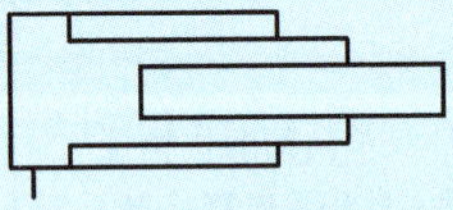
限制摆动角度、双向流动的摆动执行器或旋转驱动	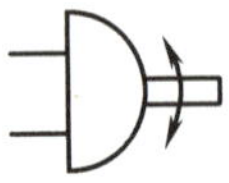	双作用伸缩缸	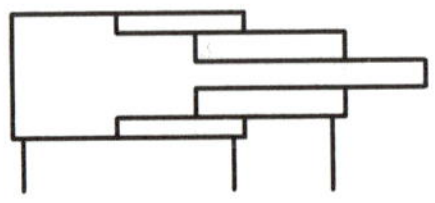
机械或液压伺服控制的变量泵	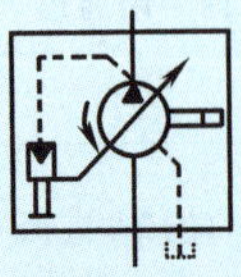	双作用双杆缸，活塞杆直径不同，双侧缓冲，右侧带调节	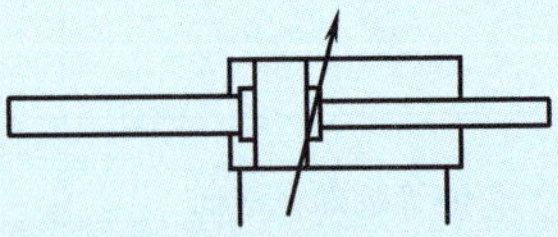

表 A-4 辅助元件

描 述	图 形	描 述	图 形
过滤器	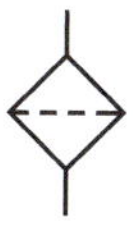	隔膜式充气蓄能器（隔膜式蓄能器）	
油箱通气过滤器		活塞式充气蓄能器（活塞式蓄能器）	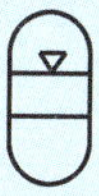
可调节的机械电子压力继电器		压力表	

表 A-5 控制元件

	描 述	图 形		描 述	图 形
方向控制阀	单向阀,只能在一个方向自由流动		压力控制阀	溢流阀,直动式,开启压力由弹簧调节	
	单向阀,带有复位弹簧,只能在一个方向流动,常闭			顺序阀,手动调节设定值	
	先导式液控单向阀,带有复位弹簧,先导压力允许在两个方向自由流动			顺序阀,带有旁通阀	
	二位二通方向控制阀,二通、二位,推压控制机构,弹簧复位,常闭			二通减压阀,直动式,外泄型	
	二位二通方向控制阀,二通、二位,电磁铁操纵,弹簧复位,常开			二通减压阀,先导式,外泄型	
	二位四通方向控制阀,电磁铁操纵,弹簧复位		流量控制阀	可调节流量控制阀	
	二位三通方向控制阀,滚轮杠杆控制,弹簧复位			可调节流量控制阀,单向自由流动	
	二位四通方向控制阀,电磁铁操纵液压先导控制,弹簧复位			流量控制阀,滚轮杠杆操纵,弹簧复位	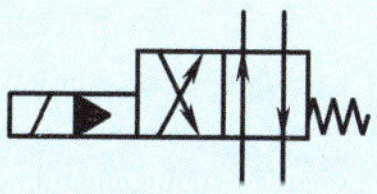
	三位四通方向控制阀,弹簧对中,双电磁铁直接操纵			分流器,将输入流量分成两路输出	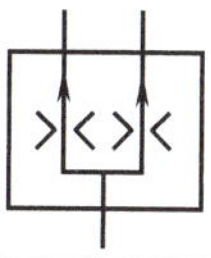

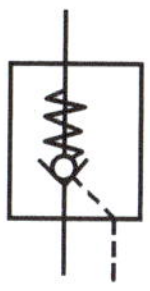

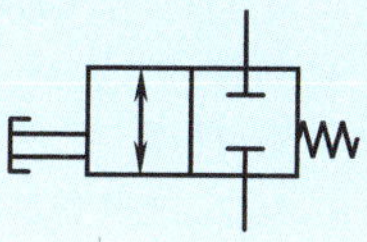

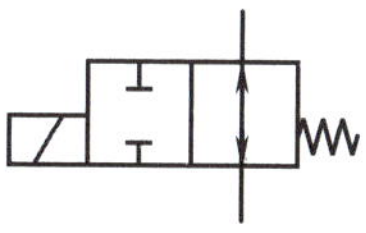

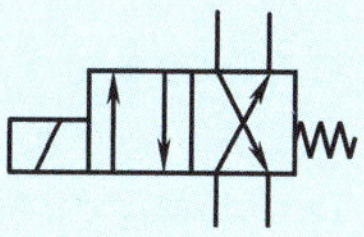

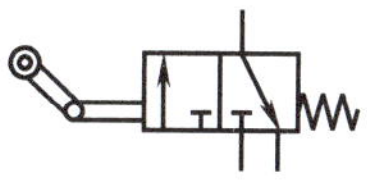

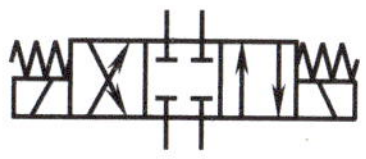

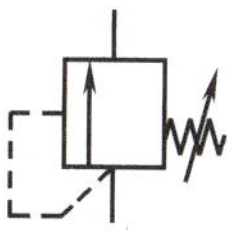

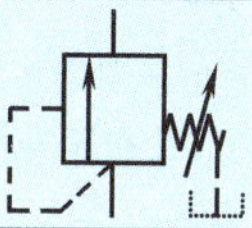

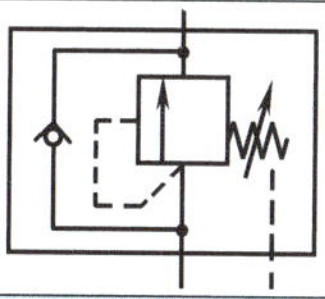

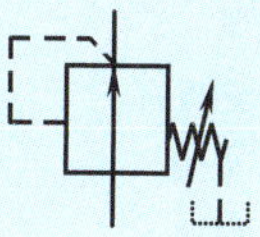

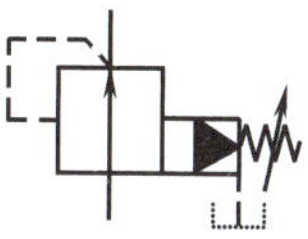

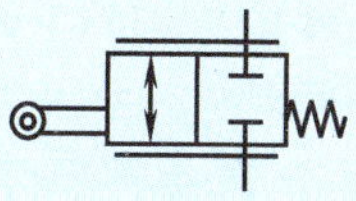

附录

219

附录 B 岗课赛证相关习题（选自汽车修理工中级题库及汽车技能竞赛理论试题题库）

选择题：

一、液压部分

1. （　　）传动以油液作为工作介质，依靠油液内部的压力来传递动力。
   A. 液压　　　　B. 气压
   C. 机械　　　　D. 电力

2. （　　）回路的作用是使液压系统的某一支路获得低于系统主油路工作压力的压力油。
   A. 调压　　　　B. 减压
   C. 增压　　　　D. 换向

3. （　　）时，液压系统不能稳定工作。
   A. 高温　　　　B. 低温
   C. 常温　　　　D. 高温或低温

4. 汽车上的液压制动系统属于（　　）液压传动。
   A. 动力式　　　B. 容积式
   C. 压力式　　　D. 体积式

5. 黄铜的主要用途用来制作导管，（　　），散热片及冷凝器、冷冲压、冷挤压零件等部件。
   A. 活塞　　　　B. 导电
   C. 密封垫　　　D. 空调管

6. （　　）回路可使工作部件在运动过程中的某一位置上停留一段时间保持不动。
   A. 换向　　　　B. 顺序
   C. 锁紧　　　　D. 减压

7. 节流阀属于（　　）。
   A. 压力阀　　　B. 流量阀
   C. 方向阀　　　D. 液压辅件

8. 液压传动（　　）过载保护。
   A. 易于　　　　B. 不易
   C. 难于　　　　D. 不可能

9. 液压传动以油液作为工作介质，依靠油液内部的（　　）来传递动力。
   A. 变化　　　　B. 分子
   C. 压强　　　　D. 压力

10. 液压传动系统中，（　　）是动力元件。
    A. 液压泵　　　B. 液压缸
    C. 液压控制阀　D. 液压辅件

11. 液压传动以油液作为工作介质，依靠（　　）的变化来传递运动。
    A. 容积　　　　B. 密封容积
    C. 能量　　　　D. 体积

二、汽车常用材料

1. 子午线轮胎侧偏刚度比普通斜交胎（　　）。
   A. 小　　　　　B. 大
   C. 一样　　　　D. 不能确定

2. 对于玻璃纤维增强塑料描述不正确的是（　　）。
   A. 质量轻、强度高　B. 耐疲劳
   C. 硬度大　　　　　D. 可制造悬架和车架等构件

3. 目前使用氢气作为汽车燃料描述不正确的是（　　）。
   A. 制造成本较低
   B. 将来是发动机最有希望的燃料之一
   C. 因其密度太小，使其储存携带不方便
   D. 氢气燃烧速度过快，易产生早燃和回火现象

4. 下列选项中，（　　）符合汽车制动液性能的要求。
   A. 制动迅速准确，安全可靠
   B. 蒸发性要好
   C. 化学稳定性好
   D. 对制动皮碗的侵蚀要小

5. 汽车上采用的液压传动装置以容积式为工作原理的常称（　　）。
   A. 液力传动　　B. 液压传动
   C. 气体传动　　D. 液体传动

6. 发动机的机油压力调节阀的作用是：（　　）。
   A. 使发动机的机油压力不能低于一定值
   B. 使发动机的机油压力不能高于一定值
   C. 使发动机的机油压力随发动机转速变化而变化
   D. 当发动机缺油时能报警

7. 滑脂枪用于加注（　　）。
   A. 润滑油　　　B. 润滑脂
   C. 机油　　　　D. 齿轮油

8. 热处理可使钢材内部（　　）改变，从而改变其性能。
   A. 性能　　　　B. 强度
   C. 组织构造　　D. 化学成分

9. 为降低工具钢的硬度，提高其切削加工性能，一般采取（　　）退火处理。
   A. 完全　　　　B. 不完全
   C. 球化　　　　D. 去应力

10. 正火通常在（　　）中冷却。
    A. 水　　B. 油　　C. 空气　　D. 盐水

11. 回火是在（　　）处理之后的一种热处理方法。
    A. 退火　B. 淬火　C. 正火　D. 渗氮

12. 轮胎的尺寸 34mm×7mm，其表示（　　）。
    A. 低压胎　B. 高压胎　C. 超低压胎　D. 超高压胎

13. 钢正火的温度与其含碳量有关，含碳量在（　　）%以下时，加热温度为 735～900℃。
    A. 0.67　　　　B. 0.70
    C. 0.77　　　　D. 0.80

14. 普通黄铜有（　　）。
    A. H68　　　　B. HSn90-1
    C. HPb59-1　　D. QSn4-3

15. 含碳量低于（　　）的钢，一般要经过"渗碳"以后才能淬火。
    A. 0.15%　　　B. 0.20%

C. 0.25%　　　　　D. 0.30%
16. 中温回火的温度在（　　）℃范围内。
   A. 150~250　　　　B. 250~500
   C. 500~600　　　　D. 650~727
17. 疲劳是指金属零件长期在（　　）作用下工作，突然发生断裂的现象。
   A. 静载荷　　　　　B. 动载荷
   C. 交变载荷　　　　D. 冲击载荷
18. 凝点用来表示柴油的（　　）性能。
   A. 点火　　　　　　B. 蒸发
   C. 低温流动　　　　D. 黏度
19. （　　）耐水性差，但耐热性强。
   A. 钙基润滑脂
   B. 钠基润滑脂
   C. 通用锂基润滑脂
   D. 极压复合锂基润滑脂
20. 1L 油可污染（　　）L 纯净水。
   A. 100　　　　　　B. 1000
   C. 10000　　　　　D. 100000
21. 汽油的牌号辛烷值是（　　）性能指标。
   A. 流动　　　　　　B. 抗爆
   C. 挥发　　　　　　D. 可溶
22. 柴油的十六烷值，一般为（　　）。
   A. 10~20　　　　　B. 20~40
   C. 40~60　　　　　D. 60~80
23. 45 钢的含碳量为（　　）。
   A. 0.045%　　　　B. 0.45%
   C. 4.5%　　　　　D. 45%
24. 以下哪个不是 ATF 牌号（　　）。
   A. DEXRON　　　　B. MERCON
   C. DEXRON Ⅱ　　　D. GL—4
25. 在热处理工艺中钢件淬火后处于脆性状态，为减小内应力，增加韧性，可以采用以下（　　）措施。
   A. 退火　　　　　　B. 正火
   C. 回火　　　　　　D. 渗碳处理
26. 以下有关汽油的讨论中，哪项是不正确的？（　　）
   A. 无铅汽油采用的主要原因是为有催化转换器的汽车提供燃油
   B. 采用四乙基铅液可以大幅度地提高汽油的辛烷值
   C. 废气中的铅对环境造成污染
   D. 无铅汽油一定不含铅成分

三、汽车常用轴系零件

1. 盘式制动器与鼓式制动器相比主要有以下优点：（　　）。
   A. 制动力大　　　　B. 制动时不尖叫
   C. 制动热稳定性能好　D. 便于检查调整
2. 凸轮轴是用来控制各气缸进、排气门（　　）时间的。
   A. 开闭时刻和开启持续　B. 压缩
   C. 点火　　　　　　D. 做功
3. 轴瓦上的小凸起部分用来（　　）。
   A. 防止轴承在轴承孔内旋转
   B. 增加轴承的润滑
   C. 保持轴承的平衡

   D. 有助于制造
4. 轴类零件发生疲劳，严重时会使零件（　　）。
   A. 弯曲　　　　　　B. 扭曲
   C. 断裂　　　　　　D. 严重磨损
5. 滚动轴承型号中的尺寸系列代号的作用是区别内径相同而（　　）的轴承。
   A. 宽度不同　　　　B. 外径不同
   C. 宽度和外径不同　　D. 与宽度和外径无关
6. 径向轴承的作用是（　　）。
   A. 用来传递转矩
   B. 用来承受轴向载荷
   C. 用来承受径向载荷
   D. 用作运动部件的导向
7. 下列工艺结构中，（　　）不属于轴类零件的加工工艺结构。
   A. 铸造圆角　　　　B. 退刀槽
   C. 槽　　　　　　　D. 中心孔

四、传动装置

1. 汽车万向传动装置的十字轴万向节主要由十字轴、万向节叉和（　　）组成。
   A. 套筒　　　　　　B. 滚针
   C. 套筒和滚针　　　D. 双联叉
2. 变速器在换挡过程中，必须使即将啮合的一对齿轮的（　　）达到相同，才能顺利地挂上挡。
   A. 角速度　　　　　B. 线速度
   C. 转速　　　　　　D. 圆周速度
3. 在汽车循环球式转向器的转向螺杆和转向螺母之间装有钢球的作用是（　　）。
   A. 减小磨损　　　　B. 增大传动比
   C. 减小传动比　　　D. 减小传动副间隙
4. 变速器的超速挡指其传动比为（　　）。
   A. 1　　　　　　　B. 大于 1
   C. 小于 1　　　　　D. 0
5. 半轴与差速器半轴齿轮的连接使用（　　）。
   A. 螺栓　　　　　　B. 焊接
   C. 润滑脂油封　　　D. 内外花键
6. 一对相啮合的齿轮，如果输入齿轮是 24 个齿，而输出齿轮是 12 个齿，那么传动比为（　　）。
   A. 3∶1　　　　　　B. 2∶1
   C. 1∶1　　　　　　D. 1∶2
7. 传动比是指输出轴与输入轴的齿数比，当要求增速时，传动比应为（　　）。
   A. 0　　　　　　　B. 1
   C. 大于 1　　　　　D. 小于 1
8. 平带传动需要张紧轮张紧时，张紧轮应放于（　　）。
   A. 紧边内侧　　　　B. 紧边外侧
   C. 松边内侧　　　　D. 松边外侧

五、联接

1. M16×1 表示（　　）。
   A. 粗牙普通螺纹　　B. 细牙普通螺纹
   C. 短螺纹　　　　　D. 梯形螺纹

2. 拆卸螺栓时，最好选用（　　）。
   A. 钳子　　　　　　B. 活动扳手
   C. 梅花扳手　　　　D. 管子扳手
3. 主要用于联接的螺纹是（　　）。
   A. 普通螺纹　　　　B. 矩形螺纹
   C. 梯形螺纹　　　　D. 锯齿形螺纹

判断题：
1. （　）黄铜的主要用途用来制作活塞、冷凝器、散热片及导电、冷冲压、冷挤压零件等部件。
2. （　）驱动桥的齿轮油可以随意加注。
3. （　）汽车常用轴承分为滑动轴承和滚动轴承两类。
4. （　）液压制动管路中有空气不会造成制动不灵。
5. （　）液压传动以油液为工作介质，依靠容积的变化传递运动。
6. （　）"⊏⊐"表示液压缸。
7. （　）不同性质的材料淬火时，应采用不同的冷却介质。
8. （　）高温回火的温度为727℃以上。
9. （　）常用螺纹有联接螺纹和传动螺纹两大类。
10. （　）方向阀分为单向阀和换向阀两种。
11. （　）含碳量大于0.77%的碳钢，正火加热温度是753～850℃。
12. （　）液压元件配合精度要求不高。
13. （　）金属材料在拉断前所能承受的最大应力，称为抗拉强度，用 R_m 表示。
14. （　）润滑剂中含有少量的酸类物质，因此润滑好的摩擦表面易受到腐蚀。
15. （　）使用等级较高的机油可以用于要求低的发动机上，反之则不可。
16. （　）轴的结构应该便于加工，且尽量减少应力集中。
17. （　）键的功用是使齿轮实现轴向移动。
18. （　）圆锥销标注中的直径是指小端直径。
19. （　）轴瓦做成双金属结构是为了节省贵重金属。
20. （　）齿轮传动所传递的功率范围较大。

填空题：
1. 零件耗损形式有磨损、（　　）、疲劳、变形。
2. 发动机连杆是连接活塞和（　　）的零件。
3. 在大多数汽车应用中，水泵是由曲轴通过（　　）和V带传动来被驱动的。

参考文献

[1] 崔振民. 汽车机械基础 [M]. 2版. 北京:高等教育出版社,2014.
[2] 周曲珠,江育波,徐根涛. 液压与气动技术 [M]. 北京:机械工业出版社,2021.
[3] 蒋永彪,李杨. 机械设计基础 [M]. 北京:机械工业出版社,2020.
[4] 孔宪峰. 汽车发动机构造与维修 [M]. 北京:高等教育出版社,2002.
[5] 杜瑞丰,李忠凯. 汽车底盘构造与维修 [M]. 北京:高等教育出版社,2002.
[6] 侯子平. 汽车机械基础 [M]. 北京:北京邮电大学出版社,2014.
[7] 孙毅. 简明理论力学 [M]. 北京:高等教育出版社,2019.
[8] 张斌,蔡春华. 新能源汽车概论 [M]. 北京:机械工业出版社,2019.